Wirksame Workshops

Klaus W. Vopel

Wirksame Workshops

80 Bausteine für dynamisches Lernen

iskopress

Die Deutsche Bibliothek – CIP-Einheitsaufnahme

Vopel, Klaus W.:
Wirksame Workshops : 80 Bausteine für dynamisches Lernen / Klaus W. Vopel.
- 2. Aufl. - Salzhausen : iskopress, 2000
ISBN 3-89403-606-0

2. Auflage 2000

Umschlag: Mathias Hütter, Schwäbisch Gmünd
Satz und Layout: E. Velina
Druck: Runge, Cloppenburg

Inhalt

Vorwort 7
Die Bausteine:
1. Traditionelles Lernen 11
2. Was ist ein Workshop? 16
3. Neue Wege des Lernens 19
4. Gehirngerechtes Lernen 22
5. Modell für dynamisches Lernen 29
6. Wie unser Gehirn funktioniert 32
7. Streß und Angst vermeiden 38
8. Entspannte Aufmerksamkeit 44
9. Aktive Auswertung 53
10. Den Workshop planen 57
11. Ein Planungsmodell 65
12. Das Handwerkszeug 68
13. Die Sprache des Raumes 72
14. Hinweise für die Teilnehmer 78
15. Das Eis brechen 80
16. Die ersten Minuten 88
17. Interview des Workshop-Leiters 93
18. Vorstellung der Teilnehmer 94
19. Vorstellung mit Partner 96
20. Emotionale Bedürfnisse des Moderators 99
21. Der idealisierte Moderator 104
22. Die Haltung des Moderators 106
23. Aufgaben und Grundsätze 109
24. Rapport 116
25. Vertrauen 120
26. Phasen im Gruppenprozeß 125
27. Lern- und Arbeitsziele 129
28. Arbeit mit kritischen Gruppen 133
29. Überblick über den Workshop 137
30. Sorgen und Befürchtungen 139
31. Drei Fotos 141
32. Aufmerksamkeit gewinnen 143
33. Neugier wecken 148
34. Motivation 151
35. Bonding Games 157
36. Spielregeln 160
37. Der Moderator als Modell 163
38. Energie mobilisieren 169
39. Energizer 172

40. Die Friedhofsschicht 176
41. Die Balance finden 180
42. Sieben Intelligenzen 184
43. Verbale Intelligenz 189
44. Die Macht der Worte 195
45. Visuelle Intelligenz 198
46. Mindmapping 204
47. Imagination 208
48. Musikalische Intelligenz 213
49. Kinästhetische Intelligenz 218
50. Die Kunst der Berührung 227
51. Logisch-mathematische Intelligenz 230
52. Interpersonelle Intelligenz 238
53. Intrapersonelle Intelligenz 248
54. Toxische Belohnungen 257
55. Umgang mit Störungen 261
56. „Querdenker" 271
57. Schwierige Teilnehmer 274
58. Soziales Lernen 278
59. Kooperation 283
60. Probleme lösen 289
61. Prävention 292
62. Versäumnisse und Fehler 294
63. Macht 296
64. Selbstachtung 299
65. Umgang mit Konflikten 304
66. Dampf ablassen 307
67. Fragen und Antworten 308
68. Themen erforschen 316
69. Geschichten, Anekdoten, Aphorismen 322
70. Persönliches Journal 327
71. Zwölf Rituale 330
72. Den Körper einbeziehen 333
73. Meditation 339
74. Stretching 342
75. Entspannung 344
76. Spielerische Pausen 346
77. Der Moderator als Person 348
78. Die Schlußphase 351
79. Abschlußritual 360
80. Fast ein Credo 361
Liste der Übungen 369
Bibliographie 376

Vorwort

Von allen Lernarrangements in der Erwachsenenbildung ist der Workshop die Edelvariante, sozusagen der Rolls-Royce des Lernens in Gruppen. Potentielle Teilnehmer assoziieren damit Begriffe wie Aktivität, Experiment, Risiko, Abwechslung, demokratische Mitbestimmung, ganzheitliches Lernen. Sie stellen sich darauf ein, daß sie sich exponieren werden, daß ihre Mitwirkung wichtig ist, daß sie verändert aus dem Workshop hervorgehen werden. Sie wünschen sich, mit attraktiven Ko-Mitgliedern zusammenzukommen und einen Moderator zu erleben, der sie inspiriert.

Für jeden Gruppenleiter bedeutet die Moderation eines Workshops, daß sein didaktisches Geschick auf eine harte Probe gestellt wird. Kann er diese anspruchsvolle Lernform so gestalten, daß die Hoffnungen der Teilnehmer und die Erwartungen der Sponsoren erfüllt werden? Kann er selbst so locker und spontan agieren, daß er ein guter Katalysator des Lernens ist? Ist er in der Lage, eigene Vorurteile und routinemäßiges Verhalten aufzugeben, um sich auf die Teilnehmer sensitiv einstellen und mit ihnen gemeinsam „tanzen“ zu können?

Die besten Workshopleiter sind selbstkritisch und anspruchsvoll. Sie sind bemüht, selbst ständig dazuzulernen. Dieses Handbuch präsentiert Ihnen ein breites Spektrum von lernpsychologischen Anregungen und praktischen Ideen für Ihre Workshop-Arbeit. Damit Sie als Moderator maximalen Nutzen haben, finden Sie darin vier wichtige Komponenten:

1. Sie werden mit den wichtigsten Prinzipien einer modernen Lerntheorie vertraut gemacht, die auch die Ergebnisse der neuen Gehirnforschung einbezieht. Unsere klassische Lerntheorie aus Tiefenpsychologie, Gruppendynamik und kognitiver Psychologie wird durch die Untersuchungen der „Neuro-Sciences“ ungemein bereichert.
2. Unter dem Stichwort „Didaktische Konsequenzen“ finden Sie klare Hinweise darauf, wie Sie „dynamisches“, d.h. gehirngerechtes Lernen ermöglichen können.
3. Außerdem gibt das Buch Ihnen Dutzende kurzer Interventionstechniken an die Hand sowie über 200 detailliert beschriebene Spiele und Übungen für die Arbeit im Workshop.
4. Schließlich zeige ich Ihnen, wie Sie Howard Gardners Theorie der „Sieben Intelligenzen“ zur Bereicherung Ihrer Workshop-Arbeit nutzen können.

Ich hoffe, daß Sie die WIRKSAMEN WORKSHOPS nicht nur nützlich für Ihre berufliche Arbeit finden werden, sondern auch erfrischend und anregend. Das Handbuch kann Ihnen den Zugang zu neuen Dimensionen des Lernens eröffnen.

Zur Organisation des Buches – Ich habe bewußt die Darstellungsform der „Bausteine" gewählt. Sie gestattet Ihnen, sich schnell zu einem der 80 Spezialthemen zu informieren. Andererseits illustriert diese kaleidoskopähnliche Präsentation meine Überzeugung, daß wir auch heute keine elegante, alles erklärende Theorie menschlichen Lernens haben. Der Praktiker muß eklektisch vorgehen und aus den besten Theorien und Methoden auswählen, was sich für ihn bewährt. Ich halte es auch für bedenklich, wenn Gruppenleiter den Versuch machen, ihre gesamte Arbeit mit einer Theorie zu bestreiten. Dann geht es ihnen wie dem Mann, dessen einziges Werkzeug der Hammer ist. Alles, was ihm begegnet, erscheint ihm als Nagel...

In der ersten Hälfte (Baustein 1–40) geht es im wesentlichen um die Anfangsphase des Workshops und die damit verbundenen Aufgaben und Schwierigkeiten. In der zweiten Hälfte (Baustein 41–80) werden Themen behandelt, die im Fortgang der Arbeit wichtig werden.
Am Anfang und in der Mitte des Buches finden Sie jeweils einen Block mit mehreren Bausteinen, die inhatlich enger zusammengehören. In Baustein 1–9 geht es um neuere lerntheoretische Prinzipien für gehirngerechtes Lernen; in den Bausteinen 42–53 beschreibe ich die „Sieben Intelligenzen" Howard Gardners und ihre Relevanz für das dynamische Lernen im Workshop.
Wenn Sie Lust haben, über Ihre eigene Rolle im Workshop und über Ihre Entwicklung nachzudenken, dann lesen Sie vor allem Baustein 20 (Emotionale Bedürfnisse des Moderators), Baustein 21 (Der idealisierte Moderator) und Baustein 80 (Fast ein Credo).

Das Handbuch enthält viele Werkzeuge. Halten Sie sich bitte vor Augen, daß alle Techniken (Spiele, Übungen und alle anderen Interventionen) nur so gut sind wie der Moderator, der sie anwendet. Die Wirksamkeit dieser Techniken hängt also nicht zuletzt von dem Fingerspitzengefühl ab, mit dem Sie jede von ihnen dem einmaligen Charakter des jeweiligen Workshops und seiner Teilnehmer anpassen!
Das Ergebnis jeder Technik wird in starkem Maß vom Gruppenklima geprägt und von der persönlichen Beziehung zwischen Moderator und Teil-

nehmern. Wenn der Moderator mehr über seine Technik nachdenkt als über seinen Wunsch, mit den Gruppenmitgliedern zu „tanzen“, dann ist die Seele des Gruppenprozesses bedroht.

Und zuallerletzt möchte ich Ihnen ein Geheimnis verraten: Es gibt immer wieder Situationen, in denen wir als Moderator unsicher sind, was wir tun sollen. Ungeübte Moderatoren ignorieren ihre beste Ressource: die Weisheit der übrigen Workshop-Mitglieder. Der einfachste Weg, aus einer Sackgasse zu kommen, besteht darin, daß Sie den Teilnehmern Ihr Problem vortragen und sie um Unterstützung bitten. Wenn Sie bereit sind, sich von der Gruppe helfen zu lassen, dann lösen Sie mehrere Probleme gleichzeitig: Die Gruppe lernt, mehr Verantwortung für ihren Lernprozeß zu übernehmen, und die Chance ist größer, daß die Situation optimal geklärt wird.

Ich wünsche Ihnen, daß Sie hier viele Anregungen finden für wirksame Workshops!

Klaus W. Vopel
Salzhausen, im August 1999

1 Traditionelles Lernen

Jeden Tag findet in Deutschland eine große Anzahl von Seminaren, Konferenzen, Trainings, Arbeitskreisen und Workshops statt. Zehntausende von Männern und Frauen nehmen an diesen Lernprogrammen teil, um ihr Wissen und ihre Fertigkeiten zu verbessern. Alle diese Programme zusammen sind eine Art postindustrielle Universität. Diejenigen, die hier als Lehrende auftreten, bilden den Lehrkörper dieser Universität. Manche haben promoviert, andere sind Professoren von Fachhochschulen und Universitäten, wieder andere sind Mitarbeiter aus dem Bildungswesen der Unternehmen oder freie Trainer und Konsultanten. Der Stil, in dem gelehrt wird, entspricht im Kern dem universitären bzw. schulischen Lernen, obgleich die Lehrenden sich bemühen, etwas „kundenorientierter" aufzutreten: Viele pflegen einen humorvollen Stil, es gibt Pausen mit Kaffee und Getränken, die Teilnehmer müssen sich weniger vorbereiten, und es wird immer wieder auf die „back home"-Situation und auf den notwendigen Transfer verwiesen. Die vermittelten Inhalte könnten sich z. T. auch in einem Universitätscurriculum finden, zum Teil sind sie allerdings zu speziell, zu differenziert oder zu interdisziplinär, als daß sie Eingang in das akademische Lehren finden würden.

Alle diese Bildungsveranstaltungen verbrauchen ungeheuer viel Zeit und Geld. Diese Investitionen werden gemacht, weil es einen breiten Konsens darüber gibt, daß unsere Gesellschaft im Wettbewerb nur bestehen kann, wenn nahezu alle Institutionen – die Wirtschaft, die öffentliche Verwaltung, Kirchen und Volkshochschulen – bereit sind, „lebenslanges Lernen" anzubieten. Aber wir wissen eigentlich recht wenig darüber, was in all diesen Stunden des Lernens erreicht wird.

- Was wissen wir über den inneren Prozeß des Lernens?
- Was wissen wir über die Gefühle der Teilnehmer?
- Was denken die Teilnehmer selbst über diese Lernsituationen?
- Haben sie den Eindruck, daß sie lernen?
- Nehmen sie dieses Lernen ernst?
- Haben sie Einsichten und Aha-Erlebnisse, und entwickelt sich ihre Bereitschaft, im Anschluß an solche Veranstaltungen weiter zu lernen?

Natürlich werden solche Veranstaltungen auch evaluiert. Aber was wird dabei evaluiert? Wird der Erwerb von Kenntnissen und Skills überprüft, der auf dem Programm stand, oder werden auch andere Dinge untersucht, z. B. die Gefühle der Teilnehmer, ihre Selbsteinschätzung, die Entwicklung ihrer Persönlichkeit, ihre Bereitschaft, erneut an solchen Programmen teilzunehmen? Oder haben die Teilnehmer Gelegenheit, selbst eine Evaluation nach ihren eigenen Kriterien vorzunehmen? Werden die Teilnehmer ermutigt, sich als permanent Lernende zu sehen?

Die entscheidende Frage, die wir an alle diese Bildungsmaßnahmen stellen müssen, lautet: Welche Philosophie des Lernens liegt solchen Programmen zugrunde? Paßt sie zu der zentralen Idee des lebenslangen Lernens? Paßt sie zu unserer Zeit mit ihrem unvorstellbar raschen Wandel in allen Bereichen des Lebens? Ich bin überzeugt, daß hier große Zweifel angebracht sind, denn in den meisten mit moderner Technik edel ausgestatteten Konferenzräumen finden wir die Lernphilosophie des industriellen Zeitalters.

Institutionelles Lernen

In der Grundschule begegnet uns zum ersten Mal das Modell des institutionellen Lernens, das charakterisiert ist durch drei Prinzipien:
1. Lernen ist anstrengend und zum Teil schmerzlich.
2. Die Lernziele werden uns vorgegeben.
3. Wer lernen muß, ist in einer viel schlechteren Position als derjenige, der sein Lernpensum bewältigt hat.

Die Situation des Lernenden in unserer Kultur ist nicht beneidenswert. Das gilt besonders für Erwachsene. In unserer Kultur wird vor allem der Erfolg geschätzt, und der Lernende befindet sich per definitionem noch auf dem Weg zum Erfolg. Darum ist das populärste Wort für das Ziel des Lernens auch Kompetenz und nicht etwa lebenslange Neugier oder Kreativität.
In den sechziger Jahren wurde der Begriff des lebenslangen Lernens geprägt, aber die grundlegende Struktur des Lernens wurde nicht verändert. Nach wie vor sind es äußere Forderungen, die unser Lernen bestimmen. Dozenten, Arbeitgeber oder unsere Konkurrenten veranlassen uns, uns bestimmte Dinge anzueignen, und wir nehmen die Mühe des Lernens auf uns, um ein Ziel zu erreichen, nicht weil uns das Lernen als solches Vergnügen bereitet. Diese Art des Lernens könnte man als „außengeleitet" bezeichnen, in Anlehnung an den bekannten Begriff des amerikanischen Soziologen David Riesman. Der amerikanische Management-Professor Peter Vaill spricht von institutionellem Lernen.
Die Philosophie des institutionellen Lernens findet sich fast überall, in den Trainings der Organisationsentwicklung, in Fachhochschulen und Universitäten und in den freiwillig besuchten Kursen der Erwachsenenbildung. Überall begegnen wir diesem Modell, ob wir nun Lernende sind oder ob wir selbst in der Rolle des Seminarleiters, Mentors, Trainers oder Workshop-Moderators auftreten.
Diese Lernphilosophie geht von sieben Annahmen aus:
1. Lernen ist zielgerichtet. Es wird vorausgesetzt, daß der Lernende ein spezifisches Ziel erreichen will, und zwar entweder neues Wissen oder neue Skills, über die er vorher nicht verfügte.
2. Das Ziel, das erreicht werden soll, und das Wissen, das dafür relevant ist, kann klar definiert werden. Dahinter steht das Bestreben, daß die Zeit des Lernenden nicht mit Nebensächlichkeiten vergeudet wird.

3. Der Lernende muß das Ziel schätzen, das am Ende seines Lernprozesses steht. Außerdem wird erwartet, daß er die Belohnungen schätzt, die dafür sorgen, daß er seinen Lernpfad nicht verläßt (Zensuren, Diplome, Lob und Anerkennung). Lernen ist eine moralische Verpflichtung. Der Lernende soll sich mit den Zielen identifizieren, die Lehrer, Trainer, Vorgesetzte oder Mentoren vorgegeben haben. Sanktionen drohen für den Fall, daß diese Ziele in Zweifel gezogen werden.
4. Das Lernziel befindet sich außerhalb des Lernprozesses selbst. Das Ziel ist der Fixstern, und die Wege zu diesem Ziel sind die Variablen.
5. Die Effizienz des Lernprozesses ist von großer Bedeutung. Wenn das Ziel klar identifiziert ist und das Lernmaterial festgelegt wurde, dann kann auch der beste Weg bestimmt werden, wie gelernt werden soll.
6. Die Geschwindigkeit des Lernens ist ebenfalls von Bedeutung für einen „guten" Lernprozeß. Je schneller der Lernende vorankommt, desto besser. Generationen von Lernenden haben dieses Kriterium leidvoll erlebt, wenn sie sich viele Stunden durch Bücherstapel hindurchgearbeitet oder die Nächte vor dem Bildschirm verbracht haben.
7. Und natürlich spielt auch der Umfang des Lernmaterials eine große Rolle. Je mehr gelernt wird, desto besser. Je mehr Bücher studiert wurden, desto größer ist angeblich der Lernerfolg.

Dies alles zusammen hat eine mächtige Tradition. Sie reicht bis ins 19. Jahrhundert zurück und hat unsere ganze Kultur durchdrungen. Sie prägt das Lernen junger Menschen in Schulen und Universitäten, genauso wie das Weiterbildungslernen der Berufstätigen. Und aus alledem geht hervor, daß das institutionelle Lernen antwortorientiert ist: Viele Generationen von Lernenden leiden unter der Zwangsvorstellung, die „richtige" Antwort finden zu müssen. Nur wenn er die richtige Antwort geben kann, weiß der Lernende, daß er das Ziel des Lernens erreicht hat.
Es ist kein Wunder, daß die Teilnehmer an Seminaren und Workshops den Wunsch äußern, Zusammenfassungen, „Kochbücher" oder Checklisten zu erhalten. Sie möchten unbedingt sichergehen, daß sie die wichtigsten – vorgegebenen – Dinge schwarz auf weiß zur Verfügung haben.
Diese präskriptive Lernkultur spiegelt sich auch im Design der Räume wider, in denen gelernt wird. Tische und Stühle sind in der Regel so aufgestellt, daß jeder den Instruktor sehen kann. Es wird in Kauf genommen, daß die Interaktion der Teilnehmer untereinander eher schwach ist. Die Räume haben oft eine gewisse klinische Kälte: Sie sind zu hell ausgeleuchtet, meist gibt es die neuesten technischen Lernhilfen, dafür fehlen Dinge, mit denen sich die Phantasie beschäftigen könnte, wie z. B. Bilder, Pflanzen, Musik. Die Umgebung signalisiert den Teilnehmern, daß sie sich auf das offizielle Lernangebot zu konzentrieren und den Regeln zu folgen haben.
Es ist eher unwahrscheinlich, daß der Leiter eines institutionellen Lernprogramms die Sitzung mit den Worten eröffnet: „Zu Beginn wollen wir einan-

der kennenlernen... Dann will ich mit Ihnen darüber sprechen, welche Erwartungen Sie haben und was bzw. wie Sie lernen möchten. Wir sind frei in unserer Planung, und wir können uns an Ihren Bedürfnissen orientieren." Natürlich gibt es hier und da Gruppenleiter oder Trainer, die so anfangen, aber eine solche teilnehmerzentrierte Haltung kommt heute, Ende der neunziger Jahre, bereits wieder seltener vor. Der Lernende ist mit drei wichtigen, indirekten Botschaften konfrontiert:
- Folge den Regeln.
- Persönliche Beziehungen in der Lerngruppe sind nicht wichtig.
- Eigne dir das neue Material ganz genau an.

Diese Kombination führt dazu, daß sich der Lernende machtlos fühlt. Vermutlich will das institutionelle Lernen nicht bewußt unterdrücken. Es möchte die Lernenden auch nicht bewußt demütigen und herabsetzen. Hier wird einfach angenommen, daß am Anfang des Lernprozesses Konfusion besteht und daß der Lernende beträchtliche Anstrengungen und Leiden auf sich nehmen muß, bis er einen Zustand relativer Kompetenz und Erleichterung erleben darf. Darum fühlen sich die Betroffenen in solchen institutionellen Lernprozessen oft einsam. Auch wenn man die Lernenden aus Gründen der Effizienz und Kostenersparnis in Gruppen zusammenfaßt, so wird doch angenommen, daß Lernen ein Vorgang ist, der beim einzelnen geschieht. Belastend für die Lernenden ist weiterhin, daß Konkurrenz unter ihnen häufig als Motivationshilfe mißbraucht wird.
All das führt dazu, daß sich die Lernenden unterlegen fühlen, unsicher und abhängig von den Autoritäten, die lehren und leiten. Sie unterdrücken ihre Gefühle in der Hoffnung, daß sie später entschädigt werden für die Unannehmlichkeiten solcher Lernsituationen. Unter solchen Umständen müssen sie sich irgendwie entschädigen. Sie entwickeln das, was jedem Lehrer bestens vertraut ist: Störungen und Widerstand. Einige Teilnehmer reagieren feindselig und widerspenstig, einige reagieren depressiv und apathisch, andere flüchten in Albernheit oder passen sich so gut es geht dem Unvermeidbaren an. Bedenklich scheint mir auch, daß selbst hochtalentierte Teilnehmer sich solchen Lernprozessen unterwerfen und mit großem Erfolg lernen. Oft sind sie innerlich ängstlich und verzichten auch später darauf, eigenständige oder neuartige Lösungen für die Probleme zu suchen, die sich ihnen bei ihrer Arbeit stellen.
Zusammenfassend kann man sagen, daß institutionelles Lernen im selben Maße ein System der Kontrolle und der Indoktrination ist, wie es ein System der Wissensvermittlung ist. Das Lob des „lebenslangen Lernens" ist ein Lippenbekenntnis. Hier geht es vor allem um Lernen zu vorgegebenen Bedingungen. Es geht um vorher festgelegtes Material, das gelernt werden soll, und der Lehrende agiert aus einer überlegenen Position heraus. Außerdem geht es um Lernen in einer Pseudogruppe: Alle sollen in derselben Zeit dasselbe lernen. Alles ist vorher festgelegt: das Lerntempo, das Lernmaterial,

die Evaluationsmethoden, die Gestaltung des Raumes. Und natürlich bringt Lernen unter diesen Umständen niemandem Spaß. Auch die geduldigsten Teilnehmer sind froh, wenn sie damit fertig sind.
Seit den fünfziger Jahren gibt es im Bereich der allgemeinen Erwachsenenbildung und in der Organisationsentwicklung Bemühungen, neue partizipative Formen der Lernorganisation einzuführen. Wir können drei wichtige Veränderungen beobachten:

1. Die Dominanz der Lehrenden wird reduziert.
2. Die Interaktion der Lernenden wird für den Lernprozeß genutzt.
3. Es werden vielfältige Versuche gemacht, das Lernen lebendiger, ganzheitlicher und praxisbezogener zu gestalten.

Dabei entsteht eine neue Lernmethode – der Workshop. Der Begriff der „Werkstatt“ weist auf einen zentralen Punkt dieser Innovation hin: Im „Workshop“ sollen die Lernenden gemeinsam aktiv werden und möglichst selbständig handeln.
Im Konzept des „Workshop“ fließen verschiedene Entwicklungen zusammen: Die Kleingruppenforschung von Tavistock (Großbritannien) und den „National Training Laboratories“ (USA); die Humanistische Psychologie, und seit Anfang der achtziger Jahre die immer einflußreicher werdende Gehirnforschung. Wer immer den Begriff „Workshop“ zum ersten Mal auf eine Lerngruppe übertragen hat – diese Idee war glänzend. Der Begriff „Workshop“ ist attraktiv und inspirierend. Und er ist in gewisser Weise zeitlos, da er von Anfang an mit vielen didaktischen und therapeutischen Methoden kompatibel war. Der „Workshop“ wurde das universelle Betriebssystem für alle möglichen Programme des Lernens.

2 Was ist ein Workshop?

Welche Möglichkeit haben wir, zwischen Workshops, Seminaren, Kursen, Konferenzen, Symposien, Arbeitsgruppen, Zirkeln und Laboratorien zu unterscheiden? Und spielt die Unterscheidung überhaupt eine Rolle?
Ich möchte mich zunächst der zweiten Frage zuwenden: Meiner Auffassung nach ist diese Frage eminent wichtig. Die Teilnehmer sollen nämlich von vornherein wissen, auf welche Art und Weise sie lernen werden, wie groß ihre Möglichkeiten der Einflußnahme sind und was die Moderatoren von ihnen erwarten.
Wenn wir unklare Begriffe gebrauchen, wie das z. B. bei Kurs und Seminar der Fall ist, dann sorgen wir leicht für Mißverständnisse. Genauso irreführend ist es, wenn wir Veranstaltungen, bei denen hauptsächlich informiert wird, „Workshops“ nennen. Heute erwarten immer mehr Teilnehmer, daß sie sich bei Fortbildungsmaßnahmen aktiv beteiligen können. Darum müssen wir darauf achten, daß unsere Wortwahl präzise angibt, wie sehr die Teilnehmer persönlich involviert sein werden, denn dann können sie sich innerlich auf den Typ der Veranstaltung einstellen, und wir vermeiden Mißverständnisse. Wie können wir nun zwischen den verschiedenen Begriffen für die oben genannten unterschiedlichen Bildungsmaßnahmen unterscheiden?
Als *Workshop* bezeichnen wir ein intensives Lernarrangement, bei dem die Teilnehmer vor allem dadurch lernen, daß sie selbst aktiv werden. Wenn es auch kürzere Theorie-Einheiten gibt, so spielen sie doch eine relativ geringe Rolle. Im Zentrum stehen das eigene Lernen der Teilnehmer und ein hohes Maß an Interaktion in der Gruppe. Der Akzent des Lernens liegt auf dem Erwerb dynamischen Wissens. Die Teilnehmer können Lernziele selbst bestimmen. Gemeinsam mit dem Moderator übernehmen sie die Verantwortung für ihre Lernprozesse.
Als *Laboratorium* bezeichnen wir Trainings, bei denen die Teilnehmer vor allem durch ihr eigenes Verhalten lernen, indem sie es analysieren und ggf. verändern. Zu diesen Trainingsveranstaltungen gehören T-Gruppen, Encounter-Gruppen und z. T. Teamtrainings.
Von *Seminar* sprechen wir im Zusammenhang mit Bildungsmaßnahmen, bei denen es in erster Linie um Wissenserwerb geht. Dabei geben verschiedene Experten ihr Wissen an die Gruppe, das anschließend durch Diskussion vertieft und angeeignet werden soll. Das Lernen erfolgt hauptsächlich in zwei Schritten: zum einen durch Zuhören und zum anderen durch den Meinungsaustausch mit den Experten und anderen Gruppenmitgliedern. Von den Teilnehmern wird erwartet, daß sie Grundwissen mitbringen und bereit sind, an der anschließenden Diskussion aktiv teilzunehmen. Beim Seminar werden selten partizipative Lernformen angewendet.
Ein weiterer Veranstaltungstyp ist die *Konferenz*, bei der es um einzelne der folgenden Ziele geht:

- Aktuelle Probleme werden analysiert, um Lösungen dafür zu finden,
- neue Verfahren, Strategien und Ziele oder Produkte werden präsentiert,
- die Zusammenarbeit verschiedener Gruppen soll verbessert werden,
- die Motivation der Teilnehmer soll gesteigert werden.

Konferenzen benutzen in der Regel wenig partizipative Lernformen. Moderne Konferenzleiter versuchen wenigstens, die Teilnehmer ab und zu in kleinen Gruppen zusammenzubringen, um ein höheres Maß an persönlicher Beteiligung zu erreichen. In der Regel haben die einzelnen Teilnehmer wenig Möglichkeiten, den Ablauf einer Konferenz zu beeinflussen. Sie folgen einem vorherbestimmten Programm mit Vorträgen, Arbeitspapieren und Präsentationen.

Auf einem *Symposion* werden verschiedene Gesichtspunkte durch mehrere Experten vorgetragen. Das Publikum ist in der Regel groß und soll in erster Linie zuhören, auch wenn es die Gelegenheit gibt, den Experten Fragen zu stellen. Es gibt hier meistens einen Moderator, der die Experten vorstellt, die einzelnen Beiträge verbindet und den Kontakt zwischen Experten und Publikum regelt. Unter den Experten gibt es wenig oder gar keinen Austausch.

Das *Forum* ist eine Veranstaltung, bei der wiederum Experten auftreten, die unterschiedliche und entgegengesetzte Gesichtspunkte zu einem Thema präsentieren. Dabei gibt es selten Streitgespräche zwischen ihnen. Wenn alle Experten gesprochen haben, dann darf das Publikum seine Fragen stellen.

Bei einer *Podiumsdiskussion* wird erwartet, daß die Experten ihre Meinung nicht isoliert vortragen, sondern daß sie sich gegenseitig herausfordern, Bezug aufeinander nehmen und den Versuch machen, gemeinsam ein Thema aufzuhellen. Sie sollen sich durchaus widersprechen und dann versuchen, über ihre eigenen zu Beginn kontroversen Standpunkte hinauszugehen und eine neue Ebene des Verständnisses zu erreichen. Das Publikum kann ziemlich klein sein (20–25 Teilnehmer), aber es kann auch recht groß sein (200–500 Teilnehmer). Auch hier haben die Teilnehmer Gelegenheit, Fragen zu stellen und Kommentare abzugeben.

Wenn man von *Kursen, Tagungen, Sitzungen* usw. spricht, dann ist für die Adressaten relativ unklar, wieviel Einfluß sie auf die Veranstaltung nehmen können. Gleichwohl werden diese Begriffe häufig verwandt.

Die genannten Veranstaltungen unterscheiden sich also darin, wieviel Einfluß die Teilnehmer auf den Ablauf nehmen können und wieviel Interaktion zwischen ihnen möglich ist. Das größte Maß an Mitbestimmung und Interaktion bieten Workshops und Laboratorien. Diese beiden Veranstaltungsformen unterscheiden sich wiederum dadurch, daß im Laboratorium das soziale Verhalten jedes einzelnen Teilnehmers im Mittelpunkt steht, während Workshops alle möglichen Problembereiche und Aufgabenstellungen zum Thema haben können.

Die folgenden Definitionen stammen von Personen, die an einem Workshop mit dem Titel „Wie leite ich einen Workshop?“ teilgenommen haben:

- eine Lerngruppe, die allen Teilnehmern hilft, am Ende kompetenter zu sein als am Anfang der Veranstaltung;
- ein Lernprozeß, zu dem jeder Teilnehmer immer wieder aktiv selbst beiträgt;
- ein Lernprozeß, bei dem die Teilnehmer eine Menge voneinander lernen;
- ein Training, dessen Ergebnisse vor allem von den Beiträgen der Teilnehmer abhängen und weniger vom Wissen des Leiters;
- ein Lernprozeß, der das Erlebnis der Teilnehmer in den Mittelpunkt stellt und nicht so sehr das Wissen des Moderators;
- eine Gelegenheit, bei der man herausfinden kann, daß man mehr weiß und kann, als man geglaubt hätte, und bei der man von Leuten lernt, von denen man es nicht gedacht hätte.

Wenn Sie selbst Ihre Teilnehmer zu Beginn eines Workshops auffordern, eine Definition dieser Veranstaltung zu versuchen, dann werden Sie ein breites Spektrum von Antworten erhalten. Noch wichtiger ist, daß Sie eine Vorstellung davon bekommen, was sich die Teilnehmer von dieser Veranstaltung wünschen.

Workshops können unterschiedlich lang sein. Es gibt Mini-Workshops, die nur einstündig sind, aber die meisten dauern zwischen einem halben Tag und einer Woche. Ihr wesentliches Charakteristikum ist die Vielfalt. Jeder gute Workshop benutzt eine Mischung aus unterschiedlichen Verfahren, die alle dazu beitragen, daß die Teilnehmer aktiv werden und nicht nur zuhören. Man kann sagen, daß im Workshop durch aktuelle Erfahrung und persönliches Erleben gelernt wird, was in der Gruppe leichter möglich ist, als wenn man allein lernt. Und in diesem Buch mache ich Ihnen eine Vielzahl von Vorschlägen für Aktivitäten, die Sie in Ihren Workshops benutzen können, damit Sie diese Vielfalt ins Spiel bringen können. Denn die besten Freunde des Lernens sind Abwechslung, Neugier und Überraschung.

3 Neue Wege des Lernens

In den letzten zehn Jahren sind Workshops auf der ganzen Welt immer beliebter geworden, weil sie Erwachsenen eine hervorragende Möglichkeit bieten, intensiv zu lernen und am Lernen Freude zu haben. Bei vielen verstärken sie die Bereitschaft, sich persönlich zu verändern und zu wachsen. Und genau das wünschen sich Firmen und Institutionen von den Mitarbeitern: daß sie sich auf den Wandel in der Gesellschaft einstellen, indem sie sich selbst entwickeln.

Nicht jeder, der einen Workshop leitet, ist sich der großen Möglichkeiten bewußt, die dieses Lernarrangement bietet. Mehr oder weniger stehen wir alle noch im Bann der klassischen Lehrmethode, die man als „Wissensvermittlung" bezeichnen könnte. Bei dieser Methode wissen die Lehrenden, welche Informationen sich die Lernenden aneignen sollen. Sie packen diese Informationen in handliche Portionen und übermitteln sie an ihre Adressaten. Die meisten Lehrenden verbringen viel Zeit damit, um genau zu planen, wie sie ihre Informationen übermitteln wollen. Denn Erwachsene leisten oft Widerstand gegen Versuche von außen, ihr Wissen auf den neuesten Stand zu bringen. Das ist verständlich, denn Erwachsene möchten nicht wie Schüler behandelt werden. Natürlich ist Wissensvermittlung nicht grundsätzlich negativ, aber in einer Welt raschen Wandels und schnell veraltenden Wissens ist sie ein Lernmodell mit sehr engen Grenzen.

Es kommt hinzu, daß auch die Anforderungen der Unternehmen und Institutionen komplexer geworden sind. Sie wünschen sich nicht nur kenntnisreiche Mitarbeiter, sondern Mitarbeiter, die auch kreativ sind, die analytisch denken können und die bereit sind, Verantwortung zu übernehmen.

Wir brauchen daher Lernformen, die das gesamte kreative Potential des menschlichen Geistes fördern. Dazu gehört auch die Fähigkeit, das eigene Selbstkonzept in Richtung auf Selbständigkeit und Kooperationsbereitschaft, Entscheidungsstärke und kommunikative Kompetenz weiterzuentwickeln.

Drei Arten des Wissens

Wenn wir über Lernprozesse nachdenken, können wir drei verschiedene Formen des Wissens unterscheiden. Den ersten Typus kann man als „Oberflächen-Wissen" bezeichnen. Viele Lehr- und Handbücher sind Beispiele für diese Art des Wissens. Es geht darin um Fakten und Informationen, um Grundbegriffe und Konzepte und um die breite Zusammenfassung von Theorien. Namen, Daten und Kategorien spielen dabei ebenfalls eine wichtige Rolle, und es wird auf all das hingewiesen, was die Experten für besonders wichtig halten. In den meisten Fällen wird diese Art des Wissens wie eine isolierte Sammlung von Informationen behandelt. Als Begründung, warum dieses Wissen gelernt werden soll, wird einfach angegeben: „Das muß

jeder wissen. Das gehört zu Ihrem Job." Erwachsene finden diese Art Wissen in der Regel schrecklich langweilig, und sie haben oft Mühe, sich solche Dinge einzuprägen.
Eine zweite Art des Wissens kann man als „technisches Wissen" bezeichnen. Dieses Wissen orientiert sich mehr an Skills und beruflichen Anforderungen. Es hilft uns, die inneren Zusammenhänge einer Disziplin zu verstehen. Mit seiner Hilfe können wir bestimmte Konzepte und Theorien begreifen. Aber diese Art des Wissens geht selten über die Fachgrenzen hinaus. Wer nur darüber verfügt, hat Schwierigkeiten zu verstehen, wie sich dieses Wissen mit angrenzenden Disziplinen und Fragestellungen verbinden läßt.
Natürlich benötigen wir diese beiden Formen des Wissens: das Oberflächen-Wissen und das technische Wissen, aber für die Fortbildung von Erwachsenen ist der dritte Typ des Wissens viel wichtiger, den man als „dynamisches Wissen" bezeichnen kann. Dynamisch ist ein Begriff, mit dem wir offene Systeme beschreiben. Dynamisches Wissen ist lebendig für uns. Wir können damit spielen und experimentieren; die Aneignung solchen Wissens bringt Spaß; wir sind begierig, unsere Entdeckungen anderen mitzuteilen.
Jeder kennt diese Art des dynamischen Lernens aus dem eigenen Leben, aus der Beschäftigung mit besonderen Interessengebieten oder mit kreativen Aktivitäten. Wenn wir uns für ein Gebiet interessieren, dann lernen wir ganz selbstverständlich die dazugehörige Fachsprache, wir interessieren uns für die kleinsten Details, und wir ergreifen jede Gelegenheit, neue Fragen aufzuwerfen oder unsere Vorgehensweise durch Versuch und Irrtum zu verfeinern. Dynamisches Wissen zeichnet sich vor allem dadurch aus, daß wir selbst die entscheidende Rolle dabei spielen. Wir benutzen Oberflächen-Wissen und technisches Wissen, um unser Wissen zu vertiefen und immer neue Dinge hinzuzulernen. Dynamisches Wissen wird Teil unserer „Arbeitspersönlichkeit", wir sind stolz darauf, und wir unternehmen große Anstrengungen, es zu erweitern. Hier gibt es keine Motivationsprobleme, wir lernen einfach gern.

Gerade für dynamisches Lernen bieten Workshops ein hervorragendes Forum. Voraussetzung ist allerdings, daß der Moderator der Versuchung widersteht, als Informations-Broker aufzutreten und alle Antworten zu kennen. Leider können wir häufig beobachten, daß Workshops als eine elegante Methode, Fakten, Wissen oder Fertigkeiten zu vermitteln, mißverstanden werden. Die lockere Atmosphäre des Workshops soll Lernwiderstände aufweichen und die Teilnehmer bereit machen, sich einen Bestand vorher definierter Informationen und Fertigkeiten anzueignen.
Natürlich muß der Moderator eines Workshops auch etwas von den Themen verstehen, um die es in einem Workshop gehen soll, aber er braucht mehr, wenn er seine Aufgabe wirklich gut machen will. Er muß offen genug sein, um selbst in jedem Workshop etwas Neues dazuzulernen, er muß bereit sein, von seinen Teilnehmern zu lernen und mit ihnen gemeinsam Neues zu entdecken. Diese Haltung einzunehmen, ist nicht immer leicht, aber wir können

es uns leichter machen, wenn wir uns vergegenwärtigen, wie unser Gehirn funktioniert. Zum Glück wissen wir inzwischen sehr viel mehr darüber, und wir können dieses Wissen nutzen, um unsere Workshops so zu strukturieren, daß „dynamisches Lernen“ darin möglich wird.

4 Gehirngerechtes Lernen

Die folgenden Axiome für dynamisches Lernen basieren auf Forschungsergebnissen in den Bereichen von Neuropsychologie, Neurologie, Physiologie, kognitiver Psychologie, Streßmanagement usw. Diese Erkenntnisse finden langsam Eingang in Schulpädagogik und Erwachsenenbildung, und wir können sie gut gebrauchen, um die Didaktik des Workshops weiterzuentwickeln.

1. Das Gehirn ist ein komplexes adaptives System – Das vielleicht wichtigste Merkmal unseres Gehirns ist seine Fähigkeit, gleichzeitig auf verschiedenen Ebenen zu arbeiten. Gedanken, Gefühle, Phantasie, Einstellungen und Physiologie beeinflussen sich wechselseitig. Gleichzeitig interagiert unser gesamtes Körper-Geist-System mit der Umgebung und tauscht Informationen mit ihr aus.

Didaktische Konsequenzen: Lernprozesse müssen so strukturiert sein, daß alle Aspekte geistiger Operationen berücksichtigt werden. Es gibt keine didaktische Methode und keine Lerntechnik, die für sich allein die Vielfalt des menschlichen Gehirns ausreichend berücksichtigen könnte. Wer Lernprozesse angemessen strukturieren will, muß in der Lage sein, aus einem großen Repertoire Methoden und Techniken auszuwählen, die für eine bestimmte Situation und für eine bestimmte Gruppe passend sind.

2. Unser Gehirn ist ein „soziales" Gehirn – Von Anfang an lernen wir durch die Interaktion unseres Geistes mit unserer frühen Umgebung und im Rahmen unserer ersten Beziehungen. Unser erstes Wissen erwerben wir durch die soziale Interaktion mit unseren Betreuern. Und ein Leben lang verändert sich unser Geist durch die Beziehungen mit anderen. Darum können wir den einzelnen Lernenden nicht isoliert betrachten, sondern müssen ihn immer als Mitglied sozialer Systeme innerhalb und außerhalb der Lerngruppe sehen.

Didaktische Konsequenzen: Ein großer Teil unserer Identität hängt davon ab, ob wir uns zugehörig fühlen können und Möglichkeiten haben, Kontakt zu anderen aufzunehmen. Darum ist es wichtig, daß in einer Lerngruppe ein akzeptierendes Klima gepflegt wird. Die Teilnehmer wünschen sich vielfältige Kontakte untereinander und eine gute Beziehung zum Gruppenleiter. Das bedeutet jedoch nicht, daß es in einer effektiven Lerngruppe keine zwischenmenschlichen Konflikte geben dürfte. Die Teilnehmer erwarten allerdings zu Recht, daß solche Konflikte einer Lösung zugeführt werden. Sie erwarten darüber hinaus, daß sie lernen, mit Konflikten umzugehen, und daß sie Gelegenheit haben, einen eigenen Beitrag bei der Klärung von Schwierigkeiten im Gruppenprozeß leisten zu können.

3. Lernen findet in enger Wechselwirkung mit unserem ganzen Körper statt – Unser Gehirn ist ein Organ unseres Körpers, das nach physiologischen Regeln arbeitet. Lernen ist so natürlich wie atmen, aber es kann entweder gefördert oder behindert werden. Die Wahrnehmung und Interpretation all unserer Erfahrungen beeinflußt die Entwicklung unseres Gehirns. Streß und Angst haben eine andere Auswirkung auf unser Gehirn als das Empfinden von Sicherheit, Herausforderung, Langeweile, Glück oder Zufriedenheit.

Didaktische Konsequenzen: Alles was unseren Körper beeinflußt – z. B. Streß, Ernährung und Entspannung – hat große Auswirkungen auf den Lernprozeß. Es gibt günstige und ungünstige Zeiten für unser Lernen, die geprägt werden durch individuelle und natürliche biologische Rhythmen und Zyklen.

4. Die Suche nach Sinn ist jedem Menschen angeboren – Jeder hat das tief verwurzelte Bedürfnis, Erfahrungen und Erlebnisse zu interpretieren und zu verstehen. Diese Suche nach Sinn dient unserem Überleben und ist ein grundlegendes Merkmal des menschlichen Geistes. Wie wir unsere Erfahrungen verstehen, das verändert sich natürlich im Laufe der Zeit und wird reifer und komplexer. Aber das zentrale Bedürfnis selbst verändert sich nicht. Bei der Suche nach Sinn geht es auch um Ziele und Werte. Der amerikanische Psychologe Maslow hat die Intensität dieser Suche klar erkannt. Dazu gehören so grundlegende Fragen wie: „Wer bin ich?" und „Warum bin ich auf der Welt?" Die Suche nach Sinn bezieht alle Ebenen unserer Existenz ein, unser Bedürfnis nach physischem Überleben, nach Sicherheit, sowie die Entwicklung von Beziehungen, das Erlebnis unserer Identität, die Erforschung unseres Potentials und die Beschäftigung mit der Transzendenz.

Didaktische Konsequenzen: Gruppen, in denen gelernt wird, müssen auf der einen Seite Stabilität und Vertrautheit gewährleisten. Auf der anderen Seite muß dafür gesorgt werden, daß menschliche Neugier und der Appetit auf Kontraste befriedigt werden. Der Lernprozeß muß Herausforderungen enthalten und Entdeckungen möglich machen. Darum ist es wichtig, daß jede Lerneinheit anregend und bedeutungsvoll ist und jedem Lernenden vielfältige Möglichkeiten bietet, den eigenen Lernprozeß zu steuern.

5. Die Suche nach Sinn entfaltet sich im Entdecken von Mustern – Unser Geist registriert automatisch das, was bekannt ist, und sucht gleichzeitig nach neuen Informationen. Er ist sozusagen gleichzeitig Wissenschaftler und Künstler. Er unterscheidet verschiedene Muster, die ihm begegnen, und drückt sich selbst gleichzeitig in eigenen kreativen Mustern aus. Unser Geist hat eine instinktive Abwehr gegen alles, was ihm sinnlos erscheint. Sinnlos für unseren Geist sind einzelne Informationen, die wir nicht mit unseren Erfahrungen verbinden können.

Didaktische Konsequenzen: Die Teilnehmer jeder Lerngruppe sind ständig damit beschäftigt, nach Mustern Ausschau zu halten, ihre Erfahrungen zu interpretieren und nach Sinn zu suchen. Diesen Prozeß können wir als Lehrende nicht stoppen, aber wir können seine Richtung beeinflussen. Manchmal bestimmen wir von vornherein, was zu lernen ist, aber es ist am besten, wenn wir den Lernprozeß so strukturieren, daß jeder Lernende seine eigenen Schlußfolgerungen ziehen kann. Damit unsere didaktischen Bemühungen effektiv sind, müssen wir uns immer wieder fragen: „Können die Mitglieder einer Lerngruppe wichtige und persönlich relevante Einsichten gewinnen?"

6. Gefühle sind wesentlich für die Entwicklung von Mustern – Alles was wir lernen, wird von unseren Gefühlen beeinflußt und organisiert. Genauso entscheidend sind unsere Einstellungen, Erwartungen, persönlichen Vorlieben und Abneigungen, unsere Selbstachtung und das Bedürfnis nach sozialen Beziehungen. Emotionen und Gedanken prägen sich wechselseitig und können nicht voneinander getrennt werden. Unsere Gefühle beeinflussen unser Verständnis und unser Empfinden für Sinn. Die emotionale Bedeutung irgendeiner Lernsituation oder irgendeiner Lebenserfahrung kann lange anhalten, auch wenn das auslösende Ereignis längst vorbei ist.

Didaktische Konsequenzen: Jeder Gruppenleiter muß berücksichtigen, daß Gefühle und Einstellungen der Lernenden eine wichtige Rolle dabei spielen, wie gelernt wird. Das emotionale Klima in der Gruppe muß sorgfältig und kontinuierlich beobachtet werden. Dazu gehört auch, daß eine offene Kommunikation praktiziert wird, die es allen Beteiligten ermöglicht, über ihre Lernprozesse zu sprechen. Es ist wichtig, daß in der Gruppe ein unterstützendes Klima herrscht, das gekennzeichnet ist durch wechselseitigen Respekt und Anerkennung.

7. Jedes Gehirn entdeckt und schafft gleichzeitig Teile und Ganzheiten – Die alte Funktionsunterscheidung zwischen linker und rechter Hemisphäre erscheint uns heute allzu vereinfacht. Bei gesunden Menschen kooperieren beide Hemisphären grundsätzlich bei jeder Aktivität: beim Zeichnen und Musizieren, bei der Bedienung eines Computers, bei Verkaufsgesprächen und bei der Buchhaltung. Die Theorie der beiden Gehirnhälften kann uns daran erinnern, daß das Gehirn Informationen in Einzelteile auflöst, aber gleichzeitig ganzheitlich wahrnimmt.

Didaktische Konsequenzen: Lernen wird ungeheuer erschwert, wenn entweder Teile oder Ganzheiten ungenügend berücksichtigt werden. Gute Lernprozesse sind so angelegt, daß sich im Laufe der Zeit Verständnis und Fertigkeiten herausbilden können, denn Lernen ist kumulativ. Andererseits sind Teile und Ganzheiten aufeinander angewiesen. Ihr Zusammenwirken ermöglicht es dem Lernenden, Muster und Zusammenhänge zu erkennen.

8. Die konzentrierte Aufmerksamkeit beim Lernen wird immer von peripherer Wahrnehmung begleitet – Das Gehirn nimmt Informationen auf, die dem Lernenden direkt bewußt sind, aber gleichzeitig nimmt es auch

Informationen auf, die vom Lernenden nicht unmittelbar bemerkt werden. Das Gehirn reagiert auf alle Sinneseindrücke der Umgebung, in der Lernen und Kommunikation stattfinden. Periphere Signale sind außerordentlich wirksam. Auch die unbewußten Signale, die wir als Gruppenleiter aussenden und die Ausdruck unserer innersten Überzeugung sind, oder unsere Gefühle für die Lernenden haben Auswirkungen auf die Teilnehmer.

Didaktische Konsequenzen: Jeder Lehrende sollte für eine reichhaltige und anregende Umgebung sorgen. Es reicht nicht aus, daß wir den Geräuschpegel im Raum kontrollieren, die Temperatur und die Beleuchtung, sondern wir können ganz bewußt Symbole einsetzen, die die periphere Wahrnehmung positiv beeinflussen: Plakate, gemalte Bilder, Plastiken usw. Wir können Musik benutzen, um den Lernprozeß zu begleiten, und natürlich müssen wir uns darüber klar sein, daß wir selbst ständig wichtige Signale aussenden. Unser innerer Zustand, unsere Absichten, unsere Stimmung zeigen sich in der Farbe unserer Haut, in Körperhaltung und Muskelspannung, in der Art, wie wir atmen, in Gesten und der Bewegung unserer Augen. Wir müssen uns darüber klar sein, daß die Gruppenmitglieder ein feines Empfinden dafür haben, ob wir als Gruppenleiter kongruent sind, ob das, was wir sagen und vertreten, wirklich zu dem paßt, was wir innerlich empfinden.

9. Lernen entfaltet sich in bewußten und unbewußten Prozessen – Wir lernen viel mehr, als wir jemals bewußt verstehen. Unter der Oberfläche unseres Bewußtseins finden viele unbewußte Prozesse statt, in denen wir versuchen, unseren Erfahrungen eine Deutung zu geben oder sie, wenn sie allzu belastend sind, zu verdrängen. Viele Informationen, die wir erhalten, erreichen unser Bewußtsein mit einer gewissen Verspätung – Stunden, Wochen oder Monate später.

Didaktische Konsequenzen: Wir müssen als Gruppenleiter dafür sorgen, daß die Teilnehmer ihre Erfahrungen angemessen auswerten können. Manchmal kann eine solche Auswertung unmittelbar nach einer wichtigen Lerneinheit stattfinden, manchmal ist es passender, einige Zeit vergehen zu lassen. In einer aktiven Auswertung können die Lernenden eine Bestandsaufnahme machen und sich klar darüber werden, wie und was sie gelernt haben. Solche aktiven Auswertungen bieten gleichzeitig Gelegenheit, Verantwortung für das eigene Lernen zu übernehmen und das eigene Urteilsvermögen zu entwickeln. Eine aktive Auswertung hilft den Lernenden, sichtbar zu machen, was zunächst unsichtbar war.

10. Wir haben verschiedene Möglichkeiten, uns Dinge zu merken – Die amerikanischen Psychologen O'Keefe und Nadel unterscheiden zwischen zwei verschieden funktionierenden Systemen in unserem Gedächtnis. Sie stellen die Hypothese auf, daß wir ein System haben, das relativ unverbundene Informationen speichern kann. Dieses System benutzen wir, wenn wir uns z. B. Telefonnummern merken, Vokabeln lernen oder wenn wir ein

Gedicht auswendig lernen. Neben diesem System, das die Dinge „auflistet", haben wir ein weiteres System, das autobiographisch funktioniert und das unsere Erfahrungen in Raum und Zeit registriert. Hier müssen wir nichts auswendig lernen. Dieses System macht es uns möglich, uns unsere Erfahrungen ohne langes Nachdenken wieder zu vergegenwärtigen. In diesem System erinnern wir uns an die Details unseres ersten Ferientages oder an den schrecklichen Augenblick, als es auf der Festplatte unseres Computers einen Crash gab. Dieser Teil des Gedächtnisses ist immer präsent, immer engagiert, unerschöpflich; er wird durch Neues motiviert. Dieses „räumliche" System, gibt uns die Möglichkeit, uns an komplexe Erfahrungen und Erlebnisse zu erinnern. Beide Gedächtnissysteme zusammen ermöglichen dynamisches Lernen.

Didaktische Konsequenzen: Bedeutungsvolle und bedeutungslose Informationen werden vom Lernenden unterschiedlich organisiert und gespeichert. Fakten und Fertigkeiten, die isoliert gelernt werden, müssen viel häufiger praktiziert und wiederholt werden. Je weniger Informationen und Fertigkeiten mit aktueller Erfahrung und schon vorhandenem Wissen verbunden sind, desto anstrengender ist das Speichern. Wir müssen auswendig lernen und häufig wiederholen. Auswendiglernen galt lange Zeit als der Königsweg zu solidem Wissen. Heute denken wir anders darüber. Auswendiglernen gibt keine Gewähr, daß wirklich ein Lerntransfer stattfindet, und in vielen Fällen stört es das tiefere Verständnis. Lernprozesse sind in der Regel wirksamer, wenn sie das räumliche Gedächtnis beteiligen, d. h. die persönliche Welt des Lernenden.

11. Wir verstehen unsere Erinnerungen besser, wenn Fakten und Fertigkeiten in unser räumliches Gedächtnissystem eingebettet sind – Das beste Beispiel ist der Erwerb unserer Muttersprache. Durch ständige und vielfältige Interaktionen lernt das Kind Vokabular und Grammatik, ohne daß es dabei irgend etwas auswendig lernen muß. Die Sprachfähigkeit entwickelt sich aus der sozialen Situation. Dieser Lernprozeß ist ein gutes Beispiel dafür, wie leicht viele Einzelheiten gelernt werden können, wenn sie in unsere Erlebniswelt eingebettet sind. Jeder Lernprozeß kann verbessert werden, wenn dieser Typus des ganzheitlichen und erlebnismäßigen Lernens benutzt wird. Fast alle modernen didaktischen Theorien über „gehirngerechtes Lernen" sind sich in diesem Punkt einig.

Didaktische Konsequenzen: Lernen in Erlebnisprozesse einzubetten ist eine Kunst, weil auch alle anderen hier genannten Prinzipien berücksichtigt werden müssen. Unser räumliches Gedächtnis wird am wirksamsten durch erlebnisbetontes Lernen angesprochen. Wenn wir Lernsituationen so strukturieren wollen, dann müssen wir möglichst viele Aktivitäten einsetzen, die auch im täglichen Leben vorkommen: Demonstrationen, Projekte, Feldforschung, visuelle Imagination, Geschichten, Metaphern, Drama, Rollenspiel, Dialoge, Tagebuch- und Briefeschreiben, Tanz, Pantomime etc. Der Erfolg

hängt davon ab, daß möglichst alle Sinne beteiligt sind und daß der Lernende in eine reiche, komplexe und interaktive Erfahrung eintaucht.
Natürlich wollen wir nicht ganz auf didaktische Vorträge und Analysen verzichten, aber sie sind wirksamer, wenn sie Bestandteil einer lebendigen Erfahrung werden.

12. Lebenslanges Lernen – Die Entwicklung des Gehirns geschieht auf verschiedenen Ebenen. Einerseits durchlebt jedes Kind festgelegte Entwicklungssequenzen, z. B. was die motorischen Fertigkeiten, verbalen Fähigkeiten und die psychosexuelle Entwicklung betrifft. Andererseits werden die Vernetzungen in unserem Gehirn von den Erfahrungen geprägt, die wir im Leben machen. Und was ganz wichtig ist zu wissen – besonders für Erwachsene: Der Entwicklung unseres Gehirns sind keine Grenzen gesetzt! Wir haben die Fähigkeit, immer weiter zu lernen und immer besser zu verstehen. Unser Gehirn ist in jedem Alter fähig, neue Verbindungen herzustellen.

Didaktische Konsequenzen: Während Kinder und Jugendliche beim Lernen von der Dynamik ihrer körperlichen und psychosexuellen Entwicklung unterstützt werden und vom Wunsch, erwachsen und unabhängig zu sein, brauchen Erwachsene zum Lernen andere Formen der Inspiration. Für sie ist es entscheidend, daß sie beim Lernen Vergnügen empfinden können und daß sie die Chance haben, sich als produktives Mitglied einer Gruppe, einer Institution zu empfinden. Für viele Erwachsene ist es darüber hinaus wichtig, daß auch ihre spirituellen Bedürfnisse berücksichtigt werden.

13. Komplexes Lernen wird durch Herausforderung begünstigt und durch Bedrohung behindert – Das Gehirn lernt optimal, wenn es in einer Umgebung herausgefordert wird, die Mut macht, Risiken einzugehen. Wenn sich das Gehirn dagegen bedroht fühlt, dann schaltet es zurück, wird weniger flexibel und sucht Zuflucht bei vergleichsweise primitiven Einstellungen und Sicherheitsprozeduren. Besonders kritisch ist das Empfinden von Hilflosigkeit; sie führt dazu, daß sich das Feld unserer Wahrnehmung verengt.

Didaktische Konsequenzen: Wir müssen in Lerngruppen eine Atmosphäre schaffen, die eine entspannte Aufmerksamkeit ermöglicht, mit wenig Angst und viel Anregung. Wenig Angst bedeutet nicht, daß der Lernende sich ständig gut und zufrieden fühlt. Angst wird dann unproduktiv, wenn sie sich in Gefühlen von Hilflosigkeit oder Erschöpfung ausdrückt. Gelegentlicher Streß und auch Angst sind jedoch unvermeidbar, weil jedes Lernen auch zu einer persönlichen Veränderung führt, die mit Unsicherheit verbunden ist. Aber Erwachsene können lernen, solche Unsicherheit auszuhalten und sie als Bestandteil wertvoller Lernprozesse zu verstehen. Es ist wichtig, daß wir die Lernprozesse so strukturieren, daß entspannte Aufmerksamkeit immer neu möglich wird.

14. Jedes Gehirn ist einmalig – Wir alle haben dasselbe Gehirnsystem, und doch sind wir alle verschieden. Unsere Unterschiedlichkeit ist eine Folge unserer spezifischen genetischen Ausstattung und eine Konsequenz unterschiedlicher Lebensbedingungen und -erfahrungen. Diese Unterschiede drücken sich in verschiedenen Lernstilen aus, in verschiedenen Talenten, unterschiedlich ausgeprägten Intelligenzen usw. Weil Lernen die Struktur des Gehirns verändert, kann man sagen: „Je mehr wir lernen, desto einzigartiger werden wir."

Didaktische Konsequenzen: Lernprozesse müssen vielseitig sein, damit alle Mitglieder einer Lerngruppe ihre visuellen, taktilen, emotionalen und verbalen Präferenzen ausdrücken können. Darum müssen wir immer wieder Wahlmöglichkeiten anbieten, um das individuelle Interesse zu wecken.
In einem Satz gesagt: Wir sollen unsere didaktischen Strategien so wählen, daß sie jedem ermöglichen, sein Gehirn optimal zu gebrauchen. Wir dürfen nicht erwarten, daß die Lernenden ihr Gehirn benutzen, um sich auf phantasielose und willkürliche didaktische Forderungen einzustellen.

5 Modell für dynamisches Lernen

Damit die Moderatoren von Workshops die im vorigen Baustein genannten Prinzipien für dynamisches Lernen in ihre Praxis übersetzen können, möchte ich ein Dreiphasen-Modell vorstellen, das den Bauplan einer idealen Lernsituation darstellt. Wir müssen dafür sorgen, daß am Anfang des Lernens eine Situation „entspannter Aufmerksamkeit“ geschaffen wird. Das ist die Voraussetzung dafür, daß das Gehirn optimal funktionieren kann. Dann müssen wir im zweiten Schritt eine Lernsituation schaffen, bei der die Lernenden in „komplexe Erfahrungen“ eintauchen können. Der dritte Schritt besteht darin, daß die Lernenden ihre Erfahrungen aktiv auswerten können.

1. Schritt: Entspannte Aufmerksamkeit – Hier geht es um einen Zustand des Geistes, der die optimale Aktivität des Gehirns ermöglicht und um die Schaffung eines Milieus, das entspannte Aufmerksamkeit ermöglicht. Was ist dafür erforderlich? Der Lernende darf sich nicht bedroht fühlen, sondern soll die Situation als Herausforderung erleben. Die angekündigte Aufgabe muß so formuliert sein, daß er sich persönlich angesprochen fühlt und die Aufgabe als eine Möglichkeit betrachten kann, seinen Lernwillen auf die Probe zu stellen. Einerseits darf die Aufgabe nicht zu leicht sein, damit sie den Lernenden aus seiner Komfortzone hervorlockt, andererseits muß er das Gefühl haben, sie bewältigen zu können. Entspannte Aufmerksamkeit erfordert immer, daß der Lernende physisch entspannt ist und geistig offen, um seine Energie auf ein sinnvolles Ziel zu konzentrieren. Ein Beispiel für diese Verfassung ist der erfolgreiche Sportler, der es schafft, zu Beginn des Wettkampfes locker und konzentriert zugleich anzutreten. Im Blick auf das vorangegangene Training fühlt er sich gut vorbereitet. Er vertraut darauf, daß Körper und Geist gut zusammenwirken werden, um eine hohe Leistung zu bringen.
Wir wissen, daß zeitlicher Druck, Angst vor Strafe und sogar die Aussicht auf Belohnungen das Lernen eher stören als anregen. Entscheidend für die Motivation ist vielmehr, daß der Lernende die Aufgabe als bedeutsam erlebt. Das ist nur möglich, wenn er einen Zusammenhang mit den eigenen Interessen, mit persönlichen Zielen und mit seinen Lebenserfahrungen herstellen kann.

2. Schritt: Eintauchen in komplexe Erfahrungen – Wir lernen am besten, wenn wir in vielschichtige Erfahrungen eintauchen, die es uns ermöglichen, relevante Muster zu erkennen und ihre Verbindungen zu sehen. Dieses Eintauchen erlaubt es dem Lernenden, die Verbindung zwischen dem Gesamtbild und den Einzelheiten zu sehen. Die Kombination von aktuellen Themen, interessanten Projekten und Aufgaben aus dem Alltagsleben ist ideal dafür, um dieses „Eintauchen“ der Lernenden zu erreichen.

Lernsituationen so zu orchestrieren, daß komplexe Erfahrungen möglich werden, ist vermutlich die schwierigste Aufgabe eines Moderators. Wir brauchen dabei unsere ganze Intuition und Kreativität, denn wir wollen vielfältiges Lernen ermöglichen: Informationen sollen erfaßt, Analyse und Anwendung erprobt, konzeptionelles Verständnis und persönliche Einsichten entwickelt werden, und bei alledem sollen sich Phantasie und Einfallsreichtum entfalten können. Um all das zu integrieren, müssen wir sehr aufmerksam vorgehen. Wir wollen Details in einen größeren Zusammenhang einbetten, das Abstrakte zum Konkreten, das Analytische zum Kreativen in Bezug setzen. Dabei müssen wir immer im Auge haben, daß der Kontext der Lernerfahrung interessant, farbig und stimulierend sein soll. Und wir müssen uns darauf einstellen, daß wir bei Bedarf den Lernenden helfen, relevante Informationen zu gewinnen, Skills zu entwickeln, Werte zu erkennen und Konzepte zu verstehen.

Dreiphasenmodell des Lernens

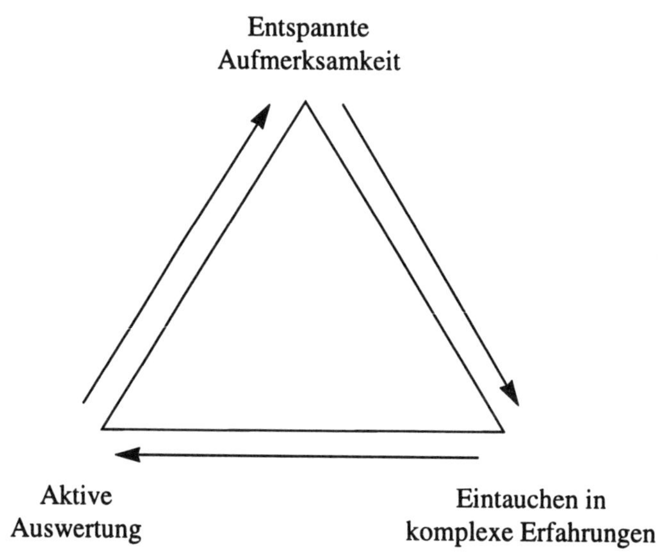

3. Schritt: Aktive Auswertung – Hier geht es darum, daß die Teilnehmer ihre Erfahrungen auswerten und sich darüber klar werden, was sie in der vorangegangenen Lernsituation gelernt haben. Natürlich verläuft ein Teil der Auswertung bei jedem Menschen ganz automatisch. Alles was wir erleben und tun, ordnen wir mehr oder minder sorgfältig in das Bild ein, das wir von uns selbst und von der Welt haben. Unter „aktiver Auswertung" verstehen wir hier eine Intensivierung dieses Vorganges. Dabei geht es um die Konsolidierung und Verinnerlichung von Informationen und Einsichten durch den Lernenden, auf eine Weise, die zugleich persönlich bedeutungsvoll und konzeptionell kohärent ist. Aktive Auswertung ist der Weg zum Verständnis, der über das bloße Erinnern hinausgeht. Wieder können wir das Beispiel des Sportlers benutzen: Professionelle Athleten verbringen viel Zeit damit, ihre Leistung zu überprüfen und zu analysieren.

Aber aktive Auswertung schaut nicht nur zurück, sie gibt dem Lernenden Gelegenheit, sich darüber klar zu werden, was er schon erreicht hat und was er zukünftig lernen möchte. Er beschäftigt sich mit seinem Lernprozeß, mit seinen Lebenszielen, mit seiner persönlichen Entwicklung. Zu einem Teil wird die aktive Auswertung ein individueller Vorgang sein, bei dem sich der Lernende fragt: Was habe ich erlebt? Was habe ich gemacht? Warum habe ich es so gemacht? Wie hätte ich es anders machen können? Welche Schlußfolgerungen ziehe ich aus meinen Erfahrungen? Wie paßt die gewonnene Erfahrung in meine Entwicklung? usw. Andererseits können wir die Präsenz der Gruppe auch dazu benutzen, daß der einzelne Feedback von der Gruppe bekommt, um mit dem gewonnenen Feedback die eigene Reflexion anzuregen.

6 Wie unser Gehirn funktioniert

Moderatoren, Trainer und Berater sind oft überrascht, wie stark Mitarbeiter und Führungskräfte ihr Territorium und den Status quo verteidigen. Sie fragen sich, warum es so schwer ist, eine lernende Organisation zu realisieren. Immer wieder begegnen sie Hierarchen, die durch dominantes Verhalten ihre Mitarbeiter einschüchtern. Eine Erklärung für all diese Schwierigkeiten bietet Paul MacLean, der das menschliche Gehirn erforscht hat. MacLeans Theorie ist besonders nützlich für alle, die mit Lerngruppen arbeiten. Hier finden wir plausible Erklärungen für Lernstörungen, und wir bekommen Hinweise für die Bedingungen dynamischen Lernens.

Man kann die Forschungsarbeit von MacLean mit der Vorgehensweise eines Archäologen vergleichen. Er unterscheidet drei Schichten unseres Gehirns, die sich im Laufe der Evolution entwickelt haben. Jede dieser Schichten hat spezifische Funktionen, ist jedoch untrennbar mit dem gesamten Gehirn verbunden. In gewisser Weise erinnert MacLeans Theorie an das klassische Modell Sigmund Freuds, nach dem die Persönlichkeit des Menschen aus drei Teilen besteht, nämlich aus Es, Ich und Über-Ich.

Nach dem MacLeanschen Modell kann man die drei Teile bzw. Schichten unseres Gehirns mit drei Brüdern vergleichen, die unter einem Dach leben. Der älteste „Bruder" ist der sogenannte R-Komplex, unser reptilisches Gehirn, das vor allem die Aufgabe hat, uns am Leben zu erhalten. Dieser älteste der drei Brüder zeigt ein automatisches und ritualistisches Verhalten, und er leistet Veränderungen gegenüber starken Widerstand. Er benutzt keine Sprache, obgleich er in einem gewissen Rahmen Sprache versteht.

Der zweite „Bruder" ist das limbische System. Es ist in der Lage, tiefe Gefühle zu empfinden. Es regelt die Emotionen und spielt eine wichtige Rolle beim Speichern neuer Informationen und bei der Organisation von Handlungen. Er beschäftigt sich auch mit Aufgaben der Verteidigung durch Flucht oder Kampf. Außerdem spielt er eine Vermittlerrolle zwischen dem ältesten und dem jüngsten Bruder und sorgt dafür, daß der ältere „archaische" Bruder nicht völlig dominiert.

Der jüngste „Bruder" ist interessanterweise auch der größte, nämlich der Neocortex (Gehirnrinde). Dieser jüngste Bruder ist kreativ, sprachbegabt, musikalisch und in der Lage, komplexe Analysen durchzuführen. Er kann abstrakt denken, zwischen Vergangenheit und Zukunft unterscheiden, mit anderen Worten, er ist sehr intelligent.

Für jeden Lehrenden ist es wichtig, die Familienbande zwischen den drei Brüdern zu verstehen. Sie sind sehr, sehr eng, weil jeder Bruder am Verhalten und an den Entscheidungen der anderen beteiligt ist. Die drei Brüder können einander unterstützen, aber sie können auch in Konflikt miteinander geraten. Der älteste Bruder dominiert, wenn eine Bedrohung wahrgenommen wird, weil seine Hauptaufgabe darin besteht, Sicherheit und Überleben zu garantieren. Wenn alle Brüder zusammenarbeiten, dann können sie außerordentliche Herausforderungen bewältigen, mit anderen Worten, sie können dynamisch lernen.

1. Der R-Komplex

Der R-Komplex wird im wesentlichen von unserem Hirnstamm gebildet. Blutdruck, Atmung, Verdauung und die Einleitung von Kampf oder Flucht bei Streß gehören zu seinen wichtigsten Aufgaben. Dieser Teil unseres Gehirns hat viel mit dem der höheren Tiere gemeinsam. Hier geht es in erster Linie darum zu überleben. Ich werde gleich einige Beispiele für solche archaischen Verhaltensdispositionen geben, die uns auch in unseren Lerngruppen immer wieder begegnen. Wir können diese Verhaltenstendenzen nicht unterdrücken, aber wir können dafür sorgen, daß sie auf eine zivilisierte Weise berücksichtigt werden. Das institutionelle Lernen hat diese Verhaltensweisen zum Teil rigoros unterdrückt, zum Teil auf eine sehr rigide Weise benutzt. Aber weil wir daran interessiert sind, dynamisches Lernen zu ermöglichen, das zu Veränderungen führen kann, werden wir diesen archaischen Tendenzen eher mit Respekt begegnen und versuchen, sie konstruktiv zu nutzen.

Schutz des Territoriums – Wir verteidigen unser physisches und abstraktes Eigentum. Wir betonen unseren Besitz, wenn wir z. B. sagen: Meine Mitarbeiter, meine Firma, mein Arbeitszimmer, mein Schreibtisch, meine Idee, usw. Wir erkennen die ritualistische Tendenz dieses Besitzdenkens z. B. daran, daß die Mitglieder einer Lerngruppe sich häufig immer wieder an denselben Platz setzen, bzw. daß sie den Platz des Leiters respektieren und frei lassen.

Wir wollen gesehen werden – Wir haben den tief verwurzelten Wunsch, von anderen bemerkt zu werden und uns auszuzeichnen. Wir putzen sozusagen unser Gefieder und sagen damit: „Schaut mich an, ich bin einzigartig." Zu Beginn einer Gruppe können wir dieses Verhaltensmuster häufig beobachten bei Teilnehmern, die sich in den Vordergrund spielen, aber wir dürfen nicht ignorieren, daß auch die Mauerblümchen ein tiefes Bedürfnis haben, wahrgenommen zu werden.

Hierarchisches Verhalten – Trotz aller Bestrebungen, flache Organisationen zu schaffen und partizipative Arbeitsformen zu etablieren, basieren die meisten Organisationen auf Machthierarchien. Auch die Teilnehmer von Lerngruppen bringen dominante bzw. submissive Verhaltensweisen mit. Und obgleich in einer Lerngruppe alle Teilnehmer theoretisch denselben Status des Lernenden haben, kann es für den Leiter einer solchen Gruppe schwer sein, mit dem dominanten Verhalten einzelner Teilnehmer bzw. eines anwesenden Hierarchen umzugehen. Eine demokratische Gruppenkultur muß bewußt gefördert werden.

Balzrituale – Diese Verhaltenstendenz beobachten wir bei Jugendlichen wie Erwachsenen in unseren Lerngruppen. Die Herausforderung für jeden Gruppenleiter besteht darin, dafür zu sorgen, daß spontanes Flirtverhalten sich zu einem tiefergehenden Respekt für die Mitglieder des anderen Geschlechtes entwickeln kann. Eine Gruppenkultur, die frei ist von Sexismus, erfordert die taktvolle Aufmerksamkeit des Leiters.

Gruppenbildung – Wir haben das instinktive Bedürfnis, uns mit Menschen zusammenzuschließen, mit denen wir Gemeinsamkeiten entdecken. Darum können wir in vielen Lerngruppen die Bildung von Subgruppen beobachten. Die Mitglieder dieser Subgruppen schließen sich enger zusammen, weil sie einander in Bezug auf Alter, sozialen Status oder Lebensstil ähnlich sind. Unsere Aufgabe als Leiter ist es, dafür zu sorgen, daß daraus keine Fragmentierung der Gruppe entsteht und daß die Grenzen solcher Subgruppen durchlässig bleiben.

Rituelles Verhalten – Diese Verhaltenstendenz kann sich auf alles mögliche beziehen. Die Teilnehmer bringen eine Menge Dinge mit, an die sie sich gewöhnt haben, alltägliche Routinen und Rituale, aber auch Überzeugungen und abstrakte Orientierungen. Rituelles Verhalten wird von unseren Institutionen und Organisationen meist gefördert, weil es zur Wahrung des Status quo beiträgt.
Wenn in einer Lerngruppe die alltägliche Routine verändert wird, dann kann das von den Teilnehmern durchaus als Schock oder als Bruch einer wichtigen Ordnung empfunden werden. Wenn die Teilnehmer gewohnt waren, hauptsächlich an Tischen zu lernen, dann kann die Einführung eines Stuhlkreises beträchtliche Unsicherheit erzeugen.

Täuschungen – Wir wundern uns vielleicht, warum viele Teilnehmer sehr hartnäckig versuchen, eine Fassade zu zeigen und Gefühle vorzutäuschen, die sie nicht empfinden. Wenn wir ehrlich sind, müssen wir uns jedoch eingestehen, daß wir alle eine Tendenz haben, z. B. indirekt aggressiv zu sein, um unsere „Feinde" zu täuschen, um Beute zu machen oder um uns zu schützen. Darum sind wir potentiell alle bereit, etwas vorzutäuschen, zu lügen oder Dinge zu erfinden. Unsere extrem wettbewerbsorientierte Kultur verstärkt diese natürliche Tendenz, und wir müssen als Gruppenleiter beträchtliche Anstrengungen machen, daß sich langsam ein Klima der Offenheit, Ehrlichkeit und Kooperation in unseren Lerngruppen entwickeln kann.

2. Das limbische System

Das limbische System ist der Teil unseres Gehirns, in dem unsere Emotionen zu Hause sind und unser Gedächtnis. Das Bedürfnis, uns mit Menschen, die wir mögen, zu verbinden, ist hier ebenso zu Hause, wie unsere Bereitschaft, Menschen, die wir lieben, zu verteidigen. Diese liebevollen Gefühle werden zunehmend komplexer; wenn sich unser limbisches System mit dem Neocortex verbindet, dann entwickeln sich Einfühlungsvermögen und Altruismus.

Das limbische System ist, im Gegensatz zum R-Komplex, wichtig für unser Bewußtsein. Es hilft uns, körperliche Prozesse und Gefühle wahrzunehmen. Es ist in der Lage, Informationen, die von außen kommen, mit unseren eigenen inneren Erfahrungen zu verbinden. Vor allem ist dieser Teil unseres Gehirns in der Lage, die archaischen Verhaltensweisen unseres reptilischen Gehirns zu stoppen und differenzierter und liebevoller zu reagieren.

3. Unser „denkendes" Gehirn: der Neocortex

Dies ist der jüngste Teil unseres dreiteiligen Gehirns und zugleich auch der größte. Wenn wir eine Seite Zeitungspapier zusammenknüllen, dann haben wir ungefähr das Volumen des Neocortex, dem wir die Fähigkeit verdanken zu sprechen und zu schreiben, aber auch die Fähigkeit, sinnliche Eindrücke wahrzunehmen, logisch zu denken und für die Zukunft zu planen oder unser Verhalten auszuwerten. Der Neocortex ist der wichtigste Bundesgenosse beim Lernen, und seine ungeheuren Fähigkeiten werden von den meisten Lernenden und Lehrenden bedauerlicherweise unterschätzt.

Wir haben schon gesagt, daß die drei Bestandteile des Gehirns zusammenwirken. Das bedeutet nicht nur, daß sie sich beeinflussen. Es bedeutet darüber hinaus, daß die Bestandteile des Lernens – Denken, Emotionen und Verhalten – nicht voneinander getrennt werden können. Sie beeinflussen und formen sich gegenseitig. Besonders die Verbundenheit von Denken und Emotionen wird aber von der klassischen Didaktik und vom institutionellen Lernen weitgehend ignoriert. Weil das limbische System Emotionen und Gedächtnis miteinander verbindet, müssen wir davon ausgehen, daß alles, was wir denken, alle unsere Ideen und Erwartungen, mit Gefühlen verbunden sind. Jeder kann viele Beispiele für diesen Zusammenhang finden – die glücklichen Erinnerungen an Ferien mit der Familie oder an Erfolgserlebnisse, Erinnerungen an Verluste, an Trauer, die Ängste im Zusammenhang mit Dingen, die uns schwerfallen, wie z. B. das Lösen mathematischer Aufgaben oder der Umgang mit komplizierten Computerprogrammen, die Furcht vor Konfrontationen mit heiklen Kollegen oder Chefs und die ungeheure Genauigkeit unseres Gedächtnisses im Blick auf Gebiete und Themen, die uns faszinieren.

Man könnte mit MacLean sogar sagen, daß für unser Gehirn nichts existiert, was nicht mit einer Emotion verbunden wäre. Erst die Emotionen geben allem, was wir tun und denken, den Charakter von Realität. Emotionen beflügeln unser Gedächtnis. Alles was nicht mit irgendeiner Emotion verbunden ist, kann nicht in unserem Gedächtnis haften. Eine praktische Konsequenz für alle Lerngruppen: Die Teilnehmer lernen am besten, wenn sie den Lernprozeß als so anregend erleben können, daß sie mit „Feuer und Flamme" bei der Sache sind. Damit die Teilnehmer intensiv lernen, muß das Thema so dargeboten werden, daß der Lernende es als persönlich wichtig empfinden kann, daß er einen gefühlsmäßigen Zugang dazu hat und es mit seinen Bedürfnissen und Werthaltungen verbinden kann. Jedes Thema und jedes Gebiet, das wir innerlich ablehnen, widersetzt sich einer tieferen Durchdringung.

Modell des menschlichen Gehirns nach MacLean

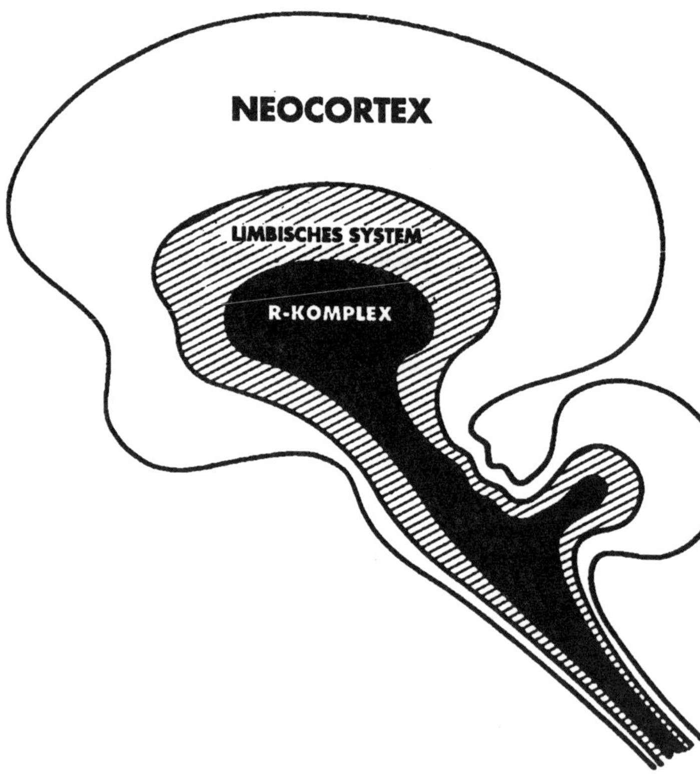

Didaktische Konsequenzen: Als Lehrende müssen wir dafür sorgen, daß die Teilnehmer ihr Bedürfnis nach rituellem Verhalten auf positive Weise ausdrücken können. Wir dürfen den ältesten Teil unseres Gehirns, den R-Komplex, nicht ignorieren. Eine sehr schöne Möglichkeit, diese archaischen Bedürfnisse aufzugreifen, ergibt sich, wenn wir immer wieder zu Aktivitäten einladen, wo es um körperliche Bewegung geht. Darüber hinaus sind alle Arten von Spielen ausgezeichnete, natürliche Lernvehikel für Kinder und Erwachsene. Sie berücksichtigen elementare soziale Bedürfnisse der Lernenden.

Soziale Interaktion und emotionales Wohlbefinden spielen eine bedeutende Rolle für unser Sicherheitsbedürfnis. Deshalb spielen sie auch eine bedeutende Rolle beim Lernen und Verstehen. Sie haben eine hohe motivierende Potenz. Darum müssen wir Situationen schaffen mit einem hohen Anteil an kooperativem Lernen. Wir müssen Lernsituationen so aufbauen, daß die Teilnehmer ihre Kommunikationsskills verbessern können. Lernsituationen sind dann besonders anregend, wenn die Lerngruppe heterogen zusammengesetzt ist in Bezug auf Altersstruktur, Geschlechtszugehörigkeit, ethnischen Hintergrund, Temperament usw. Eine solche Vielfalt wirkt stimulierend, weil dabei Neues erlebt werden kann. Und wir können das tiefe Bedürfnis nach menschlicher Verbundenheit benutzen, um das Lernen auch schwieriger Themen interessant zu machen. Dazu können wir aktivierende Lernformen ins Spiel bringen: Debatten und Diskussionen, Geschichten, Rollenspiele, Expertenrunden. Solche Lernformen sind eine intellektuelle Herausforderung und sprechen das Bedürfnis der Teilnehmer nach Zugehörigkeit und Interaktion an. Gleichzeitig können wir dabei unser tief verwurzeltes Bedürfnis, „beachtet zu werden und zu glänzen" auf eine konstruktive Weise ausdrücken.

7 Streß und Angst vermeiden

Das Workshop-Format gibt uns die Möglichkeit, Lernprozesse interessant zu strukturieren. Dabei müssen wir als Moderatoren besonders darauf achten, daß die Teilnehmer ihr Lernen als anregend empfinden und nicht als Bedrohung, denn auch innovative Lernarrangements verfehlen ihren Zweck, wenn sie dazu führen, daß die Teilnehmer belastenden Streß dabei erleben. In diesem Abschnitt soll es daher um die Auswirkung von Streß und Angst auf den Lernprozeß gehen.

Unser Lernen wird positiv beeinflußt, wenn wir in einem Zustand der Lockerheit und Anregung sind, und es wird behindert, wenn wir uns bedroht fühlen oder wenn wir müde sind. Angst und Müdigkeit führen dazu, daß sich das Feld unserer Wahrnehmung verengt und daß wir in unserem Gehirn sozusagen „zurückschalten". Wir schalten zurück, wenn wir uns hilflos fühlen, machtlos oder ermüdet. Zurückschalten bedeutet, daß wir die experimentelle und neugierige Haltung des dynamischen Lernens aufgeben und uns auf das Bewährte unseres Repertoires zurückziehen, daß wir unser Heil bei alten Überzeugungen und Verhaltensweisen suchen, die uns sicher erscheinen. Unsere Reaktionen werden dann in ihrer Vielfalt eingeschränkt und bekommen etwas Automatisches. Darüber hinaus funktioniert auch unser Gedächtnis nur noch reduziert, große Teile unseres bestehenden Wissens sind uns verschlossen und gleichzeitig erfassen wir auch die Situation, in der wir uns befinden, nur lückenhaft. Wir verlieren unter Streß die Fähigkeit, uns selbst und unsere Umgebung nuanciert wahrzunehmen, und wir verlieren die Lust, uns bei Aufgaben zu engagieren, die Kreativität sowie offenes Denken und Fragen erfordern. Jeder Moderator kennt solche Situationen aus dem eigenen Leben, wenn er sich durch eine Gruppe oder einzelne Teilnehmer plötzlich in hohem Maße bedroht oder in Frage gestellt sieht. Dann kommt es vor, daß plötzlich der didaktische Faden reißt und ein elastisches Eingehen auf die Bedürfnisse der Gruppe unmöglich wird. Angst lähmt auch den intellektuellen Handlungsspielraum des Moderators.

1. Streß und Lernen

Wir müssen uns darüber klar sein, daß viele Teilnehmer unserer Workshops ein hohes Maß an Streß mitbringen. Der Leistungsdruck in der Arbeitswelt hat so stark zugenommen, daß mehr und mehr Menschen in einem Zustand chronischer Überreizung und Erschöpfung sind. Wir werden also dafür sorgen, daß sich diese Teilnehmer zunächst entspannen können, damit sie überhaupt fähig sind, die Lernangebote im Workshop wahrzunehmen. Es besteht allerdings die Gefahr, daß die Kürze der Zeit, die für einen einzelnen Workshop oft nur zur Verfügung steht, den Moderator dazu verführt, sich selbst und die Teilnehmer unter einen neuen Zeitdruck zu stellen und so eine streßbelastete Atmosphäre zu schaffen. Wir wissen, daß Streß immer dann schädlich ist, wenn er mit einem Gefühl der Hilflosigkeit verbunden ist. Dann leidet nicht nur die Funktionsfähigkeit unseres Gehirns, sondern der Körper selbst wird geschädigt. Schädlicher Streß entsteht für viele Menschen, die sich einer Prüfung unterziehen müssen. Sie erleben nicht nur Angst und eine Einschränkung ihrer geistigen Funktion, sondern man hat bei vielen Prüfungskandidaten sogar einen Rückgang der T-Helferzellen, d. h. eine Schädigung des Immunsystems, festgestellt. Andererseits gibt es eine Form von Streß, die wir durchaus als Anregung erleben. Der Streßforscher Hans Selye spricht in diesem Zusammenhang von „positivem Streß". Voraussetzung dafür ist jedoch, daß wir uns nicht hilflos fühlen, sondern eher neugierig, ob wir ein Problem lösen, eine Herausforderung kreativ bewältigen können.

Heute beschäftigt sich ein ganzer Wirtschaftszweig damit, die Folgen von negativem Streß zu mildern. Was immer noch ignoriert wird, ist der Umstand, daß negativer Streß nicht nur unsere Gesundheit und unser Immunsystem beeinträchtigt, sondern daß er auch unsere kognitiven Funktionen behindert. Er stört unsere Fähigkeit zu denken, Probleme zu lösen und Muster und Zusammenhänge zu erkennen. Der Grund ist wieder darin zu sehen, daß Körper, Gefühle und Intellekt als untrennbare Einheit funktionieren und daß das Zurückschalten auf einfache kognitive Funktionen eine automatische Verhaltensweise jedes Lernenden ist, um in einer Notlage zu überleben.

Was machen wir genau beim Zurückschalten? Wir verlagern unsere geistige Aktivität vom Neocortex auf ältere, automatisch funktionierende Systeme, auf das limbische System und den R-Komplex. Der R-Komplex muß nicht nachdenken, er reagiert automatisch. Wir produzieren dann traditionelles, bekanntes, gröberes Verhalten, ganz so, als ob wir ein viel kleineres Gehirn hätten. Wenn wir eine Bedrohung wahrnehmen, dann dominieren die primitiven, älteren Teile unseres Gehirns.

Didaktische Konsequenzen: Je mehr sich die Teilnehmer einer Lerngruppe bedroht und hilflos fühlen, desto stärker ist ihre Tendenz zu regressivem Verhalten. Sie verteidigen ihr Territorium und ihr Selbstwertgefühl. Konflikte untereinander und mit dem Leiter bekommen eine aggressive Note. Die Teilnehmer bilden Koalitionen gegen den Leiter oder gegen andere Gruppenmitglieder und verlieren das Interesse, neue Dinge zu lernen. Erwachsene suchen ihr Heil in Verhaltensweisen und Tricks, die sie am Arbeitsplatz gelernt haben, um Besitzstand und Status quo zu verteidigen.

Streß und Angst ändern auch unsere Zeitperspektive. Von solchen Gefühlen belastet, sind wir nicht bereit, einen schwierigen, vielleicht längeren Weg zu gehen, um irgendwann zum Erfolg zu kommen. Wir sind nicht bereit, Unsicherheit und Zweifel auszuhalten, die bei jedem komplizierten Lernprozeß auftreten. Ganz im Gegenteil: wir fühlen uns müde und sehnen uns nach einer Pause.

Wenn der Moderator selbst zuviel Streß erlebt, dann kommt es auch bei ihm zu einem regressiven Verhalten: Fragen der Disziplin werden für ihn plötzlich wichtig, er sieht die Gruppe nicht mehr aus einer wohlwollenden Perspektive, seine didaktische Phantasie verabschiedet sich, und vielleicht verliert er völlig den inneren Kontakt zur Lerngruppe.
Wenn eine Situation eintritt, in der Teilnehmer und Moderator soviel Streß empfinden, daß ihre Arbeitsfähigkeit gestört ist, dann haben wir eine ernsthafte Störung. In einem solchen Fall kann es ratsam sein, die Empfehlung von Ruth Cohn zu berücksichtigen: „Störungen haben Vorrang", und mit der Gruppe gemeinsam über die Situation zu reflektieren. Was hat diese Störung verursacht? Fühlte sich jemand verletzt oder bedroht? Welche Verhaltensweisen der Gruppenmitglieder oder des Leiters haben Streß oder Angst ausgelöst?

2. Streß und Kreativität

Da das „Zurückschalten" mit dem Verlust geistiger Flexibilität einhergeht, dürfen wir erwarten, daß auch unsere Kreativität durch Streß negativ beeinflußt wird, und genau das ist der Fall. Kreativität bedeutet, daß wir über geistige Grenzen hinausgehen und ungewohnte intellektuelle Verbindungen herstellen. Unsere Kreativität wird begünstigt durch Autonomie, durch Interesse, durch Selbstachtung und Vertrauen, durch den Wunsch, uns zu entwickeln, aber auch durch Gesundheit und seelisches Wohlbefinden.
Wir sollten als Moderator sehr zurückhaltend sein mit „Strafen", aber auch mit Belohnungen. Denn Belohnungen können eine ebenso destruktive Auswirkung auf kreatives Gestalten und komplexes Problemlösen haben wie Streß. Sie betonen die Wichtigkeit der Person, die von außen ein Urteil fällt, und schränken somit die Autonomie des Lernenden ein. Damit stellen auch sie eine indirekte Bedrohung dar und fördern das Gefühl von Abhängigkeit und Hilflosigkeit. Mit anderen Worten: Intrinsische Motivation fördert unsere Kreativität und extrinsische Motivation schränkt sie ein.

3. Lernen und Angst

Angst begleitet gerade auch die intensiven Formen des Lernens: wenn wir nämlich über unsere Grenzen hinausgehen, alte Denkmuster in Frage stellen oder ganz neue Wege zur Lösung von Problemen beschreiten, können wir nie ganz sicher sein, ob eine neue Perspektive, ob neue Methoden zu guten Gefühlen führen werden, und darum erleben wir neben Neugier und Enthusiasmus auch ein leichtes Unbehagen. Wenn sich unsere Angst beim Lernen jedoch mit einem Gefühl der Hilflosigkeit verbindet, dann schalten wir genauso zurück auf einfachere, geistige Funktionen wie bei Streß. Wie weit unsere Teilnehmer bestimmte Lernsituationen als Herausforderung oder als Einschüchterung erleben, hängt vom Ausmaß ihres Selbstvertrauens ab. Teilnehmer mit hohem Selbstvertrauen erwarten auch am Ende schwieriger Lernprozesse Erfolge, während Teilnehmer mit niedrigem Selbstbewußtsein dazu tendieren, Mißerfolge zu erwarten. Insbesondere möchte ich auf zwei Ängste aufmerksam machen, die erhebliche Barrieren für das Lernen darstellen können. Wenn wir diese Ängste ernstnehmen, dann können wir in jeder Lerngruppe die Bereitschaft zum Lernen erheblich verbessern:

Angst vor einer Bedrohung des Selbstwertgefühls – Fast alle Teilnehmer einer Lerngruppe möchten sich anerkannt fühlen von den Personen, die ihnen in der Gruppe wichtig sind. Diese Anerkennung trägt zu ihrem Gefühl persönlicher Identität bei und hilft ihnen, ein positives Bild von sich selbst zu entwickeln. Auch sehr selbstsichere Gruppenmitglieder haben das Bedürfnis, gemocht zu werden, Erfolg zu haben, geschätzt zu sein, sich auszuzeichnen, Aufmerksamkeit zu gewinnen, ab und zu der Erste oder der Beste zu sein usw. Dies müssen wir im Auge behalten und dafür sorgen, daß jeder Teilnehmer einen Teil seiner „Ego-Bedürfnisse“ befriedigen kann.

Widerstand bei einer Verletzung persönlicher Normen – Jeder Lernende bringt Normen mit in die Gruppe. Sie enthalten Aussagen und Annahmen über die eigenen Fähigkeiten und über das, was passend, korrekt und wahr ist. Sie geben uns Sicherheit und können gleichzeitig eine Einschränkung sein, weil intensives Lernen erfordert, daß wir unsere Normen verändern und die durch sie gesetzten Grenzen erweitern. Wenn wir als Gruppenleiter diese Normen zu scharf attackieren, dann machen unsere Teilnehmer ihr geistiges Fenster zu, um sich zu schützen.

Wir können drei verschiedene Arten von Normen unterscheiden. Die „logisch-kritischen“ Normen hängen mit unserem Empfinden von logischer Konsistenz zusammen. Wenn wir Informationen erhalten, die mit wichtigen traditionellen Anschauungen kollidieren, dann werden Lernprozeß und Lernbereitschaft gestört. Das wird für unsere Teilnehmer dann der Fall sein, wenn wir sie mit Informationen konfrontieren, die wichtige Anschauungen über sie selbst oder über die Welt in Frage stellen. Damit unsere Teilnehmer wirksam lernen können, dürfen wir das Bild, das sie von sich und der Welt haben, nicht ignorieren oder attackieren, sondern wir müssen daran anknüpfen und vorhandene Bilder behutsam zu erweitern versuchen.

Eine weitere Gruppe von Normen bezieht sich darauf, wie die Teilnehmer von den anderen Gruppenmitgliedern und vom Leiter behandelt werden möchten. Aktionen, die einzelne Teilnehmer als Angriff, als Verletzung, als Demütigung, als Ausgrenzung erleben, führen ebenfalls dazu, daß der Lernprozeß gestört wird. Die ganze geistige Energie wird in einem solchen Falle benötigt, um die Fassung zu behalten, das Empfinden der Verletzung zu kontrollieren und sich selbst zu trösten.

Die dritte Gruppe von Normen ist „moralisch-ethischer“ Natur. Wenn die persönlichen Anschauungen von Gut und Böse bedroht werden, wenn reli-

giöse Überzeugungen verletzt werden, dann neigen wir alle dazu, unsere Überzeugungen zu verteidigen.
Ängste im Zusammenhang mit den Normen und dem Selbstbild stellen jeden Gruppenleiter vor eine schwierige Aufgabe. Wir müssen zunächst die mitgebrachten Anschauungen und Wertvorstellungen der Teilnehmer kennenlernen, verstehen und Respekt für sie ausdrücken. Andererseits erfordert jeder Prozeß dynamischen Lernens, daß die Teilnehmer ihr Selbstbild und das Verständnis ihrer sozialen Normen behutsam und aus freien Stücken weiterentwickeln. Wir benötigen daher als Leiter einer Lerngruppe Taktgefühl und Toleranz, damit wir niemanden verletzen und so dazu beitragen, daß die Bereitschaft zum Lernen nicht gestört wird.

4. Situatives „Zurückschalten“

Die meisten Teilnehmer in Lerngruppen reduzieren ihre verfügbare Intelligenz beim Lernen, wenn folgende Bedingungen gegeben sind, die zu einem Empfinden von Hilflosigkeit führen können:

1. Der Leiter definiert im voraus, was die „richtigen“ Ergebnisse des Lernens sind. Das bedeutet, daß der Lernende sich die Dinge aneignen muß und die Antworten zu geben hat, die nach der Auffassung des Lehrenden korrekt sind. Das bedeutet eine starke Reduzierung der geistigen Selbständigkeit für den Lernenden.
2. Die persönliche Relevanz des Lernens ist stark eingeschränkt. Mit anderen Worten, es gibt nur einen schwachen oder gar keinen Zusammenhang mit dem, was der Lernende bereits weiß und kann. Eigene Problemlösungen des Lernenden werden als irrelevant betrachtet.
3. Belohnungen und Strafen werden extern kontrolliert. Der Lernende hat keinerlei Möglichkeit, die eigenen Lernerfolge selbst einzuschätzen.
4. Der Zeitrahmen für das Lernen ist strikt und eng gefaßt. Auch wenn der Umgang mit begrenzten zeitlichen Möglichkeiten wichtig ist, führt konstanter zeitlicher Druck dazu, daß der Lernende darauf verzichtet, individuelle und vielleicht längere Wege für Problemlösungen auszuprobieren.
5. Die Aufgaben sind verhältnismäßig neuartig, und der Lernende ist weitgehend auf sich selbst gestellt. Diese Isolation verschärft seine Unsicherheit. Er wird nicht ermutigt durch die Aussicht, letztlich erfolgreich sein zu können.

Neben diesem situativen „Zurückschalten“ gibt es auch ein langfristiges Zurückschalten. In diesem Falle stellen sich die Lernenden darauf ein, daß es nur darauf ankommt, das Nötigste zu lernen und zu übernehmen. Man könnte ihr Verhalten auch als „Dienst nach Vorschrift“ bezeichnen. Je häufiger sie restriktive Lernerfahrungen machen, desto eher neigen sie zu einem generellen Widerstand gegen dynamisches Lernen. Dieser Widerstand wird ver-

stärkt, wenn die Lernenden häufig das Empfinden haben, daß sie nicht zählen und wenig beachtet werden. Chronische Überlastung und Müdigkeit können ebenfalls zu einer solchen Haltung beitragen und ein Gefühl von Hilflosigkeit hervorrufen.
Wenn wir Lernbedingungen schaffen wollen, die vor einem Zurückschalten auf archaische, defensive Verhaltensweisen schützen und die die volle Funktion des Gehirns ermöglichen, dann müssen wir folgende Prinzipien beachten:

1. Die Lernergebnisse müssen relativ offen sein. Wir lernen am besten, wenn es mehrere mögliche Lösungen gibt, nicht nur eine richtige Antwort.
2. Die persönliche Bedeutung des Lernens muß maximal sein. Berücksichtigt werden die Lebenserfahrung der Teilnehmer, ihr Lebens- und Arbeitsstil, ihr Selbst- und Weltverständnis.
3. Intrinsische Motivation muß betont werden. Kreativität und Kooperationsbereitschaft steigen, wenn die Lernenden das Gefühl haben, daß sie ihr Lernen selbst in der Hand haben.
4. Die Aufgaben sollten einen verhältnismäßig offenen Zeitrahmen haben. Das Gehirn arbeitet nicht in kurzen 30- oder 60-Minuten-Zyklen. Die einzelnen Lerneinheiten brauchen offene zeitliche Grenzen und einen Wechsel der Lernformen. Je offener und flexibler der Zeitrahmen ist, desto nachhaltiger wird gelernt und desto größer ist die individuelle Veränderung.
5. Die Aufgaben müssen eine verkraftbare Herausforderung darstellen, und Unterstützung durch den Moderator muß möglich sein. Die erfolgreichsten Lerner suchen sich Aufgaben mit einer überschaubaren Schwierigkeit. Sie werden immer besser, weil sie ihre Lernziele langsam und stetig anspruchsvoller machen, aber in Abschnitten, die jedesmal einen Erfolg wahrscheinlich machen.

Der Schlüssel für dynamisches Lernen liegt darin, daß die Teilnehmer Erfolg haben und Selbstsicherheit entwickeln können, so daß sie selbst Lust haben, sich allmählich immer anspruchsvollere Lernziele zu stecken.
Im Alltag erleben wir alle häufig Krisen irgendwelcher Art, darum soll die Workshop-Atmosphäre sicher sein und darum müssen wir dafür sorgen, daß es genügend Pausen gibt und daß wir in den Lernprozeß aktive Entspannung einbauen. Wir müssen in unserem eigenen Vorgehen darauf achten, daß wir Angst und Streß so weit wie möglich reduzieren und statt dessen angemessene Herausforderungen schaffen.

8 Entspannte Aufmerksamkeit

Wir hören immer wieder von Teilnehmern, daß sie die Workshop-Atmosphäre schätzen, ja, daß sie in bestimmten Workshops ungeheuer wichtige Einsichten gewonnen haben, die sich stark auf ihr privates Leben oder auf ihre berufliche Praxis ausgewirkt haben. Diese Teilnehmer hatten in dem betreffenden Workshop erlebt, daß ihre Gefühle berücksichtigt wurden. Dies ist ein entscheidender Grundsatz, den wir immer im Auge behalten müssen: Auch für erwachsene Teilnehmer ist es wichtig, wie sie sich beim Lernen fühlen. Denn Gefühle begleiten uns ein Leben lang. Schon als Schulkinder wußten wir, daß wir verletzlich sind und daß es ein Glück war, wenn wir gute soziale Beziehungen erlebten. Wir wußten genau, wann wir hungrig waren oder wann wir eine Pause zum Ausruhen brauchten. Diese Wahrnehmung unserer Gefühle begleitet uns auch als Erwachsene. Wir wissen und spüren, was uns gut tut und was nicht. Alle Organismen verfügen über diese Wahrnehmung. Sie hilft uns, Unangenehmes und Schädliches zu vermeiden und alles aufzusuchen, was im umfassenden Sinne positiv ist.

Ganz einfach ausgedrückt: Schon als Kinder absorbieren wir beim Lernen Einsichten und Wissen, aber auch die Gefühle, die das Lernen begleiten. Wir „lernen" den gesamten Kontext ebenso wie den Inhalt. Zum Kontext gehört, wie andere auf uns reagieren, wie sie uns behandeln, wie sie auf unsere Erwartungen und Befürchtungen eingehen.

Neben dem emotionalen „Radar" für positive und negative Aspekte von Situationen, entwickeln wir im Laufe der Zeit unser persönliches Selbst, das sich u. a. in einem komplizierten System von Vorlieben und Abneigungen, Erinnerungen und Erwartungen, von Wissen und Einsichten, Reaktionsmustern, Talenten und Werten ausdrückt. Dieses Selbst können wir in keinem Teil unseres Gehirns genau lokalisieren, aber wir können davon ausgehen, daß jeder Lernprozeß auch die Organisation unseres Selbst verändert. Je intensiver unser Lernen ist, desto stärker verändert sich unser Denken und unser Selbstbild. Wir können unser Selbstbild nicht vom Lernen trennen.

Die Bedeutung des Selbstbildes wird seit vielen Jahren in Psychologie und Pädagogik diskutiert. Man denke z. B. an die Transaktionsanalyse mit ihrem Entwurf der „Ich bin okay – du bist okay"-Haltung. Diese Idee ist bestechend, scheint mir aber allzu vereinfacht. Meines Erachtens können wir Gefühle und Selbstkonzept nicht von unserer Leistung, unserer Kreativität und unserer Fähigkeit zu verstehen trennen. Es wäre eine Illusion zu glauben, daß es möglich wäre, sich wohl zu fühlen oder das eigene Selbstkonzept zu verbessern, ohne gleichzeitig diese Gefühle mit unserer tatsächlichen Leistung und der Entwicklung unseres Wissens zu verbinden. Das hängt damit zusammen, daß unser Selbstkonzept mit vielen Prägungen in allen drei Teilen unseres Gehirns verbunden ist und mit unendlich vielen „Auslösern" in unserer Umgebung. Unser Geist steuert sich selbst. Wir können unser

Selbstkonzept nur langsam verändern, indem wir kontinuierlich und intensiv lernen.
Und wir müssen uns auch klar darüber sein, daß unser Selbst bzw. dementsprechend auch unser Selbstbild Veränderungen gegenüber großen Widerstand leistet. (Das ist natürlich auch praktisch, weil wir uns ohne stabiles Selbst völlig unberechenbar verhalten würden.) Der Widerstand gegen eine Veränderung steigt, wenn diese als gefährlich empfunden wird. Als gefährlich interpretieren wir nicht nur physische Bedrohung, sondern jede Bedrohung dessen, was wir für unsere persönliche Identität halten. Alles was mich in meinen eigenen Augen und in den Augen der Menschen, die ich schätze, herabsetzt, das bedroht meine Integrität als Person. Wenn ich als Lernender eine solche Gefahr spüre, dann verliere ich den Zustand entspannter Aufmerksamkeit, und um mich zu schützen, schalte ich zurück. Ich errichte Widerstände, wenn ich mich bedroht oder verletzt fühle.
Wenn die Teilnehmer unserer Lerngruppen ihr Selbstbild als gefährdet empfinden, dann ziehen sie sich zurück. Sie verlassen das Thema und sind nicht länger aufmerksam.
Wir müssen daher versuchen, das Selbst der Teilnehmer zu stärken. Diese Stärkung ergibt sich nicht nur dadurch, daß wir sie freundlich und verständnisvoll behandeln. Die Teilnehmer müssen vielmehr eine Steigerung ihres Intellekts erleben, ihres dynamischen Wissens; sie müssen erleben, daß sie ihren Körper und ihre Gefühle beim Lernen ins Spiel bringen dürfen. Unsere Lernstrategien müssen demnach so angelegt sein, daß wir die Gefühle der Lernenden schützen. Das erfordert spezifische Lehr- und Lernstrategien:

- Zeitrahmen und Atmosphäre müssen Fragen zulassen,
- offene Diskussionen müssen möglich sein,
- die Kommunikation sollte kongruent sein (Teilnehmer und Leiter hören einander aktiv zu und geben Ich-Botschaften).

Wenn wir es schaffen, daß der Lernende seine ganze Person ins Spiel bringen kann, dann erreichen wir dynamisches Lernen. Wir müssen uns immer wieder vor Augen halten, daß die wichtigste Stärke des Menschen darin besteht, unbeschränkt zu lernen. Dieses unbeschränkte und intensive Lernen ist gleichzeitig die Voraussetzung für echte Veränderung und Entwicklung.

Voraussetzungen für dynamisches Lernen

Die zentrale Aufgabe jeder Lerngruppe besteht darin zu verhindern, daß die Teilnehmer „abschalten" oder auf einfache Lernformen „zurückschalten". Wir müssen immer wieder dafür sorgen, daß sie in möglichst optimaler Geistesverfassung sind, um alle drei Teile ihres Gehirns benutzen zu können. Die Charakteristika dieser Geistesverfassung sind:

1. Ein entspanntes Nervensystem und ein Gefühl von Sicherheit auf der Ebene des Geistes, der Gefühle und auf der Ebene des Körpers.
2. Eigene Motivation (intrinsische Motivation; sie ist die Voraussetzung dafür, daß Lernen stattfindet, das über den Erwerb von Oberflächenwissen hinausgeht).

Risikobereitschaft – Wenn Erwachsene in eine Lerngruppe kommen, dann bringen sie widersprüchliche Bedürfnisse mit. Einerseits ist es für sie wichtig, den Status quo zu bewahren und die Lerngruppe gut und ohne Beschädigung ihres Selbstwertgefühls zu überstehen; andererseits bringen die Teilnehmer auch Neugier mit, Risikobereitschaft und Lust auf Veränderung. Wir müssen uns mit dieser Neugier verbünden, um die Lernenden aus ihrer Sicherheitszone hervorzulocken. Die Risiken müssen jedoch für die Teilnehmer überschaubar bleiben. Sie müssen sich „in ihrer Haut" einfach wohl fühlen können. Genau das meinen wir, wenn wir von einem Zustand entspannter Aufmerksamkeit sprechen. Diese Verfassung hat auch eine physiologische Seite. Da das limbische System empfindlich auf Streß reagiert, ist es wichtig, daß die Teilnehmer ausgeruht sind, genügend Pausen machen, sich genügend bewegen können, ausreichend mit Sauerstoff versorgt sind usw. Mit anderen Worten, wir müssen auch für das physische Wohlergehen der Teilnehmer sorgen.

Intrinsische Motivation – Damit die Neugier der Teilnehmer aktiviert wird, müssen wir den Lernprozeß so aufbauen, daß wir die mitgebrachten, eigenen Interessen der Lernenden berücksichtigen. Denn nur die natürlichen Interessen setzen intensive Wißbegier und Kreativität frei. Spezifische, natürliche Interessen der Teilnehmer beziehen sich auf Themen, an denen die Lernenden ein vitales Interesse haben. Sie müssen die Erwartung haben, daß sie das, was sie lernen, in ihrem Leben wirklich gebrauchen können, im Beruf oder privat. Sie müssen die Erwartung haben, daß sie einen vitalen Gewinn durch das Thema haben werden, an dem sie arbeiten. Darum brauchen wir „verlockende" Themen, die der Aufmerksamkeit des Lernenden einen klaren Fokus geben. Die Beschäftigung mit einem solchen „verlockenden" Thema muß das Empfinden auslösen, daß wirklich etwas Bedeutendes dadurch gewonnen werden kann. Die „verlockenden" Themen sind sozusagen die Sandkörner in der Auster, um die sich die Perle des dynamischen Wissens bildet.
Auf die Bedeutsamkeit des Themas für Lerngruppen hat Ruth Cohn in der Theorie der Themenzentrierten Interaktion immer wieder hingewiesen. Wir begegnen jedoch einer gewissen Schwierigkeit: In einer Lerngruppe wird es sicherlich möglich sein, von Zeit zu Zeit Themen und Aufgaben vorzuschlagen, die bei allen Teilnehmern auf Interesse stoßen. Andererseits müssen wir damit rechnen, daß verschiedene Teilnehmer verschiedene aktuelle Lieblingsthemen mitbringen. Darum müssen wir dafür sorgen, daß genügend oft

die Möglichkeit besteht, daß die Teilnehmer gleichzeitig unterschiedliche „verlockende" Themen bearbeiten können, indem wir die Arbeit im Plenum beschränken und die Arbeitsstruktur durch Einzelarbeit, Arbeit in Paaren oder Kleingruppen differenzieren.
Optimal für das Lernen ist eine Situation, in der der Lernende eine starke Neugier und Herausforderung durch ein verlockendes Thema verspürt, so daß er gern selbst aktiv werden möchte. Auf der anderen Seite muß sich der Lernende sicher fühlen und darf nicht durch akute Bedrohungen, Streß oder Angst abgelenkt sein. Außerdem muß er sich körperlich wach, ausgeruht und leistungsfähig fühlen. Diesen Zustand bezeichnen wir als entspannte Aufmerksamkeit. In dieser Verfassung kann der Lernende alles benutzen, was er schon weiß und kann, er kann kreativ denken, intellektuelle Unsicherheit aushalten und auf den Erfolg seines Lernens geduldig warten. All das ist notwendig, wenn es darum geht, lebendiges, dynamisches Wissen zu erwerben.
Bei der Choreographie von Lernprozessen müssen wir also darauf achten, daß der Zustand der entspannten Aufmerksamkeit immer wieder erreicht werden kann. Es genügt nicht, daß wir zu Beginn des Lernprozesses einmal für einen entspannten Zustand sorgen. Störungen im Lernprozeß sollen im Laufe der Arbeit ständig und möglichst umgehend berücksichtigt werden, damit motiviertes Lernen möglich ist. Und wir müssen für einen passenden Rhythmus von dynamischem Lernen und Pausen für Reflexion und Erholung sorgen.

Kreative Spannung – Entspannte Aufmerksamkeit ist nicht dasselbe wie Ruhe und Konzentration. Es ist vielmehr ein dynamischer Zustand mit starken Veränderungen der Gefühlslage und der Denkprozesse und auf körperlicher Ebene im Blick auf Atemfrequenz, Blutdruck, Pulsschlag usw. Im Verlaufe des Lernprozesses verändert sich die Stimmung, die Neugier, der Denkstil des Lernenden. Es gibt eine angeregte Erwartungshaltung, weil der Lernende gespannt ist, was bei seiner Aktivität herauskommt. Manchmal gibt es ein intensives Gefühl des Staunens, wenn der Lernende eine wichtige Einsicht hat oder herausfindet, wie verschiedene Dinge zusammenpassen, so daß er eine Entdeckung machen kann. Aber natürlich gibt es auch etwas Furcht: Furcht vor dem Unbekannten, Furcht vor den Konsequenzen, Furcht vor einer Einsicht.
Beim intensiven Lernen geschehen ständig Veränderungen auf der Ebene der Gefühle, der Wahrnehmung und des Denkens. Diese Veränderungen sind notwendig, damit das Lernen als lebendiger Prozeß erlebt werden kann und damit eine kreative Spannung erhalten bleibt, die der Ansporn ist für die weitere Beschäftigung mit dem jeweiligen Thema.
Diese kreative Spannung ergibt sich zum Teil aus der Beschäftigung mit dem herausfordernden Thema. Zum Teil ist es aber die Aufgabe des Lehrenden, durch seine didaktischen Interventionen und durch seine Choreographie des Lernprozesses dafür zu sorgen, daß das Lernen anregend und überra-

schend bleibt. Je bürokratischer der Lehrende vorgeht, desto weniger wird ihm das gelingen. Er muß vielmehr selbst in einem Zustand entspannter Aufmerksamkeit sein, um durch sein Vorbild und durch seine didaktische Phantasie diese kreative Spannung aufrechtzuerhalten.

Didaktische Konsequenzen: Damit ein Zustand entspannter Aufmerksamkeit gewährleistet werden kann, sind noch einige weitere Bedingungen zu erfüllen. Dazu gehören spezielle Haltungen auf Seiten des Moderators und der Teilnehmer, passende didaktische Strategien und – besonders bei längeren Workshops – die Entwicklung der Lerngruppe als Lerngemeinschaft.

Das „Prestige" des Moderators – Jeder, der Erfahrung in der Erwachsenenbildung hat, weiß, wieviel die Teilnehmer bemerken. Sie reagieren nicht nur auf Signale aus der Lerngruppe, sondern genauso auf alle Signale, die der Moderator sendet. Automatisch versuchen die Teilnehmer herauszufinden, was der Moderator wirklich denkt und fühlt. Eine wichtige Frage, die sich die Teilnehmer stellen, lautet darum: „Wieweit können wir dem Moderator vertrauen? Können wir Risiken eingehen und Fehler machen?" Darum ist die Vertrauenswürdigkeit des Moderators von großer Bedeutung. Lozanov spricht in diesem Zusammenhang vom „Prestige" des Lehrenden. Damit ist nicht die Beliebtheit, die Berühmtheit oder die Macht des Moderators gemeint, sondern die Autorität, die ihm die erwachsenen Teilnehmer zu geben bereit sind.

Autorität und Prestige des Moderators hängen von drei Dingen ab:

1. Die Teilnehmer können Vertrauen entwickeln, wenn sie spüren, daß der Moderator sich kongruent verhält. In diesem Falle passen seine Worte zu seinen nonverbalen Signalen und zu seiner Vorgehensweise.
2. Der Moderator sagt, was er denkt, und fühlt, was er sagt. Das macht seine Glaubwürdigkeit aus. Zum anderen erwarten die Teilnehmer, daß der Moderator bis zu einem gewissen Grade in der Lage ist, Empathie zu zeigen, mit anderen Worten, er ist fähig und bereit, sich in die Lernenden hineinzuversetzen und sich auf die Gefühle, Denkweisen und Probleme der Teilnehmer einzulassen.
3. Ein weiterer kritischer Faktor ist die professionelle Haltung des Moderators. Er muß zu den Themen, um die es im Workshop geht, ein persönliches Verhältnis haben. Er braucht profunde Kenntnisse, aber noch wichtiger ist eine persönliche Neugier den Workshop-Themen gegenüber. Er darf nicht als Experte auftreten, der für alles bereits eine Antwort hat, sondern er muß glaubhaft zeigen, daß er selbst dazulernen und sich am Lernprozeß beteiligen will. Nur so kann er ein gutes Modell für die Teilnehmer sein und zeigen, daß alles Lernen offen ist und daß wir unser ganzes Leben dazulernen können.

Spielerisches Experimentieren und phantasievolle Passivität auf Seiten der Teilnehmer – Wir können die Haltung entspannter Aufmerksamkeit eigentlich nur erreichen, wenn wir es fertigbringen, in unseren Workshops eine spielerische Atmosphäre herzustellen, die sich wohltuend von der Langeweile oder inneren Anspannung unterscheidet, die die Teilnehmer so oft bei Konferenzen oder Arbeitsbesprechungen erleben. Eine spielerische Atmosphäre kann auch erwachsene Teilnehmer in einen „kindlichen" Zustand versetzen. Kindlich bedeutet nicht kindisch, sondern wir meinen damit jene kreative Haltung, die wir an Kindern beobachten, die in ein interessantes Spiel vertieft sind. Dieser kindliche Zustand schließt eine positive Erwartungshaltung ein und die Bereitschaft, zu experimentieren und offen zu sein für unerwartete Konsequenzen.
Darum müssen wir als Moderatoren darauf achten, daß wir genügend Lernsituationen schaffen, die eine spielerische Komponente haben. Wir werden jedoch spielerische Aktivitäten nicht vorschlagen, nur um eine lockere Atmosphäre zu schaffen, sondern wir werden sie mit den Themen, um die es geht, verbinden. Dann entsteht ein Klima, das leicht genug ist, um neugierig zu sein, zu experimentieren und um Risiken einzugehen. Außerdem wird die Stimmung in der Gruppe dann wärmer und vergnügter.
Eine weitere positive Haltung auf Seiten der Lernenden ist die der „phantasievollen Passivität". Diese Geisteshaltung erleben wir z. B., wenn wir ein gutes Konzert anhören oder ein Theaterstück anschauen. Wir sind entspannt, aufmerksam und offen. Wir haben eine Haltung der Rezeptivität, um die Musik oder das Theaterstück aufzunehmen. Aber diese Passivität ist zugleich kreativ, weil wir unseren Geist und unsere Gefühle frei reagieren lassen. Töne und Worte regen uns an, Assoziationen zu bilden, Erinnerungen auftauchen zu lassen, Wünsche zu bemerken und über uns selbst und die Welt tief nachzudenken. Der Moderator kann diesen Zustand kreativer Passivität dadurch begünstigen, daß er von Zeit zu Zeit seine Präsentationen mit Musik begleitet oder auflockert, daß er Geschichten vorliest oder erzählt oder zu Visualisierung und Phantasiereisen einlädt. Aktives Spiel und kreative Passivität sind wesentliche Elemente, die uns großes Vergnügen bereiten können, nicht zuletzt, weil sie unseren Gefühlen Raum lassen. Die motivierende Kraft dieser Elemente kann auch das Lernen von Erwachsenen beflügeln und uns helfen, das Gelernte sicher in unserem Gedächtnis zu speichern.

Didaktische Choreographie – Im Verlaufe eines Workshops müssen wir immer wieder darauf achten, ob unsere Lerngruppe auch tatsächlich im Zustand entspannter Aufmerksamkeit arbeitet. Kritische Situationen ergeben sich zu Beginn eines Workshops, zu Tagesbeginn und zu Beginn einer einzelnen Sitzung. Oft sind die Teilnehmer in solchen Übergangssituationen noch nicht voll präsent und noch nicht bereit, sich auf das Arbeitsthema einzustellen. Dann können wir ihnen mit Entspannungs- und Meditationsübungen helfen, in einen Zustand körperlichen und geistigen Wohlbefindens zu gelangen. Solche Übungen lösen mitgebrachten Streß auf und helfen, die Wahrnehmung zu schärfen. Vor allem tragen sie zu einer Integration aller Teile unseres Gehirns bei und schaffen so eine gute Ausgangssituation für bedeutungsvolles Lernen. Eine ähnlich positive Auswirkung haben Fokussierungsübungen nach Gendlin oder physische Übungen, wie sie Markowa für das Managertraining vorschlägt. Dieser Typ von Übungen gestattet den Teilnehmern, aufmerksam zu werden und ihre eigene körperliche und seelische Befindlichkeit deutlicher wahrzunehmen. Sie wissen dann genauer, was sie lernen wollen, was sie ggf. blockiert und was sie verändern wollen. Bei solchen Übungen haben die Teilnehmer Gelegenheit, die Weisheit ihres Körpers zu konsultieren. Oft weiß der Körper am besten, was uns gut tut und was nicht, was wir wollen und was wir ablehnen. Paradoxerweise verstärken solche Übungen auch die Klarheit des Denkens.

Aber auch im Laufe eines Arbeitstages müssen wir den Lernprozeß der Gruppe im Auge haben und Signale aufgreifen, die auf Müdigkeit hinweisen oder auf irgendetwas, was im Lernprozeß fehlt. Wir können dann aktivierende Spiele benutzen, die den Bedürfnissen unseres „R-Komplexes" entgegenkommen und darüber hinaus eine intensive Interaktion mit anderen Teilnehmern ermöglicht.

Die sorgfältige Beachtung der Energieentwicklung in der Gruppe ist natürlich nicht alles, was wir tun müssen, damit es einen guten Lernprozeß gibt. Wir versuchen den Lernprozeß und die Arbeit an Themen und Aufgaben so zu gestalten, daß die Teilnehmer das Gefühl haben, sie lernen etwas Wichtiges, das sie kompetenter und selbstbewußter macht und Lücken in ihrer Entwicklung schließt.

Darüber hinaus werden wir den Gruppenprozeß und die soziale Interaktion der Teilnehmer beobachten. Vor allem werden wir den sozialen Status der Lernenden im Auge haben, weil wir wissen, daß Teilnehmer mit einem niedrigen sozialen Status in Lerngruppen Schwierigkeiten haben. Wir werden dafür sorgen, daß es keine Außenseiter gibt, daß sich ein Klima wechselseitiger Unterstützung, verbunden mit Respekt, für jeden Teilnehmer entwickeln kann, so daß jeder gute Voraussetzungen hat, sich zu beteiligen.

Die Entwicklung einer Lerngemeinschaft – Im Modell des institutionellen Lernens hat der Leiter einer Lerngruppe eine wichtige Kontrollfunktion. Er kontrolliert, ob die Lernenden aufmerksam sind, er kontrolliert die Richtigkeit ihrer Beiträge und den Lernerfolg insgesamt. Beim Workshop-Lernen ist Kontrolle kein entscheidendes Thema, und ein guter Moderator versucht statt dessen, ein hohes Maß an geistigen, gefühlsmäßigen und sozialen Verbindungen in der Lerngruppe zu ermöglichen. Für ihn ist es ein wichtiges Ziel, daß sich die Lerngruppe zu einer Lerngemeinschaft entwickeln kann.

Was macht eine Lerngruppe zu einer Lerngemeinschaft? Das physische Zusammensein allein reicht nicht aus. Es reicht auch nicht aus, daß sich die

Teilnehmer mögen und attraktiv finden. Um zu einer Lerngemeinschaft zu werden, braucht die Gruppe vielmehr ein gemeinsames Ziel. Dieses Ziel muß attraktiv sein und für alle erreichbar. Darum ist es wichtig, daß zu Beginn eines Workshops über individuelle Ziele gesprochen und aus diesen verschiedenen individuellen Zielen ein gemeinsames, übergreifendes „Meta-Ziel" entwickelt wird. Dieses Ziel ist dann attraktiv, wenn sich jeder mit seiner Persönlichkeit, seinen Talenten und seinen Lernwünschen darin wiederfindet.

Im allgemeinen reicht es nicht, nur einmal am Beginn des Workshops über Ziele zu sprechen. Das gemeinsame Ziel muß Gegenstand einer immer wieder neu geführten Diskussion sein. Es ist sehr gut möglich, daß das übergreifende Ziel im Laufe der gemeinsamen Arbeit modifiziert und neu formuliert wird. Dabei haben die Ziele einer Lerngruppe immer zwei wichtige Komponenten: Kann der Einzelne in der Gruppe so lernen, daß er sein ganz persönliches Potential weiter entfaltet? Und: Kann jeder zu der Gemeinschaft beitragen und behilflich sein, daß auch die anderen ihre Ziele erreichen? Denn Lerngruppen sind ja nicht nur eine ökonomische Methode des Lernens, sondern jede Gruppe ist eine lebendige Metapher dafür, daß wir immer und überall Mitglieder in verschiedenen Systemen sind. Mit anderen Worten: in jeder Lerngruppe üben wir auch Kommunikation und Kooperation.

In jedem Workshop finden wir ein hohes Maß an Unterschiedlichkeit, und wir werden versuchen, dafür zu sorgen, daß jeder Teilnehmer seine Nische findet, um zum Lernprozeß der gesamten Gruppe beitragen zu können. Wenn das möglich ist, dann reduzieren wir den Wettbewerb unter den Teilnehmern und versetzen die gesamte Gruppe in die Lage, von den Stärken jedes einzelnen zu profitieren. Eine Gruppe braucht wie jedes offene System ein hohes Maß an Unterschiedlichkeit. Wir werden deshalb den Zusammenhalt der Gruppe nicht durch Konformität erzwingen, sondern durch gemeinsame Ziele und wechselseitige Interaktion ermöglichen.

Damit im Workshop eine Lerngemeinschaft entsteht, müssen wir die Einzigartigkeit jedes Teilnehmers unterstreichen und schätzen. Jeder Teilnehmer einer Gemeinschaft muß einen Platz finden, von dem aus er zur Arbeit der Gruppe beitragen kann und wo er sich zu Hause fühlt. Es ist ungeheuer wichtig, daß alle Mitglieder des Workshops sich akzeptiert fühlen können im Blick auf ihre Person und im Blick ihren Beitrag. Bei der Gestaltung von Lernsituationen müssen wir deshalb Wert darauf legen, daß jeder eine wichtige Rolle spielen kann. Bei längeren Workshops beobachten wir häufig, daß sich die Gruppe stark verändert, so daß die Teilnehmer im Laufe der Zeit verschiedene Plätze im sozialen System des Workshops einnehmen, und wir müssen ihnen jeweils helfen, mit neuen Rollen, mit neuen Beitragsformen zu experimentieren. Jeder soll spüren, daß er einen einzigartigen Beitrag leisten kann.

Schließlich werden wir dafür sorgen, daß die Lerngemeinschaft die Entwicklung der Gruppe immer wieder diskutiert. Ein solcher Prozeß der Reflexion betrachtet die Entwicklung des Einzelnen, den einzelnen Lernprozeß, die Ziele des Einzelnen genauso wie die Fragen:

- Wie können wir besser zusammenarbeiten?
- Welche Schritte soll die Gruppe als Ganzes noch tun?
- Wie stark ist der Zusammenhalt?
- Worin zeigt sich, daß die Gruppe eine Lerngemeinschaft ist?

9 Aktive Auswertung

Ich habe gesagt, daß Workshop-Lernen in einer Situation entspannter Aufmerksamkeit und durch Eintauchen in komplexe Erfahrungen stattfinden soll. Aber das ist nicht genug. Damit die Teilnehmer tieferes Verständnis entwickeln und neue Möglichkeiten für ihr Denken und Handeln entdecken können, müssen sie bewußt ihre Erfahrungen auswerten. Als Moderator werden wir den Teilnehmern Gelegenheit geben, bewußt ihre Lernerfahrungen zu interpretieren, damit ein Transfer in den Alltag besser möglich ist. Wir nennen diesen Aspekt des Lernens „Aktive Auswertung". Dabei sollen die Informationen, die beim Lernen gewonnen wurden, verankert und als persönlich relevant und intellektuell bedeutsam erkannt werden. Dabei geht es mehr um Verständnis als um ein einfaches Speichern im Gedächtnis. Aus dem Alltag kennen wir jene Fragen, die uns helfen, wichtige Ereignisse zu verstehen: Wie konnte es dazu kommen? Warum bin ich so vorgegangen? Was hätte ich sonst noch machen können? usw.

Aktive Auswertung ist von großer Bedeutung für das Workshop-Lernen. Sie hilft den Teilnehmern, ihre Erfahrungen zu sortieren, das hervorzuheben, was sie für besonders sinnvoll halten und zu überprüfen, welche Konsequenzen sie daraus ziehen wollen. Aktive Auswertung konzentriert sich auf unseren persönlichen Lernprozeß. Wir machen uns klar, womit wir experimentiert haben und was unsere Erfahrung bedeutet. Die Kernfragen dieser Reflexion sind:

- Was habe ich getan?
- Warum habe ich es getan?
- Was habe ich gelernt?

Die Auswertung gibt den Teilnehmern Gelegenheit, nicht nur Einsichten über ein Thema zu vertiefen, sondern auch über sich selbst als Person etwas zu lernen. Und die Frage nach der persönlichen Relevanz ist deshalb so bedeutsam, weil unsere Lernmotivation von hier die stärksten Impulse erhält. Beim aktiven Auswerten überprüfen die Teilnehmer, was für sie persönlich wichtig ist, und stoßen dabei oft auf neue Themen, mit denen sie vorher nicht gerechnet haben.

Beim aktiven Auswerten kommen natürlich auch Gefühle ins Spiel, unsere Grundannahmen über uns selbst und die Welt und unsere Wertvorstellungen. Gleichzeitig spielen unsere Beziehungen eine Rolle, weil wir im Workshop mit anderen zusammen lernen, so daß wir über Konflikte, gelungene oder mißlungene Kommunikation, über Geben und Nehmen in interpersonellen Beziehungen nachdenken.

Aktive Auswertung darf nicht allein am Ende einer Gruppensitzung stattfinden. Es gibt verschiedene fruchtbare Zeitpunkte dafür und unterschiedliche technische Möglichkeiten, das zu tun. Aktive Auswertung ist im Kern ein

ständiges Durcharbeiten der eigenen Erfahrung im Lernprozeß. Wir wünschen uns Teilnehmer, die lernen, auch auf eigene Initiative hin, innezuhalten und darüber nachzudenken, was sie gerade erlebt haben und was dieses Erlebnis bedeutet. Dabei kann jeder damit anfangen, sich mehr Zeit zu nehmen für diese innere Überprüfung als gewöhnlich. Im allgemeinen ziehen auch Erwachsene viel zu schnell bestimmte Schlüsse und bilden zu schnell Hypothesen, die tieferes Verständnis stören. Die Interpretation von neuen Erfahrungen braucht häufig Zeit, damit das Gehirn neue Verbindungen herstellen kann. Manchmal brauchen wir auch „Raum" für eine solche Reflexion. Als Beispiel können die „ersten Eindrücke" der Teilnehmer von den anderen Mitgliedern der Lerngruppe herangezogen werden. Jeder entwickelt schnell Vermutungen über die Eigenschaften die anderen Teilnehmer. Diese Eindrücke können sich dramatisch verändern, wenn die Gruppenmitglieder ihren Platz wechseln und ein paar Minuten in der Nähe eines ihnen fremden Teilnehmers verweilen. Der erste Eindruck verändert sich dabei oft signifikant.
Aktive Auswertung kann auf verschiedenen Wegen stattfinden, z. B. durch Reflexion, Kontemplation und kreativen Perspektivenwechsel.

Reflexion

In der Reflexion denken die Teilnehmer über ihre Lernerfahrungen nach und versuchen, die Bedeutung dieser Erfahrungen zu erfassen. Dabei sind verschiedene Typen der Reflexion möglich:

- Reflexion über das Feedback anderer: Im Verlaufe der gemeinsamen Arbeit gibt es immer wieder Situationen, in denen das Vorgehen und Verhalten einzelner Teilnehmer kommentiert wird. Über diese Kommentare können die Betroffenen nachdenken, um herauszufinden, ob sie dazu beitragen, ihr eigenes Verständnis zu ergänzen oder zu vertiefen.

- Reflexion im Anschluß an eine Aktion: Im Anschluß an Rollenspiele, Projekte oder Gruppenexperimente können die Teilnehmer allein oder in der Gruppe analysieren, was dabei geschehen und was deutlich geworden ist.
  Beide Formen der Reflexion geben dem einzelnen Teilnehmer Gelegenheit, sein eigenes Verhalten und sein eigenes Denken mit dem der anderen Gruppenmitglieder zu vergleichen. Sie können entscheiden, welche Anregungen sie aus einem solchen Vergleich gewinnen können. Dabei wird es immer zwei wesentliche Antworten geben: Mit diesem Teil meiner Aktion bin ich zufrieden... Auf diesem Gebiet möchte ich dazulernen... Das nächste Mal möchte ich...

- Reflexion ohne Hilfe: Manchmal ist es sinnvoll, daß jeder für sich eine Lernerfahrung reflektiert und Schlüsse daraus zieht, ohne das mit anderen zu diskutieren. Das kann auf verschiedene Weisen geschehen. Ein paar Minuten gemeinsames Schweigen können Raum für die private Analyse geben. Eine andere Möglichkeit besteht darin, daß jeder Teilnehmer seine Überlegungen aufschreibt. Auch für diese schriftliche Auswertung sind verschiedene Formen denkbar, z. B. die Form der Tagebuchnotiz (vgl. Baustein 70 „Persönliches Journal") oder des schriftlichen Resümees: Was ich verstanden habe, ist... Was ich nicht verstanden habe, ist... Was ich ändern möchte, ist...

- Reflexion über die eigene Entwicklung: Hierbei versuchen die Teilnehmer, ihr Verhalten in einer Lernsituation in Zusammenhang mit ihrer persönlichen Entwicklung zu bringen. Sie denken darüber nach, wie sie in der Situation gedacht, gefühlt und gehandelt haben und wie weit sie sich dabei in alten Mustern ausgedrückt haben bzw. wie weit neue Dinge aufgetaucht sind. Dabei kann eine Bilanz der eigenen Stärken und Schwächen gemacht werden. Wichtige Ziele können ins Auge gefaßt werden. Vielleicht kommt ein Teilnehmer zu der Erkenntnis, daß er bisher die Gruppensituation als eine Art Kriegszustand empfunden hat und daß er die Teilnehmer beneidet, die die Interaktion mit den anderen als Spiel betrachten können. Vielleicht beschließt dieser Teilnehmer herauszufinden, welche Bedeutung die Kriegsmetapher für ihn bisher hatte.

Kontemplation

Während die Reflexion über Lernerfahrungen eine starke analytische Komponente hat, geht es bei der Kontemplation eher um intuitive Prozesse.
Eine schöne Form der Kontemplation ist die Meditation. Wir konzentrieren uns auf irgendetwas, was wir gern verstehen möchten und warten passiv ab, welche Bilder und Gedanken in unserem Geist aufsteigen, ohne dabei irgendeine Form der Bewertung vorzunehmen und ohne den Versuch zu machen, das Problem irgendwie zu lösen.
Eine andere Möglichkeit bietet die Technik des Fokussierens. Dabei konzentrieren wir uns einfach auf eine Idee, ein Konzept oder eine Prozedur und beobachten sie ohne jede Analyse und ohne Schlußfolgerungen zu ziehen. Die Haltung weitgehender Rezeptivität führt oft dazu, daß wir etwas verstehen, was sich dem schnellen intellektuellen Zugriff bisher entzogen hat.

Kreativer Perspektivenwechsel

Manchmal verstehen wir unser eigenes Verhalten, das Verhalten anderer oder irgendein gegebenes Problem besser, wenn wir eine neue Perspektive bei der Auswertung einnehmen. Manchmal reicht es aus, wenn wir dabei körperlich eine andere Position einnehmen. Dies wird z. B. in dem Film „Der Club der toten Dichter" sehr anschaulich demonstriert, als der Lehrer Robbin Wil-

liams seine Schüler auffordert, auf ihre Tische zu steigen und die Welt aus dieser Position zu betrachten. Genauso gut können wir den Teilnehmern vorschlagen, sich mit einer fremden Person zu identifizieren und aus deren Perspektive eine Antwort zu geben.
Eine weitere Möglichkeit besteht darin, die Informationen aus einer Lernerfahrung in eine neue Form zu bringen. Ich kann z. B. meine Erfahrung aus einer Lernsituation durch ein Bild ausdrücken oder ich kann mir überlegen, diese Erfahrung pantomimisch oder durch einen Tanz auszudrücken. Diese Umwandlung führt oft dazu, daß frische und starke Einsichten erzeugt werden, weil ich auf die gewohnten verbalen Interpretationsmuster verzichte.
Eine weitere Möglichkeit besteht darin, daß ich mit Metaphern arbeite: „In dieser Situation habe ich mich verhalten wie der Igel, der vom Hund verbellt wird. Ich habe mich zusammengerollt und mich mit meinen Stacheln verteidigt.“ Diese Metapher drückt auf ganz natürliche Weise das persönliche Schutzbedürfnis aus, eine Einsicht, die für manche Teilnehmer sonst schwer zu gewinnen ist, weil sie vielleicht nicht zum Selbstbild paßt.

10 Den Workshop planen

Gerade wenn der Moderator einen flexiblen Arbeitsstil schätzt und während des Workshops gern improvisiert, lohnt es sich, den Workshop vorher zu planen. Stellen Sie sich in der Phantasie vor, wie der Workshop ablaufen könnte, von Anfang bis Ende, und berücksichtigen Sie dabei, daß es vielleicht zwei oder drei verschiedene Entwicklungen geben kann. Da jede Gruppe einzigartig ist, rechnen wir immer mit Überraschungen, gleichwohl gibt uns die Vorbereitung Sicherheit. Wir haben dann ein gutes Gefühl, weil wir uns auf die Gruppe eingestellt haben, auf die Thematik, auf eine Menge interessanter Experimente und Aktivitäten, so daß wir dann im Ernstfall besser in der Lage sind, die Dinge aus unserer Vorbereitung zu benutzen, die tatsächlich passen. Andererseits vertrauen wir darauf, daß wir auf Überraschungen so reagieren können, daß wir uns spontan auch neue Lernarrangements ausdenken können.

Meist dauert die Vorbereitung genauso lang wie der Workshop selbst. Bei schwierigen oder für uns neuen Workshop-Themen kann man sogar mit einem Verhältnis von 1:2 rechnen, das bedeutet, daß wir für eine Stunde Workshop zwei Stunden Vorbereitung benötigen.

1. Gedanken über die Teilnehmer

Am wichtigsten ist es, daß wir uns auf die Teilnehmer und deren Bedürfnisse vorher einstellen. Wir beginnen mit etwas „Marktforschung“ und fragen uns: Wer sind die Teilnehmer? Gibt es Ähnlichkeit mit anderen Gruppen, mit denen wir schon Erfahrung haben? Was wird hier anders sein? usw. Sie können die folgende Checkliste benutzen, um möglichst viele Informationen über die Teilnehmer zu sammeln:

- Welchen Denkstil werden die Teilnehmer mitbringen? Denken sie empirisch-naturwissenschaftlich, logisch-mathematisch? Denken sie interpersonell? Denken sie in spirituellen Kategorien?
- Wieviel Erfahrung in Bezug auf das Thema bringen die Teilnehmer mit?
- Welche neuen Ideen, Vorgehensweisen, Strategien wollen Sie Ihren Teilnehmern nahebringen? Werden diese Dinge leicht für die Teilnehmer absorbierbar sein? Stellen diese eine große Herausforderung dar?
- Ist die Teilnahme am Workshop freiwillig oder Verpflichtung?
- Welche Ressourcen bringen die Teilnehmer mit?
- Welche Belastungen, aktuellen Schwierigkeiten und ungelösten Probleme bringen sie voraussichtlich mit?
- Warum nehmen sie an dem Workshop teil?
- Welche persönlichen und beruflichen Gewinne könnten sich die Teilnehmer von dem Workshop versprechen?
- Welche Gemeinsamkeiten haben die Teilnehmer?

- Auf welche Weise unterscheiden sie sich?
- Gibt es Konflikte zwischen den Teilnehmern?
- Wie ist die Altersstruktur und die Verteilung der Geschlechter?
- Welche Workshop-Vorerfahrung haben die Teilnehmer?
- Welche stilistischen Erwartungen bringen sie im Blick auf den Workshop mit? Wünschen sie eine direktive Führung? Wünschen sie neue und raffinierte Lernarrangements? Sind sie sehr sicherheitsorientiert?
- Welche privaten Überzeugungen, welche Lebensphilosophie, welche Unternehmenskultur bringen die Teilnehmer mit?
- Welche Lernarrangements könnten zum Thema des Workshops passen?
- Mit welcher Zeitstruktur wollen Sie arbeiten? (Dauer der einzelnen Sitzung, Länge und Rhythmus der Pausen etc.)
- Welche Konzepte, welche Begriffe, welche Sprache paßt zu diesen Teilnehmern?
- Was brauchen die Teilnehmer, um am Ende zufrieden nach Hause zu gehen?
- Wieviel Zuwendung, persönliche Ermutigung, wieviel Fürsorge brauchen diese Teilnehmer?
- Sind unter den Teilnehmern besonders exponierte Personen?
- Sind Personen dabei, die für Ihre Arbeit als Moderator von besonderer Bedeutung sind?
- Wollen Sie irgendwelche weiteren Personen gelegentlich hinzuziehen, die für die Teilnehmer inspirierend sein könnten?

2. Eine Übersicht herstellen

Bringen Sie all Ihre Kenntnisse und Ideen über Teilnehmer und Workshop in ein Mindmapping ein. (Vgl. Baustein 46.) Diese Technik gibt Ihnen einen guten Überblick, und vor allem stärkt sie Ihre Kreativität. Sie bekommen dann ein besseres Gefühl für die vielfältigen Verbindungen zwischen den Interessen von Teilnehmern und Sponsor, Lernzielen, Lernarrangements und Transfer. Am Ende haben Sie dann eine Landkarte, die Ihre Beweglichkeit während des Workshops unterstützt. Außerdem prägen sich Ihnen die vielen Einzelheiten so besser ein.

Und so können Sie vorgehen: Benutzen Sie ein Flipchart, und schreiben Sie in die Mitte das Thema des Workshops. Dann nehmen Sie verschiedenfarbige Marker und zeichnen verschiedene „Äste“ ein, die ihre wichtigen Unterthemen repräsentieren. Schreiben Sie die Unterthemen auf und fügen Sie weitere Unterpunkte, Symbole und Illustrationen hinzu. Benutzen Sie möglichst verschiedene Farben. Variieren Sie die Größe Ihrer Eintragungen nach der Bedeutung der Punkte. Benutzen Sie Pfeile und Verbindungslinien, um Zusammenhänge anzudeuten.

Lassen Sie sich genug Zeit für das Mindmapping. Stellen Sie sich darauf ein, daß Sie während dieser Arbeit neue Erkenntnisse und neue Perspektiven ent-

wickeln, die Ihnen später von großem Nutzen sein werden.
Vergessen Sie nicht, einen Zweig einzutragen, der sich mit Ihren persönlichen Ressourcen und Schwächen beschäftigt. Welche Ihrer spezifischen Stärken könnten auf diesem Workshop zum Tragen kommen? Welche Vorurteile, Ängste, inneren Schwierigkeiten, Abhängigkeiten usw. sind eher ein Handikap? Was müssen Sie tun, um aus diesen Handicaps gleichwohl Nutzen zu ziehen? (Sie verstehen z. B. wenig vom Arbeitsgebiet der Teilnehmer. Dann können Sie ihnen erklären, daß Sie selbst auf diesem Gebiet dazulernen wollen und dafür die Hilfe der Gruppe benötigen.) Gegebenenfalls können Sie diese Mindmap später im Workshop benutzen, wenn Sie sich entscheiden, den Teilnehmern dieses klassische Instrument nahezubringen.
Im Anschluß an das Mindmapping können Sie Ihre didaktische Planung weiter verfeinern. Die folgende Checkliste kann Ihnen dabei helfen:

- **Generelle Ziele / Ergebnisse:** Was möchten Sie erreichen? Was möchten die Teilnehmer vermutlich erreichen?

- **Lernarrangements:** Welche Lernmethoden möchten Sie eventuell benutzen? (Interaktionsspiele, Experimente, Rollenspiel, Simulation, Energizer, Bonding Games, kreatives Schreiben, Mindmapping etc.)

- **Zeitplanung:** Wieviel Zeit steht Ihnen für den Workshop zur Verfügung? Wie können Sie diese Zeit am besten nutzen? Soll es eine Mittagspause geben? Soll es eine Abendsitzung geben? Wann beginnt die Morgensitzung?

- **Themenplanung / spezifische Lernziele:** An welche Themen denken Sie? In welcher Reihenfolge wollen Sie wichtige Themen behandeln? Auf welche Weise wollen Sie sicherstellen, daß die Teilnehmer eigene Vorstellungen in die Themenplanung einbringen können?

- **Ihre spezifische Botschaft:** Welchen Akzent möchten Sie dem Workshop geben? Auf welche neuen Perspektiven, neuen Ideen oder Skills kommt es Ihnen selbst an? Wo knüpfen Sie an die Vorerfahrungen der Teilnehmer an? Wo bieten Sie interessante neue Erfahrungen?

- **Teilnehmermerkmale:** Welche Berufe sind hauptsächlich bei den Workshop-Teilnehmern vertreten? Was haben die Teilnehmer miteinander gemeinsam? Welche Unterschiede gibt es? Welche Erfahrungen bringen die Teilnehmer zum Workshop mit?

- **Ressourcen:** Welche technischen Ressourcen brauchen Sie für den Workshop? Planen Sie Besichtigungen, Ausflüge? Sollen interessante, relevante Personen gelegentlich als Gast hinzugezogen werden?

3. Mit den Teilnehmern planen

Überlegen Sie, wann die Vorstellungen und Wünsche der Teilnehmer herausgearbeitet werden sollen. Oft kommen die Teilnehmer mit unspezifischen Vorstellungen und unklaren Zielen, so daß es in der Regel nicht genügt, nur kurz zu fragen: „Welche Vorstellungen und Ziele haben Sie mitgebracht?“ Sie können den Teilnehmern helfen, indem Sie ihnen sagen: „Beginnen Sie, indem Sie an den Schluß des Workshops denken. Welche Ergebnisse möchten Sie mitnehmen, wenn Sie von hier weggehen? Was möchten Sie dann wissen? Worüber wollen Sie sich klar sein? Was möchten Sie dann können? Wie möchten Sie sich dann fühlen?“
(Außerdem können Sie die fortlaufende Planung in der zweiten Hälfte des Workshops dadurch erleichtern, daß Sie die „Als-ob-Technik“ anwenden. Die Teilnehmer stellen sich vor, daß der Workshop einige Wochen zurückliegt. Sie treffen sich bei einer Party, gehen herum und sprechen miteinander. Sie gratulieren sich gegenseitig zu ihren Erfolgen, die ihnen durch den Workshop möglich geworden sind. Sie beschreiben, was ihnen jetzt, nach diesem Workshop, möglich ist, welche spezifischen Dinge ihnen jetzt leichter von der Hand gehen. Sie beschreiben, inwiefern ihr beruflicher und persönlicher Alltag jetzt befriedigender ist.)

4. Wirksame Lernsequenzen

Erinnern Sie sich bitte daran, was Sie in Baustein 5 „Modell für dynamisches Lernen“ gelesen haben. Das Basisdesign für eine einzelne Lerneinheit besteht beim Workshop-Lernen aus den drei Schritten:
- entspannte Aufmerksamkeit entwickeln,
- eintauchen in komplexe Erfahrungen,
- aktive Auswertung vornehmen.

Die beiden folgenden Lernsequenzen bieten Ihnen interessante, wirksame Alternativen für die Planung eines ganzen Workshops. Sie können zum einen induktiv vorgehen, vom Konkreten zum Allgemeinen, zum anderen können Sie deduktiv vorgehen, indem Sie vom Allgemeinen zum Konkreten fortschreiten:

Induktiv – vom Konkreten zum Allgemeinen

- **Advance Organizing:** Einigen Sie sich mit den Teilnehmern über den Ablauf des Workshops und die einzelnen Lernschritte. Sammeln Sie zu Beginn Themen, Prinzipien, Fragestellungen und Probleme, die gelöst werden sollen.

- **Konkrete, lebensnahe Lernsituationen:** Sorgen Sie für Aktivitäten, die bedeutungsvoll und relevant sind: Simulationen, Rollenspiele, Improvisationstheater, Präsentationen der Teilnehmer (Arbeitsgruppenergebnisse), Experimente, Spiele, Feldforschung, Expertenberichte usw. Alle diese Lernsituationen folgen dem Prinzip: „Eintauchen in komplexe Lernerfahrungen."

- **Auswertung und Bilanzierung:** Hier geht es darum, daß die Teilnehmer ihre Einsichten und Erfahrungen konsolidieren. Berücksichtigen Sie, daß es Lernerfahrungen gibt, die allein absorbiert werden müssen, aber in den meisten Fällen ist die interaktive Auswertung angebracht. Lassen Sie die Teilnehmer in Paaren zusammenkommen und über ihre Lernerfahrungen sprechen. Anschließend kann eine weitere Auswertung im Plenum stattfinden. Hier ist es möglich, über Transfermöglichkeiten zu sprechen und zusätzliche Hinweise aus Forschung und Praxis zu geben.

- **Transfer:** Ermutigen Sie die Teilnehmer zur Anwendung des Gelernten. Die Teilnehmer können konkrete, individuelle Schritte planen oder kollektive Maßnahmen. Geben Sie Gelegenheit, den Transfer durch Rollenspiel vorzubereiten. Sensibilisieren Sie die Teilnehmer für die Auswirkungen geänderten Verhaltens. Welches sind die „Nachteile" des Gelernten?

Deduktiv – vom Allgemeinen zum Konkreten

- **Advance Organizing:** Einigen Sie sich mit den Teilnehmern über den Ablauf des Workshops und die einzelnen Lernschritte. Sammeln Sie zu Beginn Themen, Fragestellungen und Probleme, für die neue Antworten und Lösungen präsentiert werden sollen.

- **Nach Erfahrungen fragen:** Lassen Sie die Teilnehmer zunächst über persönliche Erfahrungen sprechen, danach über berufliche Erfahrungen. Fragen Sie die Teilnehmer: „Wer hat etwas ähnliches erlebt?"

- **Präsentieren Sie neues Wissen:** Machen Sie die Teilnehmer mit Ergebnissen bekannt, mit Prozeduren, Strategien, Prinzipien usw. Berichten Sie, wie dieses Wissen zustande gekommen ist, wer dazu beigetragen hat, wo die Erkenntnisse gewonnen wurden, welche praktischen Auswirkungen das Wissen hat, wo weitere Informationen abgerufen werden können usw. (Machen Sie diesen klassischen Schritt möglichst bunt, lebendig, überraschend.)

- **Lassen Sie die Teilnehmer mit dem neuen Wissen spielen:** Benutzen Sie Simulationen, Rollenspiele und Experimente, damit die Teilnehmer Gelegenheit haben, das neue Wissen spielerisch anzuwenden, um es auf diese Weise zu testen und zu integrieren.

- **Aktive Auswertung:** Lassen Sie die Teilnehmer zu zweit oder in Kleingruppen zusammenkommen und über ihre Experimente diskutieren: Wie haben sie das neue Wissen erlebt? Was hat sich bewährt? Was ist eher fragwürdig?

- **Transfer:** Lassen Sie die Teilnehmer herausfinden, was sie in Zukunft anwenden wollen und wie sie das tun wollen. Welche Modifikationen möchten sie vornehmen? Was möchten sie lieber nicht ausprobieren? Welche Hindernisse gibt es? Wie können diese neutralisiert werden?

6. Zeitmanagement

Für die Teilnehmer und für den Moderator ist der Workshop eine „Zeitinsel". Wir erleben die Zeit vermutlich anders, weil unsere alltägliche Zeiteinteilung aufgehoben ist, vor allem aber, weil sich das innere Erleben verändert, weil Gehirn und Gefühle anders funktionieren. Je länger ein Workshop dauert, desto stärker ist für viele diese Veränderung im Zeitgefühl. Im Rückblick scheint der Workshop schnell vergangen zu sein, aber solange Teilnehmer und Moderator in die „Workshop-Zeit" eintauchen, desto weiter erscheint der zeitliche Rahmen. All das Neue, was erlebt wird, neue geistige Perspektiven, die Beschäftigung mit Vergangenheit und Zukunft, all das bewirkt, daß wir die meßbare Zeit des Workshops gedehnt und erweitert erleben. Gleichzeitig entsteht eine erhöhte Sensibilität im Blick auf den Umgang mit Zeit. Oft wird die verfügbare Zeit als besonders wertvoll betrachtet und darum ist es wichtig, daß der Moderator seinem „Timing" genügend Beachtung schenkt. Im folgenden möchte ich Sie auf einige wichtige Dinge hinweisen:

- **Anfang und Ende betonen:** Widmen Sie Anfang und Ende des Workshops bei der Planung besondere Beachtung. Sorgen Sie für einen interessanten Anfang, der den Übergang aus der Routinezeit des Alltags in die intensivere Lernzeit des Workshops deutlich markiert. Manche Moderatoren bringen irgend etwas Besonderes mit, das für das Thema des Workshops relevant ist: Ein Foto, ein Gedicht, einen wissenschaftlichen Artikel, ein Musikstück, eine Marionette o. ä.
  Denken Sie auch daran, daß die letzte Sitzung des Workshops mit einem „vollen Akkord" endet. Wenn möglich, sollen die Teilnehmer in dem Bewußtsein in den Alltag zurückkehren, daß ihre Zeit gut investiert war. Aber vor allem ist es wichtig, daß sie mit Optimismus in die Zukunft blicken können, weil sie sicher sind, daß sie vieles von der Arbeit im Workshop benutzen können. Rechnen Sie auch mit Gefühlen der Trauer, die in solchen Übergangsphasen der Trennung unweigerlich wach werden.

- **Seien Sie pünktlich:** Beginnen Sie jede Sitzung pünktlich. Mit Pünktlichkeit zeigen Sie, daß Sie verläßlich sind und vertrauenswürdig. Außerdem gibt ein fester zeitlicher Rahmen einen passenden Hintergrund für freizügiges Experimentieren bei der Arbeit. Wenn Sie die verabredete Zeitstruktur abändern, dann vereinbaren Sie das mit der Gruppe. In der Regel empfiehlt es sich in der ersten oder zweiten Sitzung, die Arbeitszeiten zu vereinbaren und auf Flipchart zu notieren. Dieser Fahrplan sollte während des Workshops immer sichtbar bleiben. Befestigen Sie ihn z. B. an der Wand – am besten neben der Tür.

- **Routine und Improvisation:** Halten Sie einen kurzen Monolog, in dem Sie skizzieren, wie Sie sich den Ablauf des Workshops vorstellen können. Das bedeutet natürlich nicht, daß Sie ein festes Programm präsentieren, bei dem die Teilnehmer dann keine Möglichkeiten zur Mitwirkung hätten. Skizzieren Sie den virtuellen Ablauf. Gehen Sie davon aus, daß sich die Ziele und Bedürfnisse der Teilnehmer mit Ihren Vorstellungen verbinden. Sprechen Sie über die übergreifenden Ziele, die auf dem Workshop erreicht werden können.
  Sprechen Sie auch darüber, daß die Teilnehmer allmählich eine Veränderung bei sich entdecken werden. Weil die routinemäßige Strukturierung der Zeit im Workshop durchbrochen wird, werden sie mehr Lust bekommen zu improvisieren, neue Dinge auszuprobieren und ihre Lernzeit anders zu benutzen. Laden Sie die Teilnehmer ein, über ihre eigenen Ziele und Vorstellungen zu sprechen.

- **Mini-Lektionen:** Wenn Sie selbst längere Zeit sprechen, weil Sie z. B. irgendwelche Forschungsergebnisse präsentieren wollen, Konzepte erklären oder ein wichtiges Experiment einführen wollen, dann sollte dies nicht länger als zehn bis zwanzig Minuten dauern. Akzentuieren Sie das Ende dieser theoretischen Phase, indem Sie die Teilnehmer z. B. auffordern, sich hinzustellen und sich zu strecken, um dann über das Gehörte zu diskutieren.

- **Pausen:** Etwa fünf bis zehn Minuten vor dem Ende der Gruppensitzung können Sie die Teilnehmer darauf hinweisen, daß die Gruppe kurz vor der Pause steht. Das gibt den Teilnehmern das beruhigende Gefühl, daß sie „Herr der Zeit“ sind. Sie können z. B. sagen: „In fünf Minuten werden wir eine Pause machen. Sie können diese fünf Minuten benutzen, um Ihre Gedanken mitzuteilen oder um Fragen zu stellen.“

- **Mini-Pausen:** Unterbrechen Sie die thematische Arbeit immer, wenn der Energielevel in der Gruppe absinkt. Sorgen Sie dann für eine kurze Pause mit körperlicher Aktivität, oder geben Sie Extrazeit für eine kurze Reflexion oder einfach für ein paar tiefe Atemzüge.

- **Extra-Pausen:** Wenn Sie Ihren roten Faden verlieren, wenn Sie sich blockiert fühlen oder einfach nicht wissen, wie es weitergehen soll, dann machen Sie einfach eine kurze Pause, in der die Teilnehmer sich strecken oder durch eine Bewegungsübung erfrischen können. In dieser Zeit haben Sie Gelegenheit, Ihre Gedanken zu reorganisieren.

- **Das Positive betonen:** Je engagierter der Moderator ist, desto leichter hat er selbst den Eindruck, daß die Zeit nicht ausreicht, um all das zu tun, was den Teilnehmern nützen, all das, was eine gründliche Bearbeitung des Themas verlangen würde. Behalten Sie diese negative Einschätzung für sich und betonen Sie immer wieder – auch bei kurzen Workshops – daß Sie und die Teilnehmer genügend Zeit haben, um die wichtigsten Dinge zu lernen. Dieses Ziel ist erreichbar, weil im Workshop anders gelernt wird als im Alltag. Außerdem können Sie die Teilnehmern darauf hinweisen, daß sie sich auch auf die unbewußten Fähigkeiten ihres Geistes verlassen können: 99 Prozent unseres Lernens geschieht unbewußt.

- **Feedback:** Sorgen Sie nach wichtigen Lernschritten immer wieder dafür, daß die Teilnehmer Feedback erhalten. Von Zeit zu Zeit ist Selbstreflexion wichtig – durch kurze Notizen, eine Minute bewußtes Nachdenken etc. – aber meist ist das soziale Feedback angezeigt. Eine klassische Möglichkeit bietet der Austausch mit einem Partner oder in einer Kleingruppe.

- **Evaluation:** Wenn die Teilnehmer irgendeine Beurteilung des Workshops vornehmen sollen, so geschieht dies am besten nach dem offiziellen Schluß. Dann steht niemand unter zeitlichem Druck. Sie können etwas Musik dabei spielen, und die Teilnehmer können sich noch informell unterhalten und sich verabschieden.

- **Akzente setzen:** Versuchen Sie, die einzelne Sitzung nicht formlos auslaufen zu lassen, sondern geben Sie einen definitiven Schlußpunkt durch einen interessanten Gedanken, eine Frage oder durch ein Zitat.

11 Ein Planungsmodell

Wenn Sie einen Workshop oder eine einzelne Sitzung vorbereiten, können Sie dieses Modell als Orientierunghilfe benutzen. Jeder einzelne Faktor ist wichtig, damit das Gehirn lernen kann.
Die sieben Faktoren erscheinen hier in einer Reihenfolge, die Sie auch bei der Planung verwenden können. Bei einer einzelnen Sitzung werden Sie diese Schritte jedoch immer unterschiedlich gewichten. Die Vorerfahrung der Teilnehmer und Ihre eigene Erfahrung spielt ebenfalls eine entscheidende Rolle dabei, wic weit Sie jeden Faktor berücksichtigen werden.

1. Lerngeschichte:
- Was wissen und was können die Teilnehmer schon?
- Wie können Sie die Interessen und den Hintergrund Ihrer Teilnehmer berücksichtigen?
- Welche Besonderheiten haben die Teilnehmer Ihres Workshops?
- Was sind die wichtigsten Charakteristika dieser Gruppe?
- Wie können Sie die Teilnehmer auf den Lernprozeß vorbereiten (Advance Organizing)?
- Wie können Sie einen Überblick über die Sitzung geben?
- Was soll darin enthalten sein? Was soll überraschend sein?

2. Lernumgebung:
- Wie wollen Sie die Voraussetzung dafür schaffen, daß die Teilnehmer erfolgreich lernen?
- Welche Spielregeln sollen dazu beitragen, daß die Teilnehmer sich in der Gruppe sicher fühlen?
- Wie können Sie den Gruppenraum so gestalten, daß sich die Teilnehmer wohlfühlen und angeregt zugleich?
- Wie sollen die Teilnehmer sitzen?

3. Voraussetzungen für erfolgreiches Lernen:
- Wie wollen Sie Rapport zwischen sich und den Teilnehmern herstellen?
- Wie können die Teilnehmer miteinander vertraut werden?
- Wie wollen Sie dafür sorgen, daß die Teilnehmer ihre Ziele einbringen?
- Wie können Sie die Teilnehmer einladen, auch bei den Lernverfahren mitzureden?
- Wie können Sie es erreichen, daß Vertrauen und Offenheit in der Gruppe herrschen?
- Wie wollen Sie an das vorhandene Wissen der Teilnehmer anknüpfen?
- Wie wollen Sie eine innere Verbindung zum Thema herstellen?
- Wie können Sie die Neugier der Teilnehmer wecken und ihnen helfen, in den produktiven Zustand entspannter Aufmerksamkeit zu gelangen?

4. Eintauchen in komplexe Erfahrungen: Die Teilnehmer haben die beste Motivation, wenn sie neue Erfahrungen machen können, die ihre Neugier wecken, ihren Bedürfnissen entsprechen und Themen aus dem wirklichen Leben berücksichtigen. (Besonders anregende Beispiele dafür finden Sie in den Übungen der Bausteine 53 und 54.)

- Welche Lernsituationen planen Sie, die es den Teilnehmern gestatten, tief in wichtige Erfahrungen einzutauchen? (Schaffen Sie praktische, handlungsorientierte Lernsituationen. Sprechen Sie dabei alle sieben Intelligenzen an. Berücksichtigen Sie die Gefühle der Teilnehmer und sprechen Sie ihre Sinne an. Sorgen Sie dafür, daß die Teilnehmer sich körperlich bewegen können. Unser Gehirn lernt besonders gut, wenn wir konkrete Erfahrungen machen.)
- Welche Lernsituationen werden Sie anbieten, die möglichst konkret „physisch" und real sind?
- Wie wollen Sie dafür sorgen, daß die Teilnehmer immer wieder in einen Zustand entspannter Aufmerksamkeit versetzt werden, der es ihnen gestattet, gern zu lernen?

5. Aktive Auswertung:

- Wie können Sie den Teilnehmern helfen, daß sie ihre Erfahrungen besser verstehen?
- Wie können Sie dafür sorgen, daß sie genügend Rückmeldung bekommen?
- Wie können Sie erreichen, daß die Teilnehmer neue Dinge mit altem Wissen verbinden können? (Lassen Sie die Teilnehmer ihre Lernerfahrung mit anderen diskutieren. Sorgen Sie für Partnerarbeit, Kleingruppendiskussion, Teamarbeit und Debatten im Plenum; sorgen Sie für „Fragestunden"; geben Sie den Teilnehmern Gelegenheit, manchmal die Rolle des Moderators oder des Experten zu übernehmen.)
- Was können Sie sonst noch tun, um das Verständnis der Teilnehmer für das Thema zu vertiefen? (Vielleicht sind zusätzliche Demonstrationen wichtig: Rollenspiele, Debatten, Theaterszenen, Experimente usw. Sollen die Teilnehmer zusätzliche Informationen und Anregungen bekommen durch Materialien, die in Pausen und Freizeit zur Verfügung stehen, z. B. Videos oder Bücher?)

6. Im Gedächtnis speichern:

- Planen Sie Ruhezeiten ein, damit die Teilnehmer ihre Erfahrung, ihre Einsichten und ihr neues Wissen integrieren können.
- Geben Sie den Teilnehmern Anregungen, wie sie solche Ruhezeiten benutzen können. Ermutigen Sie sie z. B. zu Reflexionen; regen Sie sie an, Notizen zu machen oder Tagebuch zu schreiben, schaffen Sie immer wieder Zeiten der Stille, z. B. für Meditationen, fordern Sie sie zu Spaziergängen und zu Gesprächen mit einem Partner auf.

- Geben Sie den Teilnehmern Gelegenheit, ihre Erfahrungen zu sortieren, zu analysieren, indem sie z. B. Bilder malen oder Mindmaps machen.
- Bei mehrtägigen Workshops kann es wichtig sein, einmal auf eine Sitzung zu verzichten und statt dessen Freizeit zu geben oder eine Wanderung zu machen, damit genügend Raum ist für die Integration des Erfahrenen. (Das Gehirn braucht solche Zeiten ohne neuen Input, um Eindrücke und Einsichten zu assimilieren. Sorgen Sie dafür, daß Ihr Programm nicht zu dicht ist, weil Streß den nachhaltigen Lernerfolg gefährdet.)
- Benutzen Sie Rituale und Zeremonien, um Erfolge zu feiern oder eine Performance, um mit neuem Wissen und neuen Einsichten zu spielen.
- Ermuntern Sie den Gedankenaustausch der Teilnehmer. Regen Sie positives Feedback in der Gruppe an.

7. Funktionale Integration und Transfer:
- Geben Sie den Teilnehmern Gelegenheit, neues Wissen und Skills durch Rollenspiel, Debatten und Experimente zu demonstrieren.
- Sollen die einzelnen und die Gruppe ihren Lernerfolg selbst einschätzen?
- Wie wollen Sie den Transfer in den privaten und beruflichen Bereich vorbereiten? (Schaffen Sie einige „als-ob-Situationen", damit die Teilnehmer auch die Auswirkungen ihres Lernens testen können.)
- Wie wollen Sie den Schluß gestalten? (Geben Sie den Teilnehmern Gelegenheit, sich bei den Mitlernenden für Unterstützung und Anregung zu bedanken. Benutzen Sie ein Schlußritual. Dadurch helfen Sie den Teilnehmern, mit Trauer und Konfusion des Abschieds zurechtzukommen. Bereiten Sie sie auf den Wiedereinstieg in den Alltag vor, auf die Rückkehr nach Hause, in die Familie und in die Firma.)

Sicherlich werden Sie in einer einzelnen Sitzung und auch in einem kompletten Workshop nicht alle Faktoren berücksichtigen können. Vermeiden Sie es bitte, diese Faktoren rigide „abzuarbeiten", weil dann Flexibilität und Erfindungskraft leiden. Fragen Sie sich einfach: „Könnten diese Überlegungen nützen? Was kann ich sonst tun, um die Bedürfnisse der Teilnehmer zu befriedigen?" Halten Sie sich an die Philosophie der besten Moderatoren: Arbeiten Sie mit Methoden, von denen Sie aus Erfahrung wissen, daß sie gut funktionieren und probieren Sie in jedem Workshop ein paar Dinge aus, die neu für Sie sind. Auf diese Weise erhalten Sie eine interessante Mischung, und für ihre eigene Arbeit haben Sie das angenehme Gefühl, sich nicht ständig zu wiederholen.

12 Das Handwerkszeug

In Hotels und Konferenzzentren gibt es inzwischen viele nützliche Hilfsmittel, wie z. B. Flipchart-Ständer, Pinwände, Overhead-Projektoren und Videorecorder. Bei guter Ausstattung gibt es nicht nur einen Plenarraum, sondern zusätzliche Räume für Kleingruppenarbeit. Es stehen auch Erfrischungsgetränke (am besten ist Mineralwasser) bereit, und am Vormittag und Nachmittag gibt es jeweils nach der ersten Sitzung Kaffee oder Tee.
Gleichwohl ist es empfehlenswert, daß der Moderator sein eigenes Werkzeug mitbringt, um variationsreich und phantasievoll arbeiten zu können. Die folgende Liste ist nicht nach Prioritäten geordnet. Einige Werkzeuge sind für jeden Moderator zweckmäßig, andere erscheinen vielleicht ein wenig exotisch. Überprüfen Sie, was für Sie nützlich ist.

- **Blanko Schreibpapier im Format DIN A4:** Für schriftliche Aufgaben, kleine Skizzen und zum Teil auch zum Malen und Basteln ist dieses Medium unentbehrlich. Für die persönlichen Notizen der Teilnehmer können Sie einfache Schreibhefte zur Verfügung stellen.
- **Zeichenpapier im Format DIN A3 (120g):** Dies ist ein schönes Format zum Malen, für Mindmapping oder zur schriftlichen Dokumentation von Gruppenarbeit.
- **Flipchart-Papier**
- **Karteikarten im Format von DIN A6 und A7, blanko und in verschiedenen Farben:** Solche Kärtchen lassen sich universell einsetzen, als Namenskärtchen für die einzelnen Teilnehmer, zur Bezeichnung von Arbeitsgruppen und als robuster Träger von Informationen aller Art bei Gruppenspielen und Experimenten.
- **Post-it in verschiedenen Farben:** Post-it-Blöcke sind billiger und noch flexibler zu handhaben als die klassischen Wolkenovale oder Kreise, die eigentlich nur zu Pinwänden passen. Post-its können auch auf Flipchartbögen sehr leicht umgruppiert und für geistige Landkarten verwendet werden. (Diese Erfindung der 3M-Company bereichert die Workshoparbeit.)
- **Post-it-Index in verschiedenen Farben:** Diese farbigen Markierungsstreifen (nicht beschreibbar) sind den herkömmlichen Klebepunkten überlegen. Sie können leicht und schnell umgesetzt werden und erleichtern Gewichtungen, Konsensusprozesse und soziometrische Wahlen.
- **Abroller mit ablösbarem Klebeband:** Mit ablösbarem Klebeband können Sie Flipcharts oder Blätter in kleineren Formaten an den Wänden befestigen. Künstlerische und intellektuelle Arbeitsergebnisse der Gruppe geben dem Raum eine persönliche Note. Sie regen die Teilnehmer an und sind eine schöne Bestätigung der Produktivität der Gruppe.

- **Filzschreiber in verschiedenen Farben und Ölkreiden:** Die Ölkreiden sind vor allem für farbige Skizzen und Bilder gedacht und geben den Teilnehmern Gelegenheit, ihre visuelle Intelligenz und Phantasie zu benutzen. Es ist nicht ausreichend, nur mit Texten zu arbeiten. Darum sollten Ölkreiden und Wachsmalstifte in keinem Moderatorenkoffer fehlen.
- **Bleistifte, Kugelschreiber oder Tintenroller:** Immer wieder erscheinen Teilnehmer auf unseren Workshops, die so hastig von zu Hause aufgebrochen sind, daß sie ihr persönliches Schreibzeug vergessen haben. Für diese Gruppenmitglieder ist es eine große Erleichterung, wenn sie feststellen, daß auch erratisches Verhalten niemanden zum Außenseiter macht!
- **Scheren:** Scheren sind zum Basteln und Gestalten unverzichtbar. Wenn Ihre Teilnehmer die klassischen Turm- oder Brückenbauübungen durchführen sollen, dann brauchen sie Scheren. Aber genauso gut können wir Scheren benutzen, wenn die Teilnehmer sich gegen Ende des Seminars kleine Geschenke basteln oder wenn wir sie auffordern, eine Idee oder ein Konzept symbolisch durch eine Art Scherenschnitt darzustellen. Wir können uns viele erlebnisorientierte Übungen ausdenken, zu denen wir eine Schere gebrauchen. Die Schere kann dabei sehr symbolkräftige Arbeit leisten, nämlich trennen, vereinzeln, schlanker machen, ein Profil geben, Überflüssiges entfernen usw.
- **Klebestifte oder Klebstoff in Tuben:** Zum Herstellen dreidimensionaler Objekte sind dies wichtige Hilfsmittel. Sie helfen der Gruppe beim Basteln, beim Bau von Modellen oder bei der Anfertigung eines Gruppen-Totems.
- **CD-Player mit verschiedenen Tonträgern:** Es gibt immer noch zu viele Workshops, bei denen die musikalische Intelligenz der Teilnehmer nicht angesprochen wird. Denken Sie daran, daß Sie Musik benutzen können, um die Teilnehmer zu entspannen oder anzuregen und um kreative Arbeit sinnvoll zu begleiten. Musik kann Produktivität und Konzentration fördern, wenn die Teilnehmer an einer schriftlichen Aufgabe arbeiten, beim kreativen Schreiben oder wenn sie sich individuell einen Text erarbeiten. Besonders geeignet ist Musik im Barockstil mit 60 Schlägen in der Minute. Sehr schön sind die beiden CDs von Gary Lamb: „Watching The Night Fall" und „A Walk In The Garden", erschienen bei Golden Gate Records. Hier hören wir Gary Lamb auf einem großen Yamaha-Piano, sehr anregend, frisch und lebendig.
- **Ein Knäuel Wolle:** Mit Wolle kann man soziometrische Verfahren anschaulich gestalten, so lassen sich damit z. B. Informationsnetze sichtbar machen, Zeitlinien prägnant herausstellen oder Netze der Zugehörigkeit knüpfen. Selbstverständlich eignet sie sich auch für viele kunsttherapeutische Aktionen, mit anderen Worten, die Wolle ist ein vielseitig einsetzbares Medium, das Neugier und Phantasie der Teilnehmer herausfordert.

- **Kurzzeitwecker:** Für alle Aktionen, bei denen es darauf ankommt, daß eine kurze Zeitspanne beachtet wird, ist dies ein nützliches Hilfsmittel, das die Zeit hörbar macht.
- **Teelichter:** Mit Teelichtern lassen sich verschiedene Rituale und Gruppenexperimente emotional intensiv gestalten. Die lebendige Flamme löst eine spezielle innere Reaktion in uns aus. Darüber hinaus kann man die Teelichter einsetzen, wenn ein Teilnehmer Geburtstag hat, wenn eine Performance ansteht oder eine andere feierliche Gelegenheit.
- **Streichhölzer:** Mit Streichhölzern lassen sich sehr eindrucksvoll alle möglichen Bilder legen, Konzepte verdeutlichen, Beziehungen darstellen und Systeme charakterisieren. Sie eignen sich für Rätsel und Denkaufgaben. Und wenn wir sie anzünden, dann können Meditationen und Gruppenrituale dadurch belebt werden.
- **Seidenschals und Chiffontücher:** Die Tücher können Sie bei allen Gruppenexperimenten verwenden, wo es darauf ankommt, daß die Teilnehmer eine Zeitlang nicht sehen sollen und daher eine Augenbinde brauchen. Sie eignen sich aber auch hervorragend für Tanz-, Bewegungs- und Entspannungsexperimente. Die Leichtigkeit, mit der sich die Tücher in der Luft bewegen, inspiriert die Sensitivität und die Phantasie der Teilnehmer.
- **Schachtel mit Münzen:** Dies ist ein wichtiges Requisit für Auktionen aller Art, sowie für Spiele im Zusammenhang mit Macht, Einfluß und Werten.
- **Verschiedene Mineralien (Bergkristall, Amethyst, Rosenquarz etc.):** Mineralien eignen sich hervorragend für Gruppenrituale und Phantasiereisen.
- **Handpuppen:** Wenn Sie zu den Moderatoren gehören, die ihren Teilnehmern von Zeit zu Zeit Anekdoten oder Geschichten erzählen, um auf diese Weise Denkanstöße zu geben, dann können Handpuppen dabei helfen. Es gibt immer wieder Teilnehmer, die die Worte einer Handpuppe leichter annehmen mögen, als die Worte des Moderators selbst. Handpuppen schaffen eine spielerische und humorvolle Atmosphäre und umgehen mit Leichtigkeit alle möglichen Widerstände in der Gruppe.
- **Ein kleines Büchlein mit kurzen Texten der Weisheit:** (Geeignet ist z. B. der Band „Zen-Geschichten – Begegnungen zwischen Schülern und Meistern", hrsg. von Thomas Cleary, erschienen 1997 im Diederichs-Verlag.) Alte Weisheitstexte eignen sich gut, um Denkanstöße zu geben, die über die psychologischen Trends des Tages hinausgehen. Sie sind etwas sperriger, dafür aber auch glaubwürdiger. Besonders das Ende einer Gruppensitzung kann mit einem kurzen Zitat markiert werden. Reizvoll ist es auch, so eine Sammlung als ein Orakel zu benutzen. Sie können dann irgendeine Stelle blind aufschlagen und der Gruppe den gefundenen Text vorlesen. Fast immer ist es möglich, einen überraschenden Bezug herzu-

stellen, der Neugier und Motivation frisch inspiriert. Voraussetzung ist, daß Sie Texte benutzen, die Ihnen selbst etwas bedeuten.

- **Ein geeigneter Behälter für Ihre wichtigsten Werkzeuge:** Damit Sie nicht vor jedem Seminar Ihr Handwerkszeug zusammensuchen müssen, sollte alles in einem geräumigen Koffer verstaut sein, der immer bereit ist. Das entlastet Sie und gibt Ihnen ein gutes Gefühl. Achten Sie darauf, daß Ihr Handwerkszeug wirklich vielseitig ist und daß Sie ihm von Zeit zu Zeit neue Medien hinzufügen. Auf diese Weise vermeiden Sie, sich selbst allzu oft zu wiederholen.

- **Benutzen Sie auch Ressourcen, die Sie zufällig in der Gruppe oder am Seminarort vorfinden:** Wenn Sie z. B. in einem Gruppenraum arbeiten, in dem ein Klavier steht, und wenn Sie darüber hinaus in der Gruppe einen Teilnehmer/eine Teilnehmerin haben, der/die auf dem Klavier improvisieren kann, dann liegt es nahe, diese Möglichkeiten, für eine Bewegungsimprovisation oder für eine kurze Phantasiereise in die Gruppenarbeit einzubeziehen.
  Wenn Sie z. B. einen Workshop über kreatives Schreiben geben und wissen, daß in der Nähe ein Dichter lebt, dann können Sie überlegen, ob Sie ihn zu einer Lesung und Diskussion einladen möchten.
  Indem Sie die lokalen Ressourcen nutzen, machen Sie die Grenzen des Workshops durchlässig und stellen sich und die Teilnehmer in einen natürlichen Zusammenhang.

13 Die Sprache des Raumes

Wo sollte ein Workshop stattfinden? Große Hotels sind in der Regel keine idealen Plätze, weil sie zu sehr am Gewohnten anknüpfen. Besonders gute Erfahrung habe ich mit alten Klöstern und auch mit Berghütten gemacht. Auf jeden Fall ist eine Umgebung vorzuziehen, wo die Teilnehmer schnell in die Natur gelangen können, um sich zu erholen.

Noch wichtiger als die Umgebung des Workshops ist die Atmosphäre des Gruppenraumes. Der Gruppenraum sollte viel natürliches Licht hereinlassen und wenig akustische Störungen. Wichtig ist auch die Größe. Am besten ist es, wenn der Raum groß genug ist, daß an den Wänden Tische stehen können, die bei Bedarf schnell hervorgezogen werden. Die Stühle sollten fest sein (keine Schwinger) und gerade Lehnen haben. Häufig sind die Wände kahl, dann können Sie gemeinsam mit der Gruppe dafür sorgen, daß der Gruppenraum eine behagliche Atmosphäre bekommt. Das bewirkt, daß die Teilnehmer eine gewisse Verantwortung für das Gelingen des Workshops übernehmen. Zeichnungen der Teilnehmer, Mindmaps und Flipcharts werden bald zusätzlich dafür sorgen, daß die Gruppe sich im Raum zu Hause fühlt.

Wesentlich ist außerdem das Arrangement der Stühle. Wenn die Gruppe sich in einem Raum trifft, wo die Teilnehmer physisch durch Tische voneinander getrennt sind, dann hat der Raum eine andere Qualität, als wenn die Stühle so stehen, daß die Teilnehmer einander sehen können. Für einen kleinen Workshop ist das beste Sitzarrangement der Stuhlkreis. Er ist die einzige geometrische Form, die nicht hierarchisch ist. Der Moderator sitzt in der Runde, als eine Art Primus inter Pares. Jeder kann jeden sehen und es gibt keine Tische, hinter denen man sich verbirgt. Jede physische Barriere vergrößert den psychologischen Abstand und wirkt sich als Störung der Kommunikation aus. Am besten ist es, wenn der Raum groß genug ist, daß Sie mit verschiedenen Sitzarrangements arbeiten können. (Das ist auch für die Teilnehmer von Vorteil, weil sie dann für ihre eigene „back home"-Situation Ideen bekommen, wie sie Kommunikationsprozesse durch verschiedene Settings beeinflussen können. Am Ende dieser Einheit schlage ich Ihnen zwei hochinteressante Übungen zur räumlichen Struktur der Macht vor, die die Teilnehmer für solche Aspekte sensibilisieren.)

Im folgenden möchte ich kurz einige klassische Sitzarrangements diskutieren, ihre Vor- und Nachteile und die Umstände, unter denen diese Arrangements nützlich sein können.

1. Das traditionelle „Klassenzimmer" – Dieses Modell eignet sich für größere Gruppen mit 40 bis 60 Teilnehmern. Die Teilnehmer sitzen zu zweit oder zu viert an Tischen. Wenn möglich sind die einzelnen Tischreihen halbkreisförmig angeordnet. Ihr eigener Tisch steht vor der ersten Tischreihe.

Bei dieser Sitzordnung steht der Moderator im Zentrum der Aufmerksamkeit und kontrolliert die Kommunikation. Die Tische geben den Teilnehmern Gelegenheit, sich Notizen zu machen. Dies ist ein hierarchisches Lernmodell und geeignet, „Oberflächenwissen" zu vermitteln. Der Nachteil dieses Modells: Die Teilnehmer ermüden rascher, Gruppeninteraktion ist schwierig. Möglich ist allerdings Partnerarbeit an den Tischen.

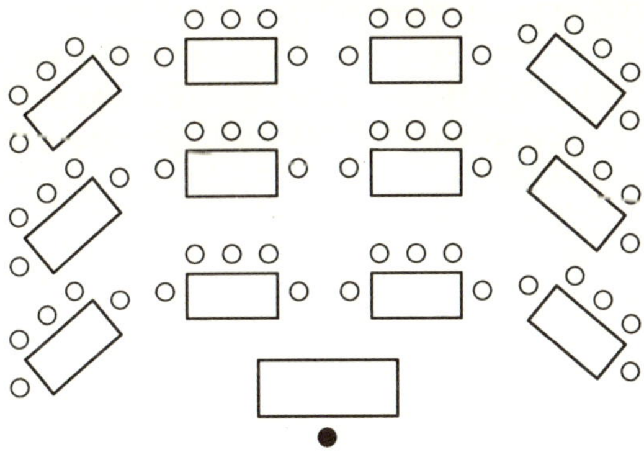

2. Das Kaffeehaus-Modell – Dies ist eine freundlichere Version des Klassenzimmer-Layouts für kleinere Gruppen von sechzehn bis zwanzig Teilnehmern. Die Tische stehen unregelmäßig verteilt im Raum mit zwei bis drei Teilnehmern an jedem Tisch. Hier können die Teilnehmer einander verhältnismäßig gut sehen. Der Tisch des Moderators ist in dieses unregelmäßige Muster mit einbezogen. Dieses Layout folgt immer noch dem hierarchischen Modell. Es eignet sich für Arbeitsformen, bei denen viel geschrieben wird, z. B. für Workshops über kreatives Schreiben.

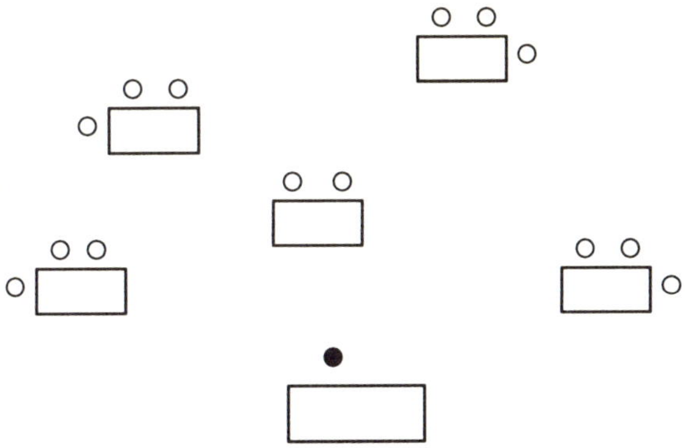

3. Teamwork-Modell – Hier benötigen Sie entweder zwei Meter lange Tische, oder Sie stellen mehrere Tische zusammen, so daß Sechser- oder Achtergruppen an diesen Tischen arbeiten können. Da die Teams selbständig arbeiten, ist es unerheblich, wo der Tisch des Moderators steht. Dadurch entsteht eine demokratische, autonome Lernsituation. Der Raum muß sehr groß sein, damit sich die Arbeitsgruppen akustisch nicht stören. Im allgemeinen ist es vorzuziehen, daß sich die Teams zur Arbeit in eigene kleine Räume zurückziehen können, um nicht abgelenkt zu sein und damit sie ein gewisses Gefühl der Privatheit entwickeln können. Wenn die Teilnehmer in verschiedenen Räumen arbeiten, dann ist die Rückkehr ins Plenum zu einem festgelegten Zeitpunkt fast immer ein Problem, weil die Teams ihren eigenen Arbeitsrhythmus entwickeln.

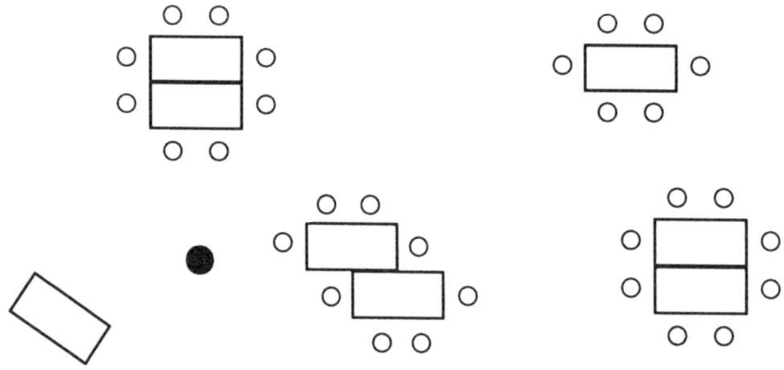

4. Das Konferenz-Modell – Dieses Layout eignet sich am besten für Gruppen von sechs bis fünfundzwanzig Teilnehmern, wenn die Teilnehmer viele Unterlagen benötigen und sich gegenseitig sehen sollen. Mit mehr als fünfundzwanzig Teilnehmern wird diese Arbeitsform sehr schwerfällig. Ein solches Layout eignet sich am besten für Entscheidungs- und Planungsprozesse. Der Nachteil ist, daß die Tische als Barrieren wirken können, so daß schon die Sitzordnung eine gewisse Frontenbildung nahe legt.

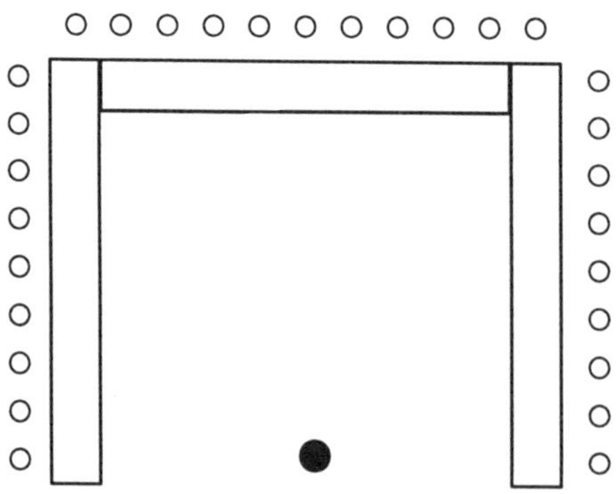

5. Das Auditoriums-Modell – Dieses Modell eignet sich für sehr große Gruppen – 50 bis 100 Teilnehmer – für Vorträge, Referate oder Demonstrationen. Man kann das Layout etwas auflockern, indem man zwei Blöcke bildet, deren Reihen im Winkel nach innen laufen. Hier besteht die Möglichkeit, daß der Moderator, oder wer sonst vorträgt, sein Pult verläßt und zeitweilig auch den Raum zwischen den Reihen benutzt. Von allen Modellen betont dies am stärksten die klassische Einwegkommunikation.

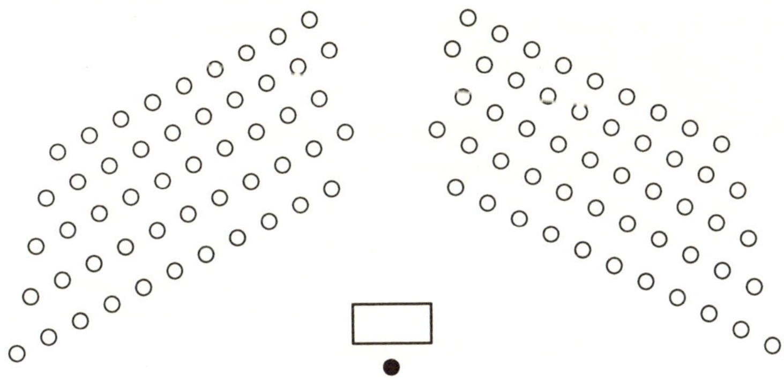

6. Das Kreis-Modell – Dies ist das einzige Layout, wo jeder jeden sehen kann und wo der Leiter in die Gruppe integriert ist. Der Kreis ist vor allem ein Symbol für die Autonomie jedes Mitgliedes. Er deutet an, daß jeder die gleiche Aufmerksamkeit verdient, daß jeder das gleiche Recht hat zu sprechen, daß jeder selbständig und einzigartig ist. Der Moderator hat seinen Platz im Kreis als Primus inter pares. Dies ist die älteste Form, in der Menschen in Gruppen zusammenkommen, und es ist zugleich die beste Form, die unserer Vorstellung vom dynamischen Lernen entspricht. Jeder kann

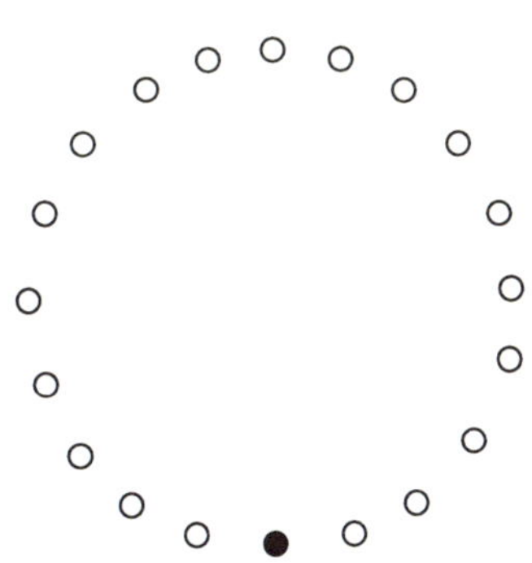

vollständig gesehen werden, niemand hat eine Barriere vor sich. Der freie Platz innerhalb des Kreises kann für verschiedene Aktivitäten benutzt werden, für Rollenspiele, für Demonstrationen, für ein Fishbowl usw. Der Kreis ist auch die beste Ausgangsposition für alle möglichen Bewegungsaktivitäten – für Partnerarbeit, für die Bildung von Arbeitsgruppen. Der Kreis ist eine Einladung an die Teilnehmer, sich zu öffnen, miteinander zu sprechen und Ideen zu diskutieren. Hier kann zwischen den Teilnehmern echte Mehrwegkommunikation stattfinden.
Bei diesem Layout empfiehlt es sich, die Tische an die Wände des Raumes zu stellen, so daß sie leicht hervorgeholt werden können, wenn die Teilnehmer schreiben oder zeichnen wollen.

7. Arbeit im Freien – Bei schönem Wetter äußern häufig einzelne Teilnehmer den Wunsch, im Freien zu arbeiten. Da die Arbeit im Plenum besondere Konzentration verlangt, ist es nie ratsam, mit der ganzen Gruppe nach draußen zu ziehen. Außerdem gibt es immer Teilnehmer, die nicht im Freien arbeiten wollen, weil sie an Allergien leiden, Angst vor Insekten haben oder ungern in der Sonne sitzen. Wenn sich eine einzelne Arbeitsgruppe dafür entscheidet, dann ist das in der Regel unproblematisch.

Bitte bedenken Sie, daß die Sitzordnung wichtig ist. Eine Gruppe, die physisch getrennt an Tischen sitzt oder in einem großen Auditorium, hat eine andere Qualität als eine Gruppe, die im Kreis sitzt, so daß alle Teilnehmer dicht beieinander sind und Augenkontakt haben können. Wenn ein Teilnehmer nicht alle anderen sehen kann, wenn einige Teilnehmer in den Ecken des Raumes sitzen, wenn einige hinter anderen sitzen oder wenn es irgendwelche physischen Barrieren gibt, dann können wir immer eine gewisse seelische Distanz und Fragmentierung der Gruppe erwarten. Wir müssen auch darauf achten, daß die Teilnehmer nicht das Gefühl haben, daß sie zu eng zusammensitzen müssen. Der Raum soll eine gewisse Größe haben, so daß die Nähe nicht erzwungen wird.
Wenn viele Ihrer Teilnehmer selbst mit Gruppen arbeiten, kann es hilfreich sein, mit der Gruppe die Bedeutung räumlicher Strukturen zu erforschen, d. h. wie sich die Anordnung der Sitzgelegenheiten auf Lernprozesse und die Verteilung von Macht auswirkt. Zu diesem Zweck möchte ich Ihnen zwei sehr interessante Gruppenübungen ans Herz legen.

Übungsvorschläge:

Übung 1: Das große Spiel der Macht – Stellen Sie einen Tisch, sechs Stühle und eine Flasche in die Mitte des Kreises in beliebiger Anordnung. Geben Sie der Gruppe dann die Aufgabe, diese acht Objekte so zu arrangieren, daß ein Stuhl der „Platz der Macht" wird. Dabei gilt die Spielregel: Alle Objekte können in beliebiger Weise angeordnet, positioniert oder auch aufeinander gestellt werden, aber kein Gegenstand darf entfernt werden. Immer ein Teilnehmer zur Zeit kann in die Mitte gehen und das Arrangement verändern.

Die Gruppe kann verschiedene Variationen ausprobieren, bis alle der Meinung sind, daß eine Lösung gefunden wurde, bei der der eine Stuhl die Konzentration der Macht gegenüber allen anderen Objekten am besten symbolisiert.

Nun kann der zweite Teil der Übung stattfinden. Das Arrangement bleibt bestehen, und ein Teilnehmer kann in die Mitte gehen und die „mächtigste" Position einnehmen. Sobald der Platz eingenommen ist, können die anderen Gruppenmitglieder ebenfalls in die Mitte gehen und versuchen, sich selbst in eine noch mächtigere Position zu bringen, um so den ersten Teilnehmer zu „entmachten".

Übung 2: Sitzordnung und Macht – Lassen Sie die Teilnehmer in verschiedenen Arbeitsgruppen zusammenkommen und geben Sie folgende Aufgabe:

- Wählen Sie drei verschiedene Lern- und Arbeitssituationen aus dem Alltag und zeichnen Sie ein Diagramm der Sitzordnung. Das kann eine Konferenz sein, eine Vorstandssitzung, ein Gottesdienst, ein Klassenzimmer, eine Theateraufführung, eine Familie beim Abendessen etc.
- Analysieren Sie die Machtstruktur der Sitzordnung. Beschreiben Sie die Vor- und Nachteile für die anwesenden Personen, insbesondere für die Inhaber von Macht und für die Teilnehmer mit weniger Macht.

Anschließend wählt jede Gruppe ein Layout und spielt fünf Minuten eine Situation, die dazu paßt.

14 Hinweise für die Teilnehmer

Fast alle Teilnehmer freuen sich über Hinweise zum Workshop, die ihnen die Gewißheit geben, daß der Moderator seinen Teilnehmern gegenüber eine gewisse Fürsorglichkeit pflegt. Die folgende Checkliste erinnert Sie daran, wie Sie als Gastgeber einen freundlichen Stil kultivieren können:

1. Stellen Sie eine gute Lageskizze zur Verfügung. Wenn die Teilnehmer aus verschiedenen Gegenden anreisen, dann muß diese Lageskizze klare Hinweise haben über die nächstgelegene Bahnstation, die günstigste Autobahnabfahrt oder die passende Bundesstraße. Benutzen Sie nicht die Lageskizze, die schon immer benutzt worden ist, sondern machen Sie sich die Mühe, die letzten Kilometer zum Tagungsort selbst zu erkunden. Oft werden Sie entdecken, daß Straßenschilder oder Wegweiser fehlen, so daß Sie eine benutzerfreundliche Hinleitung selbst vornehmen müssen: „Fahren Sie bitte die Amandastraße langsam hoch und biegen Sie vor dem Friseursalon „Kamm und Schere" links in die Einbahnstraße ein..."

2. Wenn der Workshop in einem großen Gebäude stattfindet, dann sollten Sie auch Hinweise geben, wie der Raum zu finden ist. Wenn Sie nur sagen: „Der Workshop findet im Konferenzraum ‚Bodensee' statt, dann ist das weniger informativ, als wenn Sie z. B. sagen: „Fahren Sie mit dem Fahrstuhl bis zum vierten Stock und gehen Sie dann links den Gang entlang. Er führt Sie direkt an die Tür unseres Arbeitsraumes ‚Bodensee'."

3. Manchmal empfiehlt es sich, den Weg zum Tagungsraum durch kleine Wegweiser zu markieren. Das können Sie ziemlich schnell machen, wenn Sie selbstklebende Post-it-Zettel benutzen, die Sie an Türen und Wände heften. Jeder Zettel braucht dann natürlich einen Pfeil und ein erkennbares Symbol für den Workshop (vielleicht ein Stichwort aus dem Workshop-Titel) und das Datum.

4. Sie selbst müssen rechtzeitig vor Beginn der Veranstaltung dasein. Fast immer kommt irgendein Teilnehmer eine Stunde früher, noch bevor Sie Ihre Hinweise angebracht haben. Darum empfiehlt es sich, daß Sie irgend jemanden in dem Tagungsgebäude ansprechen, der sich um solche vorzeitigen Ankömmlinge kümmert und sie darüber informiert, wo sie in Ruhe warten können.

5. Wenn der Workshop in einem Hotel stattfindet, dann können Sie mit einer Tasse Kaffee oder Tee beginnen: „8.30 Uhr bis 9.00 Uhr Anmeldung und informelles Beisammensein bei einer Tasse Kaffee oder Tee." Diese Planung stellt sicher, daß alle pünktlich um 9.00 Uhr beginnen können.

6. Bei längeren Workshops ist es wichtig, daß die Teilnehmer darüber informiert werden, was sie mitbringen sollen. Wenn der Workshop in einem Hotel stattfindet, dann müssen alle in der Regel nur für Freizeit- und Sportkleidung sorgen, aber wenn Sie eine spartanisch ausgestattete Berghütte ausgesucht haben, dann brauchen die Teilnehmer Hinweise, daß sie z. B. Handtücher, Bettwäsche etc. mitbringen müssen.
   Denken Sie auch daran, Hinweise auf benötigte Arbeitsunterlagen und andere Ressourcen zu geben, die für die Arbeit im Workshop wichtig sind.

7. Wenn Sie möchten, daß sich die Teilnehmer bereits vorher innerlich auf den Workshop einstellen, können Sie dazu auffordern, ein „bedeutungsvolles Objekt“ zum Workshop mitzubringen: „Bringen Sie irgendein Objekt mit, das für Sie eine symbolische Qualität hat. Sie können sich für ein Objekt entscheiden, das für einen Erfolg steht, den Sie in letzter Zeit hatten; ebenso können Sie sich für ein Objekt entscheiden, das für eine wichtige Frage steht, mit der Sie sich seit einiger Zeit beschäftigen.“

15 Das Eis brechen

Nicht alle Teilnehmer kommen mit großer Begeisterung in unsere Workshops. Die meisten nehmen automatisch eine Einstellung zum Lernen ein, die sie auch schon während der Schulzeit hatten. Ein Drittel ist motiviert, ein Drittel ist potentiell aufgeschlossen, aber abwartend, und ein Drittel ist wenig motiviert. Unser Ziel ist es natürlich, auch die abwartenden und wenig motivierten Teilnehmer zu gewinnen, Neugier zu wecken und vor allem die Dynamik der Gruppe zu benutzen, damit möglichst viele erleben können, daß Lernen und Experimentieren Spaß machen.
In diesem Baustein möchte ich verschiedene Strategien vorschlagen, die Sie benutzen können, um mitgebrachte Lernwiderstände aufzulösen. Denken Sie bitte daran, daß diese Strategien hier nicht in der Reihenfolge erscheinen, wie sie später von Ihnen benutzt werden. Welche der Strategien Sie benutzen und in welcher Reihenfolge, kann sich erst aus der Interessenlage der Workshop-Teilnehmer ergeben.
Mit der Interessenlage müssen Sie sich schon vor dem Workshop beschäftigen. Finden Sie Antworten auf folgende Fragen:

- Nehmen die Teilnehmer freiwillig am Workshop teil?
- Wer nimmt gezwungenermaßen teil?
- Welches Interesse hat der Sponsor am Workshop?
- Welches Interesse können die Teilnehmer haben?
- Wie ist die berufliche Situation der Teilnehmer, wie ihre private Situation?
- Welche Themen sind für die Zukunft der Teilnehmer relevant?

1. Wecken Sie das Interesse der Teilnehmer mit kurzen Fragen – Mit dieser Strategie zeigen Sie, daß Sie sich die Beteiligung jedes einzelnen Gruppenmitgliedes wünschen. Sie stellen kurze Fragen, die das Denken anregen und gleichzeitig die Vielfalt in der Gruppe beleuchten. So lernt die Gruppe, daß es in Ihrem Workshop auf jede Stimme ankommt. Gehen Sie im Raum herum und lassen Sie die Teilnehmer durch Handzeichen antworten. Dann können Sie selbst einige der Teilnehmer, die die Hand gehoben haben, auffordern, auch verbal einzelne Fragen zu beantworten. Folgende Fragen können das Denken der Teilnehmer in Gang setzen:

- Wer von Ihnen hat über eine Stunde gebraucht, um hierher zu kommen?
- Wer von Ihnen hat wichtige Arbeiten auf dem Schreibtisch unerledigt zurückgelassen?
- Wer von Ihnen hat einen Vorgesetzten, der sich dafür interessiert, was Sie hier lernen werden?
- Wer von Ihnen hat eine Partnerin/einen Partner, die/der sich freut, daß Sie diese besondere Gelegenheit zum Lernen haben?

- Wer von Ihnen hat im letzten Jahr an einem Seminar oder an einem Workshop teilgenommen?
- Wer von Ihnen ist hier, weil er geschickt worden ist?
- Wer von Ihnen würde sich selbst als einen neugierigen Menschen bezeichnen?
- Wer von Ihnen hat wenigstens ein Ziel mitgebracht, das er hier erreichen will?
- Wer von Ihnen hat die Frage mitgebracht: „Was wird für mich bei diesem Workshop herauskommen?“

2. Sprechen Sie über Ihre Absichten – Skizzieren Sie in der ersten Sitzung Ihre eigenen Ziele, die Sie mit diesem Workshop verbinden. Wenn der Workshop einen didaktischen Charakter hat, dann können Sie z. B. sagen: „Ich möchte Ihnen zeigen, wie Sie vorgehen können, um Ihre Mitarbeiter stärker zu motivieren... Ich möchte, daß Sie selbst erleben, wie kreatives Schreiben den Deutschunterricht verbessern kann... Ich möchte, daß Sie herausfinden, wie Sie besser delegieren können, ohne Reue zu empfinden...“

Wenn der Workshop das Ziel hat, natürliche Gruppen arbeitsfähiger zu machen, Konflikte zu bearbeiten, Ziele zu diskutieren etc. dann könnten Sie sagen: „Ich habe mich darauf eingestellt, diesem Team zu helfen, daß es zusammenwachsen, Vertrauen entwickeln und eine gemeinsame Vision entdecken kann, aber ich lege großen Wert darauf, daß ich die Ziele kennenlerne, die Sie selbst haben. Ich stehe voll und ganz zur Verfügung, die Ziele dieses Teams zu unterstützen.“

Formulieren Sie Ihre Ziele so, daß schon durch den Wortlaut deutlich wird, daß Sie keine Vorträge halten wollen, sondern daß Sie mit den Teilnehmern gemeinsam Wissen erweitern, Skills erproben, Probleme lösen, Konflikte bearbeiten und Gruppen funktionsfähig machen wollen. Lassen Sie die Erwartung erkennen, daß die Globalziele, die Sie als Moderator haben, und die vielleicht vom Sponsor vorgegeben sind, von den Workshop-Teilnehmern verfeinert werden. Weisen Sie darauf hin, daß die Arbeitsziele später definiert werden sollen und daß Sie jetzt kurz Ihre Arbeitsweise skizzieren werden. Sie können etwa folgendes sagen: „Sie werden am meisten von diesem Workshop haben, wenn Sie sich aktiv beteiligen – im Plenum, in Arbeitsgruppen, bei Partnerarbeit, bei Teamübungen. Ich lege großen Wert auf Vielfalt der Arbeitsformen, weil dies einen Workshop interessanter macht und jeder sich wichtige Dinge leichter merken kann. Wir werden nicht nur reden, sondern auch zeichnen, wir werden uns bewegen und ab und zu Rollenspiele machen. Ich möchte erreichen, daß der Workshop für Sie und für mich ein interessantes Erlebnis wird und daß Sie die Dinge, die Sie hier tun, später auf Ihre Praxis übertragen können“ usw. Skizzieren Sie Ihre Arbeitsweise so, daß Sie Neugier wecken und die Teilnehmer Lust bekommen mitzumachen.

3. Beachten Sie alle Fragen – Zu Beginn des Workshops gibt es viele Fragen, die mit den Sicherheitsinteressen der Teilnehmer verbunden sind: Kann ich mit Vertraulichkeit rechnen? Kann ich sicher sein, daß ich mich nicht blamiere? Lohnt sich meine Investition? Werde ich etwas Nützliches mit nach Hause bringen? usw. Viele solcher Fragen bleiben zunächst unausgesprochen, weil die Teilnehmer Angst haben, sich damit zu exponieren, weil sie sich noch nicht richtig orientieren können, weil sie verwirrt sind, weil sie unsicher sind, wie der Workshop-Leiter auf solche Fragen eingehen würde. Darum ist es wichtig, daß Sie jederzeit Fragen respektieren und darauf eingehen. Wenn jemand die Hand hebt, dann zeigen Sie, daß Sie dieses Signal bemerkt haben. Sagen Sie folgendes: „Ich habe Ihr Handzeichen bemerkt. Gestatten Sie mir, daß ich in drei Minuten auf Sie zurückkomme." Oder fordern Sie, wenn das in die Situation paßt, den betreffenden sofort zum Sprechen auf. Übersehen Sie niemanden, der ein Handzeichen gibt und sich äußern möchte, und auch diejenigen nicht, die sich nur durch Seitengespräche bemerkbar machen. Versuchen Sie, auch Seitengespräche mit einzubeziehen, weil dort häufig wichtige Dinge angesprochen werden. Vermitteln Sie den Teilnehmern, daß die Kommunikationsprozesse zu Beginn des Workshops noch nicht so elegant funktionieren können, wie das später der Fall sein wird. Machen Sie deutlich, daß im Zweifelsfall nicht das Programm an erster Stelle steht, sondern die Person des einzelnen Workshop-Teilnehmers.

4. Lassen Sie die Teilnehmer Verantwortung übernehmen – Regen Sie sie an, sich möglichst bald dazu zu äußern, was und wie sie lernen wollen. Wenn die Teilnehmer ihr eigenes Lernen kontrollieren, dann sind sie engagierter, motivierter, und sie werden mit besseren Ergebnissen aus dem Workshop gehen.
Im folgenden mache ich einige Vorschläge, wie Sie das tun können:

- Laden Sie die Teilnehmer bereits vor dem Workshop ein, Vorschläge zu machen und Ziele zu benennen, die dann als E-Mail, Fax oder als Brief an Sie geschickt werden können.
- Lassen Sie die Teilnehmer in kleinen Programmgruppen die wichtigsten Ziele im Workshop aufstellen.
- Machen Sie im Plenum mit allen gemeinsam eine Liste der wichtigen Ziele und laden Sie dazu ein, diese Liste während des Workshops fortzuschreiben.
- Hängen Sie an prominenter Stelle eine Art schwarzes Brett auf und laden Sie die Teilnehmer ein, Vorschläge dort zu deponieren.
- Laden Sie die Teilnehmer von Zeit zu Zeit zu einem Brainstorming ein, um weitere Ziele oder wichtige Fragen zutage zu fördern. (Brainstorming ist nicht nur eine Kreativitätstechnik, sondern eine sanfte Fragetechnik, bei der die Teilnehmer auf viele verschiedene Arten antworten können, ohne

größere Risiken einzugehen, weil es hier per definitionem keine falschen Antworten gibt.)

5. Benutzen Sie sogenannte Bonding Games – Im folgenden möchte ich Ihnen einige interessante Spiele an die Hand geben, die auf eine wenig bedrohliche Weise soziale Neugier in der Gruppe erzeugen. Die Teilnehmer können aufeinander zugehen, sich „beschnüffeln" und herausfinden, mit wem sie es zu tun haben. Diese „Bonding Games" sind für Workshops bestimmt, bei denen die Teilnehmer sich zu Beginn nicht kennen.

- **Namensschilder austauschen:** Jeder bekommt ein Kärtchen und schreibt seinen Namen darauf sowie drei bis fünf Dinge, die ihn charakterisieren, z. B. Fußballfan, Saxophonspieler, Vater einer kleinen Tochter, Internetanwender etc. Sammeln Sie die Kärtchen ein und verteilen Sie sie nach dem Zufallsprinzip. Jeder soll die Person finden, zu der das Namensschild gehört.
- **Steckbriefe:** Zeigen Sie der Gruppe einen Steckbrief, den Sie für sich selbst vorbereitet haben, mit einer lockeren Portrait-Skizze und Informationen über Größe, Haarfarbe, Hobbys, „wurde zuletzt gesehen in der Nähe von…". Aber schreiben Sie Ihren Namen nicht darauf. Zeigen Sie Ihren eigenen „Steckbrief" in der Gruppe als Modell und fordern Sie jeden auf, auf einem Flipchart einen eigenen Steckbrief abzufassen. Dann werden die Steckbriefe an die Wände gehängt und die Gruppe versucht herauszufinden, wer durch den einzelnen Steckbrief gesucht wird.
- **Dichtung und Wahrheit:** Jeder bekommt ein Kärtchen, schreibt den Namen darauf und auf die Rückseite drei Tatsachen über sich selbst sowie drei Lügen. (Die Lügen sollten im Bereich des Möglichen sein.) Diese sechs Informationen sollen jedoch durcheinander notiert werden, so daß auf den ersten Blick der Wahrheitsgehalt der einzelnen Aussage nicht erkennbar ist. Dann werden Paare gebildet. Die Teilnehmer tauschen die Kärtchen aus und versuchen herauszufinden, welche Informationen wahr sind und welche Fiktion.
- **Papierpuppen:** Jeder bekommt eine Serviette, einen Filzschreiber und Klebeband und bastelt daraus eine Papierpuppe. Die Papierpuppe repräsentiert einen Kollegen, einen Vorgesetzen oder Mitarbeiter. Anschließend wird die Puppe zur Vorstellung benutzt. Jeder läßt die Puppe eine kurze Beschreibung seiner Person vornehmen.

6. Schaffen Sie Problembewußtsein durch einen Selbsttest – Ein Selbsttest gibt den Teilnehmern Gelegenheit zu bemerken, was sie nicht wissen. Überheblichkeit schafft leicht eine Blockade für das Lernen, darum kann ein solcher Selbsttest eine bescheidene Haltung herbeiführen. Wenn die Teilnehmer glauben, daß sie schon alles wissen, dann werden sie sich nicht bereitwillig öffnen. Mit dem Selbsttest können die Teilnehmer einige ihrer

Schwächen erkennen und vielleicht entscheiden, daß es sich lohnt, Lücken zu schließen.
Sie können solche Selbsttests auf die Thematik Ihres Workshops zuschneiden. Sie können entscheiden, ob der Test mehr auf Wissen abgestellt sein soll oder mehr auf Einstellungen. Hier als Beispiel ein „Selbsttest", der auf die Lernbereitschaft abzielt.

Selbsttest „Neugier"

- Ich habe ein Tagebuch oder ein Notizbuch, um meine Ideen und Fragen festzuhalten.
- Ich nehme mir immer wieder Zeit, um nachzudenken und zu meditieren.
- Ich lerne immer wieder etwas Neues.
- Wenn ich vor einer wichtigen Entscheidung stehe, dann versuche ich, das Problem aus verschiedenen Perspektiven zu betrachten.
- Ich bin ein eifriger Leser.
- Ich lerne von kleinen Kindern.
- Ich bin geübt, Probleme zu erkennen und zu lösen.
- Meine Freunde würden mich als offen und neugierig beschreiben.
- Wenn ich ein neues, mir fremdes Wort höre oder lese, schlage ich im Lexikon nach und mache mir eine Notiz.
- Über andere Kulturen weiß ich viel, und ich möchte immer mehr darüber wissen.
- Außer meiner Muttersprache spreche ich noch eine Fremdsprachen bzw. ich bin dabei, sie zu lernen.
- Oft bitte ich Freunde, Familienmitglieder und Kollegen um Feedback.
- Ich lerne sehr gern.

Variante: Fragen Sie die Teilnehmer, ob sie sich selbst für neugierig und lernbereit halten, und bitten Sie sie dann, zehn Gründe auf ein Blatt zu notieren, die sie zu dieser Annahme bringen. Anschließend kurzer Gedankenaustausch über Neugier und Lernbereitschaft. Hier werden Sie vielleicht auch erste Hinweise bekommen, welchen Lernstil Ihre Teilnehmer für förderlich halten.

7. Bringen Sie Gefühle ins Spiel – Alles was wir tun und denken, und auch die Art, wie wir lernen, ist von Gefühlen geprägt. Darum ist es gut, die Gefühle einzubeziehen, um die Neugier der Teilnehmer zu wecken. Die folgenden sieben Strategien sind produktive Möglichkeiten, positive Gefühle zu wecken:

- Als Moderator sollten Sie ihre eigene Neugier, Lernbereitschaft und Ihren Enthusiasmus im Hinblick auf Ihren Beruf möglichst offen zeigen. Bringen Sie irgend etwas Persönliches in die Gruppensitzung mit und stellen Sie es den Teilnehmern vor. Wecken Sie eine gewisse Spannung und zeigen Sie dann eine neue CD, ein Buch oder irgendetwas anderes, was Sie in der letzten Zeit für sich entdeckt haben.

- Organisieren Sie Zeremonien, Rituale und kleine Feiern, um eine heitere Atmosphäre zu schaffen. Zeigen Sie bei einem solchen Anlaß die Arbeitsergebnisse der Teilnehmer. Wenn Sie z. B. ein Mindmapping machen, dann können Sie das in einer feierlichen Atmosphäre tun, mit Musik, mit besonderem Obst usw. Anschließend kommen die Teilnehmer zu fünft zusammen, um sich ihre Skizzen zu zeigen. Sie geben einander positives Feedback.

- Benutzen Sie Improvisationstheater und Rollenspiel – je größer die Produktion, desto größer das Risiko und desto mehr sind die Gefühle beteiligt. Lassen Sie die Teilnehmer Schauspielteams bilden und interessante Szenen vorbereiten, die sie später aufführen. (Eine Familie mit einem arbeitslosen Vater; eine Fußballmannschaft, die viele Niederlagen eingesteckt hat; eine Gruppe Studenten, die ihr Studium abbrechen will, um eine Firma zu gründen; eine Expedition, deren Auto in der Wüste eine Panne hat usw.)

- Lassen Sie die Teilnehmer ein Streitgespräch führen – als Debatte, Dialog, als Diskussion unter Experten, als Streit zwischen Mann und Frau usw. Wichtig ist, daß es zwei verschiedene Standpunkte gibt und eine Beziehung, dann bekommt die Sache Energie. Sie können die Teilnehmer z. B. in Paaren zusammenkommen lassen. Sie spielen das Spiel: Du hast, was ich haben möchte. A hat ein imaginäres Objekt, das B unbedingt haben möchte. A hat die Auflage, seinen Besitz auf keinen Fall herauszugeben. Fünf Minuten soll diese frustrierende Situation durchgehalten werden. Anschließend Rollenwechsel. Am Schluß kann das Paar ein imaginäres Tauziehen machen, um den Streit physisch zu schlichten.

- Verwenden Sie zu Beginn und am Ende des Workshops Rituale, z. B. Erfolgs- und Konsensrituale. Sie können z. B. eine Sitzung mit folgendem Ritual beginnen: Die Teilnehmer kommen in Paaren zusammen und machen einen fünfzehnminütigen Spaziergang im Freien. Jeder beantwortet dabei die folgenden drei Fragen: Wofür bin ich in meinem Leben im Augenblick am dankbarsten? – Welche Frage beschäftigt mich im Augenblick am stärksten? – Welches Ziel möchte ich heute für mich erreichen?

- Setzen Sie immer wieder Interaktionsspiele, Experimente und Energizer ein, um die Teilnehmer gefühlsmäßig zu beteiligen. Ein schöner Energizer für zwischendurch: das „dänische Daumenringen". Die Teilnehmer geben sich die rechte Hand, verschränken alle Finger bis auf den Daumen, und versuchen dann, den Daumen des Partners unter dem eigenen Daumen eine Sekunde lang zu fixieren. Das bringt Kontakt und Spaß.

8. Betonen Sie die Verantwortlichkeit der Teilnehmer – Wir möchten, daß sich die Teilnehmer aktiv am Workshop beteiligen, daß sie immer mehr die Verantwortung für den eigenen Lernprozeß übernehmen. Besonders im Blick auf zurückhaltende, wenig motivierte Teilnehmer sind alle Arbeitsformen günstig, bei denen die Teilnehmer miteinander kooperieren. Die Wahrscheinlichkeit ist hoch, daß dort motivierte und weniger motivierte Teilnehmer aufeinandertreffen und daß das Interesse der engagierten Gruppenmitglieder auf die zögernden Teilnehmer überspringt. Sorgen Sie deshalb immer wieder für Lernsituationen, die die Interaktion der Teilnehmer betonen:

- Fordern Sie zu kurzen Paar-Aktivitäten auf. Sagen Sie z. B.: „Wenden Sie sich Ihrem Nachbarn zu und unterhalten Sie sich kurz mit ihm darüber, mit welcher Stimmung, mit welchen Gedanken jeder von Ihnen in die erste Sitzung des heutigen Tages gekommen sind."
- Sorgen Sie dafür, daß die Teilnehmer immer wieder mit anderen Partnern zusammenarbeiten. Sagen Sie z. B.: „Wählen Sie sich für diese Aktivität einen Partner aus, auf den Sie neugierig sind..., mit dem Sie noch nicht zusammengearbeitet haben..., der ein anderes Temperament hat als Sie selbst..., der in einem anderen Bereich der Organisation arbeitet als Sie selbst."
- Fordern Sie die Teilnehmer von Zeit zu Zeit auf, sich umzusetzen, damit sie eine neue Perspektive bekommen und ein neues interpersonelles Umfeld. Sagen Sie z. B.: „Suchen Sie sich bitte einen neuen Platz. Setzen Sie sich wenigstens fünf Plätze entfernt von der Stelle hin, wo Sie vorher gesessen haben."
- Geben Sie den Teilnehmern immer wieder Gelegenheit, in neuen Arbeitsgruppen oder Teams zusammenzuarbeiten. Diese Teams werden anschließend im Plenum über ihre Arbeit berichten. Diese Berichtspflicht dem Plenum gegenüber erhöht ebenfalls die Verantwortlichkeit. Sagen Sie z. B.: „Gehen Sie im Raum herum und kommen Sie in kleinen Gruppen mit vier oder fünf Teilnehmern zusammen. Wählen Sie solche Gruppenmitglieder aus, die Sie gern kennenlernen möchten und mit denen es Spaß machen wird, an dieser Aufgabe zu arbeiten."
- Partnerarbeit ist eine gute Möglichkeit, um Selbsterkenntnis zu fördern. Das eigene Nachdenken kann so durch Feedback vom Partner bereichert werden. Sagen Sie z. B.: „Kommen Sie mit einem Partner zusammen und entwerfen Sie einen kurzen Selbsttest zum Thema ‚Kooperationsbereitschaft'. Benutzen Sie den Test anschließend und schätzen Sie das Ausmaß der Kooperationsbereitschaft für jeden Partner ein."
- Lassen Sie die Teilnehmer auch neue Arbeitsthemen zu zweit vorbereiten. Sagen Sie z. B.: „Kommen Sie mit einem Partner zusammen, der eine andere Perspektive im Blick auf Mitarbeiterführung hat. Machen Sie mit ihm ein Mind Mapping über eine Mitarbeiterführung, bei der es darum geht, Verantwortung zu delegieren."

Im allgemeinen mögen die Teilnehmer solche sozialen Arbeitsformen. Seien Sie trotzdem taktvoll und führen Sie diese Lernstrategien langsam ein. Berücksichtigen Sie die Mentalität der Teilnehmer. Für Gruppenmitglieder mit einer starken Einzelkämpfermentalität kann es anstrengend sein, zu intensiv und zu oft mit anderen zu kooperieren.

9. Seien Sie selbst fürsorglich – Die meisten Erwachsenen erleben nicht allzuviel Fürsorge in Beruf und Familie. Wenn sie spüren, daß Sie unaufdringlich und selbstverständlich eine gewisse Fürsorglichkeit praktizieren, machen Sie einen großen Schritt, um die Herzen Ihrer Workshop-Mitglieder zu gewinnen. Im folgenden finden Sie ein paar Anregungen:

- Sorgen Sie in passenden Abständen für kurze Bewegungsübungen.
- Sorgen Sie für eine angenehme Raumtemperatur und ausreichend frische Luft.
- Sorgen Sie ab und zu für kurze Massageübungen. (Legendär ist der Massagekreis: Jeder massiert eine Minute lang die Schultern seines Vordermannes und bekommt gleichzeitig von dem Teilnehmer hinter sich eine Schultermassage; nach einer Minute drehen sich alle um und haben Gelegenheit, sich für die erhaltene Schultermassage zu revanchieren.)
- Sorgen Sie dafür, daß Teilnehmer, die verspätet zum Workshop kommen, ein passendes Entree finden.
- Achten Sie darauf, daß die Teilnehmer Ihnen in Fragerunden mündlich Rückmeldung geben können. Schriftliche Rückmeldung können Sie z. B. durch ein schwarzes Brett erleichtern.

16 Die ersten Minuten

In den ersten Minuten haben Sie Gelegenheit, wichtige Weichen zu stellen, denn die Teilnehmer sind in einer besonderen Verfassung, wenn sie das erste Mal mit Ihnen zusammenarbeiten. Die Eröffnung des Seminars hat verschiedene Aufgaben: Sie müssen die Teilnehmer orientieren, indem Sie eine Vorausschau auf den Workshop geben; Sie müssen motivieren und Kontakt zwischen sich und den Teilnehmern herstellen. Die Teilnehmer sind ganz unterschiedlich gestimmt. Sie sind vielleicht noch in Gedanken zu Hause oder in der Firma bei Dingen, die sie nun versäumen; die Mühsal der Anreise ist noch spürbar; sie sind neugierig oder skeptisch, ob sich ihre Erwartungen erfüllen werden usw. Ihre Aufgabe ist es, die Aufmerksamkeit der Teilnehmer langsam auf die gemeinsame Arbeit auszurichten. Für die Anfangsphase eines zweitägigen Workshops werden Sie sicher ein bis zwei Stunden benötigen, um die Teilnehmer zu akklimatisieren und arbeitsfähig zu machen. In den ersten Minuten mit einer neuen Gruppe, deren Teilnehmer Sie nicht kennen, geht es um vier wichtige Ziele:

1. Gewinnen Sie die Aufmerksamkeit der Teilnehmer. Um das zu erreichen, können Sie an ihre Neugier anknüpfen und an ihr emotionales und physisches Engagement. Es sollte irgend etwas geschehen, was neu ist, ohne daß es jedoch allzu große Angst erzeugt.
2. Stellen Sie eine Beziehung zu den Teilnehmern her, deren wichtigste Bestandteile Vertrauen und emotionaler und geistiger Kontakt sind. Wenn Sie eine persönliche Beziehung zu den Workshop-Teilnehmern hergestellt haben, dann werden diese auch bereit sein, Ihren Vorschlägen zu folgen.
3. Schlagen Sie eine Brücke zu den beruflichen und privaten Interessen der Teilnehmer. Die meisten fragen sich zu Beginn: „Wie kann ich von diesem Workshop profitieren?“ Diese Frage müssen Sie ziemlich schnell beantworten. Die Teilnehmer wollen wissen, was sie erwarten können, welche Spielregeln gelten und wie sie sich in dieser neuen Situation verhalten können.
4. Schaffen Sie ein positives Lernklima. Vorher haben wir schon darauf hingewiesen, daß es dazu notwendig ist, Streß abzubauen, Angst zu eliminieren und das Gefühl von Hilflosigkeit zu beseitigen. Das geht am besten, wenn die Workshop-Teilnehmer erleben, daß sie individuell beachtet werden, daß sie mitbestimmen und experimentieren können.

Beginnen Sie immer pünktlich, nicht nur bei der ersten Sitzung. Machen Sie das auch, wenn noch nicht alle Teilnehmer anwesend sind, und zeigen Sie von Anfang an, daß Ihre Zeit und die Zeit der Teilnehmer wertvoll ist und nicht vergeudet werden darf. Wenn Sie pünktlich beginnen, dann zeigen Sie der Gruppe, daß Sie die anwesenden Teilnehmer und ihre Pünktlichkeit respektieren. Wenn Sie pünktlich sind, dann sagen Sie darüber hinaus, daß

Sie Ihr Wort halten, daß Sie vertrauenswürdig sind und daß es sich lohnt, pünktlich zur Gruppensitzung zu erscheinen. Wenn zu Beginn der ersten Sitzung noch einige Teilnehmer fehlen, dann können Sie z. B. sagen: „Guten Tag. Ich danke Ihnen, daß Sie gekommen sind, und freue mich, daß so viele pünktlich hier sind. Ich denke, daß die fehlenden Teilnehmer in den nächsten Minuten ankommen werden. Wir können ihnen noch fünf Minuten geben, ehe wir anfangen. Benutzen Sie die Zeit, um sich mit Ihrem Nachbarn bekanntzumachen…"

Seien Sie von Anfang an darauf aus, mit Ihren Teilnehmern Augenkontakt aufzunehmen. Stellen Sie zu jedem Teilnehmer Blickkontakt her, so daß jeder weiß, daß Sie ihn gesehen und beachtet haben. Zeigen Sie durch Ihren Gesichtsausdruck und durch Ihre Körpersprache, daß Sie neugierig sind und gespannt auf den kommenden Workshop. Machen Sie durch Ihre Körperhaltung und durch Ihren Platz im Raum deutlich, daß Sie offen sind für die Teilnehmer. Vermeiden Sie gekreuzte Arme und beginnen Sie den Workshop nicht hinter einem Tisch oder hinter einem Stuhl. Wenn Sie sich interessiert und offen präsentieren, dann ist das eine sanfte Einladung an die Gruppenmitglieder, sich ebenfalls für die gemeinsame Arbeit zu öffnen.

Vielleicht möchten Sie die Aufmerksamkeit der Teilnehmer zusätzlich durch eine der folgenden nonverbalen Methoden wecken:

- Sie spielen eine kurze, anregende Musik.
- Sie gehen in die Mitte des Stuhlkreises.
- Sie stellen sich hinter einen Teilnehmer, der im Stuhlkreis sitzt.
- Sie nehmen irgendeinen interessanten Gegenstand in die Hand und halten ihn hoch.
- Sie führen eine Handpuppe ein (die Sie während des Workshops begleiten kann).
- Sie verändern die Beleuchtung des Raumes.

Es gibt viele andere Möglichkeiten, um die Aufmerksamkeit der Teilnehmer zu gewinnen. Benutzen Sie eine Strategie, die zu Ihnen paßt und die Ihnen im Augenblick plausibel erscheint.

Die ersten Worte, die Sie sagen, sind immens wichtig. Sie können die Gruppe begrüßen, eine kurze Geschichte erzählen, von einem Erlebnis berichten oder eine Frage stellen. Wofür auch immer Sie sich entscheiden, sprechen Sie Ihre ersten Worte mit Konzentration und Energie. Konzentrieren Sie sich dabei auf die ganze Gruppe und sprechen Sie so, daß Sie von jedem gehört werden. Und was immer Sie sagen, bemühen Sie sich so zu sprechen, daß Ihr Respekt für die Gruppe deutlich wird, Ihre Bereitschaft, die Teilnehmer bei der Arbeit zu unterstützen und Ihre Fähigkeit, für Überraschungen zu sorgen.

In den ersten Minuten des Workshops geht es darum, daß Sie Kontakt zur Gruppe finden. Kontakt ist jenes wichtige Empfinden, das Ihnen sagt, daß die Teilnehmer Ihnen zuhören und mit ihrer Aufmerksamkeit bei Ihnen sind.

Wenn Sie diesen Kontakt nicht herstellen können, dann haben Sie mit Sicherheit das Gefühl von Hilflosigkeit und Frustration. Kontakt werden Sie leichter entwickeln können, wenn Sie sich zu Beginn des Workshops auch Ihre eigene Ambivalenz eingestehen. Es ist unmöglich, jeden Workshop mit positiven Gefühlen zu beginnen. Oft würden wir lieber etwas anderes tun, manchmal haben wir Lampenfieber und sind unsicher, ob wir mit dieser speziellen Gruppe erfolgreich arbeiten können, manchmal gibt es Teilnehmer in der Gruppe, die uns verunsichern und die wir gefühlsmäßig ablehnen. Solche ambivalenten Empfindungen sind ganz normal, und sie vergehen am leichtesten, wenn wir sie uns selbst gegenüber eingestehen.

Und noch etwas kommt hinzu: Um guten Kontakt zur Gruppe zu haben, müssen wir nicht alle Teilnehmer mögen, und es ist auch nicht notwendig, daß wir von allen Teilnehmern selbst gemocht werden. Für die Arbeit reicht es, daß wir die Teilnehmer respektieren und von ihnen respektiert werden. Wenn es eine Reihe Teilnehmer gibt, die wir sympathisch oder interessant finden, dann ist das natürlich sehr erfreulich, und die Wahrscheinlichkeit ist groß, daß wir im Laufe des Workshops auch für die Teilnehmer Interesse entwickeln, die uns am Anfang schwierig oder langweilig erschienen.

Kontakt herstellen heißt, daß der Moderator in der Lage ist, sich mit den Teilnehmern zu identifizieren und ihre Standpunkte zu verstehen, zu hören, was sie hören und zu fühlen, was sie fühlen. Diese Fähigkeit zur Empathie bedeutet nicht, daß wir alles billigen, was die Gruppenmitglieder tun oder denken. Wir sollten unsere Teilnehmer auch nicht verändern wollen. Statt dessen begleiten wir das Lernen der Teilnehmer. Wir bemühen uns, ein anregender Katalysator dafür zu sein und ein gutes Modell.

Schon zu Anfang des Workshops versuchen wir, ein Gespür für die Gruppe zu entwickeln. Wenn die Gruppenmitglieder sich noch nicht kennen, dann ist dies besonders spannend. Von Minute zu Minute entwickelt sich die Gruppe. Und bei einer neu zusammengesetzten Gruppe haben wir als Moderator die Möglichkeit, die Gruppennormen zu beeinflussen. Das darf uns allerdings nicht zu dem Glauben verleiten, daß wir die Gruppe kontrollieren können. Die Gruppe wird eine eigene Kultur entwickeln. Um der Gruppe maximal zu nützen, muß der Moderator unterschiedliche Positionen in der Gruppe einnehmen. Manchmal muß er im Zentrum der Gruppe stehen, manchmal an der Peripherie, manchmal außerhalb. Nur diese Beweglichkeit gestattet es ihm, auf Bedürfnisse und Lernwünsche angemessen einzugehen. Seine wichtigste Aufgabe wird es sein, dafür zu sorgen, daß sich jedes Gruppenmitglied respektiert fühlt und faire Lernchancen hat.

Aber diese altruistische Haltung ist nicht ausreichend. Genauso wichtig ist es, daß der Moderator ein Modell ist für Spontaneität und Echtheit. Spontaneität und Improvisationsbereitschaft des Moderators sind unerläßlich für dynamisches Lernen. Sie wirken fast immer ansteckend.

Wenn wir einen Workshop beginnen, dann ist das in mancher Hinsicht für die Teilnehmer (und vielleicht auch für uns selbst) so ähnlich wie ein erster Schultag. Die Teilnehmer werden von vielen Fragen bewegt:

- Was kommt auf mich zu?
- Was mache ich, wenn dies oder das geschieht?
- Was habe ich davon?
- Werde ich irgendwie unter Druck gesetzt, in Verlegenheit gebracht oder verletzt?

Als Workshop-Leiter müssen wir diese Fragen möglichst schnell beantworten, damit sich die Teilnehmer sicher fühlen können. Vor allem müssen wir auf die folgenden klassischen Befürchtungen der Teilnehmer eingehen: Daß der Workshop-Leiter langweilig ist, daß sie nichts lernen und ihre Zeit vergeuden und daß sie unfair behandelt werden. Ich möchte diese drei Befürchtungen etwas genauer unter die Lupe nehmen:

1. Sind Sie, der Workshop-Leiter, interessant? Die meisten Teilnehmer fürchten vor allem Langeweile. Was immer das Thema des Workshops ist, die Teilnehmer möchten so schnell wie möglich wissen, ob Sie ein interessanter Leiter sind, bei dem die Arbeit Spaß macht und die Gruppe schnell in Gang kommt. Jeder hat genügend Erfahrung mit langweiligem Unterricht in der Schule oder an der Universität, und jeder möchte ähnlich langweilige Gruppen vermeiden. Darum sollten Sie der Gruppe diese Befürchtung von Anfang an nehmen. Versichern Sie den Teilnehmern, daß Sie nach Kräften dafür sorgen werden, daß der Workshop für alle eine interessante Lernerfahrung bringen wird.

2. Sind Sie, der Workshop-Leiter, kompetent? Verstehen Sie genug von der Thematik des Workshops? In der Regel ist es wichtig, diese Frage bald zu beantworten, so daß die Gruppe Vertrauen zu Ihrer Professionalität entwickeln kann. Wenn Sie noch verhältnismäßig jung sind und ein Teamtraining mit gestandenen Teilnehmern leiten sollen, die zum Teil viel älter sind als Sie, könnten Sie z. B. sagen: „Mein Name ist Hans Meier. Ich beschäftige mich seit über sechs Jahren mit dem Thema, wie sich Organisationen entwickeln und auch in schwierigen Zeiten lernfähig bleiben können. Besonders intensiv habe ich mich mit der Rolle von Teams in modernen Organisationen beschäftigt. Ich halte das Thema Teamentwicklung für eine spannende Angelegenheit und möchte Sie gern an meinen Erfahrungen teilnehmen lassen. Gleichzeitig hoffe ich von Ihnen und Ihren spezifischen Erfahrungen lernen zu können. Ich denke, dieser Workshop wird dann erfolgreich sein, wenn es uns gelingt, Ihr Wissen und meines zusammenzubringen.“
Wenn Sie ein Workshop-Veteran sind, dann können Sie auf andere Weise Ihre Kompetenz betonen: „Mein Name ist Hans Meier, und ich freue

mich, daß ich mit Ihnen arbeiten kann. Ich arbeite bereits seit zwanzig Jahren mit Teams, und ich hoffe, daß auch Sie am Ende das Gefühl haben, von der Zusammenarbeit mit mir profitiert zu haben. Ich werde jedenfalls nach Kräften dafür sorgen, daß Sie hier nicht nur neue Dinge lernen, sondern daß Ihnen das Lernen auch Spaß macht."

3. Sind Sie, der Workshop-Leiter, fair und vertrauenswürdig? Die Teilnehmer wissen, daß es in einem Workshop schwer möglich ist, den Schutz der Anonymität zu genießen, den größere Veranstaltungen gewähren. Die geringere Zahl der Teilnehmer führt unweigerlich dazu, daß sich der einzelne mit Stärken und Schwächen exponieren muß. Die meisten Teilnehmer wissen darüber hinaus, daß sie am besten lernen werden, wenn sie Risiken eingehen und bereit sind, Fehler zu machen. Darum haben sie ein berechtigtes Interesse daran, daß der Workshop-Leiter taktvoll vorgeht, niemanden das Gesicht verlieren läßt, keinen bevorzugt und hilfsbereit ist, wenn es Schwierigkeiten gibt. Sagen Sie ausdrücklich, daß Sie diese Sorge verstehen. Vielleicht wollen Sie etwa folgendes sagen: „Ich möchte hier auf jeden einzelnen von Ihnen eingehen, mir liegt am Herzen, daß der Workshop für jeden von Ihnen ein Erfolg wird."

Wenn es Ihnen gelungen ist, guten Kontakt zur Gruppe herzustellen, und wenn Sie der Versuchung widerstanden haben, die Teilnehmer zu schockieren, dann können Sie überlegen, ob Sie nach einer verhältnismäßig konservativen Eröffnung Lust haben, sich den Teilnehmern noch näher bekannt zu machen. Dann können Sie das z. B. mit der in Baustein 17 beschriebenen Übung „Interview des Workshop-Leiters" tun.

17 Interview des Workshop-Leiters

Das „Interview des Workshop-Leiters" ermöglicht den Teilnehmern, mehr über den Moderator herauszufinden. Außerdem ist dies ein Gruppenexperiment, das wichtige Elemente des dynamischen Lernens demonstriert: Neugier, Risikobereitschaft, Mitteilung persönlicher Gedanken und Gefühle, Kooperation zwischen Moderator und Teilnehmern und eine Aufgabenstellung, die auf ganz verschiedene Weise gelöst werden kann. Wenn eine Gruppe neu zusammenkommt, dann hat jeder eine Fülle erster Eindrücke und Hypothesen über all die Charaktere, die da zusammengekommen sind, und natürlich auch über den Moderator. Wenn Sie sich auf interessante Weise vorstellen möchten, dann können Sie das wie folgt tun:
Sagen Sie den Teilnehmern, daß Sie sich der Gruppe bekanntmachen wollen und daß Sie dafür eine ungewöhnliche Methode vorschlagen. Sie stellen sich nämlich für ein Gruppeninterview zur Verfügung. Garantieren Sie den Teilnehmern, daß Sie jede Frage offen und ehrlich beantworten werden. Andererseits haben Sie auch das Recht, die eine oder andere Frage nicht zu beantworten. Für dieses Interview werden Sie sich mit Ihrem Stuhl in die Mitte des Kreises setzen; ein leerer Stuhl steht Ihnen gegenüber.

Erklären Sie dann die Regeln für das Gruppeninterview:

1. Jeweils ein Gruppenmitglied kann Ihnen eine Frage stellen. Dazu geht der Betreffende ebenfalls in den Kreis und setzt sich auf den freien Stuhl, wobei er den Abstand zu Ihnen ganz bewußt wählen soll.
2. Ehe der Interviewer seine Frage stellt, soll er sich kurz mit seinem eigenen Namen vorstellen.
3. Ihre Antwort darauf soll maximal eine Minute in Anspruch nehmen.
4. Wenn seine Frage beantwortet ist, geht der Interviewer auf seinen Platz im Kreis zurück und bestimmt, wer die nächste Frage stellen soll.
5. Jeder, der als Interviewer vorgeschlagen wird, setzt sich ebenfalls in die Mitte zum Moderator. Er kann sich entscheiden, ob er diese Gelegenheit zu einer Frage benutzen möchte oder ob er darauf verzichten will, eine Frage zu stellen. In jedem Falle bestimmt er den nächsten Interviewer.
6. Es ist möglich, daß einzelne Gruppenmitglieder auch mehrfach als Interviewer eingeladen werden.
7. Das Gruppeninterview ist beendet, wenn entweder der Moderator oder der Interviewer, der gerade an der Reihe ist, erklärt, daß die Befragung abgeschlossen ist und sich für das Gespräch bedankt.

(Es sind verschiedene Variationen für dieses Experiment möglich: a – Die Interviewer werden nicht vorgeschlagen, sondern gehen auf eigene Initiative in den Kreis; b – der Moderator lädt seine Interviewpartner zu sich ein.)

18 Vorstellung der Teilnehmer

Wenn die Teilnehmer eines Workshops sich noch nicht kennen, dann ist es zweckmäßig, daß sie möglichst bald die Namen der übrigen Teilnehmer lernen. Das erleichtert den Kontakt in der Gruppe und hilft, Vertrauen zu entwickeln. Die folgenden Spiele helfen, die Namen auf eine interessante und wirksame Weise zu lernen. Namensschilder werden dadurch überflüssig:

Namen flüstern – Fordern Sie die Teilnehmer auf, die Stühle beiseitezustellen und im Raum herumzugehen. Jeder kann mit jedem Kontakt aufnehmen, indem er dem anderen den eigenen Namen ins Ohr flüstert.
Nach einer oder zwei Minuten können Sie eine Glocke läuten, in die Hände klatschen oder irgendein anderes Signal senden, um die Aufmerksamkeit der Gruppe auf sich zu lenken. Fordern Sie die Gruppe jetzt auf, beim weiteren Herumgehen Kontakt aufzunehmen, indem sie diesmal dem Partner dessen Namen ins Ohr flüstern. Sagen Sie, daß dabei Fehler erlaubt sind. Wenn jemand einen Namen vergessen hat, dann darf er ruhig raten, und der Partner wird ihn, wenn nötig, korrigieren.
Diese zweite Runde erzeugt in der Regel große Heiterkeit. Erstaunlicherweise hat jeder am Ende der zweiten Runde sehr viele Namen gelernt. Die zweite Runde soll ungefähr zwei bis drei Minuten dauern.

Ein Kissen werfen – Bei diesem Spiel stehen die Teilnehmer im Kreis. Sie, der Gruppenleiter, halten ein Kissen in der Hand. Beginnen Sie das Spiel, indem Sie einem anderen Gruppenmitglied das Kissen zuwerfen und Ihren eigenen Namen dabei sagen. Der Empfänger wirft das Kissen nun einem dritten Teilnehmer zu und sagt dabei wieder seinen eigenen Namen. Nach einigen Minuten ändern Sie die Regel. Starten Sie die zweite Runde selbst, und wenn Sie dann das Kissen jemandem zuwerfen, sagen Sie den Namen des „Empfängers“.

Crescendo – Achtung, dieses Spiel kann eine erhebliche Lautstärke entwickeln und Außenstehende darauf aufmerksam machen, daß Sie mit ungewöhnlichen Lernstrategien arbeiten!
Die Gruppe steht im Kreis. In der ersten Runde geht jeder in die Hocke und flüstert den eigenen Namen. Aus dieser hockenden Position gehen die Teilnehmer langsam in die Höhe, wiederholen den eigenen Namen und werden dabei lauter und lauter, wie es durch den Titel des Spiels nahegelegt wird. Am Schluß stehen sie auf den Zehenspitzen, heben die Arme in die Höhe und rufen so laut wie möglich ihren eigenen Namen. Nach diesem Höhepunkt beginnt das Decrescendo und jeder bewegt sich wieder langsam nach unten, bis er in der hockenden Position angekommen ist. Dabei wird natürlich der eigene Name leiser und leiser gesagt, bis er nur noch ein Flüstern ist.

In der zweiten Runde kommt ein Freiwilliger an die Reihe, sagt seinen Namen und leitet als Animateur die Gruppe an. Wie in der ersten Runde wird der Name zuerst in der Hocke geflüstert, dann beginnt das Crecendo und anschließend findet das Decrecendo statt.
Dann kommt der nächste Teilnehmer an die Reihe usw.

Namensecho – Die Gruppe steht im Kreis. Ein Teilnehmer sagt seinen Namen auf irgendeine interessante Weise, so wie es zu seiner Stimmung paßt, und macht dazu irgendeine Geste oder Bewegung. Die Gruppe wiederholt Namen und Bewegung dann zweimal. Jeder kommt einmal an die Reihe.
Variation: Der Teilnehmer, der sich vorstellt, geht in die Mitte des Kreises, so daß er dort wirklich im Zentrum der allgemeinen Aufmerksamkeit steht.

Wenn Sie dieses Begrüßungsritual dramatisieren wollen, können Sie die Gruppenmitglieder auffordern, diesen Prozeß von Mal zu Mal zu beschleunigen. Das erzeugt allgemeine Heiterkeit.

Lustige Lydia – Auch hier steht die Gruppe im Kreis. Beginnen Sie die Vorstellung, indem Sie Ihren Namen sagen und diesem ein Wort hinzufügen, mit dem Sie Ihre Person charakterisieren wollen. Dieses Adjektiv soll mit demselben Buchstaben beginnen, wie Ihr Name, also z. B.: Schöner Schorsch oder lustige Lydia. Die Vorstellung wird noch reizvoller, wenn jeder seine Vorstellung durch passende Mimik und eine spontane kurze Aktion unterstreicht.

Phantasienamen und Vorstellung durch einen Partner – Hier kommen immer zwei Teilnehmer für zwei bis drei Minuten zusammen. Jeder denkt sich einen Phantasienamen aus sowie eine fiktive Existenz und erzählt das seinem Partner. Anschließend stellt sich die Gruppe im Kreis auf, und jeder stellt der Gruppe seinen Partner vor: „Dies ist der Ritter Ricardo. Er zieht mit seiner Laute durch die Lande, um schöne Frauen mit seiner Poesie zu beglücken. Mit bürgerlichem Namen heißt er Peter.“ (Wenn der vorgestellte Teilnehmer in Stimmung ist, kann er seine fiktive Identität ausagieren, indem er die eine oder andere Teilnehmerin lyrisch ansingt und auf seiner imaginären Laute spielt.)

19 Vorstellung mit Partner

„Vorstellung mit Partner" ist eine klassische Strategie, durch die sich die Teilnehmer auf eine interessante Weise im Workshop bekannt machen können. Die Aktivität beginnt in einer intimen Paarsituation und geht dann ganz natürlich über in die Öffentlichkeit der gesamten Gruppe.
Ich stelle Ihnen zwei Varianten vor. Eine eher konventionelle und eine sehr interessante für flexible Teilnehmer.

1. Die konventionelle Variante – Laden Sie die Teilnehmer ein, sich im Raum umzusehen und mit einem anderen Gruppenmitglied, das sie noch nicht kennen, ein Paar zu bilden. Jedes Paar hat acht Minuten Zeit, damit sich die Partner miteinander bekanntmachen können. Die Zeit soll gerecht aufgeteilt werden, so daß jeder vier Minuten von sich erzählen kann.
Anschließend kommen immer zwei Paare zusammen, und in diesem Quartett stellt jeder zwei Minuten lang den Partner vor.
(Es ist hilfreich, wenn Sie als Zeitnehmer fungieren und jeweils ankündigen, wann die einzelnen Phasen abgelaufen sind.)
Nach der Vorstellung in den Quartetten setzen sich alle im Kreis zusammen, und jeder stellt sich selbst vor, indem er seine Reaktion auf diese beiden Vorstellungsrunden mitteilt und kurz darüber spricht, was er sich von diesem Workshop verspricht.

2. Die ungewöhnliche Variante – Diese Technik wurde von dem Drama-Therapeuten René Emunah entwickelt, um Teilnehmer, die sich noch nicht kennen, schnell auf eine sehr intensive Art miteinander vertraut zu machen. Diese Strategie eignet sich nicht für unsichere oder emotional gestörte Teilnehmer.
Die Teilnehmer kommen in Paaren zusammen. Sie haben fünfzehn Minuten Zeit, um sich ihrem Partner vorzustellen. Diese Aufgabe entspricht durchaus den Erwartungen der Teilnehmer. Ungewöhnlich ist jedoch die Aufforderung, daß sie keine Tatsachen berichten dürfen. Wenn sie sich vorstellen, sollen sie keine Fakten bringen, sondern sie sollen sich eine fiktive Identität ausdenken. Was sie erfinden, soll einen gewissen Bezug zur eigenen Person haben und kann alles das beinhalten, was sie bisher nicht ausgelebt haben, also z. B.: Eine Ausbildung auf die sie bisher verzichtet haben; eine Partnerwahl die sie vermieden haben; ein Urlaub, den sie sich immer schon gewünscht aber noch nicht realisiert haben. Die Teilnehmer stellen also eine Art Doppelgänger von sich vor, der alles das getan hat und auslebt, was sie selbst ebenfalls im Leben realisieren könnten. Die Vorstellung soll für den zuhörenden Partner glaubwürdig klingen und für den Sprecher ebenfalls plausibel. (10 Minuten)
Anschließend geben sich beide Partner zehn Minuten Feedback und spre-

chen über ihre Eindrücke und Reaktionen auf das, was sie gehört haben. Welche „Wahrheiten“ haben sie in diesen Erfindungen entdecken können? Welche Beobachtungen, welche Vermutungen haben sie über das tatsächliche Leben ihres Partners angestellt?
In einem dritten Schritt hat jeder Partner noch einmal fünf Minuten Zeit, um auf das Feedback zu reagieren und über seine wirklichen Lebensumstände zu sprechen.
Nach dieser Partnerarbeit setzt sich die Workshop-Gruppe im Kreis zusammen und jeder stellt seinen Partner eine Minute lang der Gruppe vor.
In der „ungewöhnlichen Variante“ befreit sich der Sprecher von seiner tatsächlichen Lebensgeschichte und kommt in Kontakt mit Wünschen und Potentialen, die die eigene Zukunft bereichern können. Das ist für den Sprecher selbst oft überraschend, und für den Zuhörer entsteht ein ungewöhnliches, sehr aufschlußreiches Bild der inneren Wirklichkeit des anderen. Durch die ungewöhnliche Erzählperspektive haben die Teilnehmer hier Gelegenheit zu Improvisation und Entwicklung eines alternativen Lebensentwurfes. Das ist eine gute Einstimmung für intensives Lernen.

3. Wechselnde Gruppierungen sind eine passende Anschlußstrategie für beide Vorstellungsmodelle. Dabei gibt es viel Interaktion. Jeder kommt mit vielen und immer wechselnden Teilnehmern zusammen und erhält dabei eine Reihe realistischer Informationen.
Fordern Sie die Teilnehmer auf, im Raum herumzugehen: „Finden Sie so schnell wie möglich alle anderen Gruppenmitglieder, die in derselben Gegend geboren sind wie Sie selbst.“ Alle Gruppenmitglieder laufen durcheinander, rufen ihren Geburtsort und fragen die anderen, wo sie geboren sind, bis sich kleine Gruppen bilden. Dann können Sie jedes Grüppchen fragen, in welcher Gegend die Teilnehmer geboren sind. Auf diese Weise erhalten alle diese Information, und wer noch keine Gruppe gefunden hat, kann sich jetzt leichter orientieren.
Anschließend fordern Sie die Teilnehmer auf, weiter herumzugehen: „Nun finden Sie die anderen Gruppenmitglieder, und zwar wieder so schnell wie möglich, die unter demselben Sternzeichen geboren sind, wie Sie selbst...“

Andere interessante Gemeinsamkeiten sind z. B.:
- dieselbe Anzahl Geschwister,
- derselbe Platz in der Geschwisterreihenfolge,
- dieselbe Augenfarbe,
- derselbe erste Buchstabe beim Vornamen,
- dieselben privaten Lebensumstände,
- derselbe Grund für die Teilnahme an diesem Workshop,
- dasselbe momentane Gefühl etc.

Diese Strategie führt auch bei sonst eher zurückhaltenden Teilnehmern zu intensiver Interaktion. Sie ist spielerisch und wenig bedrohlich und führt schnell zu einem ersten Gruppengefühl. Jede Gruppe staunt über ihre eigenen Charakteristika, wenn deutlich wird, daß überdurchschnittlich viele jüngste Kinder in der Gruppe sind oder genauso viele Singles wie Verheiratete usw. Auch für den Gruppenleiter ist diese Übung aufschlußreich, weil er schnell viel über die Lebensverhältnisse seiner Workshop-Mitglieder erfährt.

20 Emotionale Bedürfnisse des Moderators

Die Moderation eines Workshops ist eine anspruchsvolle Aufgabe. Weil jede Gruppe anders ist, hat der Moderator immer neu die Gelegenheit, sein Können, seine geistige Beweglichkeit und seine Intuition unter Beweis zu stellen. Manchmal genießen wir das Lampenfieber, das wir insgeheim bei der Frage empfinden, ob wir es wohl wieder schaffen werden, die Gruppe durch alle Schwierigkeiten zu einem angemessenen Erfolg zu führen. Und am Ende merken wir, wie anstrengend dieser Job war, und wir brauchen einige Zeit, um uns zu regenerieren.
Während wir einen Workshop leiten, sollten wir uns selbst immer wieder beobachten und uns folgende Fragen vorlegen:

- Wie stark sind wir von der Zustimmung der Teilnehmer abhängig?
- Grenzen wir uns auf passende Weise von der Gruppe ab?
- Können wir übertriebene Forderungen der Teilnehmer zurückweisen?
- Haben wir genug Mut, um uns Kritik und Konfrontation zu stellen?
- Behalten wir unseren eigenen inneren Schwerpunkt?
- Sorgen wir genug für die Regeneration unserer Kräfte?

1. Der Hunger nach Anerkennung – Der amerikanische Psychoanalytiker Kohut hat darauf aufmerksam gemacht, daß das Streben nach Anerkennung eines unserer wichtigsten Motive ist. Er hat uns daran erinnert, daß die meisten Menschen professionelle Helfer werden, weil sie den unbewußten Wunsch haben, auf diese Weise ihr Bedürfnis nach Anerkennung zu befriedigen. Und genau diese Schwierigkeit erleben die meisten Workshop-Leiter, daß nämlich die Teilnehmer für ihr Selbstwertgefühl zu wichtig werden. Der Moderator strengt sich dann allzu sehr an, um „gut" zu sein und die intellektuellen und emotionalen Bedürfnisse der Teilnehmer in vollem Umfang zu befriedigen. Er verbringt nicht nur die Arbeitssitzungen mit den Teilnehmern, sondern steht ihnen auch in den Pausen und am Abend persönlich zur Verfügung. Viele Moderatoren waren sensible und aufmerksame Kinder, die früh gelernt haben, sich schnell auf die seelischen Bedürfnisse ihrer Eltern einzustellen. Die Konsequenz war, daß diese „hilfreichen" Kinder ihre eigene innere Persönlichkeit, ihre eigenen Talente und Potentiale nur unzureichend entwickeln konnten. Wie viele Helfer leiden sie später an einer narzißtischen Verletzlichkeit, die sich darin ausdrückt, daß sie noch als Erwachsener allzu sehr auf die Anerkennung durch andere Menschen angewiesen sind.
Der narzißtisch verletzliche Moderator, der sich nach Bewunderung und Wertschätzung sehnt, wird immer in der Gefahr sein, bei einem Workshop zu lange zu arbeiten, zu viele Workshops zu geben und Methoden oder Techniken anzuwenden, die ihm spektakuläre Erfolge sichern sollen. Ironischerweise wird ein solcher Moderator die gleichen Symptome von Arbeitssucht

oder Erfolgsbesessenheit zeigen, wie seine Teilnehmer, denen er helfen möchte, abhängiges Verhalten zu überwinden.
Es ist schon viel gewonnen, wenn wir solche narzistischen Bedürfnisse bei uns erkennen und bewußt versuchen, „gesunde Gewinne", die sich aus unserer Arbeit als Moderator ergeben können, anzustreben.

2. Gesunde Gewinne aus der Tätigkeit des Moderators – Wenn wir einen Workshop leiten, dann können wir aus dieser spezifischen Tätigkeit acht wichtige und legitime Formen der Befriedigung ziehen:

- Wir haben die Aufgabe, gemeinsam mit den Teilnehmern ihre oft unklaren Lernziele und Wünsche zu interpretieren und aus konfusen Bedürfnissen sinnvolle Ziele abzuleiten. Es kann sehr befriedigend sein, den Teilnehmern zu helfen, Ordnung in ihre Gedanken zu bringen und Antworten zu finden.

- Oft haben die Teilnehmer ähnliche Schwierigkeiten und Konflikte wie wir selbst. Wenn wir ihnen dann helfen, diese in einem neuen Licht zu sehen, eine andere innere Einstellung dazu und sinnvolle Schritte für die Zukunft zu entwickeln, dann bekämpfen wir damit gleichzeitig unsere eigene innere Angst vor diesen Schwierigkeiten. Die Arbeit an fremden Schwierigkeiten bietet dem Workshop-Leiter eine hervorragende Möglichkeit, auch die eigenen Schwierigkeiten zu überprüfen und daran zu arbeiten.

- Die Arbeit in einem Workshop befriedigt in hohem Maße unsere eigene Neugier und Risikolust. Jeder Workshop ist ein Abenteuer, eine Chance, Neues über Menschen und ihre Lebensumstände, über Institutionen, über Möglichkeiten des Lernens und über die Funktionsweise von Gruppen zu erfahren.

- Bei unserer Arbeit lernen wir viele verschiedene Persönlichkeiten kennen, und wie bei einem guten Theaterabend erleben wir so etwas wie die Fülle des Lebens. Workshop-Arbeit kann außerordentlich anregend sein. Wir kommen mit so vielen Menschen aus allen Bereichen der Gesellschaft zusammen, daß wir gute Möglichkeiten haben, unseren Horizont zu erweitern und Vorurteile abzubauen.

- Sehr befriedigend kann es auch sein, wenn wir in so vielen Workshops spüren, daß wir „nützliche Arbeit" tun; wenn wir den Teilnehmern helfen, ihre professionellen Skills zu verbessern; wenn wir ihnen helfen, persönliche Schwierigkeiten zu meistern; wenn wir einem blockierten Team helfen, wieder produktiv zu arbeiten usw. Wir müssen allerdings darauf achten, daß diese „nützliche Arbeit" nicht die einzige Quelle unserer Lebensfreude oder unseres Selbstwertgefühls wird.

- Und natürlich ist es auch ein angenehmes Gefühl, wenn wir das Empfinden haben, von den Workshop-Teilnehmern gebraucht zu werden. Jeder Moderator stellt sich wie die meisten Menschen insgeheim die Frage:

„Was ist der Sinn meines Lebens?" Wir können diese Frage beantworten, wenn wir anderen assistieren, sich zu entwickeln und dazuzulernen, wenn wir soziale Konflikte entschärfen und wenn wir Organisationen dabei helfen zu lernen.

Wir müssen allerdings darauf achten, daß wir auch mit gelegentlichen Mißerfolgen und einer eingeschränkten Wirksamkeit leben können. Es ist völlig unrealistisch zu erwarten, daß jeder Workshop erfolgreich verläuft. Darüber hinaus ist es oft schwer, die Erfolge eines Workshops realistisch abzuschätzen. Wir können die Lebenswege der Teilnehmer selten über längere Zeit verfolgen und verlieren den Kontakt zu vielen Organisationen, in denen wir gearbeitet haben.

Gleichwohl wird es für die meisten Moderatoren sehr befriedigend sein, daß sie anderen mit ihrem Engagement und ihrer professionellen Geschicklichkeit helfen können.

- In jedem Workshop werden Konflikte deutlich: mitgebrachte Konflikte, Konflikte zwischen den Teilnehmern, Konflikte zwischen Moderator und Teilnehmern, Konflikte zwischen der Organisation und der Gruppe usw. Die Fähigkeit zum Durcharbeiten von Konflikten kann eine besonders wichtige Quelle professioneller Befriedigung sein, denn dies ist eine schwierige Arbeit, die Geduld, Toleranz und Kreativität erfordert und die nur gelingt, wenn der Moderator all seine intellektuellen und emotionalen Ressourcen benutzt. Gerade darum ist die erfolgreiche Arbeit an Konflikten ein besonders wichtiger Bestandteil unserer Arbeit.
- Schließlich gibt es im Leben vieler Moderatoren auch Zeiten der Einsamkeit. Wie die übrige Bevölkerung auch, erleben sie typische Lebenskrisen, wie Scheidung, das Aus-dem-Haus-Gehen der Kinder, berufliche Veränderungen usw. In solchen Krisen fühlen wir uns verletzlich und einsam, und wir genießen es, wenn wir eine Gruppe leiten, in die wir uns eine Zeitlang integriert fühlen können. Wie wichtig dieser Faktor ist, hängt von den besonderen Lebensumständen jedes Moderators ab. Bedenklich ist, wenn der Moderator auf die Dauer über kein stabiles soziales Netz verfügt und seine Workshops als dauerhaften Ersatz für eine eigene Privatsphäre benutzt.

Wenn wir uns die Gefährdungen und Chancen unserer Tätigkeit vor Augen halten, dann kann das in der anstrengenden Situation des Workshops sehr helfen. Wir können kleine und große Erfolge besser genießen und unsere Grenzen besser schützen. Es ist auch angebracht, den Teilnehmern gegenüber den Gewinn, den wir aus unserer Arbeit ziehen, deutlich zu machen. In der Regel möchten die Teilnehmer herausfinden, warum wir als Moderator arbeiten, wie wir mit den damit verbundenen Belastungen fertig werden und welchen Nutzen wir davon haben. Wenn wir klar und deutlich darüber sprechen, helfen wir den Teilnehmern, ein realistisches Bild von uns zu entwickeln mit weniger Idealisierung, mit weniger Projektionen.

3. Wie Sie während des Workshops Ihre eigenen wohlverstandenen Interessen wahrnehmen können

- Achten Sie auf Ihre physischen Bedürfnisse: Sorgen Sie dafür, daß Sie genügend Schlaf bekommen; vermeiden Sie schweres Essen und Alkohol; gönnen Sie sich das berühmte Glas Wasser, das die Leistungsfähigkeit Ihres Gehirns steigern kann. Die Lernpsychologen Dennison, Ward und Daley haben darauf aufmerksam gemacht, daß Lernende und Lehrende häufig in einem Zustand von Dehydration sind. Das hat eine schlechtere intellektuelle Leistungsfähigkeit zur Folge. Gönnen Sie sich deshalb je nach Ihrer Körpergröße, dem Wetter und dem Ausmaß Ihrer körperlichen Aktivität einen bis zwei Liter Wasser am Tag. Wichtig ist, daß Sie reines Wasser trinken und Ihre Getränke nicht in Form von Kaffee, Tee, Softdrinks oder Fruchtsäften zu sich nehmen. Je mehr Koffein und Alkohol Sie zu sich nehmen, desto mehr Wasser braucht Ihr Körper, um das Defizit an Flüssigkeit auszugleichen. Denken Sie daran, daß die angebotenen Getränke nicht nur für die Teilnehmer bestimmt sind, sondern auch für den Moderator.

- Um sich zwischendurch zusätzlich zu erfrischen, können Sie auf die Erkenntnisse der Aroma-Therapie zurückgreifen. Bestimmte Aromen beeinflussen die vitalen Funktionen unseres Gehirns, die Leistungsfähigkeit unseres Gedächtnisses, und sie wirken sich auf unsere Stimmung aus. Gerüche können unsere Kreativität inspirieren und uns helfen, uns zu entspannen. Sie können ein angenehmes Gefühl des Wohlbehagens und der Ausgeglichenheit hervorufen. Wenn Sie für Ihre geistige Wachheit sorgen möchten, können Sie folgende Aromen benutzen: Pfefferminze, Zitronellgras, Basilikum, Zimt und Rosmarin. Wenn Sie sich beruhigen wollen und Entspannung suchen, dann sollten Sie Lavendel, Orangenöl, Rose oder Kamille wählen.

- Nutzen Sie Pausen während der Seminararbeit für kurze Spaziergänge in der Natur. Setzen Sie sich unter einen Laubbaum und genießen Sie die frische Luft und den zusätzlichen Sauerstoff. Sorgen Sie auch dafür, daß der Seminarraum in regelmäßigen Abständen gut durchlüftet wird. Wenn Sie die Möglichkeit haben, sorgen Sie dafür, daß dort Grünpflanzen stehen. Die besten Pflanzen, die sich zur Luftverbesserung in Räumen eignen, sind Ficus Benjamini, Philodendron und Drachenbaum.

- Stellen Sie sich einen CD-Player in Ihr Zimmer und spielen Sie Musik mit einem langsamen Tempo, ein Largo oder ein Adagio von Barock-Komponisten, wie z. B. Händel, Bach, Vivaldi oder Corelli. Diese langsamen Sätze haben ein Tempo von 60 Schlägen in der Minute, wodurch sie eine beruhigende und entspannende Wirkung auf uns haben. Langsame Stücke mit klassischer oder romantischer Musik können Ihnen ebenfalls helfen, zur Ruhe zu kommen. (Bach: Konzert für zwei Violinen in D-moll, 2. Satz; Brahms: 3. Symphonie, 2. Satz; Mozart: Konzert für Flöte und Harfe, 2. Satz; Klavierkonzert 21, 2. Satz; Schubert: Die Unvollendete, 2. Satz.)

- Wenn Sie an Migräne oder Kopfschmerzen leiden, dann gibt es ein hervorragendes Rezept, das Aspirin oder andere Schmerzmittel ersetzt: Spielen Sie Musik und bewegen Sie sich dazu. Sie können z. B. Pachelbels „Kanon in D" spielen und sich dazu langsam tänzerisch bewegen. Lassen Sie sich Bilder dazu einfallen, z. B. Bäume im Wind oder fliegende Vögel, und tanzen Sie diese Bilder. Zur „Kleinen Nachtmusik" von Mozart können Sie sich temperamentvoll und energetisch bewegen oder Sie machen ein paar einfache Streckübungen dazu. Mit Hilfe einer solchen, ganz individuellen Bewegung zur Musik können Sie gut die eigene innere Balance wiederherstellen und Spannungen auflösen.

21 Der idealisierte Moderator

Als Moderator sind wir in einer doppelten Gefahr: Manchmal werden wir von den Teilnehmern abgewertet, manchmal überschätzt man uns. Gerade bei institutionellen Workshops sind die Teilnehmer oft skeptisch. Workshop-Veteranen haben alle möglichen Lerntechniken kennengelernt, die immer als das Non-plus-ultra verkauft wurden. Die übergroßen Versprechungen wurden nicht erfüllt, weshalb solche Teilnehmer einen durchaus verständlichen Zynismus entwickeln.
Aber auch bei diesen skeptischen und enttäuschten Gruppenmitgliedern können charismatische Workshop-Leiter große Hoffnungen wecken. Das gilt besonders für Moderatoren, die zu einem autoritären, direktiven Stil neigen. Sie können bei den Teilnehmern die Illusion wecken, jetzt endlich einen Helfer gefunden zu haben, der in der Lage ist, Schwierigkeiten aufzulösen und den richtigen Weg zu weisen. Hier liegt eine große Gefahr für jeden Moderator. Wir wissen zwar intellektuell, daß wir weder unfehlbar noch vollkommen sind und daß alle unsere Erfahrungen und Methoden sich immer neu bewähren müssen, aber insgeheim sind wir oft in der Gefahr, unkritische Bewunderung zu genießen. Dann kann es leicht dazu kommen, daß wir eine gewisse Arroganz entwickeln, um unsere Angstgefühle und die Furcht vor Versagen zu kompensieren. Die zeitlich begrenzte Arbeit im Workshop ist ja außerordentlich anspruchsvoll und belastend für den Moderator. Wir haben keine festgelegten Standards. Wir müssen uns ständig auf neue Teilnehmer mit immer neuen Problemlagen und Lernbedürfnissen einstellen. Wir können unseren Erfolg nicht klar einschätzen und müssen beständig unsere eigenen blinden Flecken korrigieren. Das führt bei jedem Moderator zu einer gewissen Angst, und wir sind in der Gefahr, diese Angst dadurch zu überdecken, daß wir unsere Methoden und Fähigkeiten für besonders gut und überlegen halten.
Manche Moderatoren kultivieren eine Aura des Geheimnisvollen und legen sich einen Mantel des überlegenen Wissens um. Indirekt kommunizieren sie ihren Teilnehmern: „Werdet wie ich, dann habt ihr eure Probleme gelöst." Manchen Teilnehmern kann es kurzfristig helfen, wenn sie den Stil und die Lebenseinstellung des Moderators als Rollenmodell für ihr eigenes Leben übernehmen, aber langfristig hilft ihnen das wenig. Jeder muß beruflich und privat seinen eigenen Weg finden, und das Lernen durch solche Identifikation ist immer nur kurzfristig. Jeder Moderator wird sich an die Fälle erinnern können, als er in der Versuchung war, einem Teilnehmer gegenüber „Gott" zu spielen, nicht so sehr aus Arroganz, als aus dem Wunsch, dem Bedürfnis dieses Menschen zu entsprechen, der zu einer starken Person aufschauen und sich anlehnen wollte.
Wenn wir eine solche idealisierte Rolle annehmen, dann geraten wir in einen Teufelskreis. Wir müssen uns immer mehr anstrengen, um die damit verbun-

denen hohen Erwartungen zu erfüllen. Das erzeugt Ressentiments in uns und letzten Endes auch bei unseren Teilnehmern, die enttäuscht sind, wenn wir ihre übersteigerten Hoffnungen doch nicht erfüllen können.
Mancher Moderator versucht, dieser Schwierigkeit dadurch zu entgehen, daß er eine diametral entgegengesetzte Haltung einnimmt und den Teilnehmern zu verstehen gibt, daß er ein Gruppenmitglied wie jedes andere ist, ein ganz normaler Mensch, ohne besondere Macht, ohne irgendeinen Rollenvorteil. Natürlich ist auch diese Haltung unrealistisch und unproduktiv.
Sie können Ihre Rolle im Workshop mit der des Zirkusartisten vergleichen, der auf dem Hochseil oder am Trapez Kunststücke vorführt. Langes Training ermöglicht diese Arbeit, aber der Artist hat keine Sicherheit, daß er jederzeit seine Kunststücke fehlerfrei reproduzieren kann. In jeder Vorstellung geht er erneut das Risiko ein abzustürzen. Jedesmal muß er das Kunststück vollbringen, seine Balance ständig neu wiederzugewinnen – eine kleine Unaufmerksamkeit genügt, und der Artist stürzt ab und landet im Netz. Die Fehlerquote von Moderatoren ist allerdings beträchtlich höher als die Fehlerquote von Artisten. Denn die Arbeit des Moderators ist noch komplizierter, da er es im Workshop mit vielen Teilnehmern zu tun hat. Und der Moderator ist nicht nur durch die Erwartung seiner Teilnehmer belastet, sondern er muß auch die Erwartungen der Institution erfüllen, die ihm den Workshop sponsert, er muß ggf. auch auf die Anforderungen beteiligter Kollegen eingehen, und er begegnet nach dem Workshop den Erwartungen der eigenen Familie.
Angesichts Ihrer hohen beruflichen Belastung möchte ich Ihnen zwei vielleicht unerwartete Empfehlungen geben:

Lassen Sie sich selbst beraten – Es gibt immer wieder Zeiten, in denen wir als Moderator die Hilfe eines Kollegen, Supervisors oder Therapeuten brauchen. Wenn Sie bemerken, daß Ihre persönlichen Probleme und Konflikte Ihre professionelle Urteilskraft und Ihre Arbeit im Workshop beeinträchtigen, dann lassen Sie sich bitte helfen. Entgegen der landläufigen Meinung ist es durchaus ein Zeichen von Professionalität, wenn der Moderator Hilfe für eigene Schwierigkeiten sucht. Darüber hinaus ist das ein wirksames Mittel gegen Überlastung und Burnout.

Eigene Therapie – Workshop-Moderatoren arbeiten in einem Grenzgebiet zwischen Therapie und Pädagogik. Wenn Sie ein exzellenter Moderator sein möchten, dann müssen Sie bereit sein, Ihr eigenes Leben kontinuierlich zu erforschen. Niemand kann seine Klienten weiterbringen, als er selbst bereit ist zu gehen. Bis zu einem gewissen Grad ist die Leitung von Workshops „therapeutisch“, aber das reicht in der Regel nicht aus. In geeigneten Abständen brauchen Sie für Ihr eigenes Leben, für Ihre eigene Persönlichkeit die Arbeit mit einem guten Therapeuten. Das kann Ihnen zugleich helfen, mehr Kreativität und Intuition zu entwickeln.

22 Die Haltung des Moderators

Die Leitungsaufgabe des Moderators ist paradox: Er soll ein Experte mit möglichst viel Erfahrung sein; aber damit er erfolgreich arbeitet, muß er immer wieder die Haltung des „Anfängers" einnehmen, der nicht weiß, sondern selbst fragt. Denn jede Gruppe ist einmalig und hat eine völlig neue „Persönlichkeit"; sie hat ihr eigenes Potential und ihre eigenen Grenzen. Als Teilnehmer oder als Leiter sind wir mit der Gruppe emotional, intellektuell, intuitiv und spirituell verbunden. Hinzu kommt, daß wir die Gruppe instinktiv als Chance und als Gefahr erleben.

Der Eintritt in eine neue Gruppe ist für fast jeden bedrohlich, weil in uns die Angst erwacht, daß wir unsere Identität verlieren könnten. Wir fürchten, daß unser freier Wille eingeschränkt werden oder daß die Gruppe uns dominieren könnte. Uns ist noch unklar, was wir selbst zu der Gruppe beitragen können und wo unsere Grenzen sind. Wir fürchten vielleicht, daß die Meinung der anderen Gruppenmitglieder stärker ist als unser eigenes Urteil. Alle diese Befürchtungen sind ganz real. Als Kinder und Teenager haben wir oft genug den großen Einfluß von Gruppen erlebt, wenn wir mit Gleichaltrigen zusammen waren.

Auch ein Workshop kann für Moderator und Teilnehmer bedrohlich sein. Jeder weiß, daß Kooperation ein wichtiges Element des Workshops ist. Darum fragen sich alle:

- Wie werden wir uns einigen?
- Werde ich unter Druck gesetzt, um mich der Gruppenmeinung anzuschließen?
- Muß ich Kompromisse eingehen und dem Gruppendruck nachgeben, damit ich gemocht werde und kein Außenseiter bin?

Der Moderator muß sich ständig der Tatsache bewußt sein, daß auch jeder Teilnehmer ein starkes Bedürfnis nach Autonomie behält und vielleicht nur zögernd die Bereitschaft entwickelt, auf das kollektive Bedürfnis der Gruppe nach Kooperation und Konsensbildung einzugehen. Eine ähnliche Ambivalenz erlebt auch der Moderator selbst.

1. Erfahrung und Unsicherheit – Auch wer schon einige Erfahrung mit der Moderation von Workshops hat, wird immer wieder Lampenfieber erleben. Das ist ein sehr nützliches Gefühl, das den Moderator warnt, sich zu sehr auf die eigene Routine zu verlassen. In jedem Workshop wird der Moderator herausgefordert, einen vollständig neuen Job zu übernehmen. Er wird Teil einer neuen Gruppe, Teil eines Organismus mit eigenen Zielen und einer eigenen Kultur. Darum ist es ganz natürlich, daß auch der Moderator selbst ein gewisses Unbehagen spürt. Er weiß nicht, wie sich diese Gruppe entwickeln wird. Er kennt die Werte ihrer Mitglieder nur unzulänglich. Er

kann die Kultur der Gruppe eher ahnen als einschätzen. Manchmal gibt es Teilnehmer in der Gruppe, die die Moderatoren beunruhigen. Und auch das Machtpotential einer Gruppe ist schwer einzuschätzen. Manche Gruppen wecken im Moderator die Angst, daß er von ihnen dominiert werden könnte. In anderen Gruppen kommt der Moderator vielleicht in Versuchung, seinerseits die Gruppe dominieren zu wollen.
Ein guter Moderator kann mit all diesen Unsicherheiten zurechtkommen und sie als natürlich akzeptieren. Er weiß, daß es weise ist, den Workshop mit der Haltung professioneller und persönlicher Bescheidenheit zu beginnen. Als Moderator weiß ich nicht von vornherein,

- was am besten für diese Gruppe ist,
- welcher Gruppenprozeß für diesen Workshop passend ist,
- wie ich das Lernen des einzelnen Teilnehmers am besten fördern kann,
- wie ich den Lernprozeß der Gruppe ggf. mit den Zielen des Sponsors und der Institution verbinden kann.

Nur gemeinsam mit der Gruppe kann ich als Moderator im Laufe der Zeit versuchen, Antworten auf diese Fragen zu finden.
Vor allem muß ich mir als Moderator zu Beginn des Workshops drei wichtige Fragen vorlegen.

1. Bin ich bereit, auf die Haltung des Experten zu verzichten und die Einstellung des „Ich-weiß-nicht" im Verlaufe des Workshops immer wieder einzunehmen?
2. Bin ich bereit, diese Gruppe dabei zu unterstützen, daß sie ihr Ziel erreicht?
3. Bin ich bereit, für jedes Mitglied in der Gruppe dazusein und eine sichere Atmosphäre zu schaffen, in der jeder experimentieren und sich authentisch ausdrücken kann?

Der Moderator braucht vor allem Experimentierbereitschaft. Er muß mit einem Gefühl der Unsicherheit leben können. Er muß realisieren, daß er nie genau weiß, wie er seine Arbeit am besten machen kann, auch wenn er viel Erfahrung hat und über ein großes Repertoire an Techniken verfügt. Er braucht die Bereitschaft, sich auf die Gruppe einzulassen und mit ihr auf die Reise zu gehen. Er braucht Respekt vor der Kreativität und dem Geist der Gruppe, und er braucht Mut, um die Gruppe bei Bedarf mit einem Problem zu konfrontieren und sogar zu stoppen, wenn sie ihr Ziel aus dem Auge verliert oder wenn einzelne Teilnehmer destruktiv handeln.
Die Moderation der Gruppe erfordert vor allem Wachheit und Präsenz von Augenblick zu Augenblick. Und außerdem:

- Selbsterkenntnis, d. h. die Kenntnis unserer eigenen Gefühle, Bedürfnisse und Wünsche,
- Einfühlungsvermögen, d. h. wir müssen die Teilnehmer in der Gruppe deutlich wahrnehmen und versuchsweise ihre Perspektive einnehmen,

- Engagement, um der Gruppe beim Erreichen ihrer Ziele zu assistieren.

2. Die Beziehung des Moderators zur Gruppe – Ein Moderator hat eine andere Beziehung zur Gruppe als das in anderen klassischen Lehr- und Lernbeziehungen der Fall ist, wie z. B. zwischen Lehrer und Klasse, Eltern und Kindern, Manager und Belegschaft oder Dirigent und Orchester. In diesen Beziehungen liegt ein höheres Maß an Autorität bei Lehrern, Eltern, Managern und Dirigenten. Der Moderator dagegen arbeitet darauf hin, die Autorität der Gruppe und der einzelnen Teilnehmer zu stärken.
Um seiner Aufgabe gerecht zu werden, braucht der Moderator vor allem das Vertrauen der Gruppe. Er wird deshalb von Anfang an um dieses Vertrauen werben. Dazu gehört auch, daß er mit der Gruppe darüber spricht, welche Erwartungen sie an ihn als Moderator hat. Fragen Sie die Gruppe wörtlich: „Welche Erwartungen haben Sie an mich als Moderator?" Darüber hinaus sollten Sie über Ihre eigenen Vorstellungen und Werte und über Ihren Arbeitsstil mit der Gruppe sprechen. Wenn Sie über Ihre Lern- und Gruppenphilosophie sprechen, dann verraten Sie viel über sich und ermutigen eine offene und vertrauensvolle Atmosphäre.

Ich glaube, daß der Moderator eine aktive Rolle im Workshop spielen muß. Gleichzeitig muß er ständig auf seine Teilnehmer reagieren und versuchen, mit ihnen zu „tanzen". Der Prozeß des Lernens ist eine Art Tanz: Manchmal leitet der Moderator, manchmal folgt er seinen Teilnehmern, aber in jedem Fall versucht er, einen gemeinsamen Rhythmus mit der Gruppe zu finden. Grundlegend für die professionelle Beziehung zu den Teilnehmern sind Sensitivität und Respekt. Wir müssen uns immer wieder vor Augen halten: Pädagogisch-psychologisches Wissen, Erfahrung und ein breites Spektrum von nützlichen Techniken und Methoden, all das ist wichtig, aber nicht ausreichend. Was hinzukommen muß, ist eine adäquate Haltung den Klienten gegenüber:

- Wir hören zu, und unsere Teilnehmer können anfangen, sich gegenseitig zuzuhören.
- Wir sind fürsorglich, und unsere Teilnehmer können anfangen, für sich selbst zu sorgen.
- Wir haben Hoffnung, und unsere Teilnehmer können Optimismus entwickeln.
- Wir sind respektvoll, und unsere Teilnehmer können lernen, mehr Selbstachtung zu empfinden.

23 Aufgaben und Grundsätze

Workshop-Moderation ist die Kunst, einen Gruppenprozeß so zu begleiten, daß die vereinbarten Ziele erreicht werden können. Im Idealfall begleitet der Moderator den Gruppenprozeß und überläßt den „Inhalt“ des Workshops der Gruppe. Diese Haltung kann der Moderator am leichtesten einnehmen, wenn er es im Workshop mit natürlichen Gruppen zu tun hat, denen es darum geht, sich auf ihre Arbeitsziele vorzubereiten.
Zu anderen Workshops kommen die Teilnehmer, um professionelle Skills zu lernen oder um ihre Persönlichkeit weiterzuentwickeln. Hier übernimmt der Moderator zusätzlich die Aufgabe des Trainers, und es besteht die Gefahr, daß er allzu dirigistisch vorgeht und den Gruppenprozeß stört.
Für alle Typen von Workshops gilt, daß es den „richtigen“ Weg nicht geben kann, wie die Gruppe am besten zu moderieren ist. Ich möchte trotzdem einige Leitlinien formulieren, die für jeden Moderator nützlich sein können:

1. Eine Gruppe kann viel mehr erreichen, als jedes einzelne Gruppenmitglied sich vorstellen kann. – Man könnte auch sagen: Die Gruppe ist mehr als die Summe ihrer Teilnehmer. Der gemeinsame Lernprozeß von Gruppe und Moderator kann ein hohes Maß an Kreativität und Synergie freisetzen. Ein guter Moderator benutzt seine Intuition, um diese Synergieeffekte in einer Gruppe freizusetzen. Er weiß, daß der wichtigste Aspekt seiner Arbeit darin besteht, daß er die kreative Energie der Gruppe spürt und weiterentwickelt. Dazu braucht er Optimismus, Neugier und Geduld.

2. Vertrauen Sie den Ressourcen der Gruppe! – Der Moderator vertraut darauf, daß die Gruppe immer über genügend Ressourcen verfügt, ihr Ziel zu erreichen und einen produktiven Gruppenprozeß zu erleben. Vertrauen bedeutet auch, daß der Moderator damit rechnet, daß diese Ressourcen erst entdeckt werden müssen. Der Moderator hilft der Gruppe, ihre Ressourcen zu finden und zu benutzen. Auf diese Weise wird die Gruppe im Workshop gestärkt. Das bedeutet nicht, daß in jedem Workshop die gesetzten Ziele in vollem Umfang erreicht werden. Es bedeutet vielmehr, daß der Moderator nicht aufgibt und Schwierigkeiten aus dem Weg räumt, wenn die Teilnehmer den Mut verlieren.

3. Respektieren Sie jedes Gruppenmitglied! – Unterscheiden Sie nicht zwischen begabten und unbegabten Gruppenmitgliedern, zwischen sympathischen und unangenehmen Teilnehmern, sondern erweisen Sie jedem Mitglied des Workshops Respekt. Gehen Sie davon aus, daß jedes Mitglied verantwortlich, kompetent und am Ziel der Gruppe interessiert ist. Das gilt vor allem auch dann, wenn einzelne Teilnehmer sich destruktiv verhalten. Betrachten Sie solche Gruppenmitglieder nicht als Störenfriede, die mutwillig die Ziele der Gruppe sabotieren, sondern gehen Sie einfach davon aus, daß diese Teilnehmer noch keine Möglichkeit gefunden haben, ihre Energie konstruktiv für die Ziele des Workshops einzusetzen.

4. Sorgen Sie dafür, daß der Workshop ein sicherer Platz zum Lernen und Experimentieren ist! – Es ist wichtig, daß Sie den Workshop gegen Ablenkungen und Störungen von außen abschirmen. Aber der Workshop ist auch ein psychologischer Raum mit speziellen Gefahren. Die Energie der Gruppe kann sich erschöpfen, die Stimmung kann depressiv oder aggressiv werden. Assistieren Sie der Gruppe, solche energetischen Schwierigkeiten zu bemerken und zu überwinden. Und rechnen Sie damit, daß der Workshop auch eine spirituelle Ebene hat. Jede Gruppe ist auch ein „heiliger Ort", an dem sich unser Bewußtsein erweitert und wir die Geheimnisse des Lebens deutlicher erfahren als im Alltag.

5. Behalten Sie die Ziele des Workshops immer im Auge! – Sorgen Sie zu Beginn des Workshops dafür, daß die Ziele so deutlich wie möglich beschrieben werden. Es ist hilfreich, wenn Sie ein Flipchart mit den Workshop-Zielen für die Dauer der Veranstaltung an der Wand hängen haben. Nur wenn die Gruppenziele immer präsent sind, bekommt die Arbeit der Teilnehmer frische Energie und eine klare Richtung. Wenn eine Gruppe abgelenkt wird oder das Ziel aus den Augen verliert, dann ist es Ihre Aufgabe, die Arbeit der Gruppe wieder auf das Ziel auszurichten.

6. Arbeiten Sie flexibel! – Es gibt keine Methode und keine Technik, die zu einem gegebenen Zeitpunkt mit Sicherheit passend ist. Sie müssen sich immer neu entscheiden, was Sie tun wollen, ob Sie intervenieren und wie Sie dabei vorgehen wollen. Natürlich werden Sie vorausplanen, aber Sie müssen immer bereit sein, Ihre Pläne zu ändern und sich auf das einzustellen, was im Augenblick in der Gruppe geschieht.

7. Denken Sie daran, daß in der Anfangsphase die Fundamente gelegt werden! – Workshops haben einen Anfang, eine Mitte und ein Ende. Die Anfangsphase ist wie der Aufbruch zu einer Reise in ein unbekanntes Land. Die Reisenden müssen sich miteinander vertraut mache und sich darauf einigen, was das Ziel der Reise sein soll und auf welche Art sie reisen wollen. Die Atmosphäre der Anfangsphase ist entscheidend. Hier werden Erwartungen geprägt und die Saat gelegt für Optimismus, Risikobereitschaft und wechselseitige Unterstützung.

8. Betrachten Sie alles, was geschieht, als relevant! – Für den Moderator wird alles, was in der Gruppe gesagt oder getan wird, zum Gruppenprozeß: auch Seitengespräche, einzelne Bemerkungen bei den Mahlzeiten und zufällige Ereignisse. Wenn ein Teilnehmer erkrankt, dann betrachten Sie das bitte nicht als Störung, sondern als Aspekt des Gruppenprozesses. Betrachten Sie alles, was geschieht, als Möglichkeit, die Entwicklung der Gruppe und ihre Entfaltung besser zu verstehen.

9. Arbeiten Sie an Konflikten! – Der Moderator muß mit Konflikten in der Gruppe rechnen und die Teilnehmer ermutigen, diese offen auszudrücken. Es ist ganz natürlich, daß es Meinungsverschiedenheiten gibt, weil in der Gruppe unterschiedliche Persönlichkeiten, verschiedene Standpunkte und Meinungen aufeinandertreffen. Wenn eine Gruppe eine gewisse Reife entwickeln will, dann muß sie lernen, an ihren Konflikten zu arbeiten und sie nicht zu vermeiden. Konstruktive Konfliktlösung in einem Workshop kann die Gruppenenergie außerordentlich stärken und die Kreativität der Teilnehmer anregen. Vermeiden Sie es, bei Konflikten Partei zu ergreifen. Assistieren Sie der Gruppe, sich mit Schwierigkeiten offen auseinanderzusetzen und ein höheres Maß an Toleranz zu entwickeln.

10. Seien Sie wach! – Ihr größtes Kapital in einem Workshop ist ihr waches Bewußtsein. Seien Sie wach und präsent in jedem Augenblick, indem Sie sehen, hören und spüren. Nur dann können Sie die Entfaltung des Gruppenprozesses bemerken und die Bedürfnisse einzelner Gruppenmitglieder verstehen. Außerdem ist eine solche Haltung ein gutes Modell für die Teilnehmer, die auf diese Weise angeregt werden, ihrerseits für die vielen Signale, die in der Gruppe ständig ausgesendet werden, sensitiver zu werden.

11. Seien Sie natürlich! – Als Moderator können Sie der Gruppe am besten helfen, wenn Sie Ihr privates Selbst verkörpern und Ihre Persönlichkeit so zwanglos wie möglich ausdrücken. Sie sind dann ein Modell für die Teilnehmer, die auf diese Weise die Erlaubnis erhalten, Fassaden und Masken abzulegen. Wenn sich der Moderator steif und formell verhält, dann wird die Gruppe das imitieren. Wenn Sie sich entspannt und natürlich verhalten, dann wird die Gruppen ebenfalls dazu tendieren. Betrachten Sie die Gruppe als Spiegel, der Ihre eigene Befindlichkeit reflektiert.

12. Schärfen Sie Ihre Beobachtungskraft! – Halten Sie Ihre Augen und Ohren weit offen! Vergleichen Sie Worte und Taten der Teilnehmer. Beachten Sie ausgedrückte Gefühle und registrieren Sie, wenn jemand z. B. versucht, seinen Ärger zu verbergen. Versuchen Sie ohne moralisches Urteil zu hören und zu sehen, aber mit Verständnis für die einzelnen Teilnehmer:

- Wann wird jemandem ein Bein gestellt?
- Wann ist jemand müde, aufgeregt oder in einem alten Verhaltensmuster gefangen?
- Gibt es Koalitionen oder Fraktionen in der Gruppe?
- Wann versuchen die Teilnehmer, Ihnen Fallen zu stellen?
- Wann sabotieren sie die Gruppe?

- Wissen die Betreffenden, was sie tun?
- Würden sie ihr Verhalten gerne ändern?
- Wer hat den Mut sinken lassen und warum?
- Wer ist schon auf dem Sprung, die Gruppe zu verlassen, weil er von der Unentschlossenheit der anderen frustriert ist?

Beobachten Sie solche wichtigen Verhaltensweisen und entscheiden Sie, ob eine Intervention Ihrerseits notwendig ist. Experimentieren Sie mit Ihren Interventionen. Manchmal glauben wir, daß wir einen genialen Einfall haben, um die Gruppe weiterzubringen; wenn unsere Intervention aber nichts fruchtet, dann sollten wir sie leichten Herzens fallenlassen. Unsere Intervention soll nicht zeigen, daß wir ein brillanter Moderator sind, sondern sie soll der Gruppe den Weg zu dem selbstgesteckten Ziel weisen.

13. Arbeiten Sie mit Vorschlägen und Fragen! – Vorschläge und Fragen sind klassische Mittel, mit denen der Moderator interveniert. Verzichten Sie weitgehend auf Ratschläge. Verzichten Sie auch darauf, Probleme selbst zu lösen. Als Moderator haben Sie die Aufgabe, den Lern- und Arbeitsprozeß in Gang zu halten. Versuchen Sie, den Weg zu wichtigen Einsichten und Entscheidungen nicht allzu oft abzukürzen.

14. Seien Sie Verhandlungsführer! – Als Moderator müssen Sie der Gruppe helfen, die notwendigen Verhandlungen zu führen und Positionen deutlich zu machen. Immer wieder müssen Entscheidungen getroffen werden, Ziele verändert und Wege neu abgesteckt werden. Ermutigen Sie die Teilnehmer, Vorschläge und Gegenvorschläge vorzubringen, bis eine Übereinstimmung erzielt wird. Möglichst viele Entscheidungen auch über die Arbeitsweise der Gruppe sollten aus Verhandlungen hervorgehen, aus Verhandlungen unter den Teilnehmern und zwischen Ihnen und den Teilnehmern. Gegenstand solcher Verhandlungen können z. B. sein: Grundregeln, Kommunikationsprinzipien, Zeitpläne, persönliche Verantwortlichkeit, Rollen, Mitgliedschaft in Untergruppen, Werte, Lern- und Arbeitsziele, Feedback und Methoden der Evaluation.

15. Entwickeln Sie Sensibilität für kulturelle Unterschiede! – Wenn Sie mit Teilnehmern arbeiten, die aus anderen Kulturen kommen, dann ist es sehr wichtig, daß Sie deren Wertvorstellungen, Bräuche, Rituale und Empfindlichkeiten kennen. Wenn Sie über dieses Wissen nicht verfügen, dann können Sie das offen eingestehen und sich von den Betreffenden selbst beraten lassen. Auch damit geben Sie ein gutes Modell. Sie zeigen, daß Respekt vor jedem Teilnehmer ein hoher Wert ist und daß es Ihnen wichtig ist, Ihr Verständnis und Ihre Kenntnisse für fremde Kulturen und Religionen zu vertiefen.
Kulturelle Sensibilität ist auch gefordert, wenn Sie z. B. in einer neuen

Firma arbeiten. Auch Organisationen haben eine spezifische Kultur, deren Empfindlichkeiten Sie mit Hilfe der Teilnehmer ausloten müssen. Bilden Sie keine komplizierten Hypothesen, sondern fragen Sie einfach.

16. Pflegen Sie die Kunst der Improvisation! – Moderation ist die Kunst der Improvisation im Rahmen einer vereinbarten Struktur. Es gibt einige feste Größen, wie z. B. die Dauer des Workshops, die Zahl der Teilnehmer, das Rahmenthema oder das globale Ziel. Aber es existiert keine Partitur, an die Sie und die Teilnehmer sich halten müßten. Was Sie mit den Teilnehmern machen, ist eher Jazz als klassische Musik. Improvisation ist die Kunst, Bekanntes mit Neuem zu verbinden, das Gleichgewicht zu verlieren und die Balance immer neu zu finden. Darum dürfen Sie sich nicht an Rezepte halten. Denken Sie daran, daß es viele Wege gibt, die Sie ans Ziel führen können, und daß Sie flexibel sein müssen bei der Auswahl Ihrer Techniken und Methoden. Ihre Teilnehmer erwarten, daß Sie sich mit Grazie auf deren Bedürfnisse einstellen und daß Ihr Arbeitsstil unterhaltsam und anregend ist. Wenn Sie ein guter Improvisator sind, dann geben Sie zugleich den Teilnehmern ein gutes Beispiel, die in der modernen Arbeitswelt gleichfalls immer häufiger improvisieren müssen. Behalten Sie auch den Gegenpol zur Improvisation im Auge: das menschliche Bedürfnis nach Verläßlichkeit, nach Konstanten, nach Ritualen, nach Vertrauen.

17. Seien Sie großzügig mit Anerkennung und Bestätigung! – Lassen Sie die Gruppe wissen, daß Sie den Schwierigkeitsgrad der selbstgesteckten Ziele verstehen, daß Sie mitempfinden, daß bestimmte Prozesse mühsam und risikoreich sind. Ermutigen Sie die Gruppe, wenn sie durch steiniges Gelände stolpert, und freuen Sie sich mit ihr, wenn sie einen steilen Berg erklommen hat. Erkennen Sie vor allem die menschliche Haltung der Teilnehmer an: Risikobereitschaft, Durchhaltevermögen, Neugier und Kreativität. Verzichten Sie darauf, Zensuren für die Arbeitsergebnisse zu erteilen, aber denken Sie daran, von Zeit zu Zeit Erfolge und Durchbrüche mit der Gruppe zu feiern, durch kleine Rituale und manchmal auch durch passende Happenings oder Zeremonien außerhalb der Arbeitszeit.

18. Seien Sie humorvoll! – Humor ist eine wichtige Ressource für den Moderator. Mit Humor können Sie gespannte Situationen entschärfen, Angst auflösen und Optimismus wiederbeleben. Humor hilft Ihnen, mit leichter Hand zu intervenieren, so daß die Teilnehmer nicht das Gefühl haben, belehrt zu werden. Seien Sie ein gutes Modell, indem Sie Humor auch auf sich selbst anwenden. Zeigen Sie der Gruppe, daß Sie über eigene Fehler lachen können, daß Sie Schwächen und Irrtümer bei sich bemerken und nicht von sich verlangen, meistens perfekt zu sein. Auf diese Weise begünstigen Sie ein entspanntes Arbeitsklima.

19. Beobachten Sie die Gruppenenergie! – Das ist eine wichtige permanente Aufgabe. Die Gruppenenergie hat einen Rhythmus wie Ebbe und Flut. Sie folgt den biologischen Rhythmen der Teilnehmer und den Arbeitsrhythmen des Gehirns. Energie zeigt sich im Volumen und im Klang der Stimmen, in der Körperhaltung, im Ausmaß von Augenkontakt, in der Intensität der Teilnahme, in der Kreativität von Vorschlägen usw. Beobachten Sie, wann die Teilnehmer ermüden. Wann sind sie engagiert? Wann ziehen sie sich zurück? Die Energie in der Gruppe ändert sich im Laufe eines Tages immer wieder. Dasselbe gilt für die einzelne Workshop-Sitzung. Zu Beginn des Tages sind manche Teilnehmer noch ein wenig schläfrig, später gibt es bei den meisten einen Höhepunkt an Energie. Nach dem Mittagessen haben vielen Teilnehmern zunächst ein Tief, was ihre Energie betrifft. Kurze Pausen und aktivierende Spiele können sehr dazu beitragen, daß sich die verfügbare Energie erneuert.
Nur wenige Gruppenmitglieder können sich länger als zwanzig Minuten intensiv konzentrieren. Ein Wechsel der Arbeitsmethoden (z. B. zwischen Plenum, Gruppen- und Paararbeit) ist hier hilfreich. Außerdem ist es wichtig, daß Sie über ein großes Repertoire aktivierender Interventionen verfügen, mit denen Sie dafür sorgen können, daß die Gruppe sich zwischendurch erfrischen kann. (Vgl. Baustein 39 „Energizer".)

20. Bemühen Sie sich um Konsens! – Synergie kann in einer Gruppe nur entstehen, wenn alle bereit sind zusammenzuarbeiten, wenn es keine Außenseiter gibt und keine Sündenböcke. Bei notwendigen Entscheidungsprozessen kommt es darauf an, daß jeder gehört wird, jeder Vorschläge machen kann und daß Sie sich darum bemühen, Konsens herbeizuführen. Abstimmungen und Mehrheitsentscheidungen beeinträchtigen in der Regel die Synergie der Gruppe, weil der unterlegene Teil dann Ressentiments entwickelt.
Manchmal ist es notwendig, in einem Workshop die Frage von Willensbildung und Entscheidung zu besprechen. Worüber kann verhandelt werden? Wann entscheidet der Moderator allein? Wann ist eine kollektive Entscheidung notwendig? Wann entscheidet der einzelne für sich allein? An welche externen Vorgaben muß sich die Gruppe halten? Wie weit sind Entscheidungen reversibel?
Wenn Sie unsicher sind, ob die Gruppenmitglieder einer Entscheidung innerlich zugestimmt haben, dann überprüfen Sie das. Schweigen bedeutet nicht automatisch Zustimmung. Als Instrument können Sie z. B. die Technik des „Rundganges" benutzen. jeder Teilnehmer erklärt dabei, ob er zustimmt oder nicht.

21. Wenn Sie unsicher sind, dann sagen Sie es! – Es gibt immer wieder Situationen im Gruppenprozeß, wo Sie vielleicht nicht wissen, was Sie tun sollen, was der nächste Schritt sein soll, ob Plan A oder B geeigneter ist, ob Sie intervenieren sollen oder nicht usw. Wenn Sie die Übersicht verloren haben, wenn Ihr Kontakt zur Gruppe gestört ist, wenn Ihre Kreativität blockiert ist oder wenn Sie die Situation nicht analysieren können, dann ist es am besten, daß Sie dies der Gruppe mitteilen und die Gruppe um Unterstützung bitten. Vielleicht geht es einigen Teilnehmern ähnlich wie Ihnen; vielleicht hat aber auch der eine oder andere eine gute Idee. Der Moderator ist nicht verpflichtet, alles zu wissen. Vertrauen Sie auf die Hilfsbereitschaft und Kreativität der Gruppe.

22. Laden Sie die Teilnehmer immer wieder zu Feedback ein! – Das Feedback kann sich auf verschiedene Dimensionen der Gruppenarbeit beziehen:

- Welche Verhaltensweisen stören oder erfreuen mich?
- Wie ist mein Energielevel?
- Wie weit bin ich mit der Arbeit der Gruppe zufrieden?
- Wieviel habe ich bisher gelernt?
- Was gefällt mir am Moderator?
- Was gefällt mir nicht an ihm?
- Was geht mir gerade durch den Kopf?
- Wie ist meine augenblickliche Stimmung?

Benutzen Sie verschiedene Feedback-Techniken, die sicherstellen, daß jedes Gruppenmitglied Feedback geben kann. Manchmal ist auch ein Feeback-Ritual angezeigt, das immer wieder benutzt wird, z. B. können Sie jeden Arbeitstag mit einer Runde beschließen, bei der jeder Teilnehmer mitteilt, in welcher emotionalen, geistigen und körperlichen Verfassung er die Arbeit im Workshop für heute abschließt.

24 Rapport

Rapport zwischen Moderator und Teilnehmern ist eine wichtige Voraussetzung für die Arbeit im Workshop. Wenn Sie Kontakt zu den Gruppenmitgliedern haben, dann reagieren diese positiv auf das, was Sie sagen oder tun (was nicht gleichbedeutend mit Zustimmung ist). Voraussetzung für einen solchen Rapport ist, daß die Teilnehmer Ihre Bereitschaft spüren, sich mit ihnen zu identifizieren und die Dinge aus ihrer Perspektive zu betrachten. Achten Sie darauf, daß Sie nicht nur zu einzelnen Teilnehmern Kontakt haben, sondern zur ganzen Gruppe. Dafür ist es wichtig, daß Sie ein Gespür für die spezifische Kultur der jeweiligen Gruppe entwickeln. Die Gruppenkultur bildet sich in jedem Workshop verhältnismäßig schnell heraus. Um die wichtigsten Dimensionen der Gruppenkultur zu erfassen, müssen Sie sich fragen:

- Wer sind die informellen Leiter der Gruppe?
- Welchen beruflichen und privaten Hintergrund haben die Teilnehmer?
- Wie ist die allgemeine Stimmung?
- Wie ist das augenblickliche Energieniveau?
- Welche Ziele haben die Teilnehmer persönlich?
- Welche Ziele verfolgt der Sponsor mit dem Workshop?

Berücksichtigen Sie auch, daß bei fast jedem Workshop Teilnehmer mit ganz unterschiedlichen Persönlichkeitsprofilen zusammenkommen. Sie alle wollen ernst genommen und respektiert werden, besonders wenn sie mit ambivalenten Gefühlen zum Workshop kommen.

Teilnehmer vom Typ „Sie können mir nichts Neues bieten" – Diese Teilnehmer denken, daß sie es eigentlich nicht nötig haben, am Workshop teilzunehmen, weil sie doch schon alles wissen. Sie glauben, daß sie jede Theorie kennen, daß sie alle Strategien ausprobiert haben und daß ein Workshop ihnen daher nichts Neues bieten kann. Um auch diese Teilnehmer zu erreichen und neugierig zu machen, können Sie zur ganzen Gruppe sagen: „Ich weiß, daß einige von Ihnen schon viel Erfahrung in der Thematik haben, um die es hier geht. Es ist sehr wahrscheinlich, daß Sie in Ihrer Arbeit schon das Richtige tun. Aber vielleicht ist es keine schlechte Sache, wenn Sie Bestätigung für das finden, was Sie tun und eventuell ein oder zwei neue Ideen mit nach Hause nehmen können."

„Touristen" – Diese Teilnehmer sind zum Workshop gekommen, weil sie das Neue lieben. Sie besuchen Seminare und Workshops, weil das ihren Alltag unterbricht; es ist für sie eine Art Tapetenwechsel. Vielleicht möchten sie nur neue Leute kennenlernen. Um diese Teilnehmer zu erreichen, können Sie ungefähr folgendes zur Gruppe sagen: „Ich weiß, daß einige von Ihnen hier sind, weil sie das Neue lieben und weil sie gern intensiv leben. Ich freue mich, daß Sie gekommen sind. Ich hoffe sehr, daß wir zusammen einen anregenden Workshop haben werden."

Fans – Zu einigen Workshops kommen Teilnehmer, die den Moderator kennenlernen wollen. Sie haben Berichte über ihn gehört oder ein Buch von ihm gelesen. Sie möchten einfach herausfinden, wie der Moderator, aus der Nähe betrachtet, ist. Sagen Sie zu diesen Teilnehmern: „Ich freue mich immer, wenn einige Teilnehmer kommen, die mich persönlich kennenlernen wollen. Wenn ich einen Workshop leite, dann gebe ich mir große Mühe, meinen Teilnehmern ein möglichst komplettes Bild von mir bekommen, das meine professionelle und meine persönliche Seite einschließt."

„Gefangene" – Sie nehmen nicht freiwillig an dem Workshop teil, sondern wurden von ihrem Vorgesetzten oder sonst jemandem dazu verurteilt. Sie sind nicht aus freiem Entschluß da, manchmal sind sie deswegen verärgert, manchmal resigniert. Am liebsten wären sie woanders. Wenn Sie vermuten daß es einige „Gefangene" bei Ihrem Workshop gibt, dann können Sie sagen: „Manchmal kommt es vor, daß jemand zu einem Workshop erscheint, weil ein anderer das für eine gute Idee hält. Trifft das auf irgend jemanden von Ihnen zu? In diesem Fall sind Sie nicht dafür verantwortlich, daß Sie hierher gekommen sind. Trotzdem freue ich mich, daß Sie da sind. Dadurch geht es hier zu wie im wirklichen Leben. Doch nun, wo Sie einmal hier sind, sind Sie verantwortlich für das, was Sie von hier mitnehmen, und ich hoffe, daß Sie am Ende Ihre Teilnahme nicht bereuen werden."

Neugierige und lernbereite Teilnehmer – Diese Teilnehmer sind in der Regel sehr aufmerksam, konzentriert und lernwillig. Oft kommen sie als erste und gehen als letzte. Sie machen sich Notizen und beteiligen sich intensiv an der Arbeit. Meist sind sie es, die von dem Workshop am meisten profitieren und die Dinge umsetzen, die sie hier lernen. Aber manchmal täuschen wir uns auch, mancher, der uns neugierig erscheint, ist in Wirklichkeit ein verkappter „Tourist", der ein paar abwechslungsreiche Tage verleben will. Auch diesen sollten wir aber offen und freundlich begegnen (s. o.). Es ist gut möglich, daß im Verlauf der Arbeit auch von diesen Teilnehmern kreative Ideen kommen.

In der Regel sind in unseren Workshops alle fünf Teilnehmer-Typen vertreten, was Arbeit nicht unbedingt einfach macht. Um so wichtiger ist es, daß wir die verschiedenen Persönlichkeiten respektieren und mit jedem Gruppenmitglied Kontakt aufnehmen. Manchmal haben wir mit den schwierigsten Gruppen die größten Erfolge. Zeigen Sie Ihren Teilnehmern, daß Sie an ihnen interessiert sind. Begrüßen Sie sie an der Tür mit einem Lächeln und/oder mit einem Handschlag. Zeigen Sie, daß Sie dafür sorgen wollen,

daß sich jedes Gruppenmitglied bei dem Workshop wohlfühlt und davon profitieren kann.
Wenn Sie mit Personen arbeiten, die aus einer für Sie neuen Sphäre kommen, dann drücken Sie aus, daß Sie neugierig sind und hoffen, mehr über die Berufe der Teilnehmer oder über die Themen zu lernen, die sie mitgebracht haben. Versuchen Sie, von Zeit zu Zeit Metaphern zu verwenden, die aus der beruflichen oder persönlichen Sphäre der Teilnehmer stammen.
Am wichtigsten ist es, daß Sie sich in gewissem Ausmaß auch selbst als Person zu erkennen geben und über die professionelle Rolle des Moderators hinausgehen. Sie können das auf folgende Weise tun, indem Sie

- Beobachtungen mitteilen. (Viele von Ihnen tragen heute Blau. Haben Sie sich verabredet? Was bedeutet das für diesen Tag?)
- Ihre Meinungen und Überzeugungen ausdrücken. (Heute ist ein Tag, den ich gern mit Mozart beginnen möchte.)
- Informationen weitergeben. (Kürzlich habe ich einen Artikel über ein interessantes Gruppenverfahren, über „Open Space Technology", gelesen.)
- Gefühle ausdrücken. (Am letzten Tag eines Workshops bin ich unruhiger als sonst.)
- Träume, Ziele, Bedürfnisse, Wünsche mitteilen. (Ich hätte gerne einen Workshop bei Fritz Perls mitgemacht.)
- über persönliche Lieblingsaktivitäten sprechen. (Im Augenblick nehme ich an einer Tanzgruppe teil. Ich lerne, mich nach afrikanischen Rhythmen zu bewegen.)
- Ihre eigenen Erfahrungen mit den Themen der Gruppe verbinden. (In einem Workshop über kreatives Schreiben sprechen Sie über Gedichte, die Sie selbst geschrieben haben etc.)
- etwas aus Ihrer Vergangenheit erzählen, das zur Situation paßt. (Erzählen Sie, wie Sie zum ersten Mal vor einem großen Auditorium sprachen und wie Sie sich dabei fühlten. Beachten Sie bitte, daß Sie hier nur wahre Geschichten erzählen sollten.)
- über wichtige Beziehungen sprechen. (Sprechen Sie über Vorbilder oder abschreckende Beispiele, über Menschen, die Sie besonders beeinflußt haben.)
- einzelne Teilnehmer einladen, ähnliche persönliche Mitteilungen zu machen (die allen helfen, den Betreffenden besser zu verstehen).

Eine gemeinsame Basis schaffen – Eine gemeinsame Basis umfaßt mehr als das definierte Ziel eines Workshops. Wenn Sie z. B. einen Workshop für die Entwicklungsingenieure eines Automobilunternehmens geben, dann kann die gemeinsame Basis das Interesse an zeitgemäßen, sicheren und ökologisch sparsamen Fahrzeugen sein, oder wenn Sie einen Workshop für Schulleiter geben, dann könnte dies das Interesse an einer Unterrichtsorganisation ohne extrinsische Motivation sein. Sie können eigentlich bei allen Teilnehmern und bei allen Gruppen Themen und Fragestellungen identifizieren, die auch für Sie persönlich von Bedeutung sind. Es ist nicht notwendig, daß Sie derselben Meinung sind wie Ihre Teilnehmer, aber es ist sehr verbindend, wenn Sie ähnliche Interessen haben. Dann kann sich die Gruppe besser mit Ihnen identifizieren, und alle erfahren etwas über Ihre Vorlieben, Ihre Sorgen, Stärken und Schwächen und können Ihnen deshalb leichter vertrauen.

Die Beziehung, die Sie zu den Teilnehmern entwickeln, ist das Fundament für alle Lernprozesse im Workshop. Ich schlage Ihnen hier einige Übungen vor, die zusätzlich dazu beitragen können, daß Sie als Workshop-Leiter für die Teilnehmer transparenter werden:

Übungsvorschläge:

Übung 1: Gruppenleiter-Quiz – Sagen Sie den Teilnehmern, daß Sie für ein Quiz bereit sind, damit jeder Gelegenheit hat, sein Bild vom Workshop-Leiter zu überprüfen. Jeder Teilnehmer schreibt dann zwei Fragen auf, die er dem Workshop-Leiter stellen möchte. Die Fragen können sich auf alles beziehen, was für das betreffende Gruppenmitglied interessant ist. Wenn die Fragen formuliert sind, dann schließt jeder die Augen und stellt sich vor, daß er auf den Gruppenleiter zugeht und diese Fragen stellt, eine nach der anderen. In der Phantasie antwortet der Gruppenleiter mit Worten oder nonverbal. Diese imaginären Antworten sollen dann aufgeschrieben werden.

In der Quiz-Runde kann jeder eine seiner Fragen stellen. Der Gruppenleiter antwortet (kurz!), und der Teilnehmer liest anschießend vor, welche Antwort er erwartet hatte.

Übung 2: Fünfminuten-Interview – Der Gruppenleiter setzt sich in die Mitte des Kreises; vor ihm steht ein freier Stuhl. Nun können sich drei Freiwillige melden, um den Gruppenleiter je fünf Minuten lang über all das zu befragen, was sie interessiert. Die übrigen Teilnehmer hören zu und machen Notizen.

(Nach den drei Interviews gemeinsame Auswertung.)

Übung 3: Doppelgänger-Interview – Das ist ein schönes Experiment für einen Workshop, der bereits in die zweite Halbzeit eingetreten ist. Es darf dabei gelacht werden. Ein Freiwilliger spielt die Rolle des Moderators und läßt sich von verschiedenen Teilnehmern interviewen. Er antwortet in der Art des Moderators, so wie er ihn bisher wahrgenommen hat.

Manche Doppelgänger imitieren auch Körperhaltung, Sprechweise und rhetorische Eigenheiten sowie das Lieblingsvokabular des Moderators sehr geschickt, so daß sich eine sehr witzige, theatralische Situation ergeben kann. Auf der einen Seite bedeutet dies eine gewisse Entmythologisierung des Leiters, zum anderen stärkt diese Übung auch sein Prestige, da er ja selbstsicher genug ist, sich auf diese Weise zu exponieren.

25 Vertrauen

Damit in einer Gruppe Synergie entstehen kann, damit die Teilnehmer entspannt lernen und arbeiten können, ist es wichtig, daß sich jeder zugehörig fühlt. Das Gefühl der Zugehörigkeit basiert auf einer gewissen Zustimmung zu wichtigen Aspekten im Gruppenprozeß, Zustimmung zur Vorgehensweise des Moderators, Zustimmung zu einer Machtverteilung, die als gerecht, und zu Entscheidungsprozessen, die als fair empfunden werden. Damit sich das Gefühl der Zugehörigkeit vertiefen kann, muß die Atmosphäre im Workshops eine Qualität erreichen, wie wir sie vielleicht vom Umgang mit guten Freunden her kennen: Die Gruppenmitglieder bekommen Lust, sich mitzuteilen und über wichtige Lebenserfahrungen zu sprechen, über die Dinge, an die sie glauben, über ihre Überzeugungen und Werte, ihre Wünsche und Hoffnungen. Wenn über solche verhältnismäßig persönlichen Dinge gesprochen werden kann, dann entwickelt sich Vertrauen und das Gefühl von Verbundenheit. Vertrauen ist immer daran gebunden, daß wir unser Gegenüber verstehen und uns mit ihm identifizieren können.
Im Alltag dauert es verhältnismäßig lange, bis sich Vertrauen entwickelt. Das gilt auch für die Organisationen, in denen unsere Teilnehmer arbeiten. Die meisten betrachten die vertrauensvollen Beziehungen, die sie dort knüpfen konnten, als einen großen Schatz und sie fürchten, daß solche langsam gewachsenen Vertrauensbeziehungen durch Veränderungen in ihren Firmen, wie z. B. Fusionen und Verkäufe, zerstört werden könnten.
In einem Workshop kann der Prozeß der Vertrauensbildung sehr viel schneller funktionieren. Voraussetzung ist, daß die Teilnehmer all jene Dinge entdecken, die sie miteinander verbinden bzw. um die sie einander beneiden. Oft schätzen die Teilnehmer auch jene Gruppenmitglieder, die ganz anders sind als sie selbst; sie sehen in ihnen vielleicht ein Vorbild, Rollenmodell und manchmal eine Art Mentor.
Wenn sich die Gruppenmitglieder einigermaßen sicher fühlen, dann sind sie auch bereit, Risiken einzugehen, neue Dinge auszuprobieren und sich noch freier auszudrücken. Je ehrlicher sie miteinander umgehen und sich zeigen, desto deutlicher entwickelt sich auch eine Art Gruppenidentität. Die Gruppe wird dann *unsere* Gruppe; die Gruppenmitglieder fühlen sich zugehörig, und sie sind stolz auf ihre Gruppe. Sie treten für sie ein und fühlen sich der Gruppe verpflichtet. Diese Entwicklung von Vertrauen und Gruppenidentität ist eine wichtige Voraussetzung dafür, daß Synergie entstehen kann.
Im folgenden finden Sie einige Spiele und Experimente, die helfen können, Vertrauen zu entwickeln:

Übungsvorschläge:

Übung 1: Mein wertvollster Besitz

Ziel: Dieses Spiel hilft dabei, zwischenmenschliche Intimität zu erreichen.

Material: Ölkreiden, Filzschreiber und Papier.

Zeit: 10 Minuten fürs Malen und 5 Minuten für jedes Gruppenmitglied.

Arbeitsstruktur: Jeder malt ein Bild von seinem wichtigsten Besitz. Das kann ein Mensch sein oder ein Objekt, eine Überzeugung oder eine Hoffnung etc. Die Teilnehmer sitzen im Kreis; jeweils ein Teilnehmer geht in die Mitte, zeigt sein Bild und beschreibt seinen wertvollsten Besitz. Die übrigen Teilnehmer hören ihm zu, ohne einen Kommentar abzugeben.
(Das kann eine sehr intensive Übung sein, die bei allen Beteiligten starke Gefühle auslöst; sie ist auch für Eltern-Kind Gruppen oder Gruppen mit Familien sehr gut geeignet.)

Übung 2: Wenn du ein Tier wärst

Ziel: Diese Übung hat den Charakter eines Gesellschaftsspiels. Sie fördert Offenheit und ermutigt zu kreativem Denken.

Zeit: 10 bis 15 Minuten.

Arbeitsstruktur: Die Gruppe sitzt im Kreis, und immer ein Teilnehmer steht im Mittelpunkt der Aufmerksamkeit. Nacheinander sagt jeder, welches Tier möglicherweise zu diesem Gruppenmitglied paßt, z. B.: „Laura, wenn du ein Tier wärst, dann wärst du eine Löwin, die satt in der Sonne liegt." Wenn alle anderen Laura als Tier beschrieben haben, dann wird ein zweites Gruppenmitglied der neue Fokus. (Weitere interessante Metaphern sind: Buch, Baum, Gebäude, Job, Musikstück, Auto, Maschine, Küchengerät.)

Variationen:
- Jeder beschreibt sich selbst und sagt, welches Tier zu ihm paßt.
- In einem Rundgang sagt A, wer B als Tier wäre, B sagt, wer C als Tier wäre usw., bis jeder von seinem Vorgänger beschrieben ist.

Übung 3: Blütenblätter

Ziel: Dies ist eine sehr schöne Übung, die entspannt und Selbstvertrauen im Rahmen der Gruppe fördert. Außerdem kann jeder eine Menge persönlicher Eindrücke von den anderen Gruppenmitglieder gewinnen.

Material: Bereiten Sie für jeden Teilnehmer einen Arbeitsbogen vor. (Vgl. die Abbildung Blütenblätter.)

Zeit: 30 bis 40 Minuten je nach Gruppengröße.

Arbeitsstruktur: Lassen Sie die Gruppenmitglieder ihre Eintragungen in die sechs Blütenblätter machen. Jeder arbeitet schweigend für sich. Nach zehn Minuten kann jeder durch den Raum gehen, den anderen seine Blume zeigen und darüber sprechen, was er zu den einzelnen Blütenblättern geschrieben hat. Achten Sie darauf, daß die Teilnehmer keine Wurzeln schlagen und nach zwei oder drei Minuten Gespräch weitergehen. Wenn jeder mit jedem gesprochen hat, kurzer Reaktionsaustausch im Plenum.

Übung 4: Drei gute Eigenschaften

Ziel: Dieses Spiel entwickelt Vertrauen und fördert die Selbstachtung der Gruppenmitglieder.

Material: Mindestens drei Knäuel Wolle (verschiedene Farben), eine Schere.

Zeit: 30 bis 60 Minuten.

Arbeitsstruktur: Laden Sie die Teilnehmer ein, sich drei gute Eigenschaften vorzustellen, die sie sich wünschen. Dann schneidet sich jeder drei Enden Garn ab (für jede gute Eigenschaft eines von ca. 30 cm Länge) deren Farbe zu den gewünschten Eigenschaften paßt. Anschließend beginnt jeder, diese drei Enden Wolle zu einem Zopf zusammenzuflechten. Dabei reflektiert jeder schweigend darüber, wie er diese Qualitäten in sein Leben ein-

flechten kann, in die Zeit, die vor ihm liegt. (5–10 Minuten)
Anschließend sitzt die Gruppe im Kreis, und jeder teilt mit, welche Eigenschaften er sich gewünscht hat, und was er sonst noch sagen möchte. Wer gesprochen hat, kann sich sein geflochtenes Band ums Handgelenk binden.

Übung 5: Spiegeln

Ziel: Die Teilnehmer können üben, sich auf eine andere Person voll und ganz zu konzentrieren. Es entwickelt sich oft ein Gefühl intensiver Nähe.

Zeit: 5 bis 10 Minuten.

Arbeitsstruktur: Die Teilnehmer kommen in Paaren zusammen und stellen sich einander gegenüber mit einem Abstand von einer Armlänge. Sie einigen sich, wer A und wer B sein soll. Beide nehmen Blickkontakt auf. A beginnt, seine rechte Hand langsam zu bewegen. B spiegelt diese Bewegung mit seiner linken Hand.
Nach zwei Minuten beginnt B die Bewegung mit seiner rechten Hand und A spiegelt mit seiner linken Hand.
Erinnern Sie die Teilnehmer daran, daß sie Blickkontakt halten und die Hand langsam bewegen. Lassen Sie die Rollen ein paarmal wechseln. Anschließend Auswertung im Plenum.

Variationen:
- Diese Übung kann auch mit verschiedenen Partnern durchgeführt werden, während der Gruppenleiter einen lyrischen Text vorliest und im Hintergrund langsame Musik spielt.
- Wenn die Teilnehmer genug Erfahrung haben, kann auch die Bewegung des ganzen Körpers gespiegelt werden; zunächst in Paaren, dann in Trios und in Quartetten.
- Sie können eine Kontaktübung daraus machen, bei der sich die Handflächen der Teilnehmer berühren.
- Die Teilnehmer machen die Übung so, daß beide führen und beide folgen.

Übung 6: Vier Fenster

Ziel: Einander besser kennenlernen.

Material: Papier und Bleistift.

Zeit: 30 Minuten.

Arbeitsstruktur: Jeder Teilnehmer faltet ein Stück Papier zweimal, so daß vier gleiche Felder entstehen. Die Teilnehmer schreiben nun ihre Antworten auf vier Fragen in diese Felder: (Treffen Sie eine Auswahl oder finden Sie eigene Fragen.)

- Drei Dinge, die Sie gut können.
- Drei Dinge, die Sie genießen.
- Ein Ort, an dem Sie gern wären.
- Ein Ziel, das Sie sich für das nächste halbe Jahr gesetzt haben.
- Ihre Lieblingsfarbe.
- Ihr Lieblingsbuch.
- Ein Mensch, von dem Sie viel gelernt haben.

Anschließend kommen die Teilnehmer in Paaren zusammen, mit jemandem, den sie noch nicht oder nicht gut kennen, und tauschen sich aus. Anschließend Plenum. Jeder teilt irgend etwas aus einem der vier Felder mit.

Übung 7: Lieblingsmärchen

Ziel: Die Lebensgeschichte der anderen Gruppenmitglieder besser verstehen.

Material: Papier und Bleistift.

Zeit: 60 Minuten.

Arbeitsstruktur: Die Teilnehmer notieren den Titel ihres Lieblingsmärchens. Dann notieren sie die Hauptpersonen des Märchens. Fragen Sie, mit welcher Person sich jeder Teilnehmer am meisten identifiziert. Geben Sie fünf Minuten Zeit, um die Frage zu beantworten: „Wie habe ich die Eigenschaften und das Schicksal dieser Person in meinem Leben ausgedrückt?“ Anschließend notiert jeder einige Gedanken und Einsichten im Anschluß an diese Frage.
Die Teilnehmer kommen zu zweit zusammen und tauschen sich fünf Minuten lang aus. Anschließend Plenum. Jeder erzählt, welches Märchen er ausgewählt hat, mit welcher Person er sich identifiziert und wie er die Charakteristika dieser Person in seinem Leben realisiert hat.

Übung 8: Fünf Adjektive

Die Teilnehmer beschreiben ihre eigene Persönlichkeit und versuchen, die Persönlichkeit der anderen Gruppenmitglieder zu erfassen.

Material: Papier und Bleistift.

Zeit: 20 bis 30 Minuten.

Arbeitsstruktur: Jedes Gruppenmitglied notiert fünf Adjektive oder fünf kurze Sätze, die seine Persönlichkeit beschreiben. (Achtung: Niemand soll seinen Namen auf das Blatt schreiben.) Sammeln Sie die Blätter ein und verteilen Sie sie aufs Geratewohl. Jeder liest die Notizen auf dem Blatt, das er bekommen hat, und versucht, den Autor zu finden. Die Teilnehmer gehen dabei im Raum herum und überprüfen ihre Vermutung. (Anschließend Plenum und gemeinsame Auswertung.)

26 Phasen im Gruppenprozeß

Wie jeder Mensch, so haben auch Gruppen einen Lebenszyklus. Eine Gruppe durchlebt verschiedene Entwicklungsstufen, bis sie ihr volles Potential erreichen kann. Dabei geht es wie beim einzelnen Individuum um die Thematik von Arbeit und Liebe. Im Blick auf eine Gruppe bedeutet „Liebe“: Die Teilnehmer müssen einander schätzen, verstehen und bereit sein, sich gegenseitig zu unterstützen. „Arbeit“ bedeutet im Blick auf eine Gruppe: Die Teilnehmer sind in der Lage, die Ressourcen des einzelnen zu erkennen und sinnvoll einzusetzen, sie sind bereit zu kooperieren, Ziele zu setzen, Entscheidungen zu treffen, Probleme zu lösen und zu lernen.
In jedem Workshop sind die verschiedenen Entwicklungsstufen einer Gruppe ansatzweise zu erkennen, am deutlichsten werden sie in längeren Workshops (zwei Tage und mehr).

1. Der Anfang – Dies ist sozusagen das Stadium der Geburt einer Gruppe: Der Workshop wird geplant und ausgeschrieben; die Teilnehmer melden sich an; die erste Gruppensitzung findet statt; die Ziele der Gruppe werden gemeinsam verfeinert; es wird ein Programm für den Workshop entwickelt und über die Arbeitsformen verhandelt.
In diesem Stadium empfinden die meisten Gruppenmitglieder Neugier, Unsicherheit und eine gewisse Schüchternheit. Jeder hofft, akzeptiert zu werden und einen Platz in der langsam entstehenden Lerngemeinschaft zu finden.

2. Miteinander vertraut werden – Dies ist die frühe Kindheit der Gruppe: Die Gruppenmitglieder lernen einander näher kennen; sie entdecken gemeinsame Bekannte, Kollegen und Hobbys; sie bemerken Ähnlichkeiten und Unterschiede im Blick auf Lebensziele, Werte, Hoffnungen, Befürchtungen und auf ihre Lebenserfahrung. Die Gruppe stellt Grundregeln auf und verteilt Aufgaben und Rollen: Soll es eine Koleitung geben? Sollen Protokolle angefertigt werden? Soll es Home Groups geben? usw.
Die Gruppenmitglieder entwickeln freundliche Gefühle füreinander, Toleranz für unterschiedliche Charaktere, und es entstehen langsam Vertrauen und Sicherheit.

3. Mit der Arbeit anfangen – Diese Phase könnte man als das Grundschulalter der Gruppe betrachten: Die Gruppe fängt an, an ihren Zielen zu arbeiten, Aufgaben zu verteilen und Verpflichtungen zu übernehmen. Die Gruppenmitglieder sind bereit, Beiträge zur Gruppe zu leisten und sich zu engagieren. Gleichzeitig lernt die Gruppe, mit Störungen umzugehen: Für einige Teilnehmer ist das Arbeitstempo zu langsam oder zu schnell, die Teilnehmer reagieren auf Verhaltensweisen des Moderators oder anderer Gruppenmitglieder, die sie stören. Oft werden solche Dinge in Seitengesprächen ausgedrückt oder außerhalb der Gruppensitzung.

4. Zeit der Konfrontation – Hier könnte man von der Adoleszenz der Gruppe sprechen. Differenzen zwischen den Teilnehmern werden deutlicher; Konflikte entstehen; sie werden bearbeitet oder ignoriert; Respekt für die Beiträge der Teilnehmer wird ausgedrückt, oder sie werden übergangen; die Persönlichkeit der einzelnen Gruppenmitglieder zeichnet sich klarer ab, und es bilden sich Allianzen und Untergruppen. Positionen werden bezogen. In dieser Phase werden Gruppenziele und Vorgehensweisen überprüft und ggf. neu definiert. Einige Gruppenmitglieder fühlen sich frustriert, ärgerlich, unterdrückt, nicht genügend geschätzt oder übersehen. Andere Gruppenmitglieder sind mit ihrem Einfluß zufrieden und haben das Gefühl, daß sie ihre Ideen durchsetzen können.
Und es gibt immer den einen oder anderen, der überlegt, ob es sich für ihn lohnt, weiter an dem Workshop teilzunehmen.

5. Die Entwicklung von Synergie – Wenn die Gruppe gelernt hat, erfolgreich mit Störungen und Konflikten umzugehen, dann erreicht sie das Stadium der Reife, sozusagen das Erwachsenenalter. Die Gruppenmitglieder identifizieren sich auf eine grundlegende Weise mit dem Ziel der Gruppe, und sie entdecken, daß die gemeinsame Arbeit ebenso wichtig ist wie die Persönlichkeit des einzelnen mit all ihren Stärken und Schwächen.
Die Gruppenmitglieder haben jetzt Toleranz entwickelt für die Schwächen und Handicaps der anderen, und sie übernehmen mehr Verantwortung für ihr eigenes Verhalten. Sie geben den Standpunkt auf, daß der Moderator oder die anderen „schuld“ seien. Die Gruppe ist bereit, Erfolge anzuerkennen, Differenzen zu akzeptieren und Konflikte zu lösen.
In natürlichen Gruppen werden Maßnahmen beschlossen, Zeitpläne gemacht, und es wird beraten, wie die Umsetzung der Pläne in der Zukunft gesichert werden kann.
Die Gruppenmitglieder fühlen sich kompetent, lebendig und haben ein starkes Gefühl der Zusammengehörigkeit.

6. Das Gruppenende – In übertragenem Sinne könnte man sagen, daß jetzt der Zeitpunkt erreicht ist, an dem wir zulassen, daß die jungen Erwachsenen das Elternhaus verlassen, um auf eigenen Füßen zu stehen. Die Gruppe hat die geplante Arbeitszeit beendet und ihre Aufgaben gemacht. Viele Gruppen nehmen sich Zeit, um die vergangene Arbeit zu beurteilen und sich über Erfolge und offen gebliebene Wünsche klar zu werden. Die Teilnehmer sind mehr oder weniger zufrieden. Einige haben den Eindruck, daß alles, was möglich war, erreicht wurde. Andere hätten vielleicht gern noch einige Sitzungen, um ihren Zielen noch näher zu kommen. Wenn es einen guten Gruppenprozeß gab und wenn ein hohes Maß an Synergie entwickelt wurde, dann

fühlen die Teilnehmer Trauer über das Ende der Gruppe und wünschen insgeheim, daß es noch weitergehen möge. Andere trennen sich vielleicht leichter und fühlen sich erleichtert, daß sie die Gruppe verlassen können.
Das Ende eines Workshops wirft immer die Frage auf, wie gut sich der einzelne trennen kann, wie klar er seinen Abschied gestalten kann, um etwas Neues zu beginnen.
Trennung und Abschied fallen leichter, wenn der gemeinsame Erfolg gewürdigt werden kann und der einzelne die Gelegenheit benutzt, all denen zu danken, die ihn in der Gruppe gefördert haben und deren Präsenz er genossen hat.

Nicht alle Gruppen erreichen die Phase fünf, das Stadium der Synergie. Sie bleiben dann in der Phase der Auseinandersetzung stecken oder treten in ein Stadium des „Rückzuges“ ein. In diesem Falle geben sie sich einfach damit zufrieden, daß die Gruppe nicht zu einem Team geworden ist und nicht wirklich erstklassig zusammenarbeitet. Sie finden die Zusammenarbeit anstrengend oder langweilig, aber machen weiterhin halbherzig mit. Die Zusammenarbeit hat ihren Reiz verloren, und die Teilnehmer glauben nicht länger an das Gruppenziel oder an das gemeinsame Potential. Im stillen fühlen sie sich deprimiert und unglücklich. Sie fordern einander nicht länger heraus und tun, was von ihnen erwartet wird. Vielleicht träumen sie insgeheim von einer besseren Gruppe und von einem kompetenteren Moderator oder von einem interessanteren Projekt in der Zukunft.

Für den Moderator ist es wichtig, der Gruppe genügend Zeit zu geben, um die Aufgaben jedes Entwicklungsstadiums zu erledigen. Tendenziell ist es so, daß eine Gruppe umso mehr Zeit für eine Phase benötigt, je größer sie ist. Wenn der Moderator der Gruppe hilft, ihre Entwicklungsaufgaben zu erfüllen, sind zwei Dinge zu vermeiden, nämlich Langeweile und Überforderung. Wenn die Ziele der Gruppe zu ehrgeizig sind, wenn zu viel in zu wenig Zeit erreicht werden soll, dann drohen Erschöpfung und Burnout. Das Gefühl der Überforderung führt zu verstärkten Konflikten. Wenn die Gruppe zu wenig stimuliert wird, dann setzt Langeweile ein oder sogar ein Gefühl von Hilflosigkeit und Hoffnungslosigkeit.
Wenn Sie den Eindruck haben, daß die Gruppe in ihrer Entwicklung ein Plateau erreicht hat und über Stadium 4 noch nicht hinausgekommen ist, können sie die folgende Übung anbieten:

Übung: Diagnose der Gruppensituation

Ziel: Eine Bewertung der bisherigen Gruppenentwicklung vornehmen und den aktuellen Stand beschreiben.

Material: Flipchart und Ölkreiden.

Zeit: 60 Minuten.

Arbeitsstruktur: Die Teilnehmer kommen in Quartetten zusammen und malen gemeinsam ein Bild. Sie gehen davon aus, daß die Gruppe gemeinsam auf eine Reise gegangen ist. Das Bild soll symbolisch zeigen, wo sich die Gruppe zur Zeit auf ihrer Reise befindet. Das Bild kann eine Landkarte zeigen, aber die Reise kann z. B. auch unter der Erde stattfinden, in einem Gebäude oder im Weltall. Wichtig ist, daß das symbolische Bild jedes Mitglied der Gruppe berücksichtigt und alle in symbolischer Form darstellt. Wenn die Quartette ihre Bilder gemalt haben, gibt es eine Auswertung im Plenum. Die übrigen Teilnehmer raten zunächst, welche Idee das jeweilige Bild ausdrücken soll, wo die einzelnen Teilnehmer abgebildet sind und welche Aussagen, Wünsche oder Beschwerden damit verbunden sind.

27 Lern- und Arbeitsziele

In der Regel sind die globalen Ziele eines Workshops von vornherein formuliert – in der Ausschreibung, in der Einladung, in einem Programm oder in einem Arbeitskontrakt. Notwendigerweise sind diese Rahmenziele für die Teilnehmer „abstrakt" – sie haben sie sich emotional noch nicht zu eigen gemacht. Deshalb müssen Lern- und Arbeitsziele in der Anfangsphase eines Workshops neu formuliert werden, so daß sie ganz frisch sind und die Teilnehmer sich mit ihnen identifizieren können. Auf diese frisch formulierten Ziele freut sich jeder Moderator, der gern improvisiert. Sie enthalten auch für ihn die eine oder andere Überraschung, und sie geben ihm Gelegenheit, auf die Wünsche der Teilnehmer einzugehen.
Für die Teilnehmer ist es wichtig, daß sie ihre Ziele und Wünsche selbst ausdrücken. Sie können dann sicher sein, daß sie Dinge lernen oder tun, die für sie wichtig sind, mit denen sie sich identifizieren können. Sie haben dann ein hohes Maß an Kontrolle über den Workshop, und das weckt ihre Energie. Das Gefühl der Kontrolle gibt den Teilnehmern die Sicherheit, die sie brauchen, sich auf neue Arbeitsformen und Themen einzulassen. Wenn die Teilnehmer die Lernziele kontrollieren, dann sind sie in der Regel bereit für Experimente und Improvisationen.

Übungsvorschläge:

Die folgenden Übungen bieten Ihnen eine Möglichkeit, die Erwartungen der Teilnehmer kennenzulernen.

Übung 1: Einkaufsliste

Ziele: Die Teilnehmer können die Arbeitsziele definieren, die ihnen am Herzen liegen. Es gibt keinerlei Beschränkungen. Auf der Einkaufsliste können beliebig viele Ziele erscheinen.

Material: Flipchart und Filzschreiber.

Zeit: 30 bis 60 Minuten.

Arbeitsstruktur: Kündigen Sie an, daß es in dieser Sitzung um die Wünsche der Teilnehmer geht. Die Gruppenmitglieder werden Gelegenheit haben, eine Art Einkaufsliste zusammenzustellen, die alles enthält, was sie hier tun und lernen wollen.
Die Teilnehmer kommen in Trios zusammen und notieren gemeinsam ihre Wünsche. Da es keine zahlenmäßige Beschränkung gibt, muß das Trio für die einzelnen Wünsche keinen Konsens herbeiführen. Es ist lediglich wichtig, daß jeder notierte Wunsch von den Triomitgliedern klar verstanden wird. Die Wünsche müssen nicht gewichtet werden.

Anschließend präsentieren die Trios ihre Einkaufslisten im Plenum.
Die Einkaufslisten dienen im weiteren Verlauf des Workshops als Bezugspunkte für die wichtige Frage: „Was müssen wir gemeinsam tun, damit Sie Ihre Ziele erreichen können?"
(In diesem Falle wird bewußt darauf verzichtet, die Ziele zu komprimieren oder zu gewichten; immer neue Verhandlungen zwischen Moderator und Gruppe darüber, welches Ziel als nächstes aufgegriffen werden soll, sind dadurch nötig.)

Übung 2: Akzente setzen

Ziele: Die Teilnehmer formulieren ihre eigenen Ideen bezüglich der Themen, die sie im Workshop bearbeiten, und der Inhalte, die sie lernen möchten. In diesem Falle sollen sich die Teilnehmer in Kleingruppen auf gemeinsame Ziele einigen, d. h. sie müssen ihre Wünsche gewichten und zu einem Konsens kommen. Diese Übung eignet sich besonders für natürliche Gruppen und Teamtrainings.

Material: Flipchart und Filzschreiber.

Zeit: 30 bis 60 Minuten.

Arbeitsstruktur: Laden Sie die Teilnehmer dazu ein, ihre wichtigsten Lern- und Arbeitsziele in Kleingruppen zu formulieren. Die Teilnehmer kommen in Quartetten zusammen. Jedes Quartett soll die Lern- und Arbeitsziele der vier Gruppenmitglieder diskutieren und am Ende auf Flipchart zwei Ziele notieren, die für das Quartett wichtig sind. Die Ziele sollen so formuliert sein, daß auch die Mitglieder der anderen Quartette leicht verstehen können, was gemeint ist. Anschließend stellt jedes Quartett seine Ziele im Plenum vor, und die Flipcharts werden an die Wand gehängt. Im Plenum soll herausgefunden werden, wie weit alle Teilnehmer die definierten Ziele für wichtig halten.

Übung 3: Improvisierte Ziele

Ziel: Auch hier sollen die Lern- und Arbeitsziele der Teilnehmer artikuliert werden. Gearbeitet wird ausschließlich im Plenum. Ziel ist die Förderung der Spontaneität. Bei dieser Technik entsteht langsam eine Landkarte (Vgl. Baustein Nr. 46 „Mindmapping") der Ziele, und die Teilnehmer können sich Gedanken machen, wie diese Ziele zusammenhängen, sich ergänzen oder vielleicht auch widersprechen.

Material: Flipchart und Filzschreiber. Unter Umständen ist es sinnvoll mehrere Flipchartbögen nebeneinander auf einer Pinnwand zu befestigen, so daß mehr Platz für die Landkarte da ist.

Zeit: 60 Minuten.

Arbeitsstruktur: Fordern Sie die Teilnehmer auf, eine Minute schweigend darüber nachzudenken, was ein wichtiges persönliches Lern- und Arbeitsziel für diesen Workshop sein könnte. Kündigen Sie an, daß Sie mit der Gruppe eine gemeinsame Landkarte anfertigen wollen für die Arbeit im Workshop. Zeichnen Sie in die Mitte einen Kasten oder ein Oval und schreiben Sie den Titel des Workshops hinein. Dann beginnt die Improvisationsphase: Immer ein Teilnehmer kann zum Flipchart gehen und sein Ziel aufschreiben. Jeder hat dabei im Auge, daß eine Landkarte entstehen soll. Er muß eine Entscheidung treffen, in welchen Abstand zu dem zentralen Thema sein Eintrag stehen soll. Wer ein Ziel aufschreibt, hat das Recht, dabei laut zu denken und den übrigen Gruppenmitgliedern zusätzliche Überlegungen, Wünsche, Befürchtungen mitzuteilen. Außerdem kann jeder seinem Ziel ebenfalls eine passende Umrahmung geben, in jeder beliebigen graphischen Form. Und er kann das Ziel mit dem Workshop-Thema graphisch verbinden durch gerade, gepunktete oder durch geschlängelte Linien etc. Es ist auch möglich, das eigene Ziel mit von anderen schon notierten Zielen zu verbinden oder es an bereits existierende Verbindungslinien anzukoppeln.
Wer seinen Eintrag beendet hat, kehrt auf seinen Platz zurück und gibt dem nächsten Gruppenmitglied Gelegenheit, ein persönliches Ziel einzuzeichnen. Wenn jeder ein Ziel eingetragen hat, können zweite und dritte Ziele weiterer Teilnehmer eingetragen werden. (Anschließend Diskussion und Feedback.)

Übung 4: Was will ich erreichen? Was will ich beitragen?

Ziele: Jeder Teilnehmer identifiziert ein wichtiges Lern- und Arbeitsziel. Gleichzeitig überlegt sich jeder Teilnehmer, auf welche Weise er zum Gelingen des Workshops beitragen kann und welche Ressourcen er einbringen will. Auf diese Weise werden die Teilnehmer angeregt, auch selbst Verantwortung für die gemeinsame Arbeit zu übernehmen.

Material: Für jeden Teilnehmer Flipchart und Filzschreiber.

Zeit: 30 bis 60 Minuten.

Arbeitsstruktur: Eröffnen Sie die Übung mit der Bemerkung, daß eine Gruppe für die Teilnehmer attraktiver ist, wenn Verpflichtungen und Rechte in einem ausgewogenen Verhältnis zueinander stehen. Jeder Teilnehmer bekommt einen Bogen Flipchartpapier und schreibt an den unteren Rand seinen Namen. Dann zieht er in der Mitte des Papiers eine horizontale Linie und schreibt über die obere Hälfte: „Meine Ziele" und über die untere Hälfte: „Meine Beiträge". Dann haben die Teilnehmer zehn Minuten Zeit, um ihre persönlichen Ziele für den Workshop aufzuschreiben und auch das, was sie selbst bereit sind, zum Workshop beizusteuern. Die Teilnehmer sollen möglichst groß und leserlich schreiben, weil die Flipcharts später an den

Wänden aufgehängt werden sollen.
Wenn die Flipcharts an den Wänden befestigt sind, gehen die Teilnehmer fünf Minuten herum, um die Aufzeichnungen der übrigen Teilnehmer zu lesen.
Anschließend kurze Auswertung im Plenum.

28 Arbeit mit kritischen Gruppen

Von Zeit zu Zeit werden Sie mit Teilnehmern arbeiten, die Ihnen kritisch gegenüberstehen, weil sie unfreiwillig an dem Workshop teilnehmen, weil sie schlechte Erfahrungen in anderen Seminaren gemacht haben, weil ihr Unternehmen umgebaut wird, weil sie viel Arbeit zurückgelassen haben, die sie lieber beenden würden, weil es sich um typische Einzelkämpfer handelt, die wenig vom Lernen in Gruppen halten usw.

Wenn Sie mit einer schwierigen Gruppe arbeiten müssen, dann denken Sie an folgende Grundsätze, die für alle Gruppen gelten:

- Alle Menschen sind verschieden.
- Es ist unproduktiv, Menschen ändern zu wollen.
- Sie selbst können flexibel reagieren.
- Sie können diese Herausforderung genießen.

Schwierige Gruppen fordern uns am meisten heraus, und sie geben uns Gelegenheit, unsere professionellen Schwächen zu bemerken; gleichzeitig lernen wir in diesen Gruppen auch am meisten.

Wenn Sie mit einer solchen Gruppe arbeiten, dann müssen Sie noch sorgsamer vorgehen als gewöhnlich. Es gibt ein paar Dinge, die Sie auf keinen Fall tun dürfen: (Diese Punkte gelten in gewissen Maße für jede Gruppe – bei kritischen Teilnehmern ist ihre Beachtung jedoch besonders wichtig.)

- Nehmen Sie nicht an, daß Sie genug über diese Teilnehmer wissen.
- Verhalten Sie sich nicht wie ein großer Experte.
- Es ist ungünstig, wenn Sie wenig über das Unternehmen wissen, aus dem Ihre Teilnehmer kommen.
- Genauso unbefriedigend ist es, wenn Sie nicht herausfinden, über welche Ressourcen Ihre Teilnehmer verfügen.
- Es ist unglücklich, wenn Sie Vermutungen anstellen oder Stereotype verwenden.
- Vermeiden Sie starke, definitive Aussagen, weil Sie dann unbescheiden erscheinen.
- Vermeiden Sie auch Konfrontationen mit einer solchen Gruppe, und wenn dies aus irgendeinem Grunde unvermeidlich ist, tun Sie es auf liebenswürdige Weise.
- Wenn Sie für ein Unternehmen arbeiten, dann sprechen Sie nicht schlecht über dessen Manager oder Teile der Organisation.
- Setzen Sie niemals einen Teilnehmer herab, nicht einmal im Spaß. Verzichten Sie auf ironische oder sarkastische Bemerkungen.

Aber das Wichtigste ist, daß Sie sich mit einer schwierigen Gruppe identifizieren und folgende Fragen stellen:

- Warum sind diese Teilnehmer skeptisch?

- Warum sollten sie mit mir kooperieren?
- Was könnte sie dazu bringen, auf meine Vorschläge einzugehen?
- Was können die Teilnehmer von diesem Workshop haben?

Wenn Sie diese Fragen beantworten können, dann sind Sie auf dem richtigen Weg, und es besteht die Chance, daß die Gruppe Lust entwickelt, mit Ihnen zusammenzuarbeiten.
Vor allem, wenn wir eine große Zahl unfreiwilliger Teilnehmer haben (vgl. Baustein Nr. 24 „Rapport"), kommt es darauf an, daß wir den Workshop möglichst streßfrei und angenehm gestalten:

- Beenden Sie jede Sitzung pünktlich und überziehen Sie nie die Zeit, es sei denn, die Gruppe stimmt ausdrücklich zu.
- Erforschen Sie aufmerksam die Wünsche der Teilnehmer und vermeiden Sie alles, was diese als bedrohlich empfinden könnten.
- Weisen Sie von Zeit zu Zeit darauf hin, was die Teilnehmer aus den einzelnen Sitzungen mitnehmen können.
- Seien Sie flexibel und gehen Sie bereitwillig auf spontane Wünsche und Bitten der Teilnehmer ein.
- Seien Sie humorvoll und leiten Sie die Gruppe mit leichter Hand.
- Tun Sie alles, damit die Teilnehmer Vertrauen zu Ihnen entwickeln können.

Die Gruppenmitglieder werden Ihnen leichter vertrauen können, wenn sie Sie in der Art, wie Sie den Gruppenprozeß steuern, als kompetent erleben. Beachten Sie die Grundbedürfnisse Ihrer Teilnehmer, so daß die Gruppe möglichst permanent in dem angenehmen Zustand entspannter Aufmerksamkeit sein kann. Wenn Sie merken, daß die Aufmerksamkeit der Teilnehmer zurückgeht, daß sie unruhig werden, daß der Energielevel sinkt, dann verändern Sie das Lernarrangement. Greifen Sie auf die Vorschläge zurück, die ich an verschiedenen Stellen gemacht habe:

1. Fesseln Sie die Aufmerksamkeit der Teilnehmer von Anfang an, so daß sich keine Unzufriedenheit entwickeln kann. Beginnen Sie mit einem Spiel zum Kennenlernen, einer Paaraktivität oder mit einer kurzen Übung in Kleingruppen, die Bezug zum Workshop-Thema hat.
2. Geben Sie den Teilnehmern einen überzeugenden Grund, daß es sich lohnt mitzumachen.
3. Beteiligen Sie die Teilnehmer an der Entwicklung des Workshops. Fragen Sie nach ihren Wünschen oder lassen Sie sie aus einer Reihe von Vorschlägen auswählen.
4. Gehen Sie in kleinen Schritten vor; halten Sie die Aufmerksamkeit wach; benutzen Sie „Energizer" (vgl. Baustein 39).

Zeigen Sie sich von Ihrer bescheidenen Seite; entwickeln Sie in kleinen Schritten eine persönliche Beziehung zu Ihren Teilnehmern; kehren Sie nicht den Experten heraus, sondern zeigen Sie sich von Ihrer menschlichen Seite. Da Sie zu Beginn des Workshops vermutlich selbst unter Streß stehen, besteht die Gefahr, daß Sie fertige Rezepte anwenden, um Risiken zu vermeiden. Die Teilnehmer spüren das und entwickeln Widerstände, wenn sie den Eindruck haben, nach Schema F behandelt zu werden. Darum ist es gut, wenn Sie sich selbst die Freiheit geben, am Anfang zu experimentieren, und diese experimentelle Haltung den Teilnehmern deutlich machen. Experimentieren Sie z. B. mit den folgenden Strategien, die alle dazu beitragen können, daß die Teilnehmer auf eine wenig bedrohliche Weise aufmerksam und neugierig werden:

Plätze tauschen – Bitten Sie die Teilnehmer, aufzustehen und einmal tief zu atmen. Fordern Sie dann jeden auf, seine Sachen zu nehmen und sich einen neuen Platz zu suchen, der möglichst verschieden sein soll von seinem alten Platz. Diese Strategie wirkt Wunder und mobilisiert die Aufmerksamkeit.

Strecken – Besonders nützlich für zwischendurch sind Streckübungen, die abwechselnd beide Seiten des Körpers aktivieren. Ganz einfach ist das „Sterne-Pflücken". Die Teilnehmer greifen im Stehen abwechselnd mit der linken und der rechten Hand weit über den Kopf hinaus. Diese Bewegung führt automatisch zu tieferem Atmen. Das Gehirn bekommt frischen Sauerstoff, und die Aufmerksamkeit wird neu fokussiert.

Zeit für kurze Auswertungen – Geben Sie den Teilnehmern immer wieder Gelegenheit, über ihren Lernprozeß zu sprechen. Kurze Gesprächspausen helfen, neues Material und neue Einsichten zu integrieren. Wählen Sie einen geeigneten Punkt dafür und stoppen Sie dann die Gruppe. Sie können z. B. sagen: „Kommen Sie zu zweit zusammen und sprechen Sie über das, worüber wir gerade diskutiert haben. Anschließend kurze gemeinsame Auswertung im Plenum.

Atmen – Nur wenn unser Gehirn genügend Sauerstoff hat, können wir intensiv denken. Fordern Sie die Teilnehmer auf, kurz aufzustehen, ein paarmal tief zu atmen und langsam und gründlich auszuatmen. Auch das fokussiert die Aufmerksamkeit neu. Eine gute Gelegenheit dafür ergibt sich immer dann, wenn die Gruppe einen wichtigen Gedanken, ein wichtiges Konzept, eine wichtige Prozedur gelernt hat.

Weitere wichtige didaktische Prinzipien:
- Geben Sie häufiger Hinweise auf das, wovon die Teilnehmer in der Sitzung profitieren können.
- Legen Sie größten Wert darauf, daß Sie zur Gruppe und zu jedem Teilnehmer Kontakt herstellen.

- Begrenzen Sie die Zeiten, in denen die Teilnehmer im Plenum konzentriert aufmerksam sein müssen.
- Reagieren Sie schnell auf Veränderung der Lernbereitschaft: auf Müdigkeit, Frustration, Langeweile etc.
- Lassen Sie die Teilnehmer häufig in Kleingruppen zusammenarbeiten.
- Benutzen Sie die ersten fünf Minuten dazu, um mit verschiedenen Teilnehmern positiven Kontakt aufzunehmen.
- Sorgen Sie dafür, daß Wünsche und Ziele der Teilnehmer zum Ausdruck kommen.
- Geben Sie den Teilnehmern häufig Gelegenheit, sich verbal auszudrücken: In Paaren, in Kleingruppen, bei Arbeitsgruppenpräsentationen, in Diskussionen usw.
- Respektieren Sie die „Querdenker", die häufig auf etwas hinweisen, was fehlt, was man anders sehen könnte, was am Thema vorbeigeht oder was schlicht falsch war (vgl. Baustein 56).
- Geben Sie oft genug Gelegenheit für physische Bewegung.
- Geben Sie den Teilnehmern möglichst viel Kontrolle über ihren Lernprozeß; lassen Sie Methoden, Themen und Zeitrahmen wählen.
- Setzen Sie Aktivitäten ein, die möglichst viele der sieben Intelligenzen (vgl. Baustein 42) gleichzeitig einbeziehen. Lassen Sie die Teilnehmer z. B. zu zweit ein Mindmapping (vgl. Baustein 46) über ein wichtiges Lernziel machen.

Zeigen Sie den Teilnehmern, daß Sie selbst daran interessiert sind, Ihre Skills als Workshop-Moderator zu verbessern und kontinuierlich dazuzulernen. Sie können das tun, indem Sie improvisieren und für Ihre Gruppe ein neues Experiment erfinden. Und am Ende des Workshops können Sie eine Postkarte ausgeben, die an Sie adressiert ist. Auf der Rückseite bitten Sie die Teilnehmer, Ihnen einen Monat nach dem Workshop Rückmeldung zu geben, inwiefern sie von diesem Workshop profitiert haben. Dieses zeitversetzte Feedback ist oft nützlicher als alle Äußerungen, die Sie am Ende des Workshops hören.

29 Überblick über den Workshop

Es ist ratsam, den Teilnehmern zu Beginn möglichst umgehend eine Vorstellung davon zu vermitteln, was sie von dem Workshop erwarten können, welche Möglichkeiten der Mitwirkung sie haben, was die besonderen Merkmale Ihres Arbeitsstils sind, welche Lernphilosophie umgesetzt werden soll. Das Ziel einer solchen Übersicht ist es:

- den Teilnehmern Sicherheit zu geben,
- ihre Neugier zu wecken,
- ihre Motivation zu stärken,
- ihre Gedanken in Gang zu bringen,
- sie ein kurzes Ritual erleben zu lassen, das ihnen vertraut ist.

Teilnehmer, die mit Workshop-Methoden vertraut sind, sind auf solche Einführungen nicht angewiesen, aber es gibt immer wieder Teilnehmer, die frustriert sind, wenn sie dieses Ritual nicht erleben.
Wenn der Workshop von einer Institution gesponsert wird, dann werden Sie auch kurz darüber sprechen, welche Ziele die Organisation mit dem Workshop verfolgt. Wenn Sie selbst den Workshop ausschreiben, können Sie kurz darüber sprechen, wie sich das Thema mit Ihren eigenen Interessen verbindet, und dann ist es natürlich wichtig, daß Sie herausstellen, auf welche Weise die Teilnehmer selbst von dem Workshop profitieren können. Machen Sie deutlich, daß Sie sich eine gute Kooperation mit ihnen wünschen und daß der Workshop jedem Gelegenheit gibt, sich aktiv zu beteiligen und auf eine interessante, neuartige Weise an die Dinge heranzugehen.

- Sie können den Workshop mit einer Reise vergleichen und auf Flipchart eine Landkarte entwerfen mit den wichtigsten Stationen. Visuell orientierte Teilnehmer schätzen diese Vorgehensweise. Während Sie über die globalen Lern- und Arbeitsziele sprechen, können Sie ruhig im Raum herumgehen und Details von verschiedenen Plätzen aus erklären. Auf diese Weise unterstreichen Sie symbolisch, daß der Workshop tatsächlich eine Lernreise ist, daß Sie selbst geistig beweglich sind und so arbeiten wollen, daß auch die Teilnehmer genügend Raum für eigene Initiativen finden.

- Vermeiden Sie vorbereitete Flipcharts oder Folien. Solche Visualisierungen können zwar technisch hervorragend sein; sie lenken die Erwartungen der Teilnehmer aber leicht in eine falsche Richtung. U. a. nähren sie Zweifel daran, daß die Verantwortung für den Lern- und Arbeitsprozeß wirklich geteilt werden soll, und sie überbewerten die Autorität des Moderators; sie dämpfen die Bereitschaft zu Spontaneität und Initiative.

- Wenn Sie Ihren Workshop-Teilnehmern eine Übersicht vermitteln, dann schauen Sie die einzelnen aufmerksam an und beziehen deren nonverbale Reaktion – zustimmende, aber auch skeptische – in diese kurze Präsentation mit ein. Gewinnen Sie skeptische Mitglieder, indem Sie deren Fragen und Vorbehalte anerkennen.

Ein Workshop ist immer ein Wagnis. Niemand kann den Erfolg garantieren. Es kann Überraschungen geben, aber Sie können den Teilnehmern versichern, daß Sie alles tun werden, was in Ihrer Macht steht, damit der Workshop nicht langweilig wird. Als „Beweis" für dieses Versprechen können Sie folgenden Trick benutzen, den viele Teilnehmer lieben werden. Die Übung bietet eine jener Situationen, wo wir spontan fragen: „Warum bin ich bloß nicht drauf gekommen?" Die Teilnehmer erhalten eine interessante, verblüffende Lektion im Problemlösen.

Experiment: Den Stuhl hinstellen

Bitten Sie einen Freiwilligen für ein kurzes Experiment in den Kreis. Sagen Sie: „Nehmen Sie einen Stuhl und halten Sie ihn mit waagrecht ausgestrecktem Arm vor sich hin. Dann soll der Stuhl wieder auf den Boden gestellt werden, ohne daß Sie sich in den Knien oder der Hüfte beugen. Und Sie dürfen den Stuhl auch nicht fallenlassen."

Lassen Sie den Freiwilligen alles ausprobieren, was ihm einfällt. Die einfachste (und einzige) Lösung besteht darin, die Hilfe eines anderen Teilnehmers zu erbitten: „Bitte nehmen Sie den Stuhl und stellen Sie ihn ab." Der Helfer hat ja keinerlei Beschränkung, wie er sich bewegen darf!

Das ist eine gute Demonstration für eine alte Weisheit: Oft ist die beste Lösung für ein Problem die Bitte um Hilfe.

30 Sorgen und Befürchtungen

Auch wenn die Teilnehmer ungefähr wissen, was sie zu erwarten haben, kann es durchaus noch Unsicherheiten, Sorgen und Befürchtungen geben, die sie daran hindern, geistig und emotional präsent zu sein. Mancher ist mit seinen Gedanken noch zu Hause oder in der Firma: Habe ich Futter für die Katze rausgestellt? Habe ich die Blumen gegossen? Wird mein Mann die Kinder rechtzeitig zu Bett schicken? Wird mein Stellvertreter mit der Präsentation zurechtkommen?
Andere Sorgen gelten dem Gruppenprozeß: Werde ich meine Schüchternheit überwinden? Werde ich gezwungen sein zu reden? Kann ich mit Vertraulichkeit rechnen? usw.
Schließlich gibt es auch Befürchtungen, was die Workshop-Ziele betrifft: Werde ich etwas lernen, was für meine praktische Arbeit nützlich ist? Wird unser Team wirklich mehr Vertrauen entwickeln? Wie wird sich die Verschmelzung unserer Firma mit Firma X auf meine Arbeit auswirken?
Wenn Sie damit rechnen, daß es wichtige Unsicherheiten und Befürchtungen gibt, dann bietet Ihnen das folgende Experiment eine elegante Möglichkeit, mit den Sorgen auch einer größeren Gruppe umzugehen:

Experiment: Sorgendepot

Ziele: Die Befürchtungen der Teilnehmer beachten, ernst nehmen und z. T. auflösen.

Material: Für jeden Teilnehmer fünf Klebezettel.

Zeit: 10 bis 20 Minuten.

Arbeitsstruktur: Eröffnen Sie diese Runde mit der Bemerkung, daß es manchmal längere Zeit dauert, bis wir in einem Workshop geistig und gefühlsmäßig angekommen sind. Wir denken vielleicht noch zurück an die Sphäre, aus der wir gerade kommen, oder wir denken voraus an die Zeit nach dem Workshop, mit anderen Worten: Jeder hat vielleicht Gedanken, die ihn vom Lernen abhalten und seine Aufmerksamkeit einschränken können.

Laden Sie die Teilnehmer dann ein, Fragen und Unsicherheiten zu äußern, auf die Sie als Moderator vermutlich eine einfache Antwort geben können. (Wie lange dauern die Sitzungen? Kann ich hier vegetarisch essen? etc.)
Dann können Sie den Teilnehmern sagen, daß wir ruhiger und konzentrierter arbeiten können, wenn wir versuchen, vorher unsere Sorgen und Befürchtungen aus dem Weg zu räumen.
Laden Sie die Teilnehmer ein, jetzt jede mitgebrachte Sorge und Befürchtung auf einem Klebezettel zu notieren (ohne Namen). Kündigen Sie an, daß die Sorgen anschließend im „Sorgendepot“ aufbewahrt werden und daß

jeder, der es wünscht, nach der Sitzung seine „Sorgen“ wieder an sich nehmen kann.
Erklären Sie, daß diese Aktion dazu führen wird, daß die meisten Sorgen während der Sitzung vergessen werden. (Das „Sorgendepot“ kann eine Pinnwand sein oder Flipchartbögen, die an der Wand hängen.)

In vielen Fällen wirkt diese Technik tatsächlich Wunder und entlastet die Teilnehmer wirksam. Wenn Sie ein solches Sorgendepot einrichten, dann sollten Sie den Teilnehmern vorher mitteilen, ob Sie die Notizen lesen werden oder nicht. Natürlich können Ihnen diese Aufzeichnungen wichtige Einsichten über die Gruppe vermitteln und Ihnen zeigen, wo Sie helfen können. Wenn die Teilnehmer den Workshop allerdings munter und lebendig beginnen, dann sollten Sie auf diese Übung verzichten.

31 Drei Fotos

Wenn es in einem Workshop um das Thema des Wandels geht, um Veränderungen, um die Zukunft oder einfach um dynamisches Lernen, dann ist dies ein ausgezeichnetes Experiment. Ehe der Workshop beginnt, fordern Sie die Teilnehmer auf, drei Fotos mitzubringen. Diese Aufforderung bringt den Lernprozeß bereits vor dem Workshop in Gang. Die Fotos stehen für die Ressourcen der Teilnehmer und geben ihnen die Möglichkeit, sich auf das zu besinnen, was in ihrem Leben besonders wichtig ist. Andererseits erzeugt die Aufforderung auch Befürchtungen, weil nicht näher gesagt wird, welche Art Fotos mitgebracht werden sollen. Zweifellos sind bei fast jedem Workshop Befürchtungen präsent, die leicht als Lernhindernisse wirken. Zusätzlich müssen wir heute mit all den Ängsten rechnen, die sich aus der relativen Unsicherheit der Arbeitsplätze ergibt. Darum soll dieses Experiment auch Gelegenheit geben, die verschiedenen Ängste und Befürchtungen zur Sprache zu bringen. In vielen von Männern beherrschten Unternehmen oder Institutionen ist Angst ein eher unterdrücktes Thema. Die beliebten Themen sind dann eher „Angriff und Verteidigung" und „Sieg oder Niederlage" usw.

Ziel: Dieses Experiment gibt Gelegenheit, Gefühle auf eine wenig bedrohliche Weise auszudrücken. Es macht auf den Workshop neugierig und gibt dem Moderator wichtige Hinweise auf die Vorgeschichte der Teilnehmer.

Zeit: 30 bis 60 Minuten.

Arbeitsstruktur: Bitten Sie die Teilnehmer gleichzeitig mit der offiziellen Einladung zum Workshop, drei Fotos mitzubringen. Geben Sie keine weiteren Informationen, keinen Hinweis darauf, wofür sie gebraucht werden, nach welchen Gesichtspunkten sie auszuwählen sind, wer sie gemacht haben oder was auf ihnen dargestellt sein soll. (Die Reaktionen auf diese Aufgabe sind ganz unterschiedlich: Einige Teilnehmer lassen sich intensiv anregen und bringen Bilder ihrer Familie mit, andere reagieren ängstlich oder apathisch; einige sind so unsicher, daß sie überhaupt keine Fotos mitbringen; einige lassen sie im Auto liegen, weil sie Zweifel haben, daß sie sie tatsächlich brauchen; andere sagen, daß sie vor der Abreise so unter Zeitdruck standen, daß sie nicht dazu gekommen sind, Fotos auszuwählen; andere Teilnehmer rufen vorher an, um mehr über die Aufgabe herauszufinden; wieder andere bringen weit mehr Fotos mit, um erst dann drei Fotos auszuwählen, wenn sie weitere Informationen haben.)
Fragen Sie die Teilnehmer während der ersten Sitzung: „Wofür, glauben Sie, sollen die Fotos sein?" (Einige Teilnehmer raten, daß sie für einen psychologischen Test sind; andere, daß der Moderator herausfinden will, was für sie am wichtigsten ist, oder daß sie für eine Collage bestimmt sind; einige haben

Angst, daß die Fotos vielleicht beschädigt werden könnten.)
Fordern Sie die Teilnehmer dann auf, sich in der Gruppe vorzustellen, und wenn sie dazu bereit sind, ihre Fotos dabei einzubeziehen. (Jetzt wird deutlich, daß diese Fotos für die meisten Teilnehmer tatsächlich Ressourcen sind, die wichtige Menschen, Plätze oder Ereignisse aus ihrem Leben zeigen. Angesichts der allgemeinen Unsicherheit in Leben und Beruf und angesichts der unklaren Situation im Workshop bilden diese Fotos einen sicheren Hafen und erinnern die Besitzer an glückliche Zeiten, an wichtige Beziehungen und an ihre Interessen außerhalb der beruflichen Sphäre. Diese Bilder erzeugen ausgesprochen positive Gefühle.)

Stellen Sie den Teilnehmern nach der Vorstellung die folgenden Fragen:
- Was hat Ihre Entscheidung beeinflußt, Fotos mitzubringen bzw. nicht mitzubringen?
- Wie haben sich Ihre Gefühle verändert, als sich Ihre Unsicherheit über den Verwendungszweck auflöste?
- Gab es im Zusammenhang mit der Unsicherheit auch irgend etwas, was Sie genießen konnten, z. B. die Freiheit, auf die Aufforderung ganz persönlich zu reagieren?

Wenn diese Punkte besprochen sind, dann können Sie die Teilnehmer fragen, ob sie auf die wirklich wichtigen Unsicherheiten ihres Lebens ähnlich reagieren. Gibt es irgendein Muster? Hilft ihnen dieses Muster oder wollen sie es verändern?
Anschließend können Sie sich noch einmal dem Inhalt der Fotos zuwenden. Gibt es irgendwelche Gemeinsamkeiten zwischen den Fotos verschiedener Teilnehmer: gemeinsame Interessen, Hobbys, Werte?
Am Schluß können Sie die Teilnehmer einladen, eine kleine Fotogalerie an die Wand zu pinnen, als Hinweis auf ihre wichtigsten Ressourcen. Vielleicht plant der eine oder andere auch, solche Fotos in Zukunft an seinem Arbeitsplatz aufzuhängen.

32 Aufmerksamkeit gewinnen

Unser Gehirn wird beständig mit Reizen überschüttet. Darum ist es ganz natürlich, daß das Gehirn alle Informationen aus der Außenwelt sortiert. Alles was nicht entscheidend ist für unser Überleben, bekommt weniger Aufmerksamkeit. Ganz wach wird das Gehirn, wenn es sich um neues Material handelt, wenn Gefühle im Spiel sind, wenn wir Kontraste bemerken. Wenn wir auf eine Menschenmenge blicken, dann fallen uns sogleich ungewöhnliche Gesichter auf oder plötzliche Bewegungen, und wir achten auf die Stimmen, die besondere Gefühle ausdrücken. Unsere Aufmerksamkeit konzentriert sich auf die Reize in unserer Umgebung, die entweder neu sind oder die starke Gefühle zum Ausdruck bringen. Aber gleichzeitig haben wir die Tendenz, unsere volle Aufmerksamkeit nur für eine kurze Zeit auf denselben Fokus zu richten. Entweder wandert unsere Aufmerksamkeit dann auf andere Dinge in unserer Umgebung, oder sie richtet sich nach innen, indem wir anfangen nachzudenken, uns zu erinnern oder Zukunftsbilder zu entwerfen.

Unser Gehirn konzentriert sich abwechselnd auf die Außenwelt und auf die eigene Innenwelt. Das hat große Bedeutung für alle Lernprozesse. Wir können nicht erwarten, daß die Teilnehmer dem Moderator oder irgendeinem anderen Menschen sehr lange aufmerksam zuhören. Im allgemeinen sollten wir die externe Aufmerksamkeit nur für 20 bis 30 Prozent der zur Verfügung stehenden Zeit einer Sitzung beanspruchen. Anschließend brauchen die Teilnehmer Gelegenheit, ihre Aufmerksamkeit nach innen zu wenden, um das Gehörte zu verarbeiten und zu assimilieren. Nur durch diesen ständigen Wechsel von interner und externer Fokussierung kann bedeutungsvoll gelernt werden. Dadurch können neue Informationen verstanden, kann altes Wissen aktualisiert und das Gehirn insgesamt aktiviert werden. Der Wechsel des Fokus kann bewußt oder unbewußt stattfinden – durch Nachdenken oder durch gemeinsames Reflektieren, aber auch durch scheinbares Nichtstun. Dann übernimmt das Gehirn die Weiterverarbeitung, ohne daß wir das bewußt registrieren.

Sehr oft können wir nicht sagen, was die Teilnehmer mit ihren Lernerfahrungen anfangen. Wenn jemand unaufmerksam zu sein scheint, dann ist es gut möglich, daß er seine Aufmerksamkeit nur nach innen gewandt hat und bewußt oder unbewußt neue Informationen mit altem Wissen abgleicht. Um sicher zu gehen, daß die Lernerfahrungen vom einzelnen angeeignet werden, sollten wir den Teilnehmern immer wieder Gelegenheit geben, in sogenannten Reflexionsphasen darüber zu sprechen – zu zweit oder in kleinen Gruppen. Auf jeden Fall müssen wir lange Vorträge vermeiden und oft genug Pausen einlegen, damit jeder das Gelernte assimilieren kann.

Eine gewisse Schwierigkeit entsteht daraus, daß die Teilnehmer ganz verschiedene und sehr individuelle Lernrhythmen haben. Einige verfügen über eine relativ große externe Aufmerksamkeitsspanne, andere wiederum müssen häufiger ihre Erfahrungen abspeichern und assimilieren. Bei der Gestaltung von Lernsituationen können wir uns nicht nur nach den Teilnehmern mit der kurzen Aufmerksamkeitsspanne richten, dann würden wir den Unwillen jener Teilnehmer provozieren, die sich lange nach außen konzentrieren können. Am besten ist es, wenn unsere didaktischen Rhythmen abwechslungsreich sind und keinem starren Muster folgen. Dann erzeugen wir jene Abwechslung, die für alle Teilnehmer reizvoll ist.

1. Finden Sie einen Rhythmus zwischen Aufmerksamkeit und Reflexionszeit – Vermeiden Sie den klassischen Fehler der Lehrenden, zu lange die Aufmerksamkeit der Zuhörer zu beanspruchen. Selbst wenn wir einen interessanten Film sehen oder ein gutes Theaterstück, sind wir nicht immer voll bei der Sache; unsere Gedanken schweifen ab; wir erinnern uns an Situationen, wo es uns ähnlich ging wie dem Helden; oder wir bemerken, daß die Problematik des Stückes sich auch für uns ergeben könnte, wenn... Im Handumdrehen denken wir über die Zukunft nach und müssen uns vielleicht einen Ruck geben, um zu dem Film oder Theaterstück zurückzukehren. Aber genau deshalb schauen wir uns das Stück an. Wir möchten uns anregen lassen und etwas für uns persönlich gewinnen.
Dasselbe soll auch in unserem Workshop passieren. Wir möchten, daß die Teilnehmer Lernerfahrungen machen, die für sie persönlich relevant sind. Darum organisieren wir die Lernsituation so, daß wir Zyklen mit hoher und niedriger Energie abwechseln lassen, daß es Input- und Output-Phasen gibt und daß genügend Zeit für Reflexion und Assimilation des Gelernten zur Verfügung steht. Am Ende eines arbeitsreichen Tages hören wir oft von unseren tüchtigsten Teilnehmern, daß sie jetzt „genug" haben. Sie sagen dann Dinge wie: „Das war ein guter Tag, aber jetzt bin ich voll. Ich muß das alles verdauen. Ich muß das alles überschlafen."

2. Wann ist äußere Aufmerksamkeit besonders wichtig? – Es gibt sechs kritische Zeitpunkte, zu denen wir die volle Aufmerksamkeit möglichst aller Teilnehmer brauchen:
- Wenn wir den Workshop beginnen und wenn wir ihn beenden,
- wenn die einzelne Sitzung anfängt und endet,
- wenn wir Anweisungen geben,
- wenn wir eine spezielle Aktivität, ein Spiel, eine Übung, ein Experiment einführen,
- wenn wir wichtige Abmachungen und Spielregeln vereinbaren,
- wenn wir einen wichtigen geistigen Anstoß geben.

Zu diesen Zeiten müssen wir all unsere Kreativität benutzen, um die konzentrierte Aufmerksamkeit der Gruppe zu gewinnen. Ansonsten gilt, wie bereits ausgeführt, daß der Moderator mit den eigenen Ausführungen nicht zu häufig und nicht zu lange die Aufmerksamkeit der Teilnehmer beanspruchen darf. Einwegkommunikation ist in der Regel weniger interessant als Formen, bei denen die Teilnehmer aktiv beteiligt sind.

3. Wie Sie die Aufmerksamkeit gewinnen können – Stellen Sie sich auf die uralte Disposition unseres Gehirns ein und...

- **schaffen Sie Kontraste:** Wenn Sie selbst eine Präsentation machen, dann versuchen Sie eine Form zu finden, die ungewöhnlich ist und berücksichtigen Sie auch solche Themen, die die Teilnehmer herausfordern, weil sie wenigstens zum Teil Normen, Standards oder Tabus überschreiten. Und sorgen Sie vor allem dafür, daß die einzelnen Lernsituationen genügend Kontraste enthalten, z. B. Kontraste in der sozialen Konfiguration: Beginnen Sie mit Einzelarbeit und lassen Sie die Teilnehmer ihre Produktion dann im Plenum vorstellen; Kontraste in der Struktur des Lernens: Benutzen Sie die ganze Bandbreite von möglichen Aktivitäten – Atemübungen, Brainstorming, Meditation, Rollenspiel, Phantasiereisen, bildnerische Darstellung etc. Wenn Sie sich Mühe geben, immer wieder die multiplen Intelligenzen der Teilnehmer zu berücksichtigen, dann werden Sie automatisch einen kontrastreichen Workshop haben.

- **sorgen Sie für Abwechslung:** Sie können das tun, indem Sie Arbeitsformen und Lernsituationen benutzen, die für die Teilnehmer ungewohnt sind. Sie können das durch den Stil Ihrer Moderation tun, indem Sie z. B. manchmal mit dem Prinzip der Überraschung arbeiten etc. Sie können neue Informationen bzw. neue Perspektiven und Paradigmen einführen. Sie können die zeitlichen Perspektiven verändern, indem Sie in die Zukunft oder die Vergangenheit zurückgehen. Am wichtigsten ist vielleicht, daß Sie immer wieder improvisieren und sich nicht an ein vorher festgelegtes Konzept halten. Achten Sie aber in jedem Falle darauf, daß Ihre Überraschungen die Teilnehmer nicht überfahren, sondern in irgendeiner Weise zu den ausgesprochenen und unausgesprochenen Bedürfnissen der Gruppe passen.

- **schenken Sie den Teilnehmern Vergnügen:** Das ist ein ganz wichtiges didaktisches Prinzip, das dafür sorgt, daß das Lernen im Workshop wohltuend von der Alltagserfahrung abweicht. Sorgen Sie einfach dafür, daß die Teilnehmer die Hoffnung entwickeln, daß sie nach der Workshop-Erfahrung in Zukunft privat und beruflich besser zurechtkommen. Lassen Sie sie Sicherheit finden in einem akzeptierenden Gruppenklima. Sorgen Sie für spielerische Aktivitäten bei denen das „innere Kind" jedes einzelnen aktiv werden kann. Helfen Sie den Teilnehmern, ihre angeborene Kreativität neu zu entdecken. Sorgen Sie auch für körperlichen Genuß – durch Atemübungen, Bewegungsexperimente, Massagen und Spaziergänge.

- **vermeiden Sie Streß und Verletzungen:** Vermeiden Sie alle Situationen, die zu einem Rückzug der Teilnehmer führen könnten. Die Arbeit kann anstrengend sein, aber sie darf nicht als gefährlich empfunden werden. Denken Sie daran, daß Angst und Verletzungen dazu führen, daß wir uns verteidigen oder Revanchegelüste entwickeln. Kreativität und forschendes Lernen sind nicht möglich, wenn die Gruppe als gefährliches Terrain empfunden wird. Etablieren Sie ein solides Wir-Gefühl, so daß jeder sich sicher genug fühlt, um Risiken einzugehen und Experimente zu wagen.

4. Warum Reflexionszeit wichtig ist – Es gibt insgesamt drei wichtige Gründe, weshalb wir unseren Teilnehmern immer wieder Refexionszeit einräumen müssen:

- Viel von dem, was wir lernen, ist unbewußt. Der Lernprozeß läuft so schnell ab, daß wir mit unserem kritischen Bewußtsein nicht folgen können. Um neue Einsichten, neue Zusammenhänge, neue Fragen auf einer tieferen Ebene zu verstehen, müssen wir uns Zeit nehmen, um darüber nachzudenken oder um einfach zwischendurch abzuschalten. „Abzuschalten" bedeutet hier, daß wir es unserem Unbewußten überlassen, die Dinge weiter zu verarbeiten. Auch wenn wir uns dafür entscheiden, eine schlichte Ruhepause einzulegen, arbeitet unser Gehirn weiter daran, die gewonnenen Informationen zu verarbeiten. Oft staunen wir darüber, daß es tatsächlich so ist. Viele unserer besten Ideen kommen plötzlich „aus heiterem Himmel".

- Wir alle haben das Bedürfnis, neue Informationen auf ihre tiefere Bedeutung hin abzuklopfen. Wir haben das Bedürfnis, das, was wir „halb" gelernt haben, mit unseren schon vorhandenen Einsichten, Theorien und Plänen zu verbinden. Erst wenn wir das geschafft haben, hat das Gelernte einen Sinn. Was wir ungeprüft übernehmen, indem wir es z. B. auswendig lernen, bleibt an der Oberfläche unseres Geistes, wird möglicherweise leichter wieder vergessen oder bleibt irrelevant für unser Verhalten. Darum ist es wichtig, daß im Anschluß an Lernerfahrungen oft auch Gelegenheit ist für eine geistige Auswertung – zu zweit oder in kleinen Gruppen.

- Nach jeder neuen Lernerfahrung brauchen wir genügend Zeit, damit das Gelernte „einsinken" und sich dauerhaft in unserer geistigen Welt verankern kann („Imprinting"). Hier spielen die Pausen zwischen den Sitzungen eine wichtige Rolle. Sie bilden im Lernprozeß eines Tages eine Zäsur und verhindern, daß pausenlos neue Informationen auf die Teilnehmer einstürmen. Sie bieten eine erste Möglichkeit, daß der Prozeß des „Imprinting" stattfinden kann. Diese Konsolidierungsphase kann nur stattfinden, wenn keine neuen Reize das Gehirn ablenken.
  Je intensiver der Lernprozeß war, desto wichtiger ist die stille Zeit der

Konsolidierung. Manchmal ist es hilfreich, daß diese Festigung des Gelernten im Gespräch unter vier Augen oder in kleinem Kreis vorangetrieben wird, manchmal ist es empfehlenswert, daß die Teilnehmer dies allein betreiben, indem sie z. B. in ihr Tagebuch schreiben, indem sie allein einen kurzen Spaziergang durch die Natur machen, indem sie das Gelernte künstlerisch ausdrücken. Dafür bieten sich z. B. die Techniken des kreativen Schreibens oder der Kunsttherapie an. Auch Mindmapping (vgl. Baustein 46) ist eine gute Methode.

5. Umgang mit Zeit – Den Wechsel zwischen interner und externer Fokussierung können Sie mit Ihrem Zeitmanagement unterstützen. Versuchen Sie, eine Atmosphäre zu schaffen, die frei von Hektik ist. Geben Sie den Teilnehmern zu verstehen, daß genug Zeit zur Verfügung steht, um das zu tun, was wichtig ist. Sorgen Sie dafür, daß es einen klaren Zeitrahmen gibt für die Dauer der Sitzung, aber seien Sie flexibel in der Zeitgestaltung innerhalb der Sitzung.

Begleiten Sie den Lernprozeß mit Hinweisen über den zeitlichen Ablauf. Zu Beginn einer Sitzung können Sie z. B. sagen: „Wir nehmen uns jetzt zehn Minuten Zeit, um wach und arbeitsfähig zu werden, und dann wollen wir uns unserem neuen Thema X zuwenden." Oder Sie sagen: „Ich brauche zwei Minuten, um an die letzte Sitzung anzuknüpfen, dann können wir mit der neuen Aufgabe beginnen." Und auch wenn Sie sich im klaren darüber sind, daß die verbliebene Zeit einer Sitzung eigentlich zu kurz ist, können Sie den Optimismus der Teilnehmer wecken, wenn Sie sagen: „Drei Minuten können unendlich lang sein. Nehmen Sie sich diese Zeit und kommen Sie zu einem sinnvollen Zwischenergebnis."

Lenken Sie die Aufmerksamkeit der Teilnehmer ab und zu auf die Zukunft und machen Sie ihnen Mut, indem Sie z. B. sagen: „Wenn Sie dies das nächste Mal tun, wird es Ihnen schon viel leichter von der Hand gehen." Oder Sie geben einen optimistischen Ausblick auf den weiteren Gang des Seminars: „Sie werden überrascht sein, wenn Sie morgen oder übermorgen feststellen, wie gut Sie diese Dinge in Ihrem beruflichen Alltag gebrauchen können."

33 Neugier wecken

Wir alle werden neugierig geboren. Neugier ist ein natürlicher Impuls; es ist der tief in uns verankerte Wunsch, immer Neues zu lernen. In den ersten Jahren unseres Lebens hat unser Geist einen unersättlichen Appetit, die Welt zu erforschen und Wissen anzusammeln. Kleine Kinder experimentieren mit allem, was sie in ihrer Umgebung entdecken. Sobald sie sprechen können, benutzen sie die wichtigste Strategie menschlicher Neugier, indem sie andauernd Fragen stellen: Mama, warum ist der Himmel blau? Warum bellt der Hund? Warum bin ich geboren? Wo ist Großvater jetzt, nachdem er gestorben ist? Wo wohnt der liebe Gott?

Im Laufe unseres Lebens entwickeln wir uns unterschiedlich. Einige entwickeln die Strategie der Frage zu einer hohen Kunst und führen ein sehr befriedigendes Leben, weil sie die richtigen Fragen zur richtigen Zeit stellen. Andere Menschen scheinen einen Teil ihrer Neugier zu verlieren. Sie fragen weniger, um die Welt zu erobern, sie fragen eher, wie sie sich vor negativen Erfahrungen schützen können. Solche reaktiven Fragen geben natürlich nicht das köstliche Gefühl der Freiheit, das wir erleben, wenn wir jene Fragen stellen, die mit unseren tiefsten Wünschen und Interessen verbunden sind.

Workshop-Arbeit ist immer auch Frage-Arbeit. Die Teilnehmer haben hier Gelegenheit, Fragen zu stellen, die sonst vielleicht als Luxus betrachtet werden. Als Moderator haben wir die Aufgabe, eine Atmosphäre zu schaffen, wo Fragen nicht nur erwünscht sind, sondern geradezu eine Voraussetzung für erfolgreiche Arbeit. Dazu gehören so klassische Fragen wie:

- Was will ich im Leben erreichen?
- Was sind meine Ressourcen?
- Mit wem will ich meine Ziele erreichen?
- Wo bin ich auf meinem Lebensweg angekommen?
- Welche nächsten Schritte werde ich gehen?
- Welche Hindernisse gibt es im Augenblick für mich?
- Was will ich hier im Workshop lernen?
- Wie wird sich mein Alltag verändern, wenn ich die Ziele erreicht habe, die ich hier anstrebe?

Geben Sie Ihren Teilnehmern immer wieder Gelegenheit, die positive Funktion der Neugier zu spüren. Machen Sie sie mit Persönlichkeiten vertraut, die ein hohes Maß an Neugier in ihrem Leben ausgedrückt haben; untersuchen Sie, in welchem Maße die Organisation, in der die Teilnehmer arbeiten; neugierig ist und fragen Sie, wie sich Neugier im Familiensystem der Teilnehmer ausdrückt; und benutzen Sie die folgenden Übungen, um die Neugier Ihrer Teilnehmer anzuregen.

Übungsvorschläge:

Übung 1: Hundert Fragen – Lassen Sie die Teilnehmer mit einem Partner zusammenkommen. Jedes Paar bekommt ein Flipchart und die Aufgabe, hundert wichtige Fragen aufzuschreiben. Es können alle Fragen aufgeschrieben werden, solange sie für die beiden Teilnehmer bedeutungsvoll sind: Ökonomische Fragen, spirituelle Fragen, therapeutische Fragen, Managementfragen, Hobbyfragen, interpersonelle Fragen usw. Geben Sie den Hinweis, daß die Fragen möglichst mit einem „W-Wort" beginnen sollten: Warum, wie, wer, was, wann, wie lange, wo, wohin, woher.
Fordern Sie die Teilnehmer auf, schnell vorzugehen. Es ist durchaus möglich, daß dieselbe Frage in verschiedener Formulierung öfter auftaucht – das ist der Hinweis auf ein wichtiges Thema.
Die ersten fünfzig Fragen sind uns in der Regel wohl vertraut und haben vielleicht eine gewisse Oberflächlichkeit. Die nächsten fünfzig Fragen enthalten meist bestimmte Themen und ganz am Ende kommen vielleicht unerwartete Themen ans Licht, die bisher unterdrückt wurden. Wenn hundert Fragen auf dem Papier stehen, können die Partner die Liste durchgehen und eine mentale Bestandsaufnahme von den gewählten Themen machen. Worauf konzentrieren sich die Fragen? Auf Beziehungen? Auf den Job? Auf das Geschäft? Auf Vergnügen? Auf Geld? Auf den Sinn des Lebens?
Sagen Sie den Teilnehmern, daß diese Fragen im Augenblick nicht beantwortet werden sollen. Sie sollen auch nicht beurteilt werden, aber die Partner können darüber sprechen, wie sie den Prozeß erlebt haben, zu zweit so viele Fragen zu produzieren.

Übung 2: Zehn wichtige Fragen – Dieselben Paare wie in der vorangegangenen Übung kommen wieder zusammen und betrachten das Flipchart mit den hundert Fragen. Unabhängig voneinander wählt jeder die zehn Fragen aus, die für ihn am wichtigsten sind. Dann bringt er sie in eine Reihenfolge von eins bis zehn.
Weisen Sie die Teilnehmer darauf hin, daß sie jetzt noch nicht beantworten sollen; die Partner können sich ihre „Top-Ten-Listen" zeigen und darüber sprechen, warum diese Fragen so bedeutungsoll für sie sind.

Übung 3: Eins aus zehn – Geben Sie den Teilnehmern eine Kopie mit den unten abgedruckten Fragen. Lassen Sie dann Paare bilden und sagen Sie dann etwa folgendes: „Diese Fragen stammen aus anderen Workshops. Sie spiegeln Lebensthemen von Männern und Frauen, die im Berufsleben stehen. Lesen Sie die Fragen sorgfältig durch und suchen Sie eine Frage heraus, die Sie im Moment besonders anspricht. Dann sagen Sie einander, welche Frage Sie ausgewählt haben und welche Antworten und Assoziationen Ihnen dazu einfallen. Vielleicht wollen Sie auch darüber nachdenken, wie diese Frage sich mit der Arbeit hier im Workshop verbinden läßt."

Zehn wichtige Fragen:

- Wann bin ich einfach ich selbst?
- Bei welchen Menschen, bei welchen Aktivitäten, in welcher Umgebung fühle ich mich am lebendigsten, am aktivsten, in größter Übereinstimmung mit mir selbst?
- Womit könnte ich aufhören? Womit könnte ich anfangen? Was könnte ich anders tun, und zwar gleich heute, so daß sich die Qualität meines Lebens entscheidend verbessern würde?
- Was ist mein größtes Talent? Wie kann ich mein Geld mit etwas verdienen, was ich wirklich gern tue?
- Welche Menschen sind meine wichtigsten Vorbilder?
- Wie kann ich anderen am besten nützen?
- Wie ist mein Herzenswunsch?
- Wie werde ich von anderen gesehen: Von meinem besten Freund? Von meinem schlimmsten Feind? Von meinem Chef? Von meinen Kindern? Von meinen Kollegen?
- Was gibt es Gutes in meinem Leben?
- Welches Vermächtnis möchte ich der Nachwelt hinterlassen?

Übung 4: Die Kunst der Frage – In dieser Übung können die Teilnehmer mit verschiedenen Themen experimentieren und themenzentrierte Fragen entwickeln. Die Fragen sollen möglichst praktisch sein. Das bedeutet nicht, daß es immer leicht ist, eine Antwort zu geben, aber es ist prinzipiell möglich. Geben Sie zunächst ein Beispiel zu dem Thema: Wie fliegt ein Habicht? Notieren Sie die folgenden Fragen auf Flipchart.

- Warum hat der Habicht zwei Flügel?
- Wozu hat der Habicht Federn?
- Wie startet der Habicht seinen Flug?
- Wie landet der Habicht?
- Wie beschleunigt der Habicht seinen Flug?
- Wie hoch kann der Habicht fliegen?
- Wann schläft der Habicht?
- Wie weit kann der Habicht sehen?
- Wie ernährt sich der Habicht?

Lassen Sie die Teilnehmer dann zehn Fragen entwickeln zu einem der folgenden Naturthemen: Wie wirkt das Licht? Wie fließt das Wasser? Wie funktioniert der menschliche Körper? Was ist Leben?

Lassen Sie verschiedene Teilnehmer ihre zehn Fragen vortragen. Anschließend wiederholen die Teilnehmer die Aufgabe und entwickeln zehn Fragen zu einem der folgenden persönlichen Themen: Mein Beruf, meine wichtigste Beziehung, meine Gesundheit, meine Kreativität, mein Leben.

34 Motivation

Wenn sich Moderatoren, Trainer, Lehrer, Dozenten und Therapeuten unterhalten, hören wir oft die Frage: „Wie motivieren Sie Ihre Teilnehmer?“
Diese Frage enthält bereits ein Mißverständnis: Das menschliche Gehirn muß nicht motiviert werden. Es lernt von Natur aus leidenschaftlich gern. Es kann sich nur entwickeln, indem es lernt. Von Geburt an motivieren wir uns für die meisten Dinge im Leben selbst. Unser Gehirn hat begierig alle möglichen Informationen aufgenommen, sie in bedeutungsvolle Zusammenhänge eingeordnet, gespeichert und in vielen Situationen angewandt. Darum sagt die Frage: „Wie motiviere ich meine Teilnehmer?“ mehr über den Fragesteller als über seine Schüler. Sie sagt, daß es dem Lehrenden nicht eigentlich um Lernen, sondern um Kontrolle geht. Seine Frage lautet also in Wirklichkeit: „Wie kann ich das Verhalten meiner Teilnehmer so kontrollieren, daß sie das lernen, was sie lernen sollen?“
An der Frage der Motivation scheiden sich die Geister. Ich persönlich meine, daß der Workshopleiter nur eine Art Katalysator sein kann, der Lernblockaden aus dem Wege räumt und der Mut macht: Aber ich weiß, daß viele Kollegen sich eher als Trainer oder als Wissensvermittler verstehen. Das funktioniert nur zeitweilig, denn niemand läßt sich gern kontrollieren. Wir müssen uns klarmachen, daß unsere Teilnehmer motiviert sind, sonst wären sie als Erwachsene gar nicht lebensfähig. Der Managementdenker W. Edwards Deming sagt dazu kurz und bündig: „Alle Menschen werden mit intrinsischer Motivation geboren.“
Der unmotivierte Lernende ist ein Mythos zur Entlastung der Lehrer. Was allerdings richtig ist: Allzu selten sind Lernsituationen so strukturiert, daß sie kein Hindernis für die Motivation sind. Und wahr ist auch, daß wir häufig auf Lernende treffen, die voll Pessimismus und einem ganzen Sack schlechter Lernerfahrungen zu uns kommen. Fast immer können wir dann davon ausgehen, daß diese Menschen ein hohes Maß an Kontrolle in ihrem Leben erfahren haben. Im Elternhaus, in der Schule und meist auch in ihrem Unternehmen sind sie auf eine kalte, verständnislose, dominierende Umgebung gestoßen. Es hat jedoch wenig Sinn, Menschen mit einer beschädigten oder verschütteten Motivation Vorwürfe zu machen und sie als gestört, behindert, unwillig, unfähig usw. zu bezeichnen.
Im besten Fall wird der Lernende aus sich selbst motiviert, dann sprechen wir von intrinsischer Motivation. Er wird dann von seiner Neugier angetrieben, von dem Willen, ein Problem zu lösen, eine Fähigkeit zu entwickeln, oder etwas zu erfinden. Häufig läßt sich der Lernende jedoch von außen motivieren. Er hofft auf Belohnungen und Prämien oder hat den Wunsch, Sanktionen und Strafen zu vermeiden. Wir sprechen dann von extrinsischer Motivation. Intrinsische Motivation geht mit Selbständigkeit, Verantwortungsbereitschaft und Kreativität einher. Solche Qualitäten erwarten wir von

Erwachsenen. Aber wir müssen feststellen, daß es relativ wenige Menschen gibt, die über eine intrinsische Motivation verfügen, die robust genug wäre, daß sie sie auch unter ungünstigen Umständen beibehalten könnten. Und ironischerweise sorgen gerade viele Formen der Lernorganisation dafür, daß der Lernende seine Motivation verliert.
Leider versuchen noch immer zuviele Lehrende, auch mit den Mitteln der extrinsischen Motivation zu arbeiten. Dadurch irritieren sie die Lernenden. Mit echten Lernerfolgen können wir jedoch nur rechnen, wenn wir Bedingungen schaffen, in denen die intrinsische Motivation dominiert.
Die meisten Workshop-Teilnehmer haben lange Zeit in Schulen verbracht, deren Lehrmethoden ausgesprochen ungünstig sind. Bis heute sind Schulen keine modernen, flachen Hierarchien mit einer Delegation von Macht „nach unten" in die Hand des einzelnen Lehrers. Bis heute werden Lehrer vielfach an pädagogisch sinnvollen Maßnahmen gehindert. In vielen Organisationen geht es den Mitarbeitern ähnlich, sie fühlen sich kontrolliert und gezwungen. Es ist verständlich, daß die so vorgeschädigten Teilnehmer zunächst skeptisch sind, auch wenn sie nun die Chance haben, an einem partizipativen Workshop teilzunehmen. Zum Glück haben wir aber auch Teilnehmer, die mit einer soliden intrinsischen Motivation kommen, weil sie keine allzu dünne Haut haben, in einem kompetenten Elternhaus aufwuchsen und anregende Schulen besuchen konnten. Diese intrinsisch motivierten Teilnehmer

- haben den Anspruch, ihre Umgebung selbst zu kontrollieren,
- werden durch unklare oder chaotische Situationen angespornt,
- fühlen sich anderen nicht unterlegen,
- haben ein hohes Selbstwertgefühl,
- lieben Herausforderungen und die Gelegenheit, Probleme zu lösen,
- sind optimistisch, daß sie erfolgreich sein werden,
- übernehmen gern Verantwortung und genießen Erfolge,
- sind überzeugt, daß sie wertvolle Beiträge leisten können,
- sind immer wieder bereit, Einsichten, Überzeugungen und erprobte Problemlösungen zu überprüfen und zu verändern.

Im folgenden möchte ich skizzieren, was Sie im Workshop tun können, um die intrinsische Motivation Ihrer Teilnehmer zu aktivieren:

1. Berücksichtigen Sie die mitgebrachten Bedürfnisse und Ziele Ihrer Teilnehmer: Unser Gehirn ist biologisch so angelegt, daß es überleben will. Es lernt alles, was es braucht, um zu überleben. Darum müssen Sie größten Wert darauf legen herauszufinden, welches die wichtigsten Bedürfnisse Ihrer Lernenden sind. Die vorhandenen Bedürfnisse sind wichtige Motivatoren. Wenn Sie den Teilnehmer etwas geben können, was diese brauchen, dann haben Sie automatisch ihr Interesse. Wenn es um Dinge geht, die im persönlichen und beruflichen Leben Ihrer Teilnehmer von Bedeutung sind, dann sind Ihre Teilnehmer interessiert.

2. Überlassen Sie den Teilnehmern soweit wie möglich die Kontrolle über die Lernsituation: Wenn sich die Teilnehmer gleichberechtigt fühlen, wenn sie mit in die Verantwortung genommen werden, dann fühlen sie sich geschätzt. Wenn sie dagegen Zwang, Kontrolle und Manipulation erleben, dann fühlen sie sich abgewertet. Sie ziehen sich zurück oder sie rebellieren. Wenn die Teilnehmer über ihr eigenes Lernen entscheiden können, dann erleben sie weniger Streß. Dann müssen Sie sie nicht ständig anschieben, das spart Ihre Kraft.

3. Sorgen Sie für gute zwischenmenschliche Beziehungen: Zeigen Sie den Teilnehmern Respekt, Freundlichkeit und Wärme. Geben Sie Gelegenheit in Paaren oder in Kleingruppen mit anderen zusammenzuarbeiten. Sorgen Sie dafür, daß niemand das Gesicht verliert und daß jeder sich darstellen und frei ausdrücken kann.

4. Wecken Sie die Neugier der Teilnehmer: Neugier ist das Grundprinzip unseres Geistes und der beste Verbündete jedes Moderators. Tun Sie alles, um die Neugier der Teilnehmer anzuregen. Die meisten Menschen haben ein brennendes Interesse an Megamodellen – an Bill und Hillary Clinton, an August Everding, an Marc Chagall – aber auch an ihrem Nachbarn in der Gruppe, wenn sie diesen ohne Maske erleben. Sorgen Sie dafür, daß die interpersonelle Neugier in Ihrem Workshop florieren kann.

5. Sprechen Sie starke Gefühle an: Wenn wir Entscheidungen treffen, wenn wir etwas lernen, wenn wir kreativ sind, dann hören wir in der Regel mehr auf unsere Gefühle als auf unseren Verstand. Unsere Gefühle funktionieren wie ein geheimer Code, in dem sich unsere Lebenserfahrung und oft auch unsere Weisheit ausdrückt. Sie funktionieren sehr viel schneller als unsere Gedanken. Um Gefühle produktiv einzubeziehen, arbeiten Sie bitte mit Geschichten, Interaktionsspielen, Experimenten, persönlichen Beispielen, Rollenspielen, Ritualen, Musik und körperlicher Bewegung.

6. Benutzen Sie möglichst viele der sieben Intelligenzen (Vgl. Baustein 42): Wenn Sie in einer Lernsituation eine reichhaltige Kombination unserer multiplen Intelligenzen berücksichtigen, dann haben Sie eine hohe Wahrscheinlichkeit, daß jeder etwas für sich findet. Fast jeder Teilnehmer hat die eine oder andere Intelligenz besonders entwickelt und ist zufrieden, wenn er sich darin ausdrücken kann. Oder aber jemand hat ein Defizit und brennt darauf, diese Lücke zu schließen. (Das erklärt vermutlich die hohe Zufriedenheit, die wir immer wieder feststellen, wenn sich unsere Teilnehmer körperlich ausdrücken können. Kulturbedingt haben Erwachsene im Job zu wenig Gelegenheit, ihre kinästhetische Intelligenz zu benutzen.)

7. Arbeiten Sie mit Lehrgeschichten, bei denen es um Erfolg geht: Berichten Sie von anderen Teilnehmern, die Hindernisse überwunden haben und erfolgreich wurden. Welche „Helden" gibt es in der Firma der Teilnehmer? Hat irgend jemand etwas Bedeutendes geschaffen? Lassen Sie die Teilnehmer von eigenen Erfolgen erzählen. Bringen Sie immer wieder kreative Personen aus der Geschichte ins Spiel – Wissenschaftler, Künstler, Theologen, die einen wichtigen Beitrag geleistet haben.

8. Sparen Sie nicht mit Anerkennung: Fordern Sie die Teilnehmer nach Experimenten und Gruppenarbeiten immer wieder auf, über ihre Ergebnisse zu berichten. Lassen Sie die Teilnehmer erzählen, was sie gelernt haben. Sorgen Sie dafür, daß sie einander Komplimente machen und Anerkennung ausdrücken. Drücken Sie selbst Anerkennung aus für Risiken und Mühen, die die Teilnehmer auf sich genommen haben. (Prozeßorientierte Anerkennung, statt ergebnisorientierter Anerkennung!)

9. Sorgen Sie für regelmäßiges Feedback: Nach Lern- und Arbeitsphasen sollen die Teilnehmer durch Selbsteinschätzung und/oder durch Reaktionen aus der Gruppe schnell und deutlich Feedback erhalten. Darüber hinaus bieten Partnerarbeit, Diskussionen, Präsentationen und Mindmapping interessante Möglichkeiten für Rückmeldungen.

10. Achten Sie auf die Energie der Gruppe: Sorgen Sie für eine harmonische Energieentwicklung. Bringen Sie Komponenten ein, die bisher zu kurz gekommen sind. Benutzen Sie konzentrative Übungen, wenn die Teilnehmer aufgeregt sind; sorgen Sie für „Energizer", wenn sie z. B. längere Zeit gesessen haben. Lernen Sie, das Verhalten stiller Teilnehmer richtig zu deuten. Wann sind sie gelangweilt? Wann arbeiten sie innerlich mit?

11. Nähren Sie die Hoffnung auf Erfolg: Hoffnung ist ungefähr so wichtig wie Neugier. Hoffnung ist eine wirksame „Medizin" und wesentlich, um eine beschädigte Motivation zu regenerieren. In jeder Lernsituation muß es einen Keim der Hoffnung geben. Weisen Sie die Teilnehmer direkt und indirekt darauf hin, daß sie Erfolg haben können.

12. Seien Sie ein gutes Modell dafür, daß Lernen Vergnügen macht: Geben Sie von Zeit zu Zeit Einblick in Ihre eigene Lernprozesse beim Moderieren des Workshops. Wenn Sie z. B. in eine Sackgasse geraten sind, dann können Sie laut nachdenken und den Teilnehmern zeigen, wie man mit einer Barriere umgeht. Vielleicht entscheiden Sie sich für eine Pause, vielleicht besprechen Sie sich mit der Gruppe, vielleicht kommt Ihnen bei der Analyse ein guter Einfall. Zeigen Sie, daß die Leitung des Workshops nicht die Reproduktion eines vorgefertigten Programms ist, sondern ein „Work in progress".

13. Gemeinsam feiern: Lernen ist auch anstrengend, manchmal schmerzlich, manchmal schockierend. Zeigen Sie den Teilnehmern, wie wichtig es ist, daß wir uns selbst für unsere Anstrengungen und Risiken belohnen. Benutzen Sie Rituale, kleine Feste oder eine Performance, wo alle Beteiligten zeigen können, was sie erarbeitet haben. Das schafft eine Atmosphäre des Erfolgs und der Bereitschaft für neue Lernrunden.

14. Sorgen Sie für emotionale und physische Sicherheit der Teilnehmer: Es ist unbedingt notwendig, daß die Workshop-Teilnehmer sich berechtigt fühlen, Fehler zu machen, alle möglichen Fragen zu stellen und spontane Beiträge zu bringen. Aber auch ihre physischen Bedürfnisse müssen befriedigt werden durch angenehmes Licht, genügend Pausen und die Möglichkeit zu Bewegung.

15. Vielfalt der didaktischen Choreographie: Auf diese Weise können Sie sicherstellen, daß alle irgendwie zu ihrem Recht kommen. Jeder Teilnehmer hat bevorzugte Lernstile, so daß es falsch wäre, wenn Sie irgendeine einzelne didaktische Methode praktizieren wollten. Wenn die Teilnehmer bei Lernzielen und Lernformen mitbestimmen können, haben sie die beste Chance, ihren persönlichen Lernstil angemessen zu berücksichtigen.

16. Berücksichtigen Sie die Lebensphilosophie der Teilnehmer: Finden Sie möglichst bald die zentralen Ansichten der Teilnehmer heraus – über die Welt, über Familien, über Unternehmen und über ihre Erwartungen im Leben. Manchmal sind diese Anschauungen pessimistisch und einschränkend. Sorgen Sie dafür, daß die Teilnehmer ihre wichtigen Theorien über das Leben selbst ändern können. Oft helfen indirekte Methoden hier am besten. Die gesamte Workshop-Erfahrung kann für manche Teilnehmer eine wichtige Anregung sein, eine Korrektur der persönlichen Überzeugungen vorzunehmen.

17. Schaffen Sie eine persönliche Beziehung zu jedem Teilnehmer: Wenn es Ihnen möglich ist, dann versuchen Sie, zu jedem Teilnehmer eine besondere Beziehung zu entwickeln. Zeigen Sie, daß Sie jeden wahrnehmen, daß Sie die innere Situation jedes einzelnen berücksichtigen, seine Anstrengungen respektieren und sich über Erfolge freuen. Ihre persönliche Aufmerksamkeit wird in unterschiedlichem Maße gebraucht. Manchmal genügt ein Blick oder ein Kopfnicken, manchmal müssen Sie ein paar Sätze sagen.

Wenn Ihre Teilnehmer genügend Kontrolle über Themen und Aufgaben ihrer Arbeit erhalten, wenn sie Wahlmöglichkeiten haben, mit wem sie zusammenarbeiten können und welche Arbeitsformen sie praktizieren, dann wird sich auch eine verschüttete Motivation wieder regenerieren. Besonders wichtig ist es, daß die Lernenden bestimmen können, *was* sie lernen wollen. Es ist daher wichtig, daß sie häufig über ihre Ziele nachdenken können – über persönliche und berufliche Ziele, über Ziele, die sich auf ihre Gesundheit beziehen, auf ihre Freundschaften, auf ihr soziales Netz und auf ihre Hobbys. Je häufiger sie mit anderen unter solchen optimalen Bedingungen arbeiten, desto motivierter werden auch jene Teilnehmer, die mit wenig Optimismus und geringer Begeisterung zum Workshop gekommen sind.

35 Bonding Games

In der Anfangsphase eines Workshops kann der Moderator seinen Teilnehmern mit „Bonding Games“ helfen, langsam zu einer funktionsfähigen Gruppe zusammenzuwachsen. Der Begriff „Bonding Games“ drückt meines Erachtens sehr gut aus, worum es dabei hauptsächlich geht: daß die Teilnehmer Interesse aneinander entwickeln, daß sie sich darauf einstellen, mit dem Moderator zu kooperieren und daß sie die Erwartung entwickeln, in dem Workshop etwas Wichtiges lernen oder wichtige Probleme lösen zu können. („Bonding Games“ werden in der Tradition der Workshop-Literatur oft auch als „Ice Breakers“, „Warm Ups“ oder als „Openers“ bezeichnet, aber die Bezeichnung „Bonding Games“ scheint mir inzwischen am passendsten zu sein. Sie weist darauf hin, daß es im Workshop um interaktives Lernen geht. Die Präsenz der Mitlernenden und des Moderators ist von entscheidender Bedeutung.)
Normalerweise beginnen die Teilnehmer den Workshop mit inneren Reserven. Manchmal nehmen Kollegen teil, die sich bisher nicht besonders gut verstanden haben; manchmal treffen Teilnehmer aufeinander, die einander durch die Brille starker Vorurteile betrachten. Fast jeder macht sich Sorgen, wie er sich auf dem unbekannten Gelände des Workshops bewähren wird. In dieser unsicheren Situation ist es die Aufgabe des Moderators, dafür zu sorgen, daß die Teilnehmer sich akklimatisieren, daß sie aufeinander neugierig werden, daß sie entdecken, was sie voneinander lernen können.
Im folgenden finden Sie einige Bonding Games, die Sie in der ersten Sitzung eines Workshops verwenden können, wenn sich die Teilnehmer noch nicht kennen.

Bonding Game 1: Miteinander warm werden

Ziel: Die Gruppe in Gang bringen, so daß jeder verschiedene Gruppenmitglieder etwas näher kennenlernen kann.

Zeit: 10 bis 30 Minuten.

Arbeitsstruktur: Zunächst gehen die Teilnehmer ohne Blickkontakt schweigend im Raum herum. Sie versuchen, die Umgebung des Workshop-Raumes zwei Minuten lang aufmerksam wahrzunehmen. Nach zwei Minuten nehmen sie Blickkontakt zu den anderen Gruppenmitgliedern auf, während sie weiter im Raum herumgehen… (2 Minuten)
Anschließend kommen die Teilnehmer zu zweit zusammen, mit jemandem, den sie noch nicht kennen und auf den sie neugierig sind. Die Paare gehen nebeneinander durch den Raum. Jetzt werden ihnen verschiedene Themen genannt, über die sie miteinander ein bis zwei Minuten sprechen sollen.

Anschließend wechseln die Teilnehmer den Partner und setzen ihren Spaziergang mit dem neuen Gruppenmitglied fort.
Sinnvolle Themen:
- Wie sind Sie hierher gekommen?
- Was hat Sie zu diesem Workshop geführt?
- Wo sind Sie geboren?
- Warum haben Sie mich für diesen Kontakt gewählt?

Anschließend bilden immer zwei Paare ein Quartett; Ihre Wahl treffen sie wieder auf der Basis ihrer Neugierde. Die Quartette können herumgehen oder stehenbleiben, ganz wie sie wollen. Auch hier werden Themenvorschläge für die Unterhaltung gemacht:
- Was möchten Sie aus diesem Workshop mitnehmen?
- Welche Befürchtungen haben Sie im Blick auf unseren Workshop?
- Welche Hoffnungen und Ängste teilen alle vier Mitglieder dieses Quartettes?

Dann kehren die Quartette ins Plenum zurück und teilen kurz mit, was bei diesen kurzen Unterhaltungen für sie wichtig war.
(Sie können die Themenvorschläge für diese kurzen Gespräche auch mit dem Thema des Workshops verbinden. Bei einem Workshop zum kreativen Schreiben sind z. B. folgende Vorschläge denkbar:
- Wer ist Ihr Lieblingsautor?
- Welches Buch haben Sie zuletzt mit Interesse gelesen?
- Wie ging es Ihnen als Schüler mit dem Fach Deutsch?
- Wo können Sie am besten schreiben, zu Hause oder anderswo?)

Bonding Game 2: Vorstellung mit Fokus

Ziel: Jeder soll als Mitglied des Workshops gesehen und gehört werden.

Material: Stoppuhr.

Zeit: Für jedes Gruppenmitglied zwei Minuten.

Arbeitsstruktur: Jeder Teilnehmer stellt sich selbst im Plenum vor, zunächst mit seinem Namen und dann mit einigen persönlichen Anmerkungen. Es ist nützlich, dafür einen gemeinsamen Fokus festzulegen. Entscheiden Sie sich für eines der folgenden Themen:
- Was hat mich in diesen Workshop geführt?
- Was möchte ich in diesem Workshop erreichen?
- Was habe ich erlebt, ehe ich in diesen Workshop kam?
- Wofür interessiere ich mich besonders?
- Drei Orte, an denen ich gelebt habe.
- Wo wäre ich in diesem Augenblick am allerliebsten?

(Derjenige, der sich vorstellt, benutzt die Stoppuhr und achtet darauf, daß er nicht länger als zwei Minuten spricht.)

Bonding Game 3: Vorstellung in einer großen Gruppe

Ziel: Jeder Teilnehmer soll sich ein wenig akklimatisieren, indem er einige andere Gruppenmitglieder kennenlernt.

Zeit: 5 bis 10 Minuten.

Arbeitsstruktur: Fordern Sie die Teilnehmer auf, sich nacheinander drei Workshop-Mitgliedern vorzustellen, die sie nicht kennen. Für jede Vorstellung haben sie zwei Minuten Zeit. (Am besten geben Sie nach zwei Minuten ein akustisches Signal, damit die Teilnehmer wechseln können.)

Variationen:

- Fordern Sie die Teilnehmer auf, sich drei Mitgliedern des anderen Geschlechtes vorzustellen.
- Jeder Teilnehmer stellt sich drei Gruppenmitgliedern vor, die dieselbe Augenfarbe haben.
- Jeder stellt sich drei Gruppenmitgliedern vor, die er nicht kennt, und findet heraus, wie der Betreffende heißt, was er bei der Arbeit tut, was sein wichtigstes Interesse ist.

Bonding Game 4: Namen memorieren

Ziel: Die Teilnehmer lernen auf eine interessante Weise die Namen der übrigen Workshop-Teilnehmer.

Zeit: 10 Minuten.

Arbeitsstruktur: Ein Teilnehmer beginnt und sagt den Namen, mit dem er im Workshop angesprochen werden will. Sein Nachbar macht weiter, wiederholt den Namen des Vorgängers und fügt den eigenen hinzu. Der nächste Teilnehmer wiederholt die beiden Namen der Vorredner und teilt dann den eigenen Namen mit. Auf diese Weise geht es weiter, bis der letzte Teilnehmer an die Reihe gekommen ist und alle Namen wiederholt hat.

Variationen:

- Die Teilnehmer setzen vor ihren Namen eine Stadt mit demselben Anfangsbuchstaben hinzu, (z. B. ich bin Hamburg-Hans, er ist Hamburg-Hans und ich bin Aachen-Anne, er ist Hamburg-Hans, sie ist Aachen-Anne, und ich bin Berlin-Brigitte).
- Jeder fügt seinem Namen ein Adjektiv hinzu, das sein Temperament beschreibt.
- Jeder sagt seinen Namen und berichtet, welche Melodie ihm im Augenblick einfällt.

36 Spielregeln

Spielregeln sollen dem Moderator und den Workshop-Teilnehmern eine zusätzliche Sicherheit geben und dafür sorgen, daß die gemeinsame Arbeit erleichtert wird. Wenn Sie Wert auf solche Spielregeln legen, dann können Sie die eine oder andere in den ersten Sitzungen einführen. (Man sollte sich allerdings klarmachen: je weniger explizite Regeln es gibt, desto besser ist es.) Wichtige Spielregeln können auf ein Flipchart geschrieben werden, das im Raum an die Wand gehängt wird. Nützlich sind z. B. folgende Regeln:

1. **Jeder kommt pünktlich zur Gruppensitzung und nimmt an allen Sitzungen teil.** (Wenn jemand eine Sitzung auslassen will, dann informiert der Betreffende einen anderen Teilnehmer oder den Moderator. Wenn jemand den Workshop vorzeitig verlasen muß, dann kündigt er das so früh wie möglich in der Gruppe an.)
2. **Während der Arbeit darf nicht geraucht werden.**
3. **Vertraulichkeit wird für alle persönlichen Informationen garantiert.** (In institutionellen Gruppen ist das für viele Teilnehmer ein wichtiger Punkt. Je mehr Angst es in einer Organisation gibt, desto wichtiger wird Vertraulichkeit für die Teilnehmer. Vertraulichkeit läßt sich nicht erzwingen, und sie wird am besten von jenen Gruppen beachtet, die ein hohes Maß an Vertrauen und Synergie entwickelt haben. Es ist von größter Bedeutung, daß Sie selbst als Moderator diesen ethischen Grundsatz berücksichtigen. Diskutieren Sie bitte diese Regel mit der Gruppe.)
4. **Niemand benutzt Schimpfworte oder sexistische Äußerungen.**
5. **Jeder ist für sein Wohlbefinden in der Gruppe selbst verantwortlich.** (Das bedeutet, daß jeder seine Wünsche mitteilt und sagt, was er braucht, um komfortabel lernen und arbeiten zu können: Es ist mir zu warm... Das Licht ist mir zu hell... Ich möchte nicht so lange im Plenum arbeiten... Ich brauche ab und zu eine Gelegenheit, mich zu bewegen... etc.)
6. **Jeder ist dafür verantwortlich, für seine Bedürfnisse einzutreten, für emotionale und intellektuelle Wünsche.** (Ich möchte lernen, lebendige Meetings zu leiten... Ich wünsche mir eine Feedback-Runde etc.)
7. **Störungen haben Vorrang.** (Wenn ein Teilnehmer sich auf die gemeinsame Arbeit überhaupt nicht konzentrieren kann, dann teilt er das der Gruppe mit: Ich habe mich eben gewaltig geärgert... Dieser Konflikt beschäftigt mich immer noch...)
8. **Jeder spricht für sich selbst und nicht für andere.** (Ich fühle... Ich denke... Ich möchte... statt: Wir können nicht... Wir sollten... Wir denken alle...)

Da wir uns wünschen, daß im Workshop dynamisch gelernt wird und daß Improvisation und Spontaneität gedeihen können, sind wir gut beraten, möglichst wenig Regeln aufzustellen. In manchen Workshops diskutieren die Teilnehmer auch selbst über notwendige Spielregeln und einigen sich dann auf die wichtigsten Grundsätze für die Arbeit. Solche Spielregeln haben die beste Aussicht, daß sie tatsächlich beachtet werden.

In den meisten Workshops haben wir nicht das Problem, daß es zu wenig Regeln gibt oder daß diese nicht eingehalten würden, sondern daß wir selbst und unsere Teilnehmer zu viele Regeln mitbringen und uns an alte, unproduktive Gesetze klammern. Oft wissen wir nicht einmal, wann wir Regeln folgen, die unsere Neugier und unsere Kreativität einschränken.
Für solche „unsichtbaren" Regeln können Sie die Teilnehmer mit dem nachfolgenden Experiment sensibilisieren. Das ist ein sehr schönes Spiel für Workshops, in denen es um Kreativität und um persönlichen und institutionellen Wandel geht. Es eignet sich vorzüglich für die Anfangsphase eines Workshops, setzt eine Menge geistiger Energie frei und etabliert eine Haltung des forschenden Lernens.

Übung: Unsichtbare Regeln

Ziele: Die Teilnehmer können sich auf interessante Weise mit der Dynamik von Regeln beschäftigen. In dem Experiment begegnen sie expliziten Regeln in Form der Anweisungen, die der Moderator gibt, und sie begegnen jenen unsichtbaren Regeln, die jeder verinnerlicht und in den Workshop mitgebracht hat.

Zeit: 30 bis 60 Minuten.

Arbeitsstruktur: Die Teilnehmer gehen einzeln im Raum herum und deuten mit der Hand auf irgendein Objekt, das ihnen ins Auge sticht. Sie sagen laut den Namen dieses Objektes. Dann erklären Sie den Teilnehmern, daß dieses Experiment ihren Geist herausfordern soll, ihre Beobachtungsgabe und ihre Kreativität. Im nächsten Schritt soll sich jeder weiter im Raum umsehen und eine Minute lang so viele verschiedene Gegenstände wie möglich beim Namen nennen.
Machen Sie die Teilnehmer nun darauf aufmerksam, daß der nächste Schritt eine Überraschung bringt. Sie sollen eine Minute lang im Raum herumgehen und mit der Hand auf verschiedene Dinge zeigen und diese Dinge laut bezeichnen, jedoch nicht mit dem natürlichen Namen, sondern mit dem Namen des Objektes, das sie ganz zu Anfang genannt haben. (Das erfordert eine gewisse Konzentration, und manchmal braucht ein Teilnehmer eine ganze Weile, bis er seinen Geist umprogrammiert hat und es riskiert, diese nichtkorrekte Bezeichnung zu verwenden. Sie werden ab und zu Lachen hören, wenn sich Frustration und Anspannung auflösen.)

Im dritten Schritt erhalten die Teilnehmer völlige Freiheit. Sie gehen weiter im Raum herum, zeigen mit der Hand auf verschiedene Objekte und benennen sie wiederum laut, aber diesmal können sie jedem Gegenstand einen selbstgewählten Namen geben. Sie können einen Stuhl einen Stuhl nennen, aber genauso gut „Insel der Ruhe" oder „Türklinke". (Dieser Schritt wirkt befreiend, weil es keine Regeln gibt, kein richtig oder falsch. Gleichzeitig finden die meisten Teilnehmer dies schwieriger als Schritt zwei. Die Freiheit der Aufgabe erweist sich als Erschwernis.)

Anschließende Auswertung: Fragen Sie die Teilnehmer, welche Teile des Experimentes für sie besonders schwierig waren und welche unsichtbaren Regeln sie dabei befolgt haben. Schreiben Sie die Regeln dann auf das Flipchart und analysieren Sie diese mit den Teilnehmern. Fragen Sie, woher diese Regeln kommen und welche davon sie gerne aufgeben wollen.
Anschließend können Sie das Spiel ein zweites Mal durchspielen, damit jeder sehen kann, wie erfolgreich er unerwünschte Regeln über Bord werfen kann. Meist ist der zweite Durchlauf viel entspannter, genußvoller und kreativer.

Wie Sie weiterarbeiten können:

A: Sie können die Teilnehmer fragen, welche Spielregeln sie sich für den Workshop wünschen.

B: Sie können mit den Teilnehmern einschränkende Regeln erforschen, die sie hindern, die Lernchancen des Workshops voll zu nutzen, oder die ihre berufliche Entwicklung beeinträchtigen bzw. ihre Fähigkeit, ein glückliches Privatleben zu führen etc.

37 Der Moderator als Modell

Die Workshop-Mitglieder und die Sponsoren eines Workshops erwarten von uns, daß wir in unserer Arbeit all das praktisch zum Ausdruck bringen, was wir theoretisch lehren: innere Ruhe, Kreativität, die Fähigkeit zur Improvisation. Die Amerikaner nennen das „Walk the Talk". Wenn wir in unserem eigenen Verhalten die wichtigen Skills zeigen, die heute in der Arbeitswelt gebraucht werden, dann können wir als Vorbild dienen und „kopiert" werden. Die Teilnehmer werden uns respektieren, wenn sie diese Kongruenz bemerken. Das Gegenteil ist natürlich auch wahr: Wenn wir in unserem Verhalten dem widersprechen, was wir predigen, dann verlieren wir schnell unsere Autorität. Die wichtigsten Haltungen und Skills, über die der Moderator verfügen muß, sind vielleicht: Authentizität, Lernbereitschaft, Kommunikationsgeschick, Improvisationsfähigkeit, Selbstsicherheit und Bescheidenheit, Empathie und Intuition, Hilfsbereitschaft, Geschick in der Arbeit mit kleinen und großen Organisationen, psychologische Kenntnisse, ein Gespür für die eigene Verletzlichkeit und die Fähigkeit, sich selbst und anderen immer neu zu helfen, die Balance im Leben und bei der Arbeit zu finden.
Das ist eine hohe Anforderung. Gleichzeitig muß sich der Moderator aber damit abfinden, daß er bei vielen Themen, um die es in seinen Workshops geht, eher ein kultivierter Amateur ist und kein Meister. Und das ist völlig in Ordnung. Der Moderator kann sehr erfolgreich Workshops über Führungsqualitäten geben, ohne selbst als Manager gearbeitet zu haben. Er kann einen Workshop über kreatives Schreiben geben, ohne selbst ein begnadeter Schriftsteller zu sein. Wir können uns damit trösten, daß die besten Praktiker nicht immer die besten Lehrer sind. Ein erfolgreicher Manager kann ein einseitiger Kommunikator sein; ein hinreißender Schriftsteller ist vielleicht völlig blind für die Bedürfnisse von Anfängern, die schreiben lernen wollen; und ein guter Illustrator weiß vielleicht nicht, wie er die Ängste von Menschen auflösen kann, die zum ersten Mal nach vielen Jahren versuchen, ein Bild zu malen.
Um als Moderator erfolgreich zu sein, brauchen wir andere Qualitäten. Ein Meistermoderator muß ein guter Kommunikator sein, er muß in der Lage sein, seine Teilnehmer zu inspirieren, daß sie ihre eigenen Ressourcen nutzen. Er kann seine fachspezifischen Handicaps sogar geschickt einsetzen, indem er deutlich macht, daß er auf diesem Gebiet selbst weiterlernen möchte.
Daher ist es wichtig, daß der Moderator keine unrealistischen Forderungen an sich selbst stellt. Er muß nicht alles wissen und können, aber er muß weise genug sein zu erkennen, daß seine Teilnehmer auf ihren Arbeitsgebieten oft mehr wissen als er selbst. Er muß geschickt darin sein, fremde Skills und Kenntnisse für die Lernprozesse im Workshop zu nutzen. Dann ist er gleichzeitig ein gutes Modell für alle Teilnehmer, die ebenfalls Gruppen lei-

ten und Führungsaufgaben wahrnehmen. Sie können dann von ihm lernen, wie sie die Ressourcen in ihren eigenen Gruppen wecken können.
Auch wenn der Moderator auf vielen Gebieten ein Amateur ist, so kann er doch für seine Teilnehmer ein Modell sein, wenn er über die folgenden Qualitäten verfügt:

1. Klares Denken – Der Moderator kann diese Fähigkeit an vielen Stellen unter Beweis stellen, von der guten Planung des Workshops bis zum schnellen Verstehen von Störungen in einer Sitzung. Klares Denken zeigt sich auch daran, daß der Moderator den relativen Wert der verschiedenen Lerntheorien und Lerntechniken erkennt und es vermeidet, einzelne Verfahren zu überschätzen. Genauso wichtig ist es, daß der Moderator keine übertriebenen Erwartungen weckt, die zu späteren Enttäuschungen führen. Er muß ein Gespür dafür haben, was veränderbar und was nicht veränderbar ist. Es ist weise, wenn der Moderator dem Mythos entgegenwirkt, daß alles machbar wäre, daß unsere Lernfähigkeit grenzenlos ist und daß wir alles erreichen können, wenn wir nur wollen. Der Moderator muß in der Lage sein, Grenzen anzuerkennen – eigene Grenzen, die Grenzen seiner Teilnehmer, die Grenzen der Institutionen, in denen er arbeitet.
Wenn Sie bemerken, daß Ihnen der klare Blick verlorengeht, dann machen Sie einfach eine kurze Pause. Verschaffen Sie sich etwas Zeit zum Nachdenken oder fordern Sie die Gruppe auf, Ihnen zu helfen.

2. Einfühlungsvermögen – Es ist wichtig, daß der Moderator die Stimmung der einzelnen Teilnehmer und der gesamten Gruppe bemerken kann. Das erreicht er durch genaue Beobachtung. Er muß bemerken, wenn es Spannungen zwischen den Teilnehmern gibt, und er muß aufmerksam dem Lernprozeß der Gruppe folgen. Wachheit und Engagement werden immer wieder von Müdigkeit, Zerstreutheit und Unlust abgelöst. Der Moderator muß diese Schwankungen in der Gruppenenergie als natürlich hinnehmen und bereit sein, geeignete Interventionen zu machen. Empathie geht aber über das Energiemanagement in der Gruppe hinaus. Der Moderator versucht auch, die Lebenssituation des einzelnen Teilnehmers zu verstehen, seine aktuelle Arbeitssituation, seine familiäre Situation, denn der einzelne Teilnehmer möchte ja auch für diesen Lebenszusammenhang etwas Neues und Nützliches hinzugewinnen.

3. Bescheidenheit – Der Moderator sollte seine eigenen Stärken und Schwächen kennen. Geben Sie Teilnehmern und Auftraggebern gegenüber zu, wenn Sie etwas nicht wissen. Wenn Sie einen Workshop geplant haben, dann ist es wichtig, daß Sie die Schwachpunkte des Programms kennen und bei der Planung berücksichtigen. Vielleicht entschließen Sie sich, einen Spezialisten hinzuzuziehen. Vielleicht machen Sie einen Rollentausch und lernen von den Teilnehmern, oder Sie verabreden mit den Teilnehmern, daß Sie mit ihnen gemeinsam lernen werden. Dann können Sie mit der Gruppe bei Null anfangen und die gewünschten Skills gemeinsam erarbeiten. Diese Methode des „Action learning“ ist häufig erfolgreich von Filmemachern, von Drehbuchautoren, von Zirkusclowns und Artisten angewendet worden.

4. Ressourcen nutzen – Wenn die Teilnehmer in einer Sackgasse stecken, dann können Sie ihnen, wenn sie es wünschen, mit Ideen aushelfen oder zusätzliche Informationen zur Verfügung stellen. Oft ist es nützlich, wenn der Moderator Hintergrundmaterial zum Workshop-Thema mitbringt: eine kleine Handbibliothek, Kassetten, CD-ROMs, auf die die Teilnehmer zurückgreifen können. Eine Bibliographie zum Workshop-Thema ist ebenfalls hilfreich; sie stärkt Ihre Autorität und Ihr Ansehen in der Gruppe. Aber natürlich können Sie nicht für alle notwendigen Ressourcen sorgen. Sie können der Gruppe aber zeigen, wie man sich wichtige Informationen verschafft.

5. Forschendes Lernen – Als Moderator profitieren Sie selbst davon, wenn Sie die Neugier des Journalisten, die Unerschrockenheit des Reporters und die Geduld des Wissenschaftlers haben, um Ihr Wissen zu bestimmten Themen zu vertiefen. Sie beginnen mit der klassischen und sokratischen Feststellung „Ich weiß, daß ich nichts weiß“ und arbeiten sich in ein Thema ein. Dadurch können Sie Ihren Teilnehmern Mut machen, ganz ungeniert zu fragen. Sie können ihnen helfen, präzise zu fragen, um präzise Antworten zu bekommen: Wer? Was? Wo? Wie? Wann? Jeder Workshop profitiert von einer solchen Atmosphäre, die durch forschendes Lernen entsteht. Und wenn Sie selbst überfragt sind, dann können Sie mit den Teilnehmern Strategien entwickeln, auf welchem Wege benötigte Informationen und Skills gewonnen werden können. Dazu gehören Expertenbefragungen, Bibliotheks- und Internetrecherchen, Anfragen bei Berufsverbänden, Besuch von Kongressen, Gespräche mit Kollegen und Kunden, Beteiligung an Diskussionen in Chatrooms im Internet etc.

6. Intuition – Diese Haltung ist äußerst schwierig für den perfektionistischen Moderator, der sein Heil darin sucht, ganz genau einer bestimmten Methode zu folgen, und bestrebt ist, die Unsicherheiten des Gruppenprozesses durch genaue Planung und die Reproduktion bewährter Lernsituationen zu entschärfen. Der erfahrene und weise Moderator vertraut seinen Instinkten. Er weiß, daß die vielen Erfahrungen, die er im Leben und in der Arbeit gemacht hat, im Hintergrund vorhanden sind. Er vertraut auf die Weisheit der inneren Stimme, die ihm sagt: „Du weißt, was in dieser Situation benötigt wird. Probiere doch einfach X aus.“

7. Geduld – Ein ehrgeiziger Moderator ist leicht in der Versuchung, sich an den schnellsten Gruppenmitgliedern zu orientieren. Das führt auf die Dauer zu einer Fraktionierung der Gruppe in „erfolglose“ und „erfolgreiche“ Mit-

glieder. Die Kunst der Moderation besteht darin, auch dem langsamsten Teilnehmer die erfolgreiche Mitarbeit zu ermöglichen.
Eine weitere Versuchung besteht darin, daß wir immer wieder hoffen, wichtige Einsichten und Durchbrüche beim Lernen könnten bei möglichst vielen Teilnehmern zur selben Zeit stattfinden. Aus Erfahrung wissen wir aber, daß jeder Teilnehmer seinen eigenen Lernrhythmus hat. Und das ist auch gut so, denn wenn alle im gleichen Takt lernten, wäre die Arbeit in einer Gruppe unerträglich langweilig, für die Teilnehmer und für den Moderator in gleicher Weise. Darum müssen wir uns die Mühe machen, den Lernprozeß jedes einzelnen zu verfolgen und unseren Beitrag dazu zu leisten, daß jeder genügend Erfolgserlebnisse hat. Wir werden die Teilnehmer immer wieder dazu auffordern, den eigenen Lernprozeß zu evaluieren und Feedback zu geben in Bezug auf Lernklima und Lernarrangements. Wenn die Gruppe oder einzelne Teilnehmer Schwierigkeiten beim Lernen zeigen, dann werden wir versuchen, diese Lernschwierigkeiten zu verstehen. Manchmal hat Nichtwissen eine wichtige Schutzfunktion, manchmal sind unsere Lernarrangements nicht angemessen, und wir müssen nach neuen didaktischen Wegen suchen.

8. Dramatisches Talent – Heute müssen immer mehr Workshop-Teilnehmer in ihren Unternehmen in der Lage sein, Präsentationen zu machen. Sie kommen in den Workshop, um Anregungen für diese schwierige und manchmal beängstigende Kunst zu gewinnen.
Von Zeit zu Zeit wird auch der Moderator kleine Präsentationen geben oder einen kurzen Vortrag halten. Wollen Sie eine Lehrgeschichte erzählen, ein Fachreferat halten, eine philosophische Betrachtung anstellen oder eine inspirierende Ansprache halten? Experimentieren Sie mit verschiedenen Formen und genießen Sie die Möglichkeit, sich selbst zu inszenieren, aber machen Sie sparsamen Gebrauch von dieser Form des Lehrens.

9. Flexibilität – Die meisten Workshop-Teilnehmer bewundern den Moderator, der in der Lage ist, im Rahmen seines Programms zu improvisieren und sich elegant auf Schwierigkeiten oder eine neue Lage einzustellen. Viele Workshops sind zu stark vorgeplant und darum weniger interessant als es möglich wäre. Oft wird zuviel Material in den Workshop gebracht. Die Teilnehmer reagieren unwillig auf alle Versuche, ihnen Informationen und Skills aufzuzwingen. Im allgemeinen haben sie auch eine Abneigung gegen „Konserven". Sie wünschen sich einen Lernprozeß, der frisch und originell ist und der nicht zum zehnten Mal „in derselben Form" stattfindet. Darum ist es gut, wenn der Moderator sich so vorbereitet, daß er über genügend Alternativen verfügt. Wenn irgendeine Idee oder vorbereitete Aktivität der Gruppe nicht gefällt, dann sollten wir sie leichten Herzens aufgeben und einen anderen Weg einschlagen. Die Gruppe schätzt es, wenn der Moderator auf ihre Präferenzen eingeht. Manchmal erhöht es die Freude an der gemeinsamen Arbeit, wenn Sie die Gruppe vor die Wahl stellen: „Ich kann Ihnen zu unserem

Thema drei verschiedene Lernarrangements anbieten: Ein konventionelles, ein neuartiges und ein Arrangement, das eine starke Herausforderung für Sie ist. Für welches wollen Sie sich entscheiden?"

10. Gegensätze versöhnen – Lernen ist ein dynamischer Prozeß, es ist der Versuch, Widersprüche aufzulösen und immer wieder in eine Balance zu kommen zwischen Altem und Neuem. Sie können sich Ihre Arbeit sehr erleichtern, wenn Sie sich vornehmen, mit Polaritäten und Gegensätzen produktiv zu arbeiten. Das Prinzip ist ganz einfach: Wechseln Sie den Fokus und arbeiten Sie aus einer anderen Perspektive weiter. Auf diese Weise vermeiden Sie viele Probleme und Lernwiderstände in der Gruppe. Wenn Sie merken, daß der Lernprozeß schwieriger wird oder lustloser, dann betonen Sie einfach die Polarität, die im Augenblick zu kurz gekommen ist. Nützliche Polaritäten sind z. B.:

Aufgabe – Gruppenprozeß
Arbeit im Plenum – Arbeit in kleinen Gruppen
Leiterkontrolle – Teilnehmerkontrolle,
aktiv üben – offen aufnehmen,
Präsentation – Teilnehmeraktivität,
stehen – sitzen,
sprechen – malen,
im Kreis sitzen – im Raum umhergehen,
direktiv sein – permissiv sein,
weiterarbeiten – eine Pause machen,
sprechen – schweigen,
teilnehmen – beobachten,
Männer – Frauen,
erfahrene Teilnehmer – unerfahrene Teilnehmer, usw.

11. Optimismus – Für jeden Workshop brauchen Sie Optimismus im Blick auf Ihre eigenen Fähigkeiten und auf Ihr eigenes Wissen, im Blick auf das Potential der Teilnehmer und im Blick auf Ihre Planungen. Einige Moderatoren helfen sich, indem sie bewährte Programme immer wieder benutzen. Das ist jedoch problematisch, denn erstens berücksichtigt diese Vorgehensweise nicht den Umstand, daß jeder Workshop anders ist, zum anderen haben Sie dann selbst keine Gelegenheit zum Improvisieren und zur Entwicklung Ihrer Fähigkeiten als Moderator. Sie bleiben zwar in Ihrer Sicherheitszone, lernen aber selbst nichts dazu. Die meisten Teilnehmer schätzen es, wenn sie bemerken, daß auch der Moderator neue Dinge ausprobiert und so dasselbe tut, was er von den Teilnehmern erwartet, nämlich durch Versuch und Irrtum zu lernen.

Genauso wichtig wie der eigene professionelle Optimismus ist der Glaube an die Fähigkeiten der Workshop-Teilnehmer. Viele Moderatoren finden es schwierig anzunehmen, daß die Teilnehmer neugierige, experimentierfreudige und wißbegierige Menschen sind. Sie gehen von einem pessimistischen Menschenbild aus, nach dem Erwachsene wenig Lust haben zu lernen, oder überhaupt Schwierigkeiten haben, sich zu verändern. Darum verlassen sie sich vor allem auf Techniken und Methoden, die Lernwiderstände umgehen oder beseitigen und das Gehirn in Gang setzen sollen. Der pessimistische Moderator hat dementsprechend das Bedürfnis, die Gruppenmitglieder zu kontrollieren, um sicherzustellen, daß überhaupt gelernt wird. Diese Haltung ist problematisch. Sie erzeugt ein unnötiges Autoritätsgefälle und eine überflüssige Spannung zwischen Moderator und Teilnehmern. Die Ergebnisse sind unerfreulich, weil die Gruppenmitglieder im Sinne der sich selbst erfüllenden Prophezeiung dann tatsächlich Unlust und Hilflosigkeit zum Ausdruck bringen. Optimismus im Blick auf die eigenen Vorbereitungen ist dann angebracht, wenn wir uns mit dem Workshop-Thema ausführlich beschäftigt haben. Wir sind auf eine Reihe von uns neuen Dingen gestoßen, haben dann einige Alternativen vorbereitet, so daß wir gut gerüstet sind, je nach den Bedürfnissen der Gruppe, verschiedene Wege zu gehen. Das schließt auch die Erwartung ein, daß nicht alle Lerneinheiten gleich interessant oder bahnbrechend für die Teilnehmer sein werden. Aber wir vertrauen darauf, daß der Workshop selbst eine so anregende Lernsituation bietet, daß die Teilnehmer insgesamt einen Gewinn für sich verbuchen können.

12. Loslassen können – Der Moderator muß auf jeden Fall vermeiden, die Haltung eines Lehrers anzunehmen, der durch Einschüchterung oder Belohnung dafür sorgt, daß alle Schüler zum selben Zeitpunkt dieselben Dinge lernen. Viel produktiver ist die Vorstellung, daß er eine Art Lernparty gibt und es jedem Teilnehmer überläßt, wann er sich engagieren will, wie er seine Akzente beim Lernen setzt, wann er eine Pause machen oder eine Herausforderung annehmen will. Diese lockere Haltung bedeutet auch, daß der Moderator möglichst wenig Druck ausübt. In der Regel werden wir uns nicht mit den Teilnehmern streiten. Wir können verschiedene Meinungen akzeptieren und auch akzeptieren, daß einzelne Teilnehmer sich ab und zu ausblenden und an einem Experiment nicht teilnehmen. Wenn wir diese „Freiheit zum Lernen" geben, dann werden wir feststellen, daß unsere Teilnehmer oft ganz überraschende Entscheidungen treffen und die Initiative ergreifen.
Zum Loslassen gehört natürlich auch, daß wir Vorschläge oder Aktivitäten fallen lassen, wenn wir selbst erkennen, daß sie sich erschöpft haben.

All das kann dazu beitragen, daß der Moderator Respekt und Kooperationsbereitschaft der Teilnehmer erlangt. Die Teilnehmer fassen Vertrauen, daß der Workshop ihre Lernbedürfnisse befriedigen wird. Und vor allem kann eine solche Haltung dafür sorgen, daß der Moderator in Zeiten rascher Veränderungen mit einem entsprechend hohen Lernbedarf ein nützliches Modell für die Teilnehmer ist.

38 Energie mobilisieren

Eine wichtige Aufgabe des Moderators ist es, die Schwankungen im Energiepegel der Gruppe zu beobachten. Oft können wir mit einer energetischen Pause der Gruppe helfen, wieder ein höheres Maß an Energie zu entwickeln. Damit tun wir auch uns selbst einen Gefallen, weil unsere Arbeit dann leichter ist. Der Schlüssel zu einer optimalen Pflege der Gruppenenergie ist:

- unsere Aufmerksamkeit, d. h. unsere Fähigkeit, den Strom der Energie in der Gruppe zu spüren;
- das technische Wissen, die Energie in die richtige Richtung zu lenken; manchmal ist es wichtig, daß wir eine Gruppe beruhigen und für stille Konzentration sorgen; häufiger kommt es vor, daß wir den Energiepegel erhöhen wollen.

In klassischen Lernsituationen ist der Lehrende in der Regel zufrieden, wenn die Teilnehmer still dasitzen und seinem Vortrag oder seiner Präsentation folgen. Und auch im Workshop kann es einmal notwendig sein, viele Informationen aufzunehmen. Aber eine One-Man-Show des Moderators darf nicht zu lange dauern. Die Teilnehmer brauchen regelmäßig Pausen und zusätzliche frische Luft, um wieder wachzuwerden.
Aber wir können mehr tun, damit unsere Workshop-Teilnehmer wach, interessiert und gutgelaunt bleiben. Wenn wir spüren, daß die Energie absinkt (wir bemerken, daß die Teilnehmer gähnen, sich zurücklehnen oder unruhig auf ihren Stühlen herumrutschen), dann können wir zu einer Übung zum Muntermachen einladen.
Als Beispiel will ich Ihnen eine vierteilige, sehr ausgewogene Übung vorstellen, die Sie als „Muntermacher" benutzen können, zu Beginn einer Sitzung oder zwischendurch. Die Übung bietet eine ausgezeichnete Chance, zu jeder Zeit die Energie in einem Workshops zu steigern:

Übung: Erde, Luft, Feuer und Wasser

Luft: Die Gruppe beginnt tiefer als gewöhnlich zu atmen. Jeder steht auf und atmet tief ein und aus. Die Teilnehmer können sich vorstellen, daß der ganze Körper wie ein großer Schwamm ist, der den Sauerstoff aus der Luft gierig aufnimmt.
Sie können den Teilnehmern helfen, sich vorzustellen, welchen Weg der Sauerstoff nimmt – zu hören, wie die Luft durch die Nase hereinströmt und zu spüren, wie die Luft Brust und Schultern, Oberarme und Ellbogen füllt, bis in die Fingerspitzen; erwähnen Sie, daß die Luft auch in den Kopf strömt, in das Gesicht bis unter die Kopfhaut; weisen Sie darauf hin, daß die Luft auch den Bauch ausfüllt, das Becken, Oberschenkel und Knie, und weiterströmt bis in Knöchel, Füße und Zehenspitzen.

Die Teilnehmer gönnen sich einige dieser tiefen, erfrischenden Atemzüge. Anschließend können Sie alle auffordern, ein paarmal zu gähnen. Die erstem Male vielleicht künstlich, während sie gleichzeitig die Arme recken, und irgendwann wird sich dann auch ein echtes Gähnen einstellen. Gähnen ist unsere natürliche Art, sehr schnell einen Sauerstoffmangel auszugleichen.
(Das Gähnen können Sie auch an anderer Stelle benutzen. Wenn Sie einen längeren Vortrag halten müssen, können Sie zuvor ankündigen, daß Sie Gähnen als Zeichen intensiver Beteiligung betrachten. Außerdem können Sie in der ersten Sitzung des Tages zum bewußten Gähnen auffordern, um sehr schnell eine wache Gruppe zu bekommen.)

Erde: Bei diesem Teil der Übung sollen die Gruppenmitglieder Kontakt mit dem Boden bekommen und ein Gefühl von Sicherheit erhalten. Sie können sich „erden". Machen Sie dabei mit, wenn die Teilnehmer anfangen, kräftig auf der Stelle auf den Boden zu treten, mit beiden Füßen aufzustampfen oder ein paarmal in die Höhe zu springen. Die Füße werden auf dem Boden hin- und hergerieben, gestreckt und gedreht, so daß man sie deutlich spüren kann. Das Ziel ist es, die Füße, die ja am weitesten von unserem Bewußtseinszentrum entfernt sind, neu zu spüren, um durch diese Körperempfindung ein Gefühl größerer Stabilität und Sicherheit zu entwickeln.
Sie können die Teilnehmer darauf hinweisen, daß Sie diese Prozedur der Erdung jederzeit vornehmen können, wenn sie z. B. eine Präsentation machen müssen und sich nervös und unsicher fühlen. Der bewußte Kontakt mit den eigenen Füßen wird ihrer Stimme augenblicklich mehr Volumen geben, und ihre Ausstrahlung wird überzeugender und sicherer.

Feuer: Dieser Teil der Übung fordert, daß wir uns mit lebhaften, ausladenden Bewegungen der Arme und Beine im Raum bewegen wie bei einem Rave. Fordern Sie die Gruppenmitglieder auf, die Energie in ihrem Körper zu spüren, wenn sie sich auf diese Weise bewegen.
(Machen Sie auch bei diesem Teil der Übung mit, damit unsichere Teilnehmer sich nicht albern vorkommen.)

Wasser: Dieser Teil bietet wiederum einen Kontrast zu dem vorangehenden Abschnitt. Die Teilnehmer stellen sich einfach vor, daß der Gruppenraum sich in einen Swimmingpool verwandelt hat und daß sie sich jetzt mit eleganten, fließenden Bewegungen durch das Wasser bewegen, indem sie vor allem darauf achten, daß sich die Gelenke bewegen, Hand-, Ellbogen-, Schulter-, Hüftgelenke, Knie usw. Teilnehmer, die Eurhythmie kennen, werden sogleich verstehen, worauf es ankommt. Machen Sie auch hier mit.

Am Ende helfen Sie den Teilnehmern, Kopf und Körper in eine neue Balance zu bringen: Wie fühlt sich mein Körper jetzt? Welchen Teil nehme ich am stärksten wahr? Welchen am wenigsten? Weisen Sie darauf hin, daß wir

unsere Balance verbessern können, indem wir die Elemente betonen, die bei uns vielleicht schwach ausgeprägt sind.
Damit jeder sich seine individuelle, richtige Mischung herstellen kann, gibt es drei Minuten extra Zeit: Jeder geht noch einmal durch die vier Phasen der Übung hindurch und benutzt diese Gelegenheit, besondere eigene Akzente zu setzen.

39 Energizer

Spiel 1: Bären

Ziel: Dies ist ein Spiel für jede Gruppengröße, und Sie können es mit jedem Thema, das im Workshop gerade ansteht, elegant verbinden. Es ist ein typisches kooperatives Spiel im Stil der „New Games". Das Spiel

- steigert die Gruppenenergie,
- stimuliert die Phantasie,
- integriert die Gruppe oder das Team,
- gibt den Teilnehmern die Möglichkeit, das Spiel selbst zu kontrollieren.

Zeit: 5 bis 10 Minuten.

Arbeitsstruktur: Sagen Sie zu Beginn etwa: „Wir werden jetzt ein Gruppenspiel ausprobieren, und jeder kann dazu beitragen. Jeder kann die Worte sprechen: ‚Ich weiß etwas...', und wenn einer diese rituellen Worte gesagt hat, dann fragen alle im Chor: ‚Was denn?' Dann sagt die Person, die das gerade angekündigt hat: ‚Wir sind jetzt alle Braunbären.' (Genauso kann sie sagen: ‚Wir sind jetzt alle Schiffe'.)
Auf diesen Vorschlag antwortet die Gruppe im Chor: ‚Ja, wir wollen alle Braunbären sein' (oder Schiffe oder was immer auch vorgeschlagen wurde). Und dann verwandeln sich alle in das entsprechende Wesen bzw. das Objekt. Wenn wir Braunbären sind, dann gehen wir vielleicht mit kräftigen, wiegenden Schritten durch den Raum und schwingen den Oberkörper leicht hin und her; wenn wir Schiffe sind, dann können wir die Hände vorstrecken, zu einem Bug zusammenlegen und so durch den Raum schwimmen. Und wir bleiben dann so lange Braunbären oder Schiffe, bis ein anderes Gruppenmitglied laut sagt: ‚Ich weiß etwas...'"

Wenn Sie dieses Spiel in einer unerfahrenen Gruppe ausprobieren, dann müssen Sie vielleicht die ersten Male selbst die Vorschläge machen, z. B.: „Wir alle sind Windmühlen oder Polizisten oder Bankräuber oder Bill Gates oder Helmut Kohl etc."
Wie lange eine Gruppe die einzelne Idee verkörpert, das kann sehr unterschiedlich sein. Erfahrene Workshop-Teilnehmer lassen sich in der Regel mehr Zeit, um den Vorschlag nach allen Seiten auszuloten, und besonders interessante Vorschläge werden in der Regel auch länger ausagiert.

Spiel 2: Balancieren

Ziel: Dieses Aktivierungsspiel schafft Körperbewußtsein. Es verbindet Geist, Gefühl und Körper. Der Körper kann sich dabei strecken. Die körperliche Anstrengung aktiviert die Atmung und die Aufnahme von Sauerstoff.

Darüber hinaus ist dies ein ausgezeichnetes Aktivierungsspiel für Sitzungen, in denen es um soziales Geschick und Präsentationsskills geht. Wenn wir eine Rede halten, ein wichtiges Gespräch führen, ein Meeting leiten, dann brauchen wir eine gute Balance zwischen uns selbst, unserer Botschaft und den Teilnehmern, deren Aufmerksamkeit wir uns wünschen. Bei dieser Übung können wir uns ganz intensiv und mit allen Sinnen darauf vorbereiten, in Balance zu sein.

Zeit: 5 bis 10 Minuten.

Arbeitsstruktur: Fordern Sie die Teilnehmer zunächst auf, nur auf einem Bein zu stehen und den anderen Fuß in der Luft zu lassen. Dann, auf einem Fuß stehend, sollen sie anfangen, mit dem freien Bein und beiden Armen zu experimentieren, indem sie diese nach allen Seiten ausstrecken – ganz langsam und vorsichtig, um sich an die Grenzen heranzutasten, wo sie das Gleichgewicht nicht mehr halten können und sich mit einer Hand oder dem Fuß abstützen müssen.
Anschließend versuchen die Teilnehmer dieselbe Übung mit dem anderen Fuß. Sie sollen herausfinden, welcher Fuß ihnen mehr Stabilität gibt. (Dabei gibt es oft viel Gelächter, wenn extreme Ballettposen eingenommen werden. Wie weit können sie sich strecken? Die extremen Punkte sollen registriert werden.)
Jetzt wird mit einer Haltung experimentiert, die Konzentration verlangt. Die Teilnehmer stehen auf einem Fuß, ziehen das Knie des freien Beines hoch, indem sie es mit beiden Händen halten. Sie sollen das Knie so hoch ziehen wie möglich, jedoch vermeiden, daß diese Haltung unangenehm wird. Dann lassen die Hände das Knie los, dabei soll das Knie in derselben Lage bleiben, und die Arme werden nach beiden Seiten ausgestreckt. Es geht darum, die Balance zu halten und zu spüren, was der Körper tun muß, was die einzelnen Muskelgruppen machen, damit diese Position beibehalten werden kann.
Anschließend Wiederholung mit dem anderen Bein.
(Dieser Teil der Übung ist schwieriger, als man glaubt, und erfordert vielleicht mehrere Versuche; dafür wird der Vorgang des Balancierens sehr deutlich erlebt.)

Spiel 3: Don't worry, be happy!

Ziel: Dies ist eine anregende Übung, die perfekt ist für den Beginn am Morgen oder für die erste Sitzung nach dem Mittagessen. Sie entspannt und macht auf angenehme Weise munter. Gleichzeitig fördert sie das Gruppengefühl und die Einstellung auf die übrigen Teilnehmer.

Material: CD-Player und die CD mit dem Stück „Don't worry, be happy" von Bobby McFerrin (EMI).

Zeit: 5 bis 10 Minuten.

Arbeitsstruktur: Die Teilnehmer bilden Kleingruppen mit fünf bis sieben Mitgliedern. Jede Kleingruppe steht in einem Kreis, so daß sich die Teilnehmer sehen können. Man wählt einen Animateur, der den übrigen Teilnehmern seiner Kleingruppe einige Möglichkeiten vormacht, sich zur Musik zu strecken oder tief zu atmen. Nach einer Minute geht die Animateurrolle auf einen anderen Teilnehmer über usw. Jeder Animateur soll Rücksicht auf die körperliche Beweglichkeit der anderen nehmen.

Spiel 4: Plätze wechseln

Ziel: Diese sehr einfache Übung macht die Teilnehmer wach, indem sie den Raum und die übrigen Gruppenmitglieder aus einer anderen Perspektive wahrnehmen. Hier ist es wichtig, daß nach dem Wechsel der Plätze ein kurzer Reaktionsaustausch stattfindet.

Zeit: 5 Minuten.

Arbeitsstruktur: Wenn Sie bemerken, daß die Teilnehmer immer an derselben Stelle sitzen, können Sie sie auffordern, die Plätze zu wechseln: Jeder sucht sich einen Platz aus, der möglichst verschieden ist von dem Platz, auf dem er bisher gesessen hat. Anschließend spricht jeder mit seinem Nachbarn darüber, wie er sich an dem neuen Platz fühlt, was sich verändert hat und ob er eine Zeitlang an diesem neuen Platz bleiben möchte.

Spiel 5: Ich gehe auf eine Reise (Dies ist ein Frustrationsspiel, das ebenfalls die Energie in der Gruppe wecken kann durch die dabei entstehende Verwirrung und Komik.)

Zeit: 5 bis 10 Minuten.

Arbeitsstruktur: Erklären Sie den Teilnehmern, daß dies ein sehr altes Kinderspiel ist, das Familien seit vielen Generationen spielen, um die Intelligenz ihrer Kinder zu fördern. (Wenn Ihre Teilnehmer dieses Spiel zu ernst nehmen, dann kann es einige tatsächlich ärgern, vor allem jene, die sich für sehr intelligent halten, aber die zugrunde liegende Regel nicht durchschauen.)

Die Teilnehmer sitzen im Kreis. Beginnen Sie das Spiel, indem Sie die anderen Teilnehmer zu irgendeiner Reise einladen. Sagen Sie z. B.: „Ich gehe auf eine Reise nach Ägypten, und ich nehme mit…“ Nehmen Sie irgendein Objekt mit, dessen Name mit dem ersten Buchstaben Ihres Vor- oder Nachnamens beginnt. Wenn Sie also z. B. Karin heißen, dann könnten Sie sagen: „Ich gehe auf eine Reise nach Ägypten und ich nehme ein Klavier mit.“ Sagen Sie dann weiter: „Ich lade euch alle ein, mit mir zu reisen, aber in meinem Reisebus ist nur begrenzter Platz. Ich werde entscheiden, wer mitkommen darf. Das hängt davon ab, was jeder mitnehmen will.“ Dann versuchen die übrigen Teilnehmer nacheinander, sich der Reisegesellschaft anzuschließen, indem sie z. B. sagen: „Ja, ich möchte mit dir nach Ägypten reisen, und ich nehme ein Saxophon mit.“ Diesem bedauernswerten Teilnehmer müssen Sie erklären, daß er leider nicht mitfahren darf, weil sein Mitbringsel unpassend ist.
Achtung: Verraten Sie nicht, was die geheime Spielregel ist.

Variation: Sie können auch jeden beliebigen anderen Code benutzen, z. B. den ersten Buchstaben aus dem Titel des Workshops, Objekte, die ganz und gar schwarz sind, Objekte, deren Name aus zwei Silben besteht.

40 Die Friedhofsschicht

In jedem Workshop, bei dem gleich nach dem Mittagessen weitergearbeitet wird, gibt es ein berüchtigtes Energieloch in der Gruppe, weil Teilnehmer und Moderator lieber alles andere machen würden, als im Gruppenraum zu sitzen und zu arbeiten.
Nun gibt es verschiedene Möglichkeiten für den Moderator, sich auf diese Situation einzustellen. Wir können versuchen, die Lebensgeister umgehend zu wecken, indem wir mit Energizern arbeiten, indem wir das Plenum auflösen und Kleingruppen- oder Partnerarbeit vorschlagen. Aber wir können diese Situation auch benutzen, indem wir einfach der Stimme der Natur nachgeben und die Ruhebedürftigkeit der Teilnehmer in unser Programm einbauen. Dazu möchte ich Ihnen zwei meditative Übungen vorschlagen sowie eine kontemplativ angelegte Kleingruppenarbeit.

Übungsvorschläge:

Übung 1: Der Schwerkraft nachgeben

Ziel: Hier können die Teilnehmer erleben, wie sich Müdigkeit in Wachheit umwandelt, wenn wir die Müdigkeit nicht bekämpfen, sondern ihr absichtlich eine Weile nachgeben.

Material: Der Raum soll Teppichboden haben, sonst brauchen die Teilnehmer Decken.

Zeit: 5 Minuten.

Arbeitsstruktur: Beginnen Sie mit ein paar Hinweisen zu den verschiedenen Rhythmen, die unser Leben und das Geschäftsleben prägen: Entwicklung und Produktion, Marketing und Verkauf, Depression und Konjunktur, Bullenmarkt und Bärenmarkt etc. In unserem täglichen Leben spüren wir das Auf und Ab unserer Energie. Etwa alle 90 Minuten benötigen wir eine längere Pause, um uns zu regenerieren. (Vgl. Vopel: „Die 10-Minuten-Pause"). Im Workshop erlebt jeder seine eigenen Rhythmen von Konzentration und Tagtraum, von aktivem Experimentieren und ruhigem Reflektieren. Stellen Sie die Hypothese auf, daß es oft lohnend ist, natürliche Rhythmen nicht gewaltsam zu unterdrücken. Darum laden Sie die Teilnehmer zu einem meditativen Experiment ein, das jedem die paradoxe Möglichkeit gibt, Müdigkeit durch Ruhe zu bekämpfen.

Sagen Sie etwa folgendes zu Ihren Teilnehmern: „Diese Übung können Sie im Sitzen, Stehen oder Liegen machen. Probieren Sie alle Haltungen aus und entscheiden Sie sich für die, welche Ihnen am angenehmsten ist…
Spüren Sie die Teile Ihres Körpers, die im Kontakt mit dem Untergrund sind. Eine unsichtbare Kraft, die sich im Mittelpunkt der Erde konzentriert, zieht

Ihren Körper an. Diese geheimnisvolle Kraft nennen wir Schwerkraft. Obgleich wir die Schwerkraft selten bewußt bemerken, verfügt unser Körper über Sensoren, die fortwährend unsere Beziehung zur Schwerkraft überprüfen.
Geben Sie nun der Schwerkraft ein wenig nach, die Sie nach unten zieht. Benutzen Sie Ihre Sinne, um die Wirkung der Schwerkraft zu bemerken. Schwerkraft ist nicht nur das Gefühl der Schwere, Schwerkraft ist Anziehungskraft, und Anziehungskraft ist immer interessant. So gesehen können wir Schwerkraft auch als eine Form der Liebe betrachten...
Wenn Sie stehen, dann lassen Sie jetzt Ihren Körper locker von Ihren Knochen herabhängen. Ich weiß, daß sich das komisch anhört, aber genau so ist unser Skelett konstruiert. Unsere Knochen halten uns aufrecht, unsere Muskeln können jedoch lockerlassen...
Wenn Sie auf einem Stuhl oder am Boden sitzen, dann nehmen Sie eine möglichst aufrechte Haltung ein und lassen Sie zu, daß Ihr Becken von der Schwerkraft in einen freundlichen Kontakt mit der Erde gebracht wird...
Wenn Sie am Boden liegen, dann können Sie vollständig loslassen, sich fallenlassen und spüren, wie die Erde Sie hält...
In all diesen Haltungen, ob Sie nun stehen, sitzen oder liegen, werden Sie von der Erde gehalten, Sie stürzen nicht durch den Boden hinab.
Manchmal fühlt es sich so an, als ob unser Bewußtsein durch den Boden hinabfiele und Kontakt mit dem Energiezentrum der Erde bekäme. Das ist ein ganz einfaches Erlebnis, auch wenn wir vielleicht viele Worte brauchen würden, um es zu beschreiben. Es ist ungefähr so, als ob irgendein Teil von uns hinabreichte, wie die Wurzeln eines Baumes, und die Quelle der Energie mit der Kraft berührte, die in der Natur entspringt. Tibeter und chinesische Yoga-Meister sprechen davon, daß wir am Boden unseres Beckens ein Energiezentrum haben, das sie das „Wurzel-Zentrum" nennen. Dieses Zentrum wird paradoxerweise ganz wach, wenn wir der Schwerkraft nachgeben. Dann können wir dort ein Vibrieren spüren, oder wir sehen vielleicht Funken stieben, und Sie können spüren, wie Energie in Ihren Körper strömt und in die Beine hinabfließt. Sobald Sie der Schwerkraft nachgeben, können Sie diese Empfindungen genießen und dabei ruhig atmen. Bleiben Sie eine Weile so, und Sie werden sich leichter und leichter fühlen. Wenn Sie der Schwerkraft nachgegeben haben, können Sie Freundschaft mit ihr schließen. Körper und Geist können sich neu organisieren und die Schwerkraft als eine Energie erleben, die uns in gleicher Weise aufrichtet, wie sie uns auch herabzieht." (2–3 Minuten)

Übung 2: Bemerken, was oben ist

Ziel: Diese ebenfalls sehr ruhige Übung wird am besten bei gutem Wetter und im Freien, z. B. auf einer Wiese, gemacht, wenn die Sonne oben am Himmel steht.

Zeit: 1 bis 5 Minuten (beim ersten Mal vielleicht etwas länger).

Arbeitsstruktur: Machen Sie die Teilnehmer zunächst darauf aufmerksam, daß die größte Schwäche unserer westlichen Kultur darin besteht, daß wir hektisch leben, ständig in Konkurrenz mit anderen stehen und Ziele verfolgen, bei denen oft unsere Gefühle, unser Herz und unsere spirituellen Bedürfnisse auf der Strecke bleiben. Die Folgen sind Gereiztheit und Spannung, nicht nur in jeder Organisation, sondern auch in Partnerschaft und Familie. Wir können uns nur dann wieder in eine passende innere Balance bringen, wenn wir uns Gelegenheit geben, häufiger zur Ruhe zu kommen, und das gelingt uns am wirksamsten, wenn wir in der Natur sind.
Laden Sie die Teilnehmer nun ein, den Beginn der Sitzung, nach dem Mittagessen, auf eine besondere Weise draußen in der Natur zu erleben.

„Sie können sich jetzt hinstellen oder hinsetzen, ganz wie Sie möchten. Strecken Sie Ihre Arme einfach über den Kopf nach oben und spüren Sie, was dort ist. Bemerken Sie, wie sich das, was ‚oben' ist, anfühlt. Wie fühlt sich der Raum über Ihrem Kopf an?
Von oben kommt die Kraft der Sonne herab, und wenn Menschen an irgendeine höhere Macht denken, wie immer sie diese verstehen, dann nehmen sie oft an, daß diese über ihnen ist. Weil das für die meisten ein natürliches Gefühl ist, daß dort oben eine Kraft ist, können wir nach oben greifen und vielleicht den Segen dieser höheren Macht nach unten in unseren Körper holen.
Und nun strecken Sie Ihre Arme nach den Seiten aus, als ob Sie den Himmel umarmen wollten; breiten Sie Ihre Arme aus, als ob Sie den Himmel begrüßen wollten.
Und jetzt können Sie auch ausprobieren, wie das ist, wenn Sie die Arme senkrecht nach oben halten, so daß die Handflächen einander zugewandt sind. Vielleicht können Sie die Handflächen vorsichtig einander annähern, bis Sie die Energie spüren, die zwischen ihnen hin- und herfließt.
Dann können Sie langsam die Hände herabsinken lassen, bis sie beinahe den Kopf berühren. Machen Sie eine kleine Pause, atmen Sie und berühren Sie leicht Ihren Kopf.
Dann bewegen Sie die Hände wieder nach oben, strecken die Arme dann seitwärts für einen Augenblick weit aus und führen anschließend beide Hände langsam wieder zur Mitte, bis sie beinahe Stelle berühren, wo Ihr Herz schlägt; machen Sie eine kleine Pause und berühren Sie dann ganz vorsichtig die Stelle Ihres Herzens.
Dann strecken Sie die Hände wieder aus, erst nach oben, dann nach den Sei-

ten; machen Sie eine kleine Pause und führen Sie die Hände nach unten, daß sie knapp über dem Bauchnabel liegen; machen Sie eine kleine Pause und berühren Sie dann Ihren Bauchnabel. Genießen Sie, wie etwas Energie von dieser höheren Macht herabfließt durch Ihren Körper in die Erde.
Und wenn Sie wollen, können Sie noch einen Augenblick diese angenehmen Empfindungen nachklingen lassen, oben auf Ihrem Kopf, in Ihrem Herzen und in Ihrem Bauch.

Übung 3: Energiediagramm

Ziel: Die Teilnehmer können ihre Tagesenergiekurven vergleichen und sich darüber austauschen, was sie an den Wendepunkten normalerweise tun, wie sie die Zeiten größter Energie benutzen, wie sie die Tiefpunkte überstehen.

Material: Flipchart und Filzschreiber für jede Kleingruppe.

Zeit: 20 Minuten.

Arbeitsstruktur: Laden Sie die Teilnehmer ein, in Kleingruppen zusammenzukommen und sich um ein Flipchart zu setzen. Jede Gruppe soll auf dem Flipchart ein Koordinatenkreuz eintragen. Die horizontalen Achse ist die Zeitachse. (Im Nullpunkt ist 9 Uhr, dann folgt 12 Uhr, 15 Uhr und 18 Uhr.) Auf der vertikalen Achse wird der Energiepegel eingetragen. (0 für den Tiefpunkt, als Mittel 5 und als Maximum 10)
Nacheinander trägt jeder seine Energiekurve ein und schreibt seinen Namen an seine Kurve. Dann tauschen sich die Teilnehmer über ihr Energiemanagement aus.

41 Die Balance finden

Der Energierhythmus eines Workshops bewegt sich wie Ebbe und Flut, und es wäre ein Fehler, wenn der Moderator erwarten würde, daß die Teilnehmer jede Sitzung mit einem hohen Energielevel durcharbeiten können. Es ist eine gute, pragmatische Regel, daß wir überwiegend der natürlichen Energieentwicklung der Gruppe folgen. Es kann aber auch Situationen geben, wo die Gruppe unruhig oder hektisch agiert, so daß es gut sein kann, etwas beruhigend zu wirken. Folgende Aktivitäten eignen sich dafür:

- Reflexionen,
- Auswertungen,
- individuelles Lesen,
- individuelles Schreiben,
- Phantasiereisen,
- Meditation,
- konzentrative Körperübungen.

Übungsvorschläge:

Im folgenden möchte ich Ihnen einige Übungen vorstellen, die die Teilnehmer in einen Zustand innerer Ruhe und Konzentration bringen.

Übung 1: Magnetische Hände

Ziel: Innere Konzentration und Neugier entwickeln.

Zeit: Ca. 5 Minuten.

Arbeitsstruktur: Laden Sie die Teilnehmer ein, sich entweder bequem hinzusetzen oder hinzustellen. Sagen Sie dann etwa folgendes: „Ich möchte Ihnen eine Möglichkeit zeigen, wie Sie sich innerlich regenerieren können und gleichzeitig Ihre Neugier fördern können. Neugier ist die treibende Kraft unseres Lernens und etwas sehr Wertvolles. Manchmal arbeiten wir so hart, daß unsere Neugier zu kurz kommt. Und wenn unsere Neugier zu wenig von uns beachtet wird, dann geraten wir in eine schlechte Stimmung, wie ein Kind, das den Eindruck hat, daß es viel zuviele Schularbeiten machen muß und zu wenig Zeit zum Spielen hat.

Ich will Ihnen zeigen, was Sie tun können. Lenken Sie bei den nächsten zwei bis drei Atemzügen einfach Ihre Aufmerksamkeit auf Ihre Hände, auf die linke Hand und auf die rechte Hand. Bemerken Sie, was Sie dabei entdecken können.

Nun heben Sie Ihre Hände langsam an, so daß die Handinnenseiten einander zugewandt sind. Die Handflächen sollen ungefähr fünfzig Zentimeter voneinander entfernt sein, die Ellbogen angewinkelt. Experimentieren Sie mit

der Haltung Ihrer Hände, bis Sie eine Stellung finden, die sich gut anfühlt. Nun gönnen Sie sich einen Augenblick Ruhe und genießen Ihren Atem...
Dann können Sie Ihre Aufmerksamkeit darauf lenken, was Sie in Ihren Händen empfinden und was Sie zwischen Ihren Händen empfinden. Probieren Sie dabei eine geistige Haltung aus, die man vielleicht „eine Spur Neugier" nennen könnte. (1 Minute)
Jetzt können Sie herausfinden, welche Qualität Ihre Empfindungen haben. Wie fühlt sich der leere Raum zwischen Ihren Händen an? Können Sie ein ganz feines Prickeln in Ihren Handflächen spüren?
Bewegen Sie die Hände nun ganz langsam aufeinander zu. Tun Sie so, als ob Sie die Luft zwischen Ihren Händen ganz sanft komprimieren. Bemerken Sie, was Sie spüren:

- Wärme?
- Druck?
- ein Gefühl wie Watte, als ob da etwas wäre?
- Magnetismus?
- ein Prickeln?

Lassen Sie sich ein paar Minuten Zeit. Strengen Sie sich dabei nicht an. Erlauben Sie sich, einfach neugierig zu sein. Wenn Sie ein Gefühl von Magnetismus zwischen Ihren Händen entdecken, dann können Sie ein wenig damit spielen.
Wenn Sie jetzt nichts spüren, dann können Sie dieses Experiment wiederholen, zu irgendeiner Zeit, wann immer Sie spüren, daß Sie über sehr viel Energie verfügen.
Sie können dieses Experiment immer wiederholen, wenn Sie neugierig sind oder wenn Sie Ihrer Neugier die Botschaft geben wollen, daß sie von Ihnen geschätzt wird.
(Es ist erstaunlich, wie viele Menschen in der Lage sind, in dieser Übung eine subtile Energie zu spüren.)

Übung 2: Energie spüren

Ziel: Diese Übung ist eine Variation zu der vorangehenden Übung.

Zeit: 5 Minuten.

Arbeitsstruktur: Sagen Sie zu Ihren Teilnehmern etwa folgendes: Setzen Sie Sich bequem hin oder stehen Sie ganz bequem. Winkeln Sie die Arme an und halten Sie die Handflächen ebenfalls angewinkelt, so daß sie parallel zu Ihrer Brust sind. Wenn Sie ausatmen, dann bewegen Sie die Handflächen von sich weg. Wenn Sie einatmen, ziehen Sie Ihre Handflächen nah an die Brust heran. Wichtig ist, daß Arme und Hände sich dabei ganz leicht bewegen und die Ellbogen nach unten und die Unterarme leicht nach oben gerichtet sind.

Synchronisieren Sie Handbewegung und Atmung. Sie können sich vorstellen, daß Sie beim Einatmen die Luft ganz sanft zu sich heranholen und sie beim Ausatmen ganz sanft von sich wegschieben.
Und während Sie das tun, spüren Sie vielleicht etwas zwischen Ihren Händen und Ihrer Brust, etwas, was in Ihre Brust strömt und um Ihre Brust herum. Vielleicht fühlt es sich an, wie das Gefühl von Vitalität, das Sie auch haben können, wenn Sie im Meer schwimmen oder unter grünen Bäumen sitzen und atmen.
Es kann sein, daß Sie in Ihren Händen ein Prickeln fühlen und eine Art Magnetismus, und Ihr Herz spürt vielleicht, daß es auf diese Weise erfrischt wird. Vielleicht bemerken Sie Wärme oder Licht oder etwas wie einen Ball aus Licht oder wie die Strahlung eines Kaminfeuers o. ä.
Aber bitte achten Sie darauf, daß Sie einfach neugierig sind auf das, was Sie vielleicht entdecken werden... (2–3 Minuten)

Übung 3: Die Balance finden

Ziel: In dieser Übung benutzen wir den Rhythmus, um eine gute Balance für Geist und Körper zu finden.

Zeit: 5 Minuten.

Arbeitsstruktur: Sagen Sie folgendes zu den Teilnehmern:
„Wir können leichter lernen, wenn wir darauf achten, daß wir unserem ganz persönlichen Rhythmus folgen. Zum Lernen gehört eine Zeit der wachen Intensität und eine Zeit der spielerischen Pause; zum Lernen gehört die Konzentration auf Modelle, von denen wir lernen wollen, und die Gelegenheit, selbst zu üben und auszuprobieren; zum Lernen gehört das Experimentieren und das Nachdenken über unsere Experimente. Und am allerwichtigsten ist es, daß wir darauf achten, unseren eigenen persönlichen Rhythmus zu finden, der nur für uns passend ist. Wenn wir diesen Rhythmus finden, dann fühlen wir uns gut.
Ich möchte Sie zu einer symbolischen Übung einladen, bei der Sie erleben, wie Sie selbst dazu beitragen können, Ihren Rhythmus zu steuern, um in eine gute Balance zu kommen.
Setzen Sie sich ganz vorn auf die Kante Ihres Stuhles, möglichst weit von der Rückenlehne entfernt, so daß Sie genügend Platz haben, vor und zurück und seitlich hin- und herzuschaukeln.
Machen Sie Ihren Rücken ganz gerade und fangen Sie an, sanft von der einen Seite zur anderen zu schwingen, nach links und nach rechts... nach links und nach rechts... Wenn Sie wollen, können Sie Ihre Bewegungen mit Ihrem Atem synchronisieren.
Lassen Sie Ihre Bewegungen allmählich immer kleiner werden, und schaukeln Sie immer enger um Ihre Mittelachse herum. Wenn Sie immer feinere Schaukelbewegungen machen, dann spüren Sie, daß das Gefühl der Balance

deutlicher wird. Und wenn Sie schließlich spüren, daß Sie im Zentrum einer vollständigen Balance angekommen sind, dann bleiben Sie einen Augenblick so sitzen, ganz still, und erleben Sie ganz deutlich dieses Empfinden einer ruhigen Balance… (1–2 Minuten)
Beginnen, Sie nun mit dem Oberkörper sanft vor- und zurückzuschwingen, und genau wie vorher können Sie diese Bewegungen immer kleiner werden lassen. Und wenn die Bewegungen immer feiner werden, können Sie auch Ihre Empfindung immer feiner werden lassen. Spüren Sie wieder, wie Sie mehr und mehr eine Haltung der Balance einnehmen. Wenn Sie im Zentrum dieser Balance angekommen sind, genießen Sie einfach dieses sehr angenehme Gefühl der Ruhe und Balance, das Sie hier finden können.
Und immer wenn Sie das Bedürfnis haben, sich etwas zu regenerieren oder wenn Sie in der Hektik des Alltags Ihre innere Balance wiederfinden wollen, dann können Sie diese vollkommen einfache Übung benutzen, die dazu beiträgt, daß Gehirn, Herz und Körper sich neu aufeinander einstellen.

42 Sieben Intelligenzen

In diesem Baustein geht es um die Theorie der sieben Intelligenzen, die der amerikanische Psychologe Howard Gardner entwickelt hat. Für jeden Workshop-Leiter bietet sie ausgezeichnete Anregungen, um Lernprozesse interessant und wirksam zu gestalten. Gleichzeitig kann Gardners Werk unseren Blick für das Potential schärfen, das unsere oft sehr unterschiedlichen Teilnehmer in die Workshops mitbringen. Von Schule oder Universität sind wir gewohnt, hohe Intelligenz mit Akademikern zu assoziieren, mit dem „Eierkopf" und dem „Bücherwurm".
Die Lehre von den sieben Intelligenzen erinnert uns daran, daß sich Intelligenz nicht nur auf klassische Weise in unseren verbalen oder mathematischen Fähigkeiten ausdrückt. Intelligenz ist unsere Fähigkeit, erfolgreich auf neue Situationen zu reagieren und aus Erfahrungen zu lernen. Intelligenz kann sich in vielen Lebenssituationen zeigen, in allen Aufgaben, die das Leben an uns stellt. Wir wissen, daß die klassischen Intelligenztests wenig darüber aussagen, wie erfolgreich jemand in seinem Beruf sein wird. Zu Recht hat Howard Gardner festgestellt, daß unsere Kultur unserer verbalen und logischen Intelligenz zuviel Aufmerksamkeit widmet, während andere Formen der Intelligenz ignoriert werden. Darum lenkt Gardner unsere Aufmerksamkeit auf insgesamt sieben Möglichkeiten, intelligent und schöpferisch zu sein. Im folgenden sollen die „sieben Intelligenzen" kurz skizziert werden:

1. Verbale Intelligenz: Hier geht es um unsere verbale Geschicklichkeit, um die Intelligenz des Journalisten, des Anwalts, des Schriftstellers und auch des Therapeuten, des Moderators und Trainers. Wer in diesem Bereich intelligent ist, kann argumentieren, überreden, unterhalten, aufmuntern und lehren, durch den geschickten Einsatz des gesprochenen Wortes. In der Regel lesen solche Menschen viel. Sie schreiben klar und genießen es, vor Publikum zu sprechen.

2. Logisch-mathematische Intelligenz: Das ist die Intelligenz, die mit Zahlen und Logik operiert, die Intelligenz des Wissenschaftlers, des Programmierers, des Betriebswirtes und Buchhalters. Dazu gehört unsere Fähigkeit, in Begriffen von Ursache und Wirkung zu denken, Thesen aufzustellen, Konzepte zu entwickeln, Muster zu erkennen und Prozesse und Ereignisse rational zu analysieren.

3. Räumlich-visuelle Intelligenz: Diese Intelligenz denkt in Bildern und räumlichen Vorstellungen. Sie ist die Voraussetzung für die berufliche Tätigkeit von Architekten, Photographen, Malern, Bildhauern, Piloten, Mechanikern und Ingenieuren. Menschen mit einer hohen räumlichen Intelligenz sind ausgezeichnete Beobachter. Sie drücken ihre Ideen gerne graphisch aus und finden sich auch in einer fremden Umgebung mit Leichtigkeit zurecht.

4. Musikalisch-rhythmische Intelligenz: Hier geht es darum, daß wir Rhythmen und Melodien wahrnehmen, schätzen und produzieren können. Über diese Intelligenz verfügen nicht nur Komponisten oder Rocksänger, sondern jeder, der singen und im Takt tanzen kann.

5. Körperlich-kinästhetische Intelligenz: Sie ist die Intelligenz unseres Körpers. Dazu gehört die Fähigkeit, unsere Bewegungen zu kontrollieren und mit unseren Händen geschickt zu arbeiten. Sportler und Handwerker, Chirurgen und Mechaniker brauchen eine Menge von dieser Intelligenz, aber auch Schauspieler, Tänzer und Physiotherapeuten. Diese Intelligenz wird in den meisten Lernsituationen sträflich vernachlässigt, obgleich sie das Herz der meisten Freizeitaktivitäten darstellt.

6. Interpersonelle Intelligenz: Damit ist unsere Fähigkeit gemeint, andere Menschen zu verstehen und mit ihnen zu kooperieren. Sie kommt zum Ausdruck, wenn wir die Stimmungen, das Temperament und die Bedürfnisse anderer wahrnehmen und sensibel darauf reagieren. Sozialarbeiter und Therapeuten, Manager und Offiziere benötigen diese Intelligenz ebenso wie erfolgreiche Politiker und Workshop-Moderatoren. Alle diese Berufe brauchen die Fähigkeit, sich mit anderen zu identifizieren und sich vorzustellen, wie die Welt aus der Perspektive eines anderen Menschen aussieht. Wenn man über diese Gabe verfügt, dann ist man ein guter Kommunikator, Lehrer und Vermittler.

7. Intrapersonelle Intelligenz: Diese Intelligenz meint unsere Fähigkeit, die eigene innere Welt zu verstehen. Eine starke intrapersonelle Intelligenz macht es uns möglich, unsere Gefühle wahrzunehmen, unsere Einstellungen und Vorurteile zu erkennen und unser Verhalten an unseren eigenen Wünschen auszurichten. Typische Berufe, die ein hohes Maß dieser Intelligenz brauchen, sind der des Beraters, Theologen, aber auch des Freiberuflers. Oft ist es für diese Menschen wichtig, daß sie unabhängig sind und ihre Ziele vollkommen selbst bestimmen. In vielen Fällen ziehen sie es vor, allein zu arbeiten statt mit anderen zusammen.

Es ist wichtig, daß wir uns klarmachen, daß die sieben Intelligenzen in jedem Menschen unterschiedlich ausgeprägt sind. Gleichwohl verfügt jeder von uns über alle sieben. Bei jedem Menschen sind einige davon ausgeprägter, andere mittelmäßig entwickelt und andere vielleicht unterentwickelt.
Dieses Modell hat den großen Vorteil, daß niemand diskriminiert wird. Sportler, Mechaniker, Fensterputzer haben ebenso das Recht, für intelligent zu gelten, wie Manager, Systemanalytiker oder Gehirnchirurgen.

Ebenso wichtig ist die Tatsache, daß jeder Mensch die Fähigkeit hat, jede der sieben Intelligenzen in einem erfreulichen Maß auszubauen.
Es kommt hinzu, daß alle sieben Intelligenzen sich auf eine komplexe Weise gegenseitig verstärken. Wir wissen aus der Gehirnforschung z. B., daß die kinästhetische Intelligenz eine wichtige Rolle für unsere verbalen, logischen und intrapersonellen Fähigkeiten spielt. Sie ist im Cerebellum (Kleinhirn) lokalisiert. Hier werden komplizierte Bewegungen gesteuert, aber wir wissen jetzt, daß dort auch eine Schaltstelle für unsere kognitive Aktivität ist. Dieser Teil des Gehirns macht nur ein Zehntel des gesamten Gehirnvolumens aus, aber hier konzentrieren sich über 50 Prozent aller Neuronen. Und es gibt dort über 40 Millionen Nervenbahnen, vierzigmal mehr als in unserem schon sehr komplexen, visuellen Zentrum. Warum ist das so? Das Cerebellum steuert mehr als nur unsere Bewegungen. Es lenkt darüber hinaus das Gedächtnis, die Aufmerksamkeit und die räumliche Wahrnehmung, und es ist an Sprachvermögen und Emotionen beteiligt. Es aktiviert wichtige Teile des Neocortex, das ist jener hochentwickelte Teil unseres Gehirns, mit dem wir Probleme lösen, planen und Sequenzen herstellen. Eine Fülle von Untersuchungen weist nun darauf hin, daß der Lernerfolg steigt, wenn die Lernenden mehr Gelegenheit haben, sich zu bewegen – beim Sport, bei spielerischen Aktivitäten, beim Theaterspiel oder beim Tanzen.
Und auch aus dem alltäglichen Leben wissen wir, daß unsere sieben Intelligenzen immer im Verbund arbeiten:

- Schachspieler sitzen am Brett und benutzen ihre visuelle und ihre logische Intelligenz. Um lange Partien erfolgreich durchzuhalten, benötigen sie darüber hinaus ein hohes Maß an intrapersoneller und interpersoneller Intelligenz.
- Mechaniker reparieren ein defektes Bremssystem, indem sie ihre visuell-räumliche, ihre kinästhetische und logisch-mathematische Intelligenz benutzen.
- Und wenn Sie Gäste einladen, um ein raffiniertes Menü zu kochen, dann brauchen Sie Ihre verbale Intelligenz, um das Originalrezept aus dem französischen Kochbuch zu verstehen; um die Mengen für Ihre Gäste zu berechnen, brauchen Sie Ihre logisch-mathematische Intelligenz; für die kulinarische Feinarbeit brauchen Sie eine Menge kinästhetische Intelligenz; und Ihre interpersonelle Intelligenz haben Sie hoffentlich ganz zuerst benutzt, um das Menü so zu komponieren, daß es den verschiedenen Geschmacksrichtungen der Gäste entgegenkommt.

Wir können nahezu nichts im Leben tun, wozu eine einzige Intelligenz ausreichen würde.

Didaktische Konsequenzen:

1. Jeder Mensch verfügt über alle sieben Intelligenzen. Gardners Theorie der multiplen Intelligenzen ist keine Typologie, um Begabungsprofile zu ermitteln. (Das ist ein verbreitetes Mißverständnis.) Sie regt uns dagegen zu einer Didaktik des Potentials an: Wenn wir die Lernenden maximal fördern wollen, dann müssen wir möglichst viele der sieben Intelligenzen fördern.
Dynamisches Lernen funktioniert am besten in Lernsituationen, die in einem varіblen Mix alle Intelligenzen anspricht. Ideale Modelle für den Gebrauch aller Intelligenzen sind z. B. Johann Wolfgang von Goethe und der italienische Renaissancekünstler Leonardo da Vinci, dessen Vielseitigkeit Michael Gelb in einem anregenden Buch gewürdigt hat.

2. Die meisten Menschen können jede ihrer Intelligenzen viel weiter entwickeln, als sie selbst glauben. Defizite in einzelnen Intelligenzen gehen auf kulturelle Vorurteile, den Einfluß des Elternhauses, das Bildungssystem oder auf traumatische Erfahrungen zurück. Das Suzuki-Talentförderungsprogramm in Japan zeigt z. B. das enorme Entwicklungspotential ganz normaler Schüler im Bereich der musikalisch-rhythmischen Intelligenz.
Wir sollen also im Workshop auch jene „schlafenden" Intelligenzen fördern, die neben dem beruflichen Anforderungsprofil darauf warten, aus ihrem Dornröschenschlaf geweckt zu werden. Daraus ergeben sich oft dramatische Verbesserungen an Kreativität und Selbstwertgefühl.

3. Die sieben Intelligenzen arbeiten im Alltag auf komplexe Weise zusammen. Die einzelne Intelligenz ist eine wissenschaftliche Abstraktion. Die „sieben Intelligenzen" wurden von Gardner aus ihrem Kontext isoliert, um sie untersuchen zu können.
Jeder Lehrende kann mit Hilfe von Gardners Theorie seine didaktischen Strategien besser und differenzierter einsetzen. (Vgl. dazu den Übungsvorschlag „Die Aufmerksamkeit gewinnen" am Ende dieses Bausteins.)

4. Es gibt verschiedene Möglichkeiten, in jeder Kategorie „intelligent" zu handeln. Wenn jemand z. B. nicht lesen kann, verfügt er u. U. trotzdem über eine hohe linguistische Intelligenz, weil er ein begnadeter Geschichtenerzähler ist. Diese Tatsache regt uns an, für jede einzelne Intelligenz ein breit gefächertes Übungsspektrum anzulegen.

5. Gardners multiple Intelligenzen sind vermutlich unvollständig. Wir können damit rechnen, daß es noch weitere Intelligenzen gibt, z. B.:
- Spiritualität
- moralische Sensibilität
- Sexualität
- Humor

- Intuition
- Kreativität
- Geruchssensibilität
- die Fähigkeit, viele Intelligenzen zu kombinieren (der Leonardo-Faktor)

Diese „neuen" Intelligenzen sind in einem erstklassigen Workshop ebenfalls zu berücksichtigen.

6. Die Theorie von den multiplen Intelligenzen fordert uns auf, multiple Lernsituationen zu schaffen, die den natürlichen Begabungen und den beruflichen und persönlichen Bedürfnissen der Teilnehmer gerecht werden. Wir müssen für didaktische Vielfalt sorgen: Im Workshop darf nicht ausschließlich gesprochen werden, sondern wir sollten auch mit Bildern arbeiten, mit Bewegung, mit Interaktion und mit Introspektion.

Sieben Strategien, mit denen Sie die Aufmerksamkeit gewinnen:
Im folgenden schlage ich Ihnen verschiedene Strategien vor, wie Sie die sieben Intelligenzen kreativ nutzen können, um die Aufmerksamkeit Ihrer Teilnehmer zu gewinnen. Alle Vorschläge sind Variationen der Botschaft „Achtung, lassen Sie uns beginnen".

1. Linguistische Strategie: Beginnen Sie mit einem akustischen Signal (Sch...) und lassen Sie immer einen Teilnehmer mehr sich diesem Ton anschließen. Das ergibt ein richtiges Crescendo und führt die Gruppe zusammen.

2. Rhythmisch-musikalische Strategie: Klatschen Sie einen kurzen Rhythmus und lassen Sie alle Teilnehmer dieses akustische Signal wiederholen.

3. Kinästhetische Strategie: Steigen Sie auf einen Stuhl und breiten Sie die Arme aus. Lassen Sie die Teilnehmer Ihr Verhalten spiegeln.

4. Räumlich-visuelle Strategie: Stellen Sie sich mit dem Rücken zu den Teilnehmern hin und schreiben Sie mit unsichtbarer Schrift in die Luft „PST".

5. Logisch-mathematische Strategie: Verwandeln Sie sich in eine lebendige Uhr. Ihr Arm ist der Sekundenzeiger, der angibt, wieviele Sekunden die Gruppe braucht, um arbeitsbereit zu werden.

6. Interpersonelle Strategie: Flüstern Sie einem Teilnehmer ins Ohr: „Ich möchte anfangen" und lassen sie diesen Teilnehmer das Signal weitergeben, bis es alle in der Gruppe erreicht hat.

7. Intrapersonelle Strategie: Lassen Sie die Teilnehmer ihre Augen schließen und drei tiefe Atemzüge machen.

43 Verbale Intelligenz

Über verbale Intelligenz verfügen die meisten Menschen. Nicht jeder ist ein charismatischer Redner oder hervorragender Schriftsteller, aber wir alle können uns unterhalten, und die meisten können angemessen lesen und schreiben. In unserer Kultur zählt die verbale Intelligenz zu den höchsten Gütern, deshalb halten wir an so ehrwürdigen Ritualen fest wie an der Abfassung von Lebensläufen oder dem Einstellungsgespräch. Wir bewundern Menschen, die vor einem großen Auditorium frei sprechen können, wir bewundern den Vorstand, der es versteht, in einer Krise einen ganzen Konzern mit seinen Reden neu zu motivieren. Und natürlich bemühen wir uns als Moderatoren auch selbst, unsere verbalen Fähigkeiten weiterzuentwickeln, indem wir trainieren, anregender zu sprechen oder besser zuzuhören.
Zunächst präsentiere ich einige didaktische Strategien zur Förderung der verbalen Intelligenz. Im Anschluß daran folgt eine Reihe interessanter Übungen für wichtige Kommunikationsskills.

Didaktische Strategien

1. Laden Sie die Teilnehmer zu einfachen Kommunikationsübungen mit einem Partner ein.

a. Beide unterhalten sich drei Minuten über irgendetwas und achten dabei auf ihre Stimmen. Wie klingt die eigene Stimme? Wie die des Partners? Was teilen die Stimmen jeweils mit? Freundlichkeit, Offenheit, Befangenheit?

b. Beide unterhalten sich zwei Minuten in einer Phantasiesprache. Dann tauschen sie sich über ihre Erfahrungen aus, die sie bei dieser ungewöhnlichen Aufgabe gemacht haben.

c. Beide entscheiden, wer A und wer B sein soll. A spielt ein Kind. B Vater oder Mutter. In dieser Rollenverteilung sprechen beide fünf Minuten miteinander. Danach drei Minuten Auswertung. Anschließend Rollenwechsel.

Diese Übung ergibt interessante Erkenntnisse zum Thema „Machtkämpfe".

d. Beide entscheiden, wer A und wer B sein soll. A stellt sich vor, daß er irgendetwas hat, was attraktiv ist, sagt aber nicht, an was er denkt. B möchte dieses etwas haben, A soll es aber nicht herausgeben. Wie verläuft diese Unterhaltung? (5 Minuten) Hier gibt es interessante Erkenntnisse zum Thema „Abgrenzung".

e. Die Partner unterhalten sich über ein beliebiges Thema. Jedes Statement soll nonverbal (durch Tonfall, Gesichtsausdruck, Gesten) disqualifiziert werden. (5 Minuten)

f. Jeweils zwei Teilnehmer, die Differenzen untereinander haben, kommen zusammen. Fünf Minuten sagen sie einander Sätze, die immer mit denselben Worten beginnen: „Es stört mich, daß Sie…“ (3 Minuten)

g. Fortsetzung der vorangegangenen Übung mit denselben Teilnehmern: Beide sprechen fünf Minuten lang über Dinge, die sie aneinander schätzen. Jeder Satz beginnt mit den Worten: „Ich mag an Ihnen…“ (3 Minuten)

2. Geben Sie den Teilnehmern einfache Übungen aus dem kreativen Schreiben.
a. Schreiben Sie ein Gedicht, bei dem jede Zeile mit demselben Wort beginnt: „Morgens…“
b. Schreiben Sie einen Dialog zwischen Ihrer linken und Ihrer rechten Hand.
c. Schreiben Sie einen Monolog Ihres Herzens, Ihres Kopfes, Ihrer Augen, Ihrer Nase, Ihrer Ohren, Ihres Gehirns.
d. Schreiben Sie einen Roman in fünf Sätzen.
e. Schreiben Sie eine Pressenotiz, die in hundert Jahren erscheint, in der daran erinnert wird, daß am Ende des zwanzigsten Jahrhunderts in Workshops gelernt wurde.
f. Sie finden eine Flaschenpost mit einem Brief. Was steht darin?

3. Lassen Sie Briefe schreiben, die nicht abzuschicken sind:
a) an einen Vorfahren,
b) an einen persönlichen Feind,
c) an einen Menschen, dem ich vergeben möchte,
d) an eine Illusion, die ich aufgegeben habe,
e) an eine Hoffnung, die ich nicht verlieren möchte,
f) an den eigenen Chef,
g) an den Partner,
h) an den Moderator des Workshop.

4. Machen Sie immer wieder Brainstormings:
a) Wie können Männer und Frauen besser miteinander auskommen?
b) Worauf kommt es bei der Kindererziehung an?
c) Woran erkennt man einen tüchtigen Vorgesetzten?
d) Welche Fehler sollte man unbedingt machen?

5. Lassen Sie Geschichten erzählen. Jeder hat drei Minuten Zeit. Der Sprecher hält einen „Talking Stick“ in der Hand. Interessante Themen:
a) Ein schwieriger Verwandter.
b) Etwas, was ich heute noch nicht verstehe.
c) Eine Hilfe, die mir unerwartet zuteil wurde.
d) Mein erster Boß.
e) Ein Erfolg, den ich zu teuer erkaufte.

Übungsvorschläge:

Übung 1: Präsent sein

Ziel: Die Voraussetzung für erfolgreiche Kommunikation ist die Bereitschaft, sich innerlich auf den Gesprächspartner einzustellen. Diese einfache Übung gestattet es, freundliche, nicht wertende, freie Aufmerksamkeit zu praktizieren und dabei alle äußeren Ablenkungen auszublenden und eigene Themen, mit denen Sie innerlich gerade beschäftigt sind, zurückzustellen.

Zeit: 10 bis 15 Minuten.

Arbeitsstruktur: Lassen Sie die Teilnehmer in Paaren zusammenkommen. Die Partner setzen sich einander gegenüber. Sie sollen Blickkontakt miteinander aufnehmen und, ohne zu sprechen, sich fünf Minuten auf den Partner einstellen. Jeder versucht präsent zu sein und sein Gegenüber auf sich wirken zu lassen. Dazu kann gehören, daß ich das physische Bild des anderen, seinen energetischen Zustand und seine Stimmung auf mich wirken lasse.
Fragen Sie während der Übung von Zeit zu Zeit: „Sind Sie wirklich mit Ihrer Aufmerksamkeit bei dem Partner oder denken Sie an etwas anderes?... Sind Sie aufmerksam genug, um sich ganz auf Ihren Partner zu konzentrieren?... Sie müssen nichts tun, als da zu sein..."
Anschließend sprechen die beiden Partner über das kurze Experiment.
(Sie können diese nonverbale Phase langsam auf zehn, fünfzehn oder zwanzig Minuten ausdehnen.)

Übung 2: Konzentriert zuhören

Ziel: Bei dieser Übung geht es ebenfalls darum, präsent zu sein und gleichzeitig konzentriert zu sprechen und aufmerksam zuzuhören.

Zeit: 20 Minuten.

Arbeitsstruktur: Die Teilnehmer kommen in Paaren zusammen, setzen sich einander gegenüber und halten zwei Minuten Blickkontakt ohne zu sprechen. In dieser Phase stellen sie sich aufeinander ein. Anschließend entscheiden die Teilnehmer, wer A und wer B sein soll. Dann spricht A über ein Thema, das der Moderator vorschlägt, während B nichts tut als konzentriert zuzuhören, ohne zu fragen oder zu kommentieren. Diese Redezeit soll etwa drei Minuten dauern. Anschließend werden die Rollen getauscht. Wenn auch B gesprochen hat, werten die Partner das Experiment gemeinsam aus.
Wählen Sie aus den folgenden Themen ein passendes aus, bzw. schlagen Sie ein Thema vor, das zu Ihrem Workshop paßt:

- Ein Haus, in dem ich gelebt habe,
- ein Spiel aus meiner Kinderzeit, das ich genossen habe,
- eine wichtige Freundschaft,
- der beste Vorgesetzte, den ich je hatte,

- was ich tun will, wenn ich in Rente gehe,
- etwas, woran ich ganz fest glaube.

Übung 3: Ermutigung

Ziel: Diese Übung soll schüchterne oder zurückhaltende Workshop-Teilnehmer anregen, eine aktive Rolle in der Gruppe zu übernehmen und das Wort zu ergreifen. Diese Übung ist Bestandteil einer regulären Gruppensitzung.

Material: Eine Schachtel Streichhölzer.

Zeit: Sie benötigen fünf Minuten zu Beginn der Gruppensitzung, um diese „begleitende" Übung einzuführen und zehn Minuten, um sie am Ende der Gruppensitzung auszuwerten.

Arbeitsstruktur: Sprechen Sie zu Beginn der Gruppensitzung kurz darüber, daß es in der Gruppe unterschiedliche Temperamente gibt: Teilnehmer, die leicht das Wort ergreifen, und andere, die vielleicht eher dazu tendieren zuzuhören und sich ihre eigenen Gedanken zu machen. Unser Gesprächsverhalten ist jedoch nicht in allen Gruppen gleich. In einigen Gruppen sprechen wir vielleicht mehr und in anderen weniger. Fordern Sie nun auf, kurz darüber nachzudenken, welches Muster der einzelne bei sich in dieser Gruppe entdecken kann. Gibt es Teilnehmer, die gern häufiger das Wort ergreifen würden? Gibt es andere, die vielleicht gern öfter aufmerksam zuhören würden? Laden Sie die Teilnehmer dann zu einem Experiment ein, das die reguläre Gruppensitzung begleiten soll. Geben Sie jedem Teilnehmer fünf Streichhölzer, und jedesmal, wenn einer das Wort ergreift, legt der Betreffende ein Streichholz zurück in die Schachtel. Am Ende der Sitzung werden Sie mit der Gruppe das Experiment auswerten.

Auswertung:
- Wie ist jeder mit seinem persönlichen Ergebnis zufrieden?
- Wer hat Streichhölzer übrigbehalten?
- Hätte der Betreffende lieber häufiger gesprochen?
- Hat dieses Experiment das Verhalten einzelner beeinflußt?
- Ist die verbale Beteiligung in der Gruppe einigermaßen ausgeglichen?
- Wird die Stimme einzelner Teilnehmer zu selten gehört?
- Wird die Stimme einzelner Teilnehmer zu häufig gehört?
- Spricht der Moderator zuviel oder zu wenig?

Variation: Die geöffnete Schachtel Streichhölzer steht bereit. Immer wenn ein Teilnehmer spricht, nimmt er sich ein Streichholz. Am Ende wird bilanziert.

Übung 4: Störungen mitteilen

Ziel: Wer in seinem Workshop die Regel der themenzentrierten Interaktion nach Ruth Cohn „Störungen haben Vorrang" anwenden möchte, findet hier eine interessante Möglichkeit, die Regel einzuführen bzw. sie nach ihrer Einführung zu verstärken.

Diese Übung ermuntert die Teilnehmer, Verantwortung für ihre Arbeitsfähigkeit zu übernehmen und in der Gruppe auszudrücken, wenn sie sich nicht konzentrieren können, wenn sie abgelenkt sind, wenn sie sich langweilen oder verärgert sind.

Material: Eine Schachtel Streichhölzer (oder für jeden Teilnehmer zwei Münzen, zwei Knöpfe, zwei Kieselsteine oder ähnliches).

Zeit: Sie benötigen fünf Minuten zu Beginn der Gruppensitzung, um diese „begleitende" Übung einzuführen und zehn Minuten, um sie am Ende der Gruppensitzung auszuwerten.

Arbeitsstruktur: Erklären sie den Teilnehmern die folgende Regel der TZI (Themenzentrierte Interaktion): „Störungen haben Vorrang. Wenn ich ernsthaft abgelenkt bin, wenn ich mich aus irgendeinem Grund nicht auf die gemeinsame Arbeit konzentrieren kann, dann teile ich das der Gruppe mit."
Kündigen Sie an, daß Sie diese Sitzung benutzen wollen, damit jeder diese Regel verinnerlichen kann. Die Teilnehmer sollen besonders gut darauf achten, wann sie sich „gestört" fühlen, wann sie anfangen zu träumen, wann sie sich langweilen, sich verärgert zurückziehen oder sonst irgendwie innerlich abwesend sind. In diesem Falle sollen sie ein Signal geben. Verabreden Sie mit der Gruppe ein passendes Signal, z. B. beide Hände über beide Ohren halten. Es ist die Aufgabe der übrigen Gruppenmitglieder, dieses Signal zu erkennen und darauf zu reagieren.
Außerdem bekommt jeder Teilnehmer zwei Streichhölzer. Jeder, der durch das verabredetet Signal eine Störung angemeldet hat, kann ein Streichholz zurückgeben.
Kündigen Sie an, daß am Ende der Arbeitssitzung eine Auswertung vorgenommen wird.

Übung 5: Kommunikationsnetz

Ziel: Dies ist ebenfalls eine begleitende Übung. Sie kann die Teilnehmer für Kommunikationsmuster der Gruppe sensibilisieren und die aktive Beteiligung fördern.

Material: Ein Wollknäuel.

Zeit: 20 Minuten.

Arbeitsstruktur: Benutzen Sie die Übung bei einer Gruppendiskussion, die ohnehin stattfinden soll. Erklären Sie den Teilnehmern, daß begleitend zu dieser Diskussion ein Experiment stattfinden soll. Halten Sie zu Beginn der Sitzung das Ende des Wollknäuels in der Hand und leiten Sie die Diskussion ein, indem Sie das Thema oder die Aufgabe bekanntgeben. Wenn der erste Teilnehmer spricht, werfen Sie ihm das Wollknäuel zu, behalten aber Ihr Ende in der Hand. Das Wollknäuel wird nun von Teilnehmer zu Teilnehmer geworfen, während die Diskussion weitergeht. Jeder, der das Wort ergreift, bekommt das Wollknäuel zugespielt und hält den Faden fest, wenn er seinerseits das Knäuel weitergibt. Am Ende der Diskussion betrachtet die Gruppe das entstandene Muster der Gruppeninteraktion und wertet das Experiment aus.

Übung 6: Nähe und Distanz

Ziel: Diese Übung sensibilisiert die Teilnehmer für das nonverbale Verhalten in der Konversation, für die Botschaften, die durch Körperhaltung und die Sprechdistanz gesendet werden.

Zeit: 5 Minuten für die Übung und 15 Minuten für die Auswertung.

Arbeitsstruktur: Die Teilnehmer kommen zu Paaren zusammen. Sie stellen sich voreinander hin und einigen sich auf ein Thema, über das sie sich unterhalten wollen. Während der Unterhaltung hat jeder die Möglichkeit, den Abstand zum Gesprächspartner zu verändern: dichter heran oder weiter weg zu gehen. Jeder kann das aus verschiedenen Gründen tun: weil sich das Interesse ändert, oder um einfach herauszufinden, was sich ändert, wenn der physische Abstand geringer oder größer wird. Nach fünf Minuten werten die Partner die Übung aus (5 Minuten). Anschließend Auswertung im Plenum.

Variationen:
- Die Paare entscheiden, wer A und wer B ist. Sie stellen sich voreinander hin und beginnen eine Unterhaltung. Nach einer Minute geht B langsam von A weg, während die Unterhaltung fortgesetzt wird. Nach weiteren vier Minuten wertet das Paar die Übung aus.
- Die Teilnehmer kommen zu Paaren zusammen. Sie einigen sich auf ein Thema, über das sie sich unterhalten wollen und entscheiden, wer A und wer B ist. Dann stellen sie sich im Abstand von zweieinhalb Metern voreinander hin und beginnen die Unterhaltung. B geht ganz langsam während der Unterhaltung auf A zu, bis A sich unbehaglich fühlt und „Stop" ruft.

Kurze Auswertung mit dem Partner, dann im Plenum.

44 Die Macht der Worte

Übung 1: Frei erzählen – Diese Übung eignet sich sehr gut für den Nachmittag oder für den Abend. Sie schafft eine leichte Atmosphäre, eine gewisse Intimität und aktiviert die Ressourcen der Teilnehmer auf angenehme Weise. Lassen Sie die Teilnehmer in Trios oder Quartetten zusammenkommen. Sie können ihre Phantasie dadurch inspirieren, daß Sie etwa folgendes sagen:

„Stellen Sie sich vor, daß Sie sich zufällig auf einer Reise in einem fernen Land getroffen haben. Sie sitzen abends in einem kleinen Landgasthof zusammen, wo es keinerlei Unterhaltungsmöglichkeiten gibt. Sie haben auch keine Bücher und kein Radio dabei, und so entscheiden Sie sich dafür, selbst für die Unterhaltung zu sorgen. Welche Märchen oder Sagen, welche Fabeln oder Geistergeschichten, welche Rätsel oder Witze könnte jeder von Ihnen aus dem Gedächtnis erzählen? Aber vielleicht erinnern Sie sich auch an Gedichte, Liedtexte, Passagen aus einem Theaterstück, Aussprüche bedeutender Persönlichkeiten, Sprichwörter oder irgendwelche anderen literarischen Texte, die Sie sich irgendwann einmal gemerkt haben. Erzählen Sie sich das, was Ihnen einfällt. Wechseln Sie sich ab und erzählen Sie einander, was Sie in der Schatzkammer Ihres Gedächtnisses aufbewahrt haben und was Sie in diesem kleinen Zirkel beisteuern können. Lassen Sie sich inspirieren von den Erinnerungen der anderen Gruppenmitglieder. Wahrscheinlich werden Sie bemerken, daß mehr in der Erinnerung auftaucht, als Sie zunächst glauben."

Übung 2: Stimmbilder – Dies ist eine psycholinguistische Übung, die Sie vielseitig einsetzen können. Alle Teilnehmer, die in ihrem Beruf sprechen müssen, können davon profitieren. Genauso nützlich ist die Übung für Teilnehmer, die beruflich oder privat schreiben.
Fordern Sie die Teilnehmer auf, sich bequem hinzusetzen, und entweder mit geöffneten oder geschlossenen Augen in der Imagination folgende Stimmen zu „hören":

- Ihr bester Freund sagt Ihren Namen,
- Ihre Mutter liest laut aus einem Buch oder einem Brief, den sie bekommen hat,
- Der deutsche Bundeskanzler gibt seine Regierungserklärung ab,
- Ihre eigene innere Stimme zählt auf, was Sie heute noch tun wollen,
- Ein neunzigjähriger Mann erzählt Ihnen die Geschichte seines Lebens,
- Ein dreijähriges Kind fordert Sie auf, mit ihm zu spielen,
- Ihr erster Grundschullehrer erklärt die Regeln im Klassenzimmer,
- Sie halten selbst eine Ansprache oder Rede vor einem größeren Kreis.

Übung 3: Bewußtseinsstrom – Viele Redner und Schreiber kennen die „linguistische Blockade". Sie setzen sich hohe Qualitätsziele und kommen ins Stocken. Ihr Perfektionismus gestattet es ihnen nicht, sich spontan zu äußern. Diese Übung ist ein gutes Hilfsmittel gegen solche Blockaden.
Sagen Sie ungefähr folgendes: „Jeder von uns hat eine natürliche Stimme in sich, die nur den einen Wunsch hat, sich authentisch auszudrücken. Sie können das üben, indem Sie zunächst versuchen, diese Stimme zu hören. Schließen Sie die Augen und hören Sie den inneren Strom der Worte, der durch Ihren Geist fließt – einzelne Wörter, Satzfragmente, ganze Sätze, dann Pausen, manchmal langsam, manchmal schnell... (2 Minuten)
Nehmen Sie nun Papier und Bleistift und schreiben Sie alles auf, was Sie in Ihrem Geist hören. Wenn Sie nichts hören, schreiben Sie auf, was Sie hören könnten, wenn Ihr inneres Ohr sich öffnen würde. Machen Sie das zehn Minuten lang."

Übung 4: Sprache und Gefühl – Das beste Motiv zum Sprechen oder Schreiben sind unsere eigenen Gefühle. Jeder hat ein starkes inneres Bedürfnis, gefühlsmäßig wichtige Dinge mitzuteilen, vorausgesetzt, wir haben ein wohlwollendes Publikum.
Lassen Sie die Teilnehmer über die folgenden emotionalen Themen schreiben. (Sichern Sie ihnen zu, daß die Texte nicht vorgelesen werden sollen):
- Ihre früheste Erinnerung,
- ein Mensch, den Sie besonders geliebt haben,
- ein Mensch, den Sie verloren haben,
- die schlimmste Angst, die Sie ausgestanden haben,
- ein Moment, als Sie sich Gott oder der Natur ganz nahe fühlten,
- eine große physische Belastung,
- Ihre erste Liebe.

Übung 5: Die Bücher meines Lebens – Wer interessant sprechen oder schreiben will, braucht Bücher. Diese einfache Übung kann anregen, mehr zu lesen.
Die Teilnehmer kommen in Quartetten zusammen. Jeder bekommt ein Blatt Papier und legt vier Kolumnen an: In der ersten Kolumne sollen die Titel der wichtigsten Bücher aus der Kinderzeit notiert werden – auch die Bücher, die uns vorgelesen wurden; in die zweite Kolumne kommen die vier bis fünf wichtigsten Bücher unseres ganzen bisherigen Lebens; in die dritte Kolumne kommen die Bücher, die man nicht gelesen hat und die man noch lesen würde, wenn man nur noch sechs Monate zu leben hätte; in die vierte Kolumne kommen die Titel der Bücher, die im letzten Jahr gelesen wurden.
Anschließend Auswertung in den Quartetten.

Übung 6: Sprache, die verzaubert – Gerade im Geschäftsleben machen Schreiber und Redner einen immer wiederkehrenden Fehler: Sie glauben, daß sie Informationen übermitteln müssen, aber auf diese Weise verwechseln sie sich mit einem Computer. Beim Schreiben oder Sprechen geht es vor allem darum, eine Beziehung zu den Adressaten herzustellen. Eine Beziehung entwickelt sich, wenn der Sprechende auf eine Maske verzichtet, authentisch und in Kontakt mit den eigenen Gefühlen ist.
Diese Übung ermutigt die Teilnehmer, beim Lesen auf die eigenen Gefühle zu achten.

Die Teilnehmer kommen in Paaren zusammen. Jedes Paar kann aus einem kleinen Vorrat von Belletristik oder Lyrik einen Titel auswählen. Dann lesen sich die Partner wechselseitig kurze Passagen aus dem Buch vor, die ihnen besonders gefallen.
Sowohl der vorlesende als auch der zuhörende Partner überläßt sich dem sinnlichen und emotionalen Zauber des Textes. (Hier müssen Sie jüngere Romane oder Lyrikbände mitbringen, damit jedes Paar eine Auswahl treffen kann.)

45 Visuelle Intelligenz

Die visuell-räumliche Intelligenz spielt nicht nur in allen technischen und naturwissenschaftlichen Berufen eine große Rolle. Auch für die alltägliche Kommunikation ist sie von größter Bedeutung. Sechzig bis neunzig Prozent aller Botschaften zwischen Menschen werden nonverbal ausgedrückt. Nonverbale Kommunikation geschieht über den Ausdruck des Gesichtes, über den Abstand, den die Personen zueinander einnehmen, über bestimmte Berührungen, über Körperhaltung, Gesten und Augenkontakt. Der Kommunikationsexperte Mario Pei schätzt, daß es ungefähr 700.000 verschiedene körperliche Signale gibt, wenn man alle Kulturen berücksichtigt. Ray Birdwhistell schätzt, daß allein das menschliche Gesicht 250.000 verschiedene Ausdrucksformen produzieren kann. Sein Kollege M. H. Krout hat 5.000 verschiedene Gesten der Hände identifiziert, und G. W. Hewes hat 1.000 unterschiedliche Körperhaltungen beobachtet.
Der zentrale Punkt dieser Intelligenz ist unsere Fähigkeit, die Welt dreidimensional zu sehen und diese Bilder weiterzuverarbeiten. Es ist die Intelligenz, die der Architekt braucht und der Bergführer im Himalaja, der Erfinder und der Mechaniker, der Ingenieur und der Geologe. Visuell intelligente Menschen sehen Dinge, die andere leicht übersehen. Sie haben die Möglichkeit, „gesehene" Bilder zu verändern, indem sie zeichnen, malen, Skulpturen anfertigen, bauen und erfinden.
In unseren Workshops können wir die visuelle Intelligenz benutzen, um Lernprozesse anschaulicher zu machen, um zwischenmenschliche Beziehungen zu verbessern und um das Verständnis für die eigene innere Welt zu vertiefen.

Didaktische Konsequenzen:

- Laden Sie die Teilnehmer häufig ein, kleine Skizzen zu machen oder farbige Bilder anzulegen, um z. B. Konzepte anschaulich zu machen, Lernziele plastisch herauszustellen oder um ideale Arbeitsbedingungen zu skizzieren.
- Fordern Sie die Teilnehmer von Zeit zu Zeit auf, ihre Sitzposition zu verändern, um bewußt neue Perspektiven einzunehmen und Vorurteile aufzugeben.
- Benutzen Sie immer wieder Mindmapping zur Ideensammlung, Erinnerungs- oder Planungshilfe. (Vgl. Baustein 46)
- Machen Sie Polaroid-Fotos, um für die Teilnehmer Schlüsselstellen des Lernens zu dokumentieren, z. B. in Rollenspielen oder Simulationen.
- Greifen Sie auf die Technik des „strategischen Weges" zurück, indem Sie mit der Gruppe Gegenstände auf den Boden legen, welche die einzelnen Schritte auf dem Weg zu einem Ziel symbolisieren. Schreiten Sie diese Strecke anschließend mit den Teilnehmern ab, um Ideen zu produzieren, welche Aktionen bei bestimmten Meilensteinen hilfreich sein können.
- Benutzen Sie die Technik des räumlichen Kontinuums (vgl. Baustein Nr.

68 „Themen erforschen"), damit die Teilnehmer ihre Einschätzung und Standpunkte klar und deutlich ausdrücken können.

- Benutzen Sie Phantasiereisen und Imaginationen, um Zukunftsbilder zu ermöglichen, um Entwicklungen anschaulich zu machen oder um Entspannung und innere Ruhe zu ermöglichen.
- Zeigen Sie den Teilnehmern, wie sie die Technik der freien Imagination für den Transfer benutzen können. (Die Workshop-Mitglieder stellen sich in der Phantasie vor, wie sie einen bestimmten Skill später beruflich oder privat erfolgreich anwenden. So könnte sich z. B. eine Teilnehmerin vorstellen, wie sie nach dem Workshop die erste Teamsitzung in ihrer Firma dazu benutzt, um den männlichen Teammitgliedern deutlich und klar mitzuteilen, daß sie sexistische Bemerkungen nicht länger hinnehmen wird. Sie blickt dabei jedem der Männer ruhig und entschlossen in die Augen.)
- Lassen Sie die Teilnehmer „Landkarten" ihres Bewußtseins zeichnen: graphische Bilder der eigenen inneren Welt zu einem gegebenen Zeitpunkt. Der Prozeß ähnelt einer Meditation, ist aber leichter und vergnüglicher. Diese Technik fördert die Kreativität.

Übungsvorschläge:

Im folgenden finden Sie einige nützliche Übungen, die den Teilnehmern Lust machen, ihre visuelle Intelligenz neu zu beleben.

Übung 1: Die Augen des Jägers – Die Buschmänner in der Kalahari können an den Spuren einer Antilope die Größe des Tieres, sein Geschlecht, seinen Körperbau und die Stimmung, in der es war, erkennen; die Eskimos können mehr als sechzig verschiedene Arten Schnee unterscheiden. Unsere eigene Beobachtungsgabe ist, was die uns umgebende Natur betrifft, verhältnismäßig verkümmert.
In dieser Übung können wir die Natur auf neue Weise sehen. Die Teilnehmer machen zu zweit einen kurzen Spaziergang im Freien (30 Minuten) und versuchen möglichst viel über die Umgebung zu entdecken. Sie sollen hinter das Offensichtliche sehen, was hinter den ersten Eindrücken verborgen ist. Ab und zu sollen sie ihren Blick nicht fokussieren, sondern das ganze visuelle Feld gleichzeitig erfassen. Was zeigt sich an den Rändern des Gesichtsfeldes? Können wir auch bemerken, was hinter uns ist? Von Zeit zu Zeit tauschen sich die Partner über ihre Entdeckungen aus.

Übung 2: Die Augen des Künstlers – Besuchen Sie mit den Workshop-Teilnehmern eine Kunstausstellung oder ein Museum (oder stellen Sie verschiedene Kunstdrucke oder Bildbände zur Verfügung). Die Teilnehmer gehen durch die Ausstellung, bis sie ein Kunstwerk finden, das sie interessiert. Dann versucht jeder, dieses Kunstwerk mit den Augen des Künstlers zu sehen (Dabei soll vom dargestellten Thema abstrahiert werden.):

- Was zieht mein Auge an?
- In welcher Reihenfolge wandert das Auge über das Kunstwerk?
- Was überrascht mich: die Farben, die Aufteilung des Raumes, irgend etwas Undefinierbares?
- Was kann ich genießen?
- Was stößt mich ab?
- Welche Gefühle kann ich sonst bei mir feststellen?

(Anschließend Austausch in der Gruppe.)

Übung 3: Virtuelle Bilder – Der englische Neurophysiologe W. Gray Walter schätzt, daß ungefähr ein Sechstel der Bevölkerung deutliche innere Bilder sehen kann und daß ein weiteres Sechstel nur sehr selten in visuellen Bildern denkt. Die übrigen zwei Drittel erzeugen bei Bedarf einigermaßen lebendige visuelle Bilder. Die folgende Übung trainiert diese Fähigkeit:
Die Teilnehmer setzen oder legen sich bequem hin und schließen die Augen. Nach zwei Minuten Entspannung, lesen Sie die folgende Liste langsam vor, 30 bis 60 Sekunden pro Punkt. Jeder versucht, ein klares visuelles Bild von jedem Vorschlag zu entwickeln:

- Ihr Schlafzimmer,
- eine Papierschere,
- eine grüne Giraffe, die rotgestreifte Boxershorts trägt,
- Ihre Mutter, die auf einem Tiger reitet,
- die Silhouette von Manhattan,
- der Grund des Ozeans,
- ein Foto von Albert Einstein,
- eine Landkarte, die alle Erdteile zeigt,
- ein Schnappschuß von Ihnen im Alter von sechs Jahren,
- ein Gruppenfoto, das alle Teilnehmer des Workshops zeigt.

Übung 4: Tagträume – Einige Teilnehmer können innere Bilder leichter erzeugen, wenn sie selbst bestimmen können, was sie sehen, wie das z. B. bei Tagträumen der Fall ist. Praktisch jeder von uns praktiziert sie, um sich zu entspannen, um Langeweile zu vermeiden oder um den Transfer neuer Skills und Einsichten zu üben.
Die Teilnehmer schließen die Augen und lassen ihren Geist wandern. Sie bemerken, welche visuellen Bilder in ihrem Geist auftauchen. Dabei nehmen sie die Haltung eines Beobachters ein, der neugierig ist, welche Bilder erscheinen. Wie deutlich sind diese Bilder? Sind sie farbig oder schwarzweiß? Welche weiteren Sinneseindrücke können sie bemerken? Hören sie Musik, hören sie Sprache? Spüren sie taktile Reize?... Geben Sie den Teilnehmern fünf bis zehn Minuten Zeit, um ihren Geist weiterwandern zu lassen...
Sprechen Sie dann mit ihnen darüber, wie sie Tagträume konstruktiv benutzen können, um befriedigender arbeiten und lernen zu können.

Übung 5: Dreidimensionales Sehen – Einige Menschen können am leichtesten visualisieren, wenn sie ihre Aufmerksamkeit auf ein konkretes Objekt oder Problem richten. Die folgende Übung gibt den Teilnehmern Gelegenheit, das dreidimensionale Sehen in der Vorstellung zu üben.
Sagen Sie etwa folgendes: „Stellen Sie sich vor, daß Sie ein magisches Auge haben, das ihren Körper verlassen und frei im Raum herumschweben kann, so daß es jedes Objekt aus allen Perspektiven genau inspizieren kann. Suchen Sie sich irgendeinen alltäglichen Gegenstand aus, einen Stuhl, einen Tisch oder irgendein Gerät, das Sie beobachten wollen. Setzen Sie sich in die Nähe des Objektes und benutzen Sie Ihr „mobiles Auge", um diesen Gegenstand von allen möglichen Perspektiven zu untersuchen – von oben, von unten, von jeder Seite, ganz aus der Nähe, aus großem Abstand, schauen Sie auch in das Objekt hinein oder aus dem Objekt heraus, usw.
Wenn Sie Ihre Untersuchung beendet haben, dann können Sie aufstehen und versuchen, das Objekt aus den Perspektiven zu sehen, die Sie in der Phantasie eingenommen haben. Vergleichen Sie Ihre virtuellen Bilder mit den tatsächlichen Beobachtungen."

Übung 6: Mit beiden Händen zeichnen – Viele Erwachsene glauben, nicht zeichnen zu können, und in der Tat ist unser zeichnerisches Talent oft im Alter von acht Jahren stehengeblieben, weil unser Ehrgeiz sich schneller entwickelte als unsere bildnerische Geschicklichkeit. Dies ist eine schöne Übung, um die Lust am Zeichnen auf spielerische Weise wiederzubeleben.
Die Teilnehmer zeichnen dabei mit beiden Händen gleichzeitig. Die beidhändige Maltechnik beruhigt auf überraschende Weise. Sie entspannt und klärt den Geist.
Die Teilnehmer nehmen in jede Hand einen Bleistift oder Filzschreiber und zeichnen mit beiden Händen gleichzeitig ein symmetrisches Design. Jede Hand zeichnet ein Spiegelbild dessen, was die andere Hand zeichnet.
Anschließend zeichnen die Hände auch gleichzeitig, aber diesmal kann jede Hand sich spontan ausdrücken. Es soll irgendein abstraktes Bild gemalt werden, das interessante Formen und Farben zeigt.

Übung 7: Dialog beider Hände – Beim Schreiben sind wir ebenfalls auf unsere visuelle Intelligenz angewiesen. Wenn wir beide Hände benutzen, dann passiert etwas Überraschendes: Die rechte Hand artikuliert eher die Stimme der Konvention, während die linke Hand eher unsere eigene innere Stimme ausdrückt. Fordern Sie die Teilnehmer auf, einen kurzen Dialog abwechselnd mit beiden Händen zu notieren.
Sagen Sie etwa folgendes: „Entscheiden Sie sich für irgendeine Autoritätsfigur, Vater, Mutter, Chef usw. Stellen Sie sich vor, daß diese Person zu Ihnen spricht. Schreiben Sie das, was diese Person sagt, mit der rechten Hand auf und geben Sie dieser Person die für sie typische Stimme der Autorität. Antworten Sie mit Ihrer eigenen inneren Stimme und schreiben Sie diesen Teil

des Dialoges mit Ihrer nicht-dominanten Hand. Drücken Sie aus, was Sie wirklich denken und empfinden. Entwickeln Sie den Dialog so weit, daß jede Stimme sich ein paarmal äußern kann."

Übung 8: Geistige Landkarte – Wenn wir denken, dann benutzen wir Bilder. Wichtige Konzepte können aus Bildern entstehen. So sah Sigmund Freud z. B. häufig das Bild einer Insel, die aus dem weiten Meer aufstieg, eine Metapher für die Beziehung des bewußten Ich zum Unbewußten. Albert Einstein sah sich als Sechzehnjährigen auf einem Lichtstrahl reiten. Dieses Bild war der Ausgangspunkt seiner Relativitätstheorie.
In der folgenden Übung können die Teilnehmer einige ganz gewöhnliche, alltägliche Landkarten skizzieren und einige, die ihre visuelle Intelligenz gehörig herausfordern. Jeder bekommt ein paar Blatt Papier und soll nacheinander kleine Skizzen anfertigen. Es kommt nicht auf Perfektion an, sondern auf Vollständigkeit. Lassen Sie jeden Teilnehmer folgendes zeichnen:

- eine Skizze, die die unmittelbare Nachbarschaft des Hauses zeigt, in dem er zur Zeit wohnt;
- einen Grundriß der Wohnung, in der er zur Zeit lebt;
- ein Bild, welches das Konzept der Teamarbeit verdeutlicht;
- eine Skizze mit den wichtigsten Organe des menschlichen Körpers;
- eine Landkarte der Erde mit allen Erdteilen;
- ein Bild, das den augenblicklichen Zustand der Gruppenentwicklung in diesem Workshop verdeutlicht.

Anschließend kommen die Teilnehmer in Quartetten zusammen und vergleiche ihre Bilder. Was sagen diese Skizzen über ihre Kenntnis der Welt und darüber, wie ihr Geist arbeitet?

Übung 9: Was Computer nicht sehen können – Die Computerindustrie hat viele Programme entwickelt, die Ingenieure und Designer entlasten, aber diesen Programmen fehlt der kritische Blick des menschlichen Auges. Bei der Challenger-Katastrophe hatten die Techniker mit ihrer praktischen visuellen Intelligenz erkannt, daß die Dichtungsringe bei kalter Witterung nicht flexibel bleiben würden, so daß Treibstoff auslaufen würde. Ihre Warnungen wurden von ihren politisch motivierten Vorgesetzten nicht zur Kenntnis genommen.
Fordern Sie die Teilnehmer auf, in der Phantasie eine visuelle Inspektion ihres Unternehmens vorzunehmen. Sie sollen Büros und Fertigungsanlagen inspizieren, Verkauf und Service betrachten und sich darauf konzentrieren, Schwachstellen zu entdecken. Welche Bilder deuten auf Schwierigkeiten, Unzulänglichkeiten und Gefahren hin? Anschließend zeichnet jeder ein Bild des Unternehmens unter besonderer Berücksichtigung der problematischen Aspekte.

Übung 10: In die Hand schreiben – In diesem Spiel werden taktile Reize in visuelle Informationen umgewandelt – eine vorzügliche Einstimmung auf intensives Lernen. Sagen Sie etwa folgendes zu Ihren Teilnehmern:
„Kommen Sie immer mit einem Partner zusammen und stellen Sie sich nebeneinander. Der größere von Ihnen soll zunächst die Augen schließen. Wenn sie beide gleich groß sind, dann soll derjenige die Augen schließen, der früher geboren ist. Derjenige, der die Augen geschlossen hat, streckt die rechte Hand vor sich hin, die Handfläche nach oben. Der Partner, der sehen kann, wird gleich anfangen, einzelne Druckbuchstaben in diese Hand zu schreiben. Der blinde Partner versucht, die Buchstaben zu entziffern und sagt dem Partner, was er „gelesen" hat. Bevor der Partner einen neuen Buchstaben schreibt, soll er den alten Buchstaben von der Hand abwischen. Sie können mit Buchstaben anfangen, die häufig vorkommen und später auch seltenere benutzen. (30-60 Sek.)
Wenn sich Ihr blinder Partner daran gewöhnt hat, mit der Hand zu lesen, können Sie ihm schwierigere Aufgaben geben. Schreiben Sie ihm kurze Wörter in die Hand. Finden Sie heraus, ob Ihr Partner auch Schreibschrift lesen kann. Denken Sie daran: Ehe Sie ein neues Wort beginnen, müssen Sie das alte Wort abwischen. (1 Min.)
Schreiben Sie Ihrem Partner zum Schluß ein kleines Kompliment in die Hand, ehe Sie die Rollen wechseln."

Übung 11: Beobachten – ein schönes Spiel, um die Aufmerksamkeit der Teilnehmer durch eine kreative Pause neu zu beleben. Sagen Sie etwa folgendes:
„Beginnen Sie, im Raum herumzugehen... Schauen Sie sich alles aufmerksam an und merken Sie sich, was Sie sehen. Sie haben zwei Minuten Zeit...
Nun bleiben Sie stehen und stellen sich Rücken an Rücken mit dem Teilnehmer, der Ihnen am nächsten ist. Entscheiden sie, wer A und wer B sein soll. B soll seine Augen schließen, und A stellt ein paar Fragen über den Raum, um zu überprüfen, wie aufmerksam der Partner den Raum betrachtet hat. A kann sechs Fragen stellen, z. B.: „Welche Farbe hat die Tür?... Wieviele Tische stehen im Raum?..." usw. B versucht, jede Frage aus der Erinnerung möglichst präzise zu beantworten. Nach jeder Antwort soll A mitteilen, ob die Frage richtig beantwortet wurde. (2 Min.)
Jetzt kann B die Augen öffnen, und A soll seine Augen schließen. Aber A soll keine Fragen über den Raum beantworten, sondern so genau wie möglich das äußere Erscheinungsbild seines Partners beschreiben: die Kleidung, aber auch die anderen persönlichen Merkmale wie Frisur, Haarfarbe, Augenfarbe, Größe, Form der Hände, Schmuck usw. Sie haben dafür zwei Minuten Zeit. B soll mitzählen, wieviele Dinge A richtig nennt. (2 Min. Dies ist oft ein milder Schock für A. Wir alle betrachten häufig unsere Interaktionspartner nur sehr oberflächlich!)

46 Mindmapping

Mindmapping ist das beste Geschenk, das der britische Kreativitätsforscher Tony Buzan der Welt gemacht hat. Er hat diese Technik in den sechziger Jahren entwickelt und sie seitdem immer weiter verbessert. Im wesentlichen handelt es sich dabei um eine Möglichkeit, wie wir Gedanken, Ideen, Pläne oder Projekte auf eine interessante, nicht lineare, farbige und sehr persönliche Weise festhalten können. Mindmaps berücksichtigen die Tendenz unseres Geistes, assoziativ zu denken, sie regen unser Denken an und machen es möglich, daß die verschiedenen Teile unseres Gehirns sich miteinander unterhalten. Diese Art graphischer Darstellung imitiert das, was unser Denken ständig tut, nämlich, Verbindungen herzustellen – Verbindungen zwischen Konzepten und Gefühlen, zwischen Zielen und Barrieren, zwischen gestern und heute, zwischen Unternehmen und Kunden usw. Vor allem stellt diese Technik die Inhalte unserer geistigen Welt so dar, daß unser Gehirn sich gern damit beschäftigt. Mindmapping ist eine Alternative zu den endlosen Stunden, die wir in der Schule verbracht und auf das Ende des Unterrichts gewartet haben. Mindmapping weckt unsere Energie, unsere Aufmerksamkeit, unsere Kreativität. Es multipliziert unsere Gedanken, indem es unser Gehirn einlädt, Verbindungen herzustellen – kreative Verbindungen und manchmal sogar Quantensprünge zu machen. Wir können Mindmapping benutzen, wenn wir unsere Einkäufe planen, aber auch wenn wir unsere Vorstellung von einer idealen Familie oder eine Diagnose entwickeln wollen oder wenn wir einen Kunden besser verstehen möchten. Wenn wir uns mit dieser Technik vertraut machen wollen, brauchen wir eine Reihe farbiger Filzschreiber und große Bögen Zeichenpapier, denn wir werden nicht nur Worte oder Zahlen aufschreiben, sondern mit Farben, Formen, Skizzen und Symbolen arbeiten.
Wir beginnen mit unserer Arbeit in der Mitte des Blattes. Das ist wichtig, denn so haben wir das Gefühl, genügend Platz zu haben. Wir brauchen viel Platz, um unsere Ideen und Einfälle darzustellen, denn wir rechnen damit, daß immer mehr hinzukommt. In der Schule haben wir gelernt, Pläne linear anzufertigen, also einen Punkt nach dem anderen, aber das hat uns sehr eingeschränkt, weil wir dann keinen Platz hatten, um neue Ideen aufzunehmen, wenn sie uns zu spät einfielen. Bei einer Mindmap haben wir immer genug Platz, um neue Ideen aufzunehmen. Wir beginnen in der Mitte, sozusagen mit dem Körper des Octopus und zeichnen dann so viele „Arme" ein, wie wir für unsere wichtigen Ideen brauchen. Wir haben immer Platz, um einen neuen Ideenstrang hinzuzufügen. Wenn Sie z. B. eine Skizze für einen Roman anlegen wollen, dann benutzen Sie vielleicht für jede Figur einen Arm, von dem Sie die Beschreibungen des Charakters, der Kleidung, der persönlichen Vorlieben als kleine Arme abgehen lassen. Später legen Sie vielleicht eine Mindmap für jeden einzelnen Charakter mit noch detaillierteren Angaben an.

Mindmapping – ein Modell

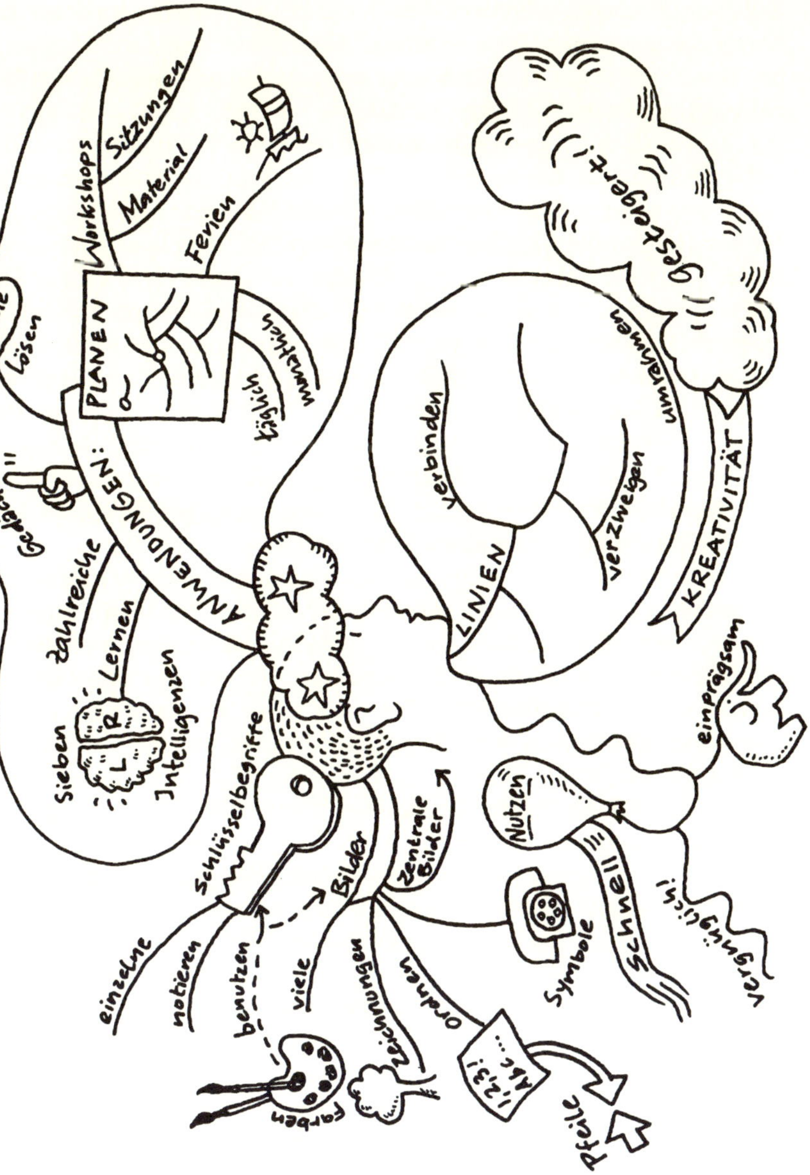

Diese Technik gestattet uns nicht nur divergentes Denken, sondern auch Anschaulichkeit: Wir können jedem Arm eine besondere Farbe geben; wir können Ideen hervorheben, indem wir sie durch Sternchen, Kreise oder Quadrate kennzeichnen; außerdem können wir kleine Zeichnungen benutzen, um unsere Skizze zu bebildern: Symbole, Strichmännchen, Landschaften, Sonne, Mond und Sterne. Und während wir eine solche Landkarte des Geistes entwickeln, ist unser Denken in Aktion. Wir bekommen eine Vorstellung davon, was all die Neuronen in unserem Gehirn tun. Wir haben eine Trillion Gehirnzellen, von denen jede 10.000 simultane Verbindungen eingehen kann, aber es ist schwer vorstellbar, wieviele Verbindungen nur eine einzige Million Gehirnzellen an gleichzeitigen Kontakten herstellen kann!

Wenn Sie diese Technik in Ihrer Gruppe einführen, dann sollten Sie mit einem Thema beginnen, das jeden Workshop-Teilnehmer in gleicher Weise anspricht. Schlagen Sie z. B. vor, daß jeder eine Skizze des „idealen Lebens" anlegt. Dann erscheinen bald Bilder von Häusern und Segelschiffen, von Bergen und Seen, und die Begriffe Frieden, Urlaub und Familie werden hingekritzelt. Werte, Ideen, Sehnsüchte und geheime Träume erscheinen auf dem Bild. Wenn diese „Landkarten" fertig sind, dann sehen sie alle anders aus: wunderschöne Bilder aus der einzigartigen geistigen Welt jedes Teilnehmers. Jeder staunt über die Kreativität des eigenen Geistes.

Und diese Skizzen können Optimismus auslösen: Wenn der Geist sich etwas ausdenken kann, dann kann es aufgezeichnet werden; wenn etwas aufgezeichnet werden kann, dann kann es verwirklicht werden! Außerdem kann diese Technik die Art und Weise verändern, wie wir uns selbst sehen. Wir können unsere Prioritäten neu ordnen und besser für uns sorgen, wir können Entscheidungen treffen, was wir im Leben betonen und was wir eher zurückstellen wollen.

Um die Technik des Mindmapping einzuführen, müssen Sie eine spielerische Atmosphäre schaffen und immer wieder auf die erstaunlichen Fähigkeiten unseres Geistes hinweisen. Wir können diese Fähigkeiten grundsätzlich auf zwei Arten benutzen. Wir können uns selbst blockieren, indem wir bei Herausforderungen zu uns selbst sagen: „Das kann ich nicht. Das ist zu schwierig. Ich schaffe es nicht. Ich habe Angst. Ich muß Kontrolle darüber haben. Ich darf keine Fehler machen." Auf diese Weise schränken wir die Zahl der Verbindungen ein, die unser Gehirn herstellen kann, und wir landen in einer Sackgasse – entmutigt, leblos, mißgelaunt.

Aber wir können auf diese Blockaden auch verzichten. Statt zu sagen: „Ja, aber..." sagen wir uns „Ja, und...", indem wir alle möglichen Assoziationen und Einfälle zulassen. Und die Dinge, die wir dann zu uns selbst sagen, hören sich ungefähr so an: „Ich bin neugierig. Ich will mehr wissen. Mir kommen immer neue Ideen. Ich darf experimentieren. Ich lasse mich überraschen. Ich will Spaß haben. Ich weiß viel mehr, als ich von mir weiß..."

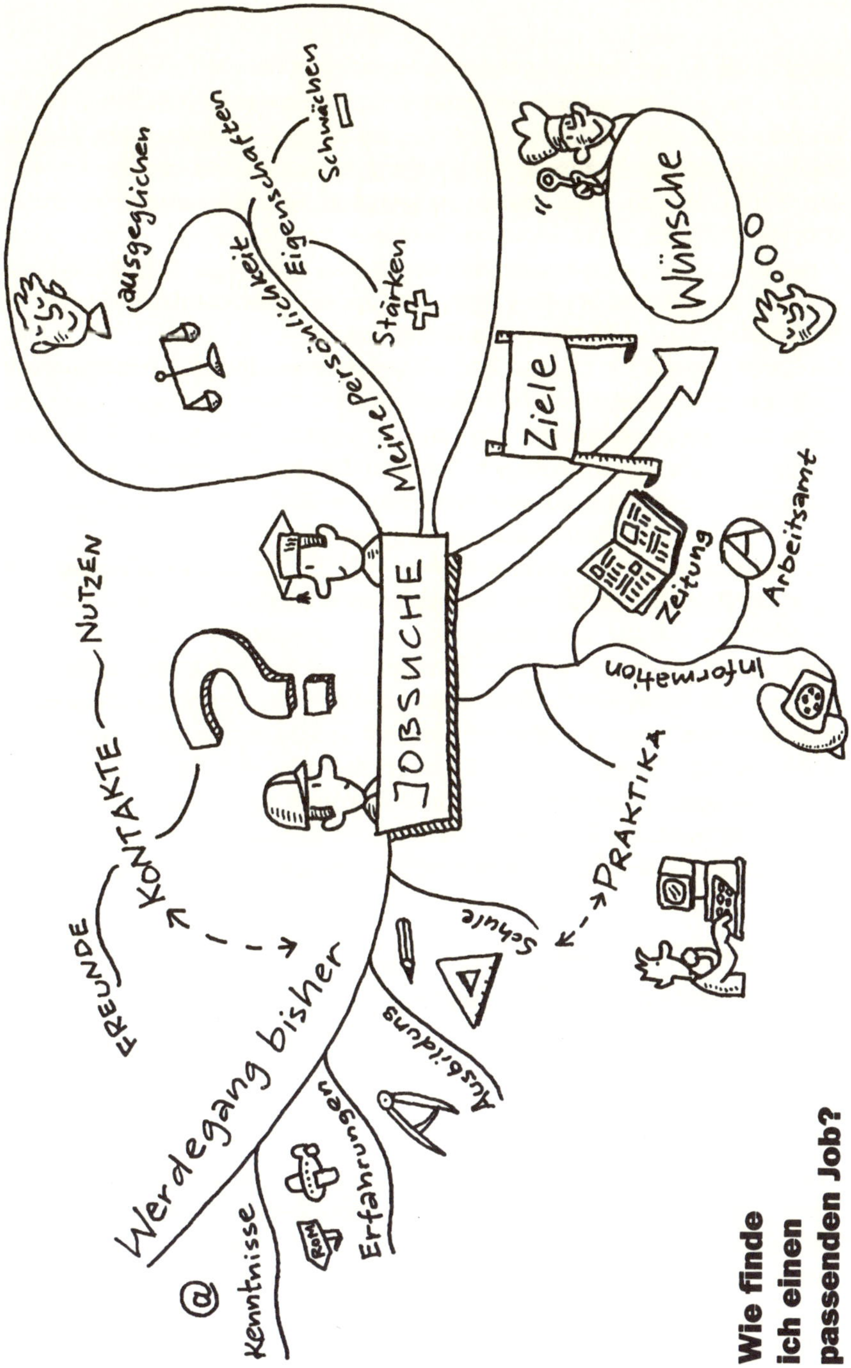

Wie finde ich einen passenden Job?

47 Imagination

Imagination ist ein hervorragender Lernmodus, in dem wir nicht nur sehen, sondern auch all die anderen Sinne benutzen, die mit einer Erfahrung, einem Erlebnis oder einer Zukunftsvision verbunden sind. Imaginationen können durch passende musikalische Untermalung erleichtert und intensiviert werden. Wir können die Kraft unserer Imagination vielfältig nutzen: um uns an spezielle Erfahrungen zu erinnern, Szenarios für die Zukunft zu entwerfen, persönliche Ziele zu entwickeln und um uns auf schwierige Aufgaben vorzubereiten. Sie hilft uns bei der Lösung von Spannungen, der Stärkung unserer Willenskraft wie bei Motivation und Inspiration.
Sie können sorgfältig ausgearbeitete Imaginationen, die in der Fachliteratur auch als „Phantasiereisen" bezeichnet werden, dann am besten einsetzen, wenn die Gruppenmitglieder sich zuvor entspannt haben. Die Teilnehmer sollten dabei die Augen schließen. Sprechen Sie den Text langsam und ruhig, damit die Teilnehmer genügend Zeit haben, in der Phantasie all das zu erleben, wozu Sie sie in Ihrer geleiteten Imagination anregen.
Bei den meisten Imaginationen erleben sich die Teilnehmer als handelnde Figur der Phantasiegeschichte. Aber es ist auch möglich, eine Imagination so zu gestalten, daß die Teilnehmer sich selbst „realistisch" sehen. Sie sehen sich (Dissoziation) z. B. auf dem Tennisplatz, im Labor oder bei einem Kundengespräch. Wenn Sie die Teilnehmer zu einer geleiteten Imagination einladen, dann ist es wichtig, daß niemand sonst spricht, daß es im Gruppenraum still ist und die Gruppe vor Störungen geschützt ist. Am Ende einer solchen geleiteten Imagination müssen Sie die Teilnehmer zurückführen und sie auffordern, ihr normales Tagesbewußtsein wieder einzunehmen.
Im folgenden finden Sie einige Modelle für typische geleitete Imaginationen.

Übungsvorschläge:

Übung 1: Vorbereitung: Entspannung

Ziel: Die Teilnehmer können sich entspannen und auf die folgende Imagination vorbereiten.

Zeit: 5 bis 10 Minuten

Anleitung: Wählen Sie eine bequeme Haltung, bei der Ihre Wirbelsäule ganz gerade ist. Sie können dabei sitzen oder liegen... Nun schließen Sie bitte die Augen und achten Sie auf Ihren Atem... Lassen Sie die Atemluft zuerst in Ihren Bauch strömen und danach in Ihre Brust.... Lassen Sie die Luft auch die beiden Lungenhörner füllen, die bis unter Ihre Schlüsselbeine reichen...

Und wenn Sie ausatmen, dann lassen Sie die Lust so leicht hinausfließen,

wie sie hereinkam. Seufzen Sie beim Ausatmen ein wenig und achten Sie darauf, daß Sie wirklich die gesamte verbrauchte Luft ausatmen... Dann können Sie wieder neu einatmen, wenn es soweit ist, ohne Anstrengung und ohne Eile...
Bemerken Sie auch, welche Teile Ihres Körpers mit dem Stuhl oder mit dem Boden Kontakt haben... Überall da, wo Sie Kontakt mit dem Boden haben, können Sie sich noch ein wenig tiefer einsinken lassen... Stellen Sie sich vor, daß Fußboden oder Stuhl sich etwas anheben, um Sie zu halten... Lassen Sie alle Muskeln locker werden, die Sie zuvor benutzt haben, um sich selbst zu halten...

Übung 2: Kaleidoskop

Ziel: Hier wandert die Aufmerksamkeit der Teilnehmer langsam von außen nach innen. Diese Imagination fördert eine gewisse philosophische, ruhige Haltung. Sie kann am Ende einer anstrengenden Sitzung oder irgendwann während des Arbeitstages eingesetzt werden, wenn Sie wünschen, daß die Teilnehmer ruhig und neugierig zugleich werden.

Material: Papier und Bleistift.

Zeit: 20 Minuten.

Arbeitsstruktur: Versichern Sie den Teilnehmern zu Beginn, daß sie nicht aufgefordert werden, ihre Erlebnisse aus dieser Übung mitzuteilen.

1. Laden Sie die Teilnehmer ein, sich für ein Lieblingstier zu entscheiden und seinen Namen aufzuschreiben. Anschließend sollen Sie drei Adjektive auswählen, die dieses Tier beschreiben.
2. Lassen Sie jeden Teilnehmer ein weiteres Lieblingstier auswählen und den Namen aufschreiben. Zu dem Namen werden wiederum drei Adjektive notiert, die dieses zweite Tier beschreiben.
3. Die Teilnehmer stellen sich vor (etwa eine Minute mit geschlossenen Augen), daß sie in einem tropischen Dschungel sind, umgeben von üppiger Vegetation. Oben durch das Blätterdach fällt ein Lichtstrahl nach unten auf den Waldboden. Anschließend schreiben die Teilnehmer auf, welche drei Adjektive am besten beschreiben, wie sie sich in dieser Szene fühlen.
4. Die Teilnehmer stellen sich vor, daß sie zur Zeit des Sonnenunterganges allein am Strand sind (eine Minute, mit geschlossenen Augen). Dann schreiben sie drei Adjektive auf, die ihre Gefühle in dieser Abendstimmung beschreiben.
5. Zum Schluß stellen sie sich vor, daß sie in einem weißen Raum sind, mit einem weißen Teppich, weißen Wänden und einer weißen Decke. Es gibt keine Türen und keine Möbel und ein einziges kleines Fenster. Die Teilnehmer sitzen auf dem Boden und schauen auf die eine Wand. In der Wand steckt ein Nagel. Die Teilnehmer stellen sich dieses Bild eine Minu-

te lang mit offenen oder geschlossenen Augen vor und wählen wieder drei Adjektive aus, die ihre Gefühle in dieser Situation beschreiben.

Dann können Sie den Teilnehmern eine Möglichkeit vorschlagen, wie sie ihre Aufzeichnungen interpretieren können:

1. Die ersten drei Adjektive beschreiben ihre Alltagspersönlichkeit.
2. Der zweite Satz Adjektive beschreibt den idealen Partner.
3. Der dritte Satz Adjektive beschreibt ihre Sexualität.
4. Der vierte Satz Adjektive beschreibt ihre Spiritualität.
5. Der fünfte Satz Adjektive beschreibt das Bild, das sie zur Zeit vom Tod haben.

Übung 3: Vision der Gruppe

Ziel: Eine Arbeitsgruppe oder ein Team kann mit Hilfe dieser Phantasie ein gemeinsames Bild der Zukunft entwickeln. Die Teilnehmer sollen sich vorstellen, daß ihr Projekt bereits realisiert ist. Sie malen sich aus, was dann für sie selbst und für alle anderen, die von dem realisierten Projekt profitieren, möglich sein wird. Die gemeinsame Gruppenphantasie stärkt den Teamgeist der Teilnehmer und ihre Hoffnung auf Erfolg.

Material: Flipchart und Filzschreiber.

Zeit: Ca. 60 Minuten.

Arbeitsstruktur: Weisen Sie darauf hin, daß dies eine gemeinsame Gruppenimagination ist nach dem Prinzip des Brainstormings. Alle Vorstellungen sind zulässig. Niemand soll Beiträge von anderen blockieren oder disqualifizieren; es geht darum, zu akzeptieren und hinzuzufügen. Diese Technik aus dem Improvisationstheater schafft eine gute Stimmung und ein reichhaltiges, gemeinsames Bild. Bereiten Sie die Teilnehmer auf die gemeinsame Imagination durch eine Entspannungsübung vor.
Die Teilnehmer schließen die Augen und gehen in der Phantasie in die Zukunft in eine Zeit, in der sie ihr Projekt, ihr Arbeitsziel erfolgreich realisiert haben. In diesem Fall ist nicht der Weg zu diesem Erfolgsszenario das Thema. Darum kann die Gruppe sich durchaus vorstellen, daß ihr Ziel wie durch Zauberei erreicht wurde.
Die Teilnehmer kommen von einer imaginären Reise durch den Weltraum zurück zur Erde und sehen jetzt das vollbrachte Werk. Sie staunen, wie erfolgreich und überraschend alle Aufgaben gelöst sind. Sie entdecken immer mehr Einzelheiten. Nach einigen Minuten fordern Sie die Teilnehmer auf, immer noch mit geschlossenen Augen mitzuteilen, was sie sehen, wenn sie in der Phantasie durch dieses Erfolgsszenario gehen. Inspirieren Sie jeden Teilnehmer, spezifisch zu berichten: „Sehen Sie genau hin. Was sehen Sie?“ Es spricht immer ein Teilnehmer zur Zeit und die anderen fügen ihre Eindrücke hinzu. Das ist ein wichtiger Punkt. Es soll ein komplexes Zukunftsbild entste-

hen, dessen Komponenten unter Umständen auch spannungsreich zusammenstehen. Jeder kann seine Vision mitteilen, jeder fügt zu den schon gemachten Beiträgen seinen eigenen hinzu. Es entsteht ein imaginäres Mosaik.
Sagen Sie der Gruppe, daß Sie versuchen möchten, all die Mosaiksteinchen der Gruppenphantasie schriftlich festzuhalten. Schreiben Sie einzelne Wörter, Begriffe und einzelne Sätze auf Flipchartbögen und hängen Sie diese nacheinander an die Wand. Wenn das Zukunftsbild vollendet ist, öffnen die Teilnehmer die Augen, sehen sich die Notizen des Moderators an und tauschen ihre Reaktionen aus.
Dann hat die Gruppe eine wichtige, neue Aufgabe. Die Teilnehmer sollen einen einzigen inspirierenden Satz formulieren, der die Quintessenz der gesamten Gruppenvision enthalten soll. Dieser Satz soll kurz und prägnant sein (zwölf bis sechzehn Worte). Er beinhaltet vermutlich das Ziel, bzw. den Zweck oder die Mission der Gruppe. Schreiben Sie diesen Satz groß und deutlich auf ein Flipchart und hängen sie ihn im Gruppenraum auf, damit die Gruppe immer wieder darauf zurückgreifen kann.

Übung 4: Was kann ich beitragen?

Ziel: Diese individuelle Imagination hilft dem einzelnen Teilnehmer einer Arbeitsgruppe oder einem Team deutlicher zu erleben, was er zu dem Gruppenprojekt beizutragen hat. Diese Übung eignet sich im Anschluß an die vorangehende.

Material: Sie benötigen ein Flipchart und farbige Filzschreiber oder Ölkreiden.

Zeit: 60 Minuten.

Arbeitsstruktur: Sagen Sie den Teilnehmern, daß Sie sie zu einer geleiteten Phantasiereise einladen, damit jedem klar wird, was er zu dem Projekt der Gruppe individuell beitragen kann.
Beginnen Sie wieder mit Entspannung und erfinden Sie dann Ihre eigene Phantasiereise. Sie können die Teilnehmer an Ihren Lieblingsplatz führen, in eine Höhle, an einen Strand, auf einen Berg. Führen Sie die Teilnehmer langsam zu einem solchen Platz und fördern Sie die Erwartung, daß sie dort etwas Wichtiges finden werden. An diesem Platz der Erfüllung angekommen, findet jeder irgendein imaginäres Objekt, das den eigenen Beitrag zu dem Gruppenprojekt symbolisiert. Jeder bringt dieses Objekt in der Phantasie in den Gruppenraum.
Helfen Sie den Teilnehmern, wieder zu ihrem Alltagsbewußtsein zurückzukehren. (Und nun ist es Zeit, mit dem gefundenen Gegenstand hierher zurückzukehren. Recken und strecken Sie sich ein wenig, atmen Sie einmal tief aus und öffnen Sie langsam die Augen. Seien Sie mit Ihrer Aufmerksamkeit wieder hier im Raum, erfrischt und wach.)

Anschließend wird ein Flipchartbogen auf den Boden gelegt und jeder beschreibt das Objekt, das er entdeckt hat, und spricht darüber, was dieses symbolische Objekt im Blick auf das Gruppenprojekt bedeutet. Jedes Objekt wird auf das Flipchart gezeichnet, das aufbewahrt wird, und zur Erinnerung daran dient, was jeder zum gemeinsamen Ziel beitragen kann.

Geleitete Imaginationen sind eine ausgezeichnete Möglichkeit für die meisten Teilnehmer, ihre persönlichen Ressourcen zu benutzen und kreative Antworten auf komplexe Fragen zu entwickeln. Die Gruppe muß jedoch Zutrauen zum Moderator und Vertrauen untereinander entwickelt haben. Darum sollte diese Vorgehensweise noch nicht in der Anfangsphase benutzt werden. Der Moderator sollte sich mit dem detaillierten Aufbau von Phantasiereisen vertraut machen und üben, Tonfall und Sprechrhythmus zu variieren, um sich flexibel auf die Stimmung einer Gruppe einstellen zu können.

48 Musikalische Intelligenz

Wenn Sherlock Holmes ein besonders schwieriges Problem zu lösen hatte, dann machte er Musik. Er nahm seine Geige heraus und fing an zu spielen. Auf diese Weise öffneten sich seinem Geist neue Perspektiven, und er konnte die Lösung dort sehen, wo vorher Konfusion gewesen war. So hat uns schon Sir Arthur Conan Doyle darauf hingewiesen, daß es interessante Zusammenhänge zwischen der Musik und unserer Fähigkeit zu denken gibt.

Musik hilft uns auch in wichtigen Übergangssituationen des Lebens. Wir feiern die wichtigsten Übergangsriten wie Kommunion, Konfirmation, Hochzeiten und Beerdigungen mit Musik. Es scheint so zu sein, daß die Musik auch einem Bedürfnis unserer Spiritualität entspricht und unser begrenztes persönliches Leben in einen größeren Zusammenhang stellt, in die Tradition, in die Geborgenheit bei einer höheren Macht, in die Ordnungen des Lebens.

Aber Musik dient auch trivialen Zwecken. Sie begleitet die Slogans politischer Parteien oder die Botschaft großer Konzerne und führt dazu, daß diese in unserem Gedächtnis haften bleiben.

Und lange bevor es Radio oder Fernsehen gab, ja bevor es noch die Schrift gab, hatten unsere Vorfahren Mittel und Wege ersonnen, Wissen von einer Generation zur anderen zu übermitteln. Es war die Aufgabe älterer Männer und Frauen die Informationen über Schöpfungsmythen, die Bewegung der Himmelskörper, über Heilpflanzen, über das richtige Verhalten bei der Jagd, über Gebote und Verbote an die nächste Generation weiterzugeben. Musik half ihnen, dieses wichtige Wissen in ihrem Gedächtnis zu speichern. Aus dem gesamten Wissensbestand wurden kleine thematische Einheiten gebildet, die dann den Adressaten rhythmisch vorgesungen wurden. Und auch heute geben einige Naturvölker ihr Wissen mit Hilfe der musikalisch-rhythmischen Intelligenz weiter. Ein gebildeter Iatmul in Neu Guinea z. B. kann bis zu 20.000 Namen von Clans aufzählen, ohne daß er schriftliche Aufzeichnungen hätte. Er ist dazu in der Lage, weil er diesen riesigen Bestand an Namen rhythmisch singt.

Den Pionieren Lozanov, Tomatis, Campbell und Swartz verdanken wir einige interessante Einsichten, die wir zur Bereicherung unserer Workshops heranziehen können. Töne machen unser Gehirn munter. Wenn wir längere Zeit in einer tonlosen Umgebung sind, dann werden wir leichter müde, weil das Gehirn nicht angeregt wird. Der Franzose Tomatis hat herausgefunden, daß 85 Prozent der elektrischen Energie unseres Gehirns durch Töne erzeugt werden. Töne erreichen das Gehirn sowohl durch unsere Ohren als auch durch unser Skelett. Menschen, die schwere Hörschäden haben, verlieren etwa 35 Prozent ihrer Fähigkeit, das Gehirn zu stimulieren. Unser rechtes Ohr nimmt vor allem Informationen auf, während das linke Ohr Emotionen und Klänge aufnimmt.

Didaktische Konsequenzen:

- Um die Energie der Teilnehmer anzuregen, können Sie Übungen benutzen, bei denen die Teilnehmer ihre Stimme einsetzen oder singen. (Vgl. die folgenden Übungen.)
- Sie können bei verschiedenen Gelegenheiten Musik spielen, um eine geeignete Stimmung für wirksames Lernen zu erzeugen, um die Teilnehmer zu entspannen und um ihre Kreativität und Phantasie anzuregen.
- Wenn Sie zu den Teilnehmern sprechen, dann verwenden Sie Ihre Stimme wie ein musikalisches Instrument, indem Sie für Variation sorgen im Blick auf Klang, Höhe und Sprechtempo. Am besten ist es, wenn Sie Ihre eigenen Empfindungen bemerken und Ihrer Stimme gestatten, diese unterschiedlichen Stimmungen auszudrücken.
- Sorgen Sie dafür, daß im Workshop in unterschiedlichen Rhythmen gearbeitet wird. Wenn die Teilnehmer an eigenen Projekten arbeiten, kommen sie mit weniger Pausen aus; wenn sie Informationen aufnehmen sollen, dann sind häufige kurze Pausen notwendig, weil die Teilnehmer dann mehr aufnehmen können: Wir merken uns am besten, was zum Beginn und am Ende eines Abschnittes vor unserem Bewußtsein auftaucht.
- Verwenden Sie immer wieder auch Übungen, bei denen die Teilnehmer wenig Zeit haben, bestimmte Aufgaben zu erledigen.
- Verwenden Sie ab und zu körperliche Übungen, bei denen der Rhythmus eine wichtige Komponente ist, z. B. Tanzen, im Raum herumwandern, Schattenboxen.
- Benutzen Sie zu Beginn einer Sitzung immer wieder dieselbe Musik (z. B. Barockmusik), damit Sie ein klares Signal für den Beginn der Sitzung senden.
- Lassen Sie die Teilnehmer sich von Zeit zu Zeit frei zur Musik bewegen. Das ist für die meisten eine seltene Gelegenheit, die dazu beiträgt, daß Ihr Workshop besonders geschätzt wird.
- Sprechen Sie mit den Teilnehmern darüber, wann sie Musik wünschen und wann nicht. Es gibt Gelegenheiten, bei denen Musik als störend empfunden wird, weil sie ablenkt, weil sie nicht dem Geschmack der Teilnehmer entspricht oder weil sie zu einer übermäßigen Anregung führt.
- Arthur Harvey hat die Auswirkung von Musik auf unsere Einstellung und Motivation untersucht und herausgefunden, daß leichte Hintergrundmusik die Atmosphäre eines Raumes genauso prägt wie Lufttemperatur, Beleuchtung und Dekoration. Schaffen Sie eine positive Lernumgebung, indem Sie fünf Minuten vor Beginn einer Sitzung sanfte Musik spielen – Barock, Klassik, New Age, leichte Instrumentalmusik oder leichter Jazz. Beim Hereinkommen werden die Teilnehmer bereits eingestimmt. Beginnen Sie die Lerneinheit, indem Sie über das Musikstück sprechen. Achten Sie darauf, daß das Stück weder aufregend noch allzu beruhigend wirkt.

Übungsvorschläge:

Im folgenden finden Sie einige interessante Übungen für die musikalisch-rhythmische Intelligenz Ihrer Teilnehmer.

Übung 1: Musikalischer Bewußtseinsstrom – Viele Menschen haben so etwas wie eine ständige innere musikalische Begleitung, auch wenn sie nicht ständig eine Melodie hören. Fordern Sie die Teilnehmer auf, kurz zu zweit zusammenzukommen und sich entspannt miteinander hinzusetzen. Dann öffnet jeder Teilnehmer das Tor zu seinem musikalisch-rhythmischen Gedächtnis und läßt irgendeine Melodie innerlich aufsteigen, die ihm gerade in diesem Augenblick einfällt. Die Partner unterhalten sich darüber und versuchen herauszufinden, wie es kommt, daß gerade diese Melodie oder diese Liedzeile etc. ihnen gerade in dieser Situation eingefallen ist. Sagt diese Melodie etwas zu diesem Augenblick oder zur Workshop-Erfahrung? Sagt sie etwas zu ihrer gegenwärtigen Lebenssituation? Zu dem Lebensabschnitt, mit dem sie sich gerade auseinandersetzen?

Übung 2: Musikalische Einkaufsliste – In dieser kurzen Übung können die Teilnehmer üben, ihr Gedächtnis zu entlasten. Jeder kann sich für eine Liste mit Dingen entscheiden, die er nicht vergessen möchte – ein Einkaufszettel, der Tagesplan mit wichtigen Aufgaben, wichtige Namen. Jeder schreibt z. B. eine Reihe von Namen auf ein Blatt Papier und beginnt, diese rhythmisch zu sprechen. Ggf. werden einige Namen umgestellt oder verkürzt, um einen einprägsamen Rhythmus zu schaffen. Diese Gedächtnishilfe kann noch wirksamer werden, wenn die rhythmisierte Liste beim Gehen durch den Raum gesprochen wird, so daß auch der Körper den Rhythmus mitmacht.

Übung 3: Summen – Mit dieser Übung können Sie vor allem Teilnehmern helfen, die häufiger in Konferenzen oder auf größeren Präsentationen sprechen müssen. Die hier vorgeschlagene Technik zentriert das Gehirn, macht den Körper locker und gibt vor allem der Stimme Energie. Am besten wird das Summen praktiziert, indem wir die Lippen geschlossen haben und das Kinn locker halten. Wenn wir die Lautstärke richtig kontrollieren, dann gibt es viele Situationen, wo wir diese akustische Erfrischung praktizieren können, ohne daß irgend jemand das bemerkt.
Die Teilnehmer stellen sich hin und beginnen mit einem ruhigen Ton, einem nach innen gesprochenen „Ah“. Dann können sie diesen Ton kräftiger machen. Sie werden dabei feststellen, daß dieser Summton nicht besonders laut zu sein braucht, damit ein Gefühl der Kraft, der Klarheit und Aufmerksamkeit erzeugt wird.

Übung 4: Phonographische Erinnerungen – Hier können die Teilnehmer ihr „drittes Ohr" trainieren und ihre Fähigkeit entwickeln, in der Phantasie Töne und Geräusche zu hören. Bitten Sie die Workshop-Mitglieder, sich entspannt hinzusetzen, die Augen zu schließen, durchzuatmen und sich zu entspannen. Dann fordern Sie die Gruppe auf, sich auf folgende „Hörbilder" zu konzentrieren (jeweils 15–20 Sekunden):

- Der Klang, wenn Regen auf ein Zeltdach fällt,
- ein Song meiner Lieblings-Popgruppe aus der Jugendzeit,
- irgendein Stück klassische Musik,
- der Klang der eigenen Stimme beim Singen,
- der Klang einer Orgel,
- der Gesang eines Vogels im Frühling,
- der Gesang irgendeiner Gruppe, die „Happy Birthday" singt,
- der Klang der Brandung an der See,
- irgendein Lied, das die Mutter mir beim Einschlafen vorsang,
- irgendeine Melodie, die ich jetzt erfinde,
- das Rauschen eines Wasserfalls,
- die Tonlosigkeit in einer unterirdischen Höhle.

Übung 5: Musikalische Inspiration – Fordern Sie die Teilnehmer auf, eine Kassette zum Workshop mitzubringen, die der Betreffende früher schon gern gehört hat und die ihn inspiriert, sowie einen Walkman. Zu Beginn der Übung macht jeder seinen Walkman startbereit, so daß er die Passage, die ihn besonders inspiriert, jederzeit abspielen kann.

Dann schreiben wir irgendeine Frage auf, auf die wir gern eine Antwort hätten. Das kann ein Arbeitsproblem sein, ein persönliches Thema oder eine philosophisch-spirituelle Frage. Nachdem wir die Frage aufgeschrieben haben, denken wir eine halbe Stunde über mögliche Antworten nach und notieren Ideen, Assoziationen, verschiedene Schritte zur Lösung und natürlich auch Hindernisse. Eine halbe Stunde versuchen wir, all unsere Ressourcen zu mobilisieren, um eine Antwort auf unsere Frage zu bekommen.

Dann legen wir Papier und Bleistift weg, setzen uns entspannt hin und beginnen zwei bis drei Minuten tief zu atmen. Wenn wir uns entspannt haben, stellen wir den Walkman an und nehmen die Musik in uns auf: Wir lassen sie in unser Gehirn strömen, in unseren Körper und auch in unser Herz. Wir konzentrieren uns nicht besonders auf die Frage, für die wir eine Antwort suchen, aber wir bemerken alle Ideen, Bilder und Assoziationen, die sich von selbst einstellen. Wir lassen uns von unserer eigenen Musikwahl zehn bis fünfzehn Minuten anregen. Dann stellen wir die Musik ab, notieren die Einfälle, die uns durch den Kopf gegangen sind, und versuchen, daraus eine erste Antwort auf die aufgeworfene Frage zu geben.

Übung 6: Ein imaginäres Mikrophon – Diese Übung arbeitet mit dem Bild eines imaginären Mikrophons, um die Stimme der Teilnehmer voller und energetischer zu machen. Es ist überraschend, wie gut dieser Kunstgriff funktioniert. Sie können diese Übung einsetzen, wenn Sie im Workshop in Kleingruppen gearbeitet haben und die Teilnehmer über ihre Arbeitsergebnisse berichten. Wer gerade spricht, hebt die rechte Hand, als ob er ein Mikrophon hochhält. Für manche Teilnehmer ist es besser, wenn sie tatsächlich ein Mikrophon in der Hand halten, während sie im Plenum sprechen. Auch ohne daß ein Verstärker angeschlossen ist, wird die Stimme tiefer und voluminöser. Das ist besonders für Teilnehmer wichtig, die häufig in Gruppen sprechen müssen. (Diese Technik benutzt Alfred Tomatis in seinem Pariser Institut.)

Übung 7: Spiegeln zur Musik – Diese Übung zeigt sehr schön, daß Musik ein sehr gutes Medium ist, das Menschen miteinander verbinden und ihr Einfühlungsvermögen entwickeln kann. Sie paßt vorzüglich zum Anfang einer Sitzung.
Die Teilnehmer kommen in Paaren zusammen und stellen sich voreinander hin. Spielen Sie nun sanfte Musik. Einer der Partner fängt an, sich langsam zur Musik zu bewegen und der andere spiegelt diese Bewegung. Dabei bleiben beide auf ihrem Platz stehen.
Nach zwei Minuten stellen Sie die Musik ab, und die Initiative geht jetzt auf den anderen Partner über. Er improvisiert mit der Stimme irgendeine Melodie, bewegt sich dazu und der Partner spiegelt Töne und Bewegung.
Lassen Sie die Teilnehmer danach einen anderen Partner suchen und den gesamten Vorgang wiederholen.

49 Kinästhetische Intelligenz

Wir verdanken James Joyce eine schöne Sammlung von Kurzgeschichten, in der er die Menschen der irischen Stadt Dublin porträtiert. Darin kommt der Kassierer einer Bank vor, ein gewisser Mr. James Duffy. Dieser schüchterne Mann lernt eine Frau kennen und hat eine intensive intellektuelle Affäre mit ihr, aber er bricht die Beziehung ab, als sie es wagt, mit der Hand sein Gesicht zu berühren. Der Autor erklärt uns dieses überraschende Verhalten: „He lived a little distance from his body." In einem umfassenden Sinne ist Duffy so etwas wie ein moderner Jedermann, ein Beispiel für die Trennung zwischen Körper und Geist. Das ist nicht in allen Kulturen so. Griechen und Römer schätzten das Zusammenwirken zwischen Körper und Geist, das uns in dem Motto überliefert ist: „Sit mens sana in corpore sano!" Östliche Kulturen haben die intellektuelle und spirituelle Entwicklung des Geistes immer auch durch körperliche Aktivitäten – wie Yoga, Tai Chi und Aikido – vorangetrieben, aber in unserem Schulsystem, in unseren Universitäten, in Zehntausenden von Fortbildungskursen dominiert weiterhin die Förderung unserer linguistischen und logisch-mathematischen Intelligenz. Es ist so, als ob wir auch heute noch die Position des französischen Philosophen René Descartes einnehmen, der vor beinahe 400 Jahren erklärt hat: „Ich denke, darum bin ich." Gleichwohl gibt es weite Bereiche der Gesellschaft, in der Körperbewußtsein und kinästhetische Intelligenz hoch geschätzt werden. Es ist nicht nur der Sport, der unsere moderne Faszination für den Körper ausdrückt, sondern es ist auch das Fernsehen, das uns ständig Körper zeigt. Zu den am meisten geschätzten Werten unserer Kultur gehören junge, schöne und anmutige Körper. Sie werden so sehr geschätzt, daß es Hunderttausende von jungen Frauen und zunehmend auch Männern mit Eßstörungen gibt, die sich weigern, auf normale Weise zu essen, um nicht den Charme ihres jugendlichen Körpers zu verlieren. Und die meisten Menschen sind heute zusätzlich an der Fitneß ihres Körpers interessiert. Sie identifizieren Leistungsfähigkeit mit einem gesunden, beweglichen Körper.

Wir alle versuchen uns bewußter zu ernähren, wir treiben Sport und wir bemühen uns um Entspannung, um nicht Opfer von Streß und Burnout zu werden. In der Medizin werden große Anstrengungen unternommen, die Geheimnisse des Körpers zu ergründen und das komplizierte Zusammenspiel von Gehirn, Herz und Körper besser zu verstehen. Die Bedrohung durch hilflos machende Krankheiten wie Krebs, Aids oder kardiologische Leiden verstärkt unsere Sehnsucht nach einem gesunden Körper. Wir können eine eindeutige Zunahme des Interesses am Körper feststellen, aber es gibt in den klassischen Institutionen des Lernens noch keine befriedigende Integration des neu erwachten Interesses am Körper.

Workshops und Trainings gehen in dieser Hinsicht schon ein wenig weiter. Hier wird seit langem mehr experimentiert als an Schulen und Universitäten.

Für viele Workshop-Leiter sind die großen Namen körperbezogener Therapie und einige ihrer klassischen Übungen durchaus vertraut: Alexander Lowen, Moshe Feldenkrais, Viola Spolin, Matthias Alexander, Georgette Schneer, Ruthy Alon, aber auch jüngere Kollegen dieser großen Innovatoren, wie Michael Gelb, Carla Hannaford, Dawna Markova, Paul E. Dennison, John Diamond, Terry Orlick und Matt Weinstein.
Seit der Encounter-Bewegung gibt es in Seminaren, Trainings und Workshops eine Tradition mit Körperübungen – „Energizers“ und „Icebreakers“ –, die den Körper einbeziehen und die Teilnehmer auch physisch miteinander in Kontakt bringen. Allzu oft werden diese Körperübungen jedoch isoliert angewendet, um einem sonst rein kognitiv gestalteten Lernprozeß etwas Leben einzuhauchen. Das ist natürlich unbefriedigend und führt nicht dazu, daß Lehrende und Lernende die innere Einstellung zu ihrem Körper verändern.
Es ist daher besonders verdienstvoll von Howard Gardner gewesen, daß er bei der Suche nach den verschiedenen Intelligenzen die kinästhetische als eine Intelligenz eigenen Rechts behandelt hat. Damit hat er einen wichtigen Beitrag zu einer modernen Lerntheorie geleistet.

Die zentrale Komponente der körperlich-kinästhetischen Intelligenz ist unsere Fähigkeit, die Bewegungen unseres Körpers genau zu steuern. In vorbildlicher Weise zeigen uns Athleten, Tänzer, Musiker, Schauspieler, was hier zu erreichen ist. Hinzu kommt die Fähigkeit, mit Objekten geschickt umzugehen. Über kinästhetische Intelligenz müssen Maler und Bildhauer verfügen, die meisten Handwerker und Facharbeiter. Aber wir wollen nicht vergessen, daß kinästhetische Intelligenz auch von zentraler Bedeutung in unserem Privatleben ist. Fast jeder kennt Menschen, die sich darüber beklagen, daß Mutter oder Vater nicht in der Lage waren, ihre eigenen Kinder so zu berühren, zu halten, in den Arm zu nehmen, daß sich die Kinder sicher, akzeptiert und geliebt fühlen konnten. Und jeder Erwachsene weiß, wie wichtig ein differenziertes körperliches Ausdrucksvermögen für jede Liebesbeziehung ist.
Schließlich möchte ich darauf hinweisen, daß die körperlich-kinästhetische Intelligenz von besonderer Bedeutung ist für alle diejenigen, die beruflich als Kommunikatoren tätig sind: Führungskräfte und Verkäufer, professionelle Redner und Pressesprecher, Moderatoren und Trainer, Sozialarbeiter, Ärzte und Psychotherapeuten – sie alle müssen in der Lage sein, sich nonverbal so auszudrücken, daß ihre Klienten und ihr Publikum, ihre Mitarbeiter und Schutzbefohlenen Vertrauen haben können, daß sie sich akzeptiert fühlen und respektiert. Die Fähigkeit, den eigenen Körper als Kommunikationsmittel zu benutzen, ist von großer Bedeutung für alle diese Tätigkeiten.

Didaktische Konsequenzen:

Es ist nicht ausreichend, daß der Moderator für einen vernünftigen Pausenrhythmus sorgt und durch Anregung oder Beruhigung den Energiefluß in der Gruppe reguliert. Auch die Teilnehmer müssen lernen, selbst die Bedürfnisse und Ressourcen ihres Körpers beim Lernen zu beachten.

- Achten Sie darauf, daß Ihre Teilnehmer zwischen flacher und tiefer Atmung unterscheiden können, damit sie die grundlegende Bedeutung des richtigen Atmens für ein entspanntes Lernen und Arbeiten verstehen.
- Sorgen Sie dafür, daß während der Pausen genügend sauerstoffhaltige Luft in den Arbeitsraum gelangen kann.
- Überprüfen Sie mit den Teilnehmern, wie weit bei intensiver Arbeit Verspannungen der Muskulatur auftreten. Zeigen Sie einfache Möglichkeiten der Entspannung.
- Helfen Sie den Teilnehmern, insbesondere Männern, wichtige Gefühle voneinander zu unterscheiden und zu bemerken. Was wir fühlen, sagt uns unser Körper, und unser Gehirn muß diese Botschaften entschlüsseln, so daß wir feststellen können: Ich bin aufgeregt; ich bin traurig; ich bin ärgerlich usw.
- Führen Sie die folgende Regel der „Themenzentrierten Interaktion" ein: „Beachte Signale aus deiner Körpersphäre!" Das bedeutet: Wenn ich bemerke, daß ich mich bewegen möchte, daß ich nicht länger still sitzen will, daß ich frische Luft benötige, daß ich beim Lernen meinen Körper einsetzen möchte, dann melde ich das in der Gruppe an.
- Berücksichtigen Sie das Bewegungsbedürfnis der Teilnehmer. Wir lernen besser, wenn wir uns nicht immer an derselben Stelle aufhalten. Verlagern Sie Lernprozesse nach draußen in die Natur; besuchen Sie Fabriken und Museen und benutzen Sie verschiedene Lokalitäten in dem Gebäude, in dem der Workshop stattfindet. Eine neue Umgebung erhöht die Wahrscheinlichkeit, daß Einsichten und Skills dauerhafter erworben werden. Hier liegt ein zusätzlicher Grund für Kleingruppenarbeit. Sie gibt einen neuen lokalen und interpersonellen Kontext.
- Beziehen Sie beim Lernen häufig den Körper ein. Eine klassische Möglichkeit bietet das Rollenspiel.
- Physikalisieren Sie Entwicklungen, Ziele, Hindernisse, Konzepte. Dawna Markova zeigt in ihrem Buch „An Unused Intelligence", wie „physisches Denken" beim Training von Führungskräften sinnvoll genutzt werden kann. Wenn Sie z. B. Vertrauen „physikalisieren", dann müssen Sie bloß die Teilnehmer auffordern, die Augen zu schließen und durch den Raum zu gehen. Schlagartig ist die Frage des Vertrauens dann nicht mehr bloßes Theoretisieren, sondern ein starkes aktuelles Erlebnis.
- Wenn Sie mit Rollenspiel, Pantomime, Charaden arbeiten, dann geben Sie jenen Teilnehmern eine Chance, die vielleicht weniger verbale Stärken haben, aber über eine hervorragende körperlich fundierte zwischen-

menschliche Kontaktfähigkeit verfügen.

- Bringen Sie zum Workshop ein Arsenal von Spielen, Bällen, Tüchern etc. mit, die von den Teilnehmern in den Pausen oder auch bei entsprechenden Lerneinheiten benutzt werden können, um körperliche Geschicklichkeit, Bewegungslust und Spielfreude zu trainieren. Der Kreativitätsforscher Tony Buzan läßt seine Teilnehmer regelmäßig das Jonglieren mit drei Bällen lernen und benutzt diese ungewohnte Situation, um über Lernbarrieren zu sprechen.

Im folgenden finden Sie einige interessante Übungen zur körperlich-kinästhetischen Intelligenz:

Übungsvorschläge:

Übung 1: Wie klug ist mein Körper? – Diese Übung enthält verschiedene interessante Aufgaben, die mal wenig, mal mehr Zeit kosten. Sie können einzelne Aktivitäten herauslösen oder die gesamte Abfolge für eine Lerneinheit über Körperintelligenz verwenden.

- Die Teilnehmer stehen mit geschlossenen Augen wie Störche auf einem Bein. Wie lange können sie diese Position durchhalten? Dann probieren sie es mit dem anderen Bein. Welches Bein ist dominant?
- Die Teilnehmer versammeln sich um einen Papierkorb und werfen aus einem Abstand von drei Metern zusammengeknüllte Papierkugeln in den Korb. Wie weit kann der einzelne zurückgehen und immer noch Treffer landen? Diese Übung testet die Koordination von Hand und Auge.
- Die Teilnehmer schreiben ihren Namen mit der nicht-dominanten Hand. Dann schreiben sie ihren Namen mit beiden Händen gleichzeitig.
- Jeder bekommt ein Kartenspiel und baut ein fünfstöckiges Kartenhaus.
- Immer zwei Teilnehmer kommen zusammen und bauen oben auf eine Weinflasche einen Turm aus Streichhölzern.
- Drei Teilnehmer kommen zusammen. Jeder hat ein Fünfmarkstück. Sie versetzen die Münzen in Drehung mit dem Ziel, daß alle Münzen gleichzeitig zur Ruhe kommen und auf den Untergrund fallen.
- Immer zwei Teilnehmer kommen zusammen und erproben das dänische Daumenringen. (Vgl. Vopel: „Interaktionsspiele", Band 2.)
- Die Teilnehmer stehen im Raum verteilt und übersetzen Gefühle in Körpersprache. Geben Sie vier bis fünf unterschiedliche Gefühle vor.
- Die Teilnehmer kommen in Quartetten zusammen. Sie machen aus ihren Körpern eine Skulptur, die das Konzept „Vertrauen" verdeutlicht.
- Die Teilnehmer kommen zu viert zusammen und bilden aus ihren Körpern eine Skulptur, die den Schatten (die untergründige, versteckte, offiziell nicht ausgedrückte Seite) ihres Unternehmens symbolisch darstellt. (Es ist auch sehr reizvoll, den Schatten des Workshops oder des Moderators symbolisch darzustellen.)

- Zum Schluß eine Aktivität, die die Gruppe wieder zusammenführt: Die Teilnehmer verteilen sich im Raum und schließen die Augen. Sie gehen langsam zur Mitte, um dort einen Kreis zu bilden, bei dem sich alle an der Hand halten oder die Hände auf die Schultern der Nachbarn legen.

Übung 2: Die Weisheit des Körpers – Unser Körper begleitet kontinuierlich unsere kognitiven Aktivitäten. Er arbeitet wie ein Barometer, das uns anzeigt, ob wir uns bei der Arbeit, beim Lernen, bei unseren Freizeitaktivitäten wohl fühlen, ob wir so etwas wie „Flow" erleben oder Langeweile oder ob wir sogar etwas tun, das unsere Selbstachtung beschädigt.
In dieser Übung können die Teilnehmer versuchen, sich verschiedene Lösungen für ein Problem vorzustellen und die unterschiedlichen Kommentare des Körpers zu bemerken. Jeder konzentriert sich auf ein persönliches oder berufliches Thema, das ihn gerade beschäftigt. Das Problem soll noch nicht gelöst sein.
Jeder nimmt ein Blatt Papier und schreibt oben das Problem in Form einer Frage oder einer Aussage nieder. Je spezifischer die Frage formuliert ist, desto besser. Dann schreibe ich so viele Lösungen für das Problem auf, wie mir einfallen: a... b... c... usw. Dann lege ich das Papier zur Seite und konzentriere mich auf meinen Körper. Ich spüre meine Füße am Boden, den Kontakt mit dem Stuhl, den Kontakt mit der Kleidung. Ich bemerke Muskelspannungen im Körper und vielleicht auch andere Empfindungen: ein Kribbeln, meinen Herzschlag, kalte Füße usw. Dann nehme ich das Papier wieder vor und lese langsam die ins Auge gefaßten Lösungen durch, eine nach der anderen. Jedesmal mache ich eine Pause, um zu bemerken, welchen Kommentar mein Körper zur gerade gelesenen Lösung abgibt, z. B. Anspannung oder Entspannung der Muskeln im Bauch, im Magen, in Nacken, in Schultern oder Brust, Veränderung der Atmung, des Herzschlags, Wärmegefühle, Kribbeln, Gänsehaut, Schmerzen im Herzen usw. Ich versuche herauszufinden, ob mein Körper zu der vorgeschlagenen Lösung „Ja" oder „Nein" sagt Wenn mein Körper „Nein" sagt, streiche ich die Lösung aus. Am Ende umrahme ich die Lösung, wo der Körper den positivsten Kommentar abgegeben hat. (Dies ist natürlich keine unfehlbare Methode zur Problemlösung, aber ein wichtiger Schritt, intuitives Wissen beim Lernen zu benutzen.)

Übung 3: Intelligent sitzen – In der Regel drückt der Körper aus, was der Geist tut. Wenn wir angestrengt denken, dann verspannt sich der Körper leicht, unser Atem wird flacher, wir ziehen Kopf und Schultern ein, der Körper verschließt sich gewissermaßen, so daß Zirkulation und Atmung eingeschränkt sind. Das führt zu einem negativen Kreislauf, bei dem die Arbeit immer schwerer wird. Die folgende Übung kann uns helfen, unser Körperbewußtsein für die eigenen Lernprozessen einzusetzen. Benutzen Sie diese Übung als begleitende Aktivität, wenn die Teilnehmer entweder einen Text durchlesen oder eine Aufgabe schriftlich bearbeiten.

Sagen Sie etwa folgendes: „Stoppen Sie einen Augenblick und achten Sie auf Ihre Körperhaltung. Ist Ihre Wirbelsäule gerade oder gekrümmt? Sitzt Ihr Kopf auf der Mittellinie und wird er leicht von Ihrem Körper getragen? Spüren Sie Spannungen in Armen, Beinen, Nacken, Gesicht, Bauch oder Oberschenkeln oder sonstwo? Wie atmen Sie? Ehe Sie eine andere Haltung einnehmen, bemerken Sie einfach Ihre aktuelle Position. Dann fassen Sie vielleicht den Entschluß, sich anders hinzusetzen, so daß Sie sich freier und energiereicher fühlen, weil Rumpf, Nacken und Kopf sich anders miteinander verbinden. Wie verändert sich Ihr Atem, wenn Sie sich anders hinsetzen? Wenn Sie gleich Ihre Aufgabe fortsetzen, dann achten Sie darauf, ob Ihnen die Arbeit jetzt leichter fällt, ob sie schneller vorankommen, ob Ihnen die Dinge jetzt besser von der Hand gehen."

Übung 4: Mentales Körpertraining – Wir können unsere Fähigkeit zur Imagination auch benutzen, um nach einer Krankheit motorische Funktionen wieder neu zu lernen oder um uns auf anspruchsvolle sportliche Aktivitäten vorzubereiten, wie Skispringen, Bogenschießen, Golfspielen etc. Der bekannte amerikanische Hypnotherapeut Milton Erickson war als Kind durch eine Polio-Erkrankung nahezu vollständig gelähmt. Er brachte seine Muskeln in einem langjährigen Prozeß wieder unter seine Kontrolle, indem er beobachtete, wie sich seine Geschwister bewegten, welche Muskeln sie benutzten, um z. B. ein Bein zu heben, einen Schritt zu machen, mit der Hand einen Löffel zu halten usw. Zunächst stellte er sich in der Phantasie vor, wie er einzelne Muskeln bewegen würde, später gelang es ihm, im Anschluß an diese virtuellen Bewegungen, einzelne Körperteile tatsächlich wieder zu bewegen. In Anlehnung an diesen berühmten Selbstversuch Milton Ericksons haben viele Sportpsychologen die Technik der kinästhetischen Imagination beim Training ihrer Athleten benutzt – oft mit großem Erfolg. Vielleicht gibt es sogar so etwas wie einen „kinästhetischen Körper", ein Bewußtsein, das der Körper von sich und seinen Aktivitäten hat, das auch dann erhalten bleibt, wenn ein Mensch z. B. durch einen Unfall einen Körperteil verliert. In der folgenden Übung können die Teilnehmer mit diesem „kinästhetischen Körper" experimentieren, um später besser in der Lage zu sein, ihren Körper anders und wirkungsvoller einzusetzen.

Sagen Sie etwa folgendes: „Finden Sie eine bequeme Haltung auf dem Boden. Atmen Sie ein paarmal tief und lenken Sie dann Ihre Aufmerksamkeit auf Ihren Körper... Beginnen Sie bei Kopf und Gesicht und wandern Sie dann weiter bis zu Beinen und Füßen... (1–2 Minuten)

Nachdem Sie sich eine Weile auf Ihren physischen Körper konzentriert haben, können Sie sich jetzt auf die verschiedenen Teile Ihres kinästhetischen Körpers konzentrieren.

Lassen Sie Ihre physischen Arme auf dem Boden liegen und heben Sie Ihre kinästhetischen Arme hoch, bis sie im rechten Winkel zu Ihrem Körper sind. Spüren Sie die Empfindungen in den Muskeln Ihrer kinästhetischen Arme,

während Sie das machen. Nun legen Sie die Arme wieder flach auf den Boden und heben Ihre kinästhetischen Beine ein paar Zentimeter über den Boden, während Sie Ihre physischen Beine still liegen lassen. Spüren Sie wieder die Empfindungen, die Anspannung in den Muskeln Ihrer kinästhetischen Beine... Jetzt lassen Sie sie einfach auf den Boden sinken, und während Ihr physischer Körper immer noch flach auf dem Boden liegt, stehen Sie bitte mit Ihrem kinästhetischen Körper auf und fangen Sie an, im Raum herumzugehen. Fangen Sie mit Ihrem kinästhetischen Körper an herumzuspringen. Spüren Sie jeden Muskel, während Sie das tun – in den Füßen, in den Beinen, im Rücken, im Nacken. Stellen Sie sich vor, daß das ein Trampolin ist, auf das Sie steigen. Sie fangen an, darauf herumzuspringen. Spüren Sie Ihre Empfindungen beim Springen... (1 Min.)
Gehen Sie jetzt bitte von dem Trampolin herunter. Stellen Sie sich vor, daß Sie auf einem imaginären Tisch einige Früchte finden, die sich ganz unterschiedlich anfühlen: eine Orange, ein Apfel, eine Ananas, eine Kokosnuß, eine Avocado. Lassen Sie sich Zeit, um mit Ihren kinästhetischen Fingerspitzen die Oberfläche dieser Früchte zu erspüren... (1–2 Min.)
Nun kehren Sie bitte mit Ihrem kinästhetischen Körper zurück in den physischen Körper, der immer noch am Boden liegt, bleiben Sie einen Augenblick so liegen und spüren Sie den Kontakt Ihres physischen Körpers mit dem Untergrund. Recken und strecken Sie sich nun und atmen Sie einmal tief aus, öffnen Sie die Augen, seien Sie wieder hier, wach und erfrischt."

(Wenn die Teilnehmer diese Übung kennengelernt haben, können sie sich auf ähnliche Weise vorstellen, irgendeinen physischen Skill zu verbessern: ihren Aufschlag beim Tennis, ihre Haltung beim Skilaufen etc.)

Übung 5: Massagekreis – Dies ist eine sehr angenehme Übung, die das Gemeinschaftsgefühl in der Gruppe fördert. Der einzelne Teilnehmer kann etwas für die Sensitivität seiner Hände tun. Das kinästhetische Bewußtsein wird herausgefordert, weil es sich auf zwei Dinge konzentrieren muß – nach vorn massiere ich selbst und von hinten bekomme ich eine Massage.
Dafür stehen die Teilnehmer im Kreis. Jeder hat die Arme ausgestreckt, und die Hände liegen auf den Schultern des Vordermannes. Dann werden die Augen geschlossen. Jeder fängt an, zunächst den Schulter-Nacken-Bereich des Vordermannes, am besten mit der flachen Hand und den Fingerspitzen, wahrzunehmen. Wie fühlt sich die Muskulatur an? Wo sind Spannungen, Verhärtungen etc.? Dann beginnt eine vorsichtige Massage des Rückens. Dies soll für den Vordermann sehr angenehm sein. Nach ein bis zwei Minuten drehen sich alle 180 Grad und revanchieren sich für das, was sie in der ersten Runde bekommen haben.

Übung 6: Widersprüchliche Signale – Häufig ist unsere Körpersprache nicht kongruent. Mit Worten oder Aktionen erwecken wir z. B. den Anschein, daß wir gelassen sind und die Situation unter Kontrolle haben, aber unsere Gesprächspartner bekommen gleichwohl Hinweise auf andere zugrunde liegende Gefühle – unsere Stimme klingt gepreßt, wir bewegen uns eine Spur zu schnell, der Blickkontakt ist forciert usw. Auf diese Weise senden wir widersprüchliche Botschaften. Bei dieser Übung arbeiten immer zwei Teilnehmer zusammen. Sie unterhalten sich und versuchen bewußt, mit ihrem Körper etwas anderes zu sagen als mit ihren Worten. (5 Min.)

Übung 7: Centering – Dies ist eine besonders nützliche Übung, die Sie im Workshop häufig anwenden können, und die Teilnehmer können sie auch mit in ihren Alltag nehmen. Wir brauchen ganz wenig Zeit dafür.
Wenn wir eine neue Aufgabe anfangen wollen, wenn wir einen Fehler gemacht haben und darüber hinwegkommen wollen, wenn wir uns aufgeregt haben, dann hilft uns diese Übung, die Fassung wiederzugewinnen.
Sagen Sie etwa folgendes: „Stellen Sie sich hin, die Füße ungefähr schulterbreit auseinander, als ob Sie einem starken Wind widerstehen wollten, der von vorne bläst. Halten Sie den Rücken ganz gerade, so daß Ihr Kopf senkrecht über dem Becken ist. Halten Sie den Kopf so, wie Sie es machen würden, wenn Sie mit den Augen den Horizont absuchten. Die Knie können leicht gebeugt sein. Spüren Sie ganz deutlich den Boden unter sich, jeder Fuß spürt von der Spitze bis zur Ferse, wie das Gewicht gleichmäßig auf die ganze Fußsohle verteilt ist.
Jetzt fühlen Sie Ihren Schwerpunkt... Sie bleiben in dieser Haltung und gönnen sich ein paar tiefe Atemzüge. Atmen Sie durch die Nase ein; benutzen Sie dabei Ihr Zwerchfell und spüren Sie, daß Sie dabei in Ihren Bauch atmen. Atmen Sie dann hörbar durch den Mund aus. Machen Sie das ein paarmal und spüren Sie, wie Ihr Schwerpunkt ein wenig tiefer zu sinken scheint und wie Sie sich mehr und mehr dabei entspannen."

Übung 8: Aufmerksam gehen – Bei dieser Übung sorgen wir dafür, daß kurzfristig ein wichtiger Wahrnehmungsbereich der Teilnehmer ausgeschaltet wird, nämlich das Sehen. Diese kleine Veränderung hat gewaltige Auswirkungen. Jetzt kann jeder überprüfen, wie sehr er sich auf seine kinästhetische Intelligenz verlassen kann.
Aber diese Übung kann man auch symbolisch verstehen. Das Gehen mit geschlossenen Augen ist so ähnlich, wie unsere Versuche, uns im ständigen Wandel – z. B. des Marktes – zurechtzufinden und uns zu behaupten.
Die Teilnehmer gehen durch den Raum und denken beim Gehen darüber nach, wie sie Vertrauen und Selbstvertrauen aufbringen können in Zeiten schnellen Wandels.
Dann faßt jeder irgendein Ziel ins Auge – z. B. ein Fenster oder einen Türgriff – und geht langsam und aufmerksam auf dieses Ziel zu. Jeder versucht

dabei, sich selbst zu beschreiben, was er tut: Ich lasse mein Ziel nicht aus den Augen. Ich gehe ohne Umweg kraftvoll auf das Ziel zu und achte darauf, mit niemandem zusammenzustoßen.
Anschließend geht jeder wieder an den Ausgangspunkt zurück. Diesmal gibt es eine Veränderung. Die Teilnehmer schließen die Augen und gehen blind auf das Ziel zu. Dabei beschreiben sie für sich selbst, was sie tun und erleben.
In einer dritten Runde üben die Teilnehmer bewußtes Gehen. Sie synchronisieren Atmung und Schritte. Jedesmal wenn sie einatmen, machen sie einen Schritt mit dem einen Fuß und jedesmal wenn sie ausatmen, machen sie einen Schritt mit dem anderen Fuß.
Nun kommt der vierte Abschnitt dieser Übung. Gestärkt durch das bewußte, langsame Gehen, schließt jeder die Augen und geht langsam zur Mitte des Raumes. Das Ziel ist es, ohne die Augen zu öffnen, mit den anderen Gruppenmitgliedern dort einen Kreis zu bilden, der möglichst rund sein soll. Es soll dabei nicht gesprochen werden.
Nehmen Sie sich genügend Zeit für die Auswertung dieser sehr ergiebigen Übung.

50 Die Kunst der Berührung

Jeder erfahrene Moderator weiß, daß die Teilnehmer darauf aus sind, neue Erfahrungen zu machen. Darum versuchen wir ständig, im Workshop Lernsituationen mit dem Reiz des Neuen auszustatten. Sie finden im Folgenden einige symbolische Übungen, auf die Sie von Zeit zu Zeit zurückgreifen können. Sie verbinden den Reiz des Neuen mit unserem kindlichen Bedürfnis, Dinge, die uns interessieren, zu berühren. Vieles können wir besser und komplexer verstehen, wenn wir es zuvor berührt haben. Durch Berührung und Bewegung lernen kleine Kinder elementare Begriffe und Konzepte, und auch für uns Erwachsene ist diese Art des Lernens von großer Bedeutung. Unser Gehirn bekommt die Informationen von über 500.000 Berührungssensoren, von 200.000 Temperatursensoren. Gleichwohl können wir beobachten, daß viele Menschen die Dinge nur mechanisch berühren. Oft folgt ihr Denken eingefahrenen Pfaden und arbeitet überwiegend mechanisch. Sensitive Berührung ist ein Geheimnis, gebunden an Offenheit und Empfänglichkeit. Wenn wir mit unseren Händen „hören“ können, dann können wir in der Regel auch mit unserem Herzen und unserem Geist hören.

Übungsvorschläge:

Übung 1: Berühren wie eine Elfe – Nur wenn wir etwas zart berühren, bekommen wir die ganze Fülle sinnlicher Eindrücke. Eine feste Berührung schaltet die meisten taktilen Sensoren ab. Fordern Sie die Teilnehmer auf, im Raum herumzugehen und möglichst viele Dinge ganz zart zu berühren, wie eine Elfe. Sagen Sie einfach: Berühren Sie die Welt um Sie herum, als ob Sie alles zum ersten Mal mit Ihren Fingerspitzen berühren. Bemerken Sie die besonderen sinnlichen Qualitäten der verschiedenen Dinge.

Übung 2: Blind berühren – Lassen Sie die Teilnehmer in Paaren zusammenkommen. Ein Partner bekommt eine Augenbinde, der andere führt den Partner durch den Gruppenraum, durch das Gebäude oder draußen durch die Natur. Der sehende Partner sorgt dafür, daß der andere möglichst vielfältige Berührungserlebnisse haben kann – eine Vase, ein Blatt, ein runder Stein, ein Seidentuch... Der Blinde erforscht die Dinge mit „hörenden“, „wachen“ Händen und beschreibt mit Worten, was er spürt und fühlt, das Gewicht und die Temperatur der Dinge. Anschließend Rollenwechsel.

Übung 3: Der Dämon – Dies ist eine einfache Übung der Selbstmassage. Sie gibt den Teilnehmern die Möglichkeit, einen großen Teil ihrer Spannungen aus dem Körper zu schütteln. (Sie können diese Übung als Einstieg in die nachfolgenden gegenseitigen Massageübungen benutzen.)
Jeder springt dabei von einem Fuß auf den anderen und macht mit den

Armen Bewegungen, als ob Wassertropfen abgeschütteln oder einen Dämon (der Dämon der Müdigkeit und der Verspannung) aus dem Körper verjagen wollte.

Übung 4: Rücken an Rücken – Hier kommen immer zwei Teilnehmer zusammen und setzen sich auf den Boden, Rücken an Rücken. Beide versuchen, gleichzeitig den Rücken des Partners durch geeignete Bewegungen zu massieren und zu entspannen.

Übung 5: Förderband – Bei dieser Übung arbeitet die ganze Gruppe zusammen, und jeweils ein Teilnehmer kommt in den Genuß einer ganz speziellen Massage. Die Teilnehmer legen sich mit dem Rücken auf den Boden und strecken die Arme nach hinten aus. Der erste Teilnehmer liegt mit den Beinen nach rechts, der zweite mit den Beinen nach links usw., so daß die Gruppenmitglieder Schulter an Schulter liegen, wobei die Köpfe in die entgegengesetzte Richtung zeigen. Das ganze sieht aus wie eine Art Reißverschluß. Dann strecken alle die Arme nach oben, und ein Gruppenmitglied legt sich vorsichtig auf die hochgehaltenen Hände. Die Teilnehmer am Boden benutzen jetzt ihre Hände wie ein Förderband, das den liegenden Teilnehmer langsam ans Ende der Reihe transportiert. Dort steht ein anderer Teilnehmer, der den so Beförderten in Empfang nimmt. Sobald der Ankömmling das „Förderband“ verlassen hat, legt er sich ebenfalls auf den Boden, um ein Bestandteil des Förderbandes zu werden. Nun kann der zweite Reisende sich dem Förderband anvertrauen.

Übung 6: Statuen – Sagen Sie etwa folgendes zu Ihren Teilnehmern:
„Stellen Sie sich bitte in zwei Reihen auf, so daß jeder im Abstand von etwa einem Meter einen Partner vor sich hat. Die Teilnehmer in dieser Linie sollen A sein und die Teilnehmer in der anderen Linie sollen B sein. Bei diesem Spiel arbeiten Sie in Paaren zusammen, jeweils A und B, die sich gegenüberstehen.
Jetzt sage ich Ihnen, was Sie tun sollen: A soll die Augen schließen und einen Augenblick abwarten. B wird sich jetzt wie eine Statue hinstellen und sich irgendeine interessante Haltung geben. B kann sich z. B. mit gespreizten Beinen hinstellen und die Arme hoch über den Kopf heben. B hat genau dreißig Sekunden Zeit, um sich wie eine Statue hinzustellen, und soll dann bewegungslos stehenbleiben. (30 Sekunden)
Nun will ich verraten, was A tun soll: A läßt die Augen geschlossen und macht vorsichtig ein, zwei Schritte nach vorn. Er soll die Körperhaltung seines Partners herausfinden, immer mit geschlossenen Augen. (1 Minute)
Nun soll B – immer noch mit geschlossenen Augen – an seinen Platz zurückkehren und die Körperhaltung seines Partners kopieren. Während dieser Zeit bleibt die Originalstatue bewegungslos stehen. (1 Minute)
Öffnen Sie jetzt die Augen und vergleichen Sie Original und Kopie.

In dieser Übung müssen die Teilnehmer aus taktilen Reizen ein inneres Bild entwickeln, und dieses innere Bild anschließend umwandeln in eine spezifische Körperhaltung. Das ist eine neuartige Herausforderung, zu der viele Teile des Gehirns beitragen müssen.
Wenn Sie dieses Spiel zum ersten Mal ausprobieren, dann sollten die Statuen verhältnismäßig einfache Haltungsmuster zeigen.

Variation: Die Teilnehmer stehen sich in zwei Reihen gegenüber. Die „Blinden" erforschen eine Minute lang das Gesicht des gegenüberstehenden Partners, dann stellen sich die sehenden Teilnehmer an einen anderen Platz. Immer noch mit geschlossenen Augen müssen die „Blinden" versuchen, den Partner wiederzufinden, indem sie mit den Händen die Gesichter abtasten.

51 Logisch-mathematische Intelligenz

Wir begegnen den Spuren dieser Intelligenz überall – wenn wir die Tastatur unseres PC benutzen, um einen Text einzugeben, wenn wir unser Auto starten, um zur Arbeit zu fahren, wenn wir uns ins Internet einwählen, um den Fahrplan der Bahn zu konsultieren. Aber auch in unserem Frühstücksei und der ersten Tasse Tee finden wir die Spuren mathematisch-logischen Denkens. Ohne diese Form der Intelligenz könnten sechs Milliarden Menschen auf diesem Planeten nicht überleben. Zugleich haben wir eine Ahnung, daß diese existenzerhaltende Form der Intelligenz gleichzeitig etwas sehr Fragiles ist. Wir wünschen uns selbst oft mehr davon. Aber wenn wir jemandem begegnen, der mit einem hohen Maße kritischer oder logischer Intelligenz gesegnet ist, dann sind wir nicht sicher, ob wir diesen Menschen mögen. Wir nennen ihn vielleicht einen „Eierkopf" oder einen Intellektuellen und verraten auf diese Weise unsere Schwierigkeit mit dieser so schwer faßbaren Form der Intelligenz. Der englische Philosoph Bertrand Russel hat unsere Ambivalenz dem Denken gegenüber sehr gut auf den Punkt gebracht: „Die meisten Menschen würden lieber sterben als denken", – und genauso ist es.

Wir leben in einer Welt, in der zu wenig gedacht wird, und wir leiden jeden Tag an den Konsequenzen dieser Gedankenlosigkeit. Wir können überall beobachten, wie gedankenlos wir selbst sind und die Menschen, mit denen wir zu tun haben. Wir handeln unbesonnen und äußern uns töricht, wir vertreten naive Meinungen mit scheinbarer Gewißheit. Wir hören nicht zu, was andere sagen, und konzentrieren uns lieber auf unsere eigenen Ideen. Bei der Arbeit haben wir Vorgesetzte, die wenig auf unsere Meinung geben, die uns häufig kritisieren und wenig Bereitschaft zeigen, unsere Ideen zu akzeptieren. In der Familie rivalisieren wir miteinander, und unsere romantischen Beziehungen enden oft in bitterer Enttäuschung und Verachtung. Die Eltern haben Schwierigkeiten, ihre Kinder weise zu erziehen, und geben ihnen zu wenig Liebe, Aufmerksamkeit und Anleitung für das Leben.

Unsere Kinder leiden an einem Bildungssystem, in dem es mehr um den Transfer von Informationen geht als um wirkliches Lernen – ein System, das Anpassung stärker betont als persönliche Entwicklung. Wir müssen täglich mit Leuten auskommen, die irrational sind, konfus und scheinbar sprachlos. Auf diese Weise erleben wir die Antwort auf die Frage: „Was passiert, wenn Menschen zu wenig nachdenken?"

Was läuft eigentlich schief? Wie kommt es zu dieser Katastrophe der Gedankenlosigkeit? Wir alle tun zu wenig, um unsere geistigen Fähigkeiten zu trainieren, weil wir einfach nicht wissen, wie wir das machen sollen. Dabei wissen wir heute viel mehr darüber, wie das Gehirn funktioniert. Wir wissen z. B., daß unsere logische Intelligenz und unsere verbale Geschicklichkeit direkt davon abhängig sind, wie häufig die Eltern mit uns im ersten Jahr unseres Lebens gesprochen haben, denn Kommunikation ist von Anfang an eine wichtige Voraussetzung für die Entwicklung neuronaler Verbindungen. Wir wissen auch, daß die Wahrscheinlichkeit, daß wir an Alzheimer erkranken, geringer ist, wenn wir als Kind gelernt haben, uns komplex und differenziert auszudrücken. Wir wissen, daß häufiges Fernsehen unsere Bereitschaft verringert, gründlich nachzudenken, und unsere Phantasie lähmt, daß es unsere Fähigkeit zu abstraktem Denken und zu längerer Konzentration einschränkt und im Gehirn eine neurologische Abhängigkeit schafft wie der Gebrauch chemischer Drogen.

Vielen Menschen ist der Prozeß des Denkens unheimlich, und sie glauben, daß wir entweder mit einem leistungsfähigen Gehirn geboren werden oder nicht; daß es so etwas wie ein goldenes Gen gibt, das entscheidet, wie gut wir denken können. Aber das ist ein Mythos. Die Fähigkeit zu denken ist nicht für eine kleine Elite bestimmt, sondern für jeden. Jeder ist mit der Fähigkeit zu denken ausgestattet, aber diese Fähigkeit muß trainiert werden. Es gibt eine Struktur, nach der das Gehirn arbeitet, und wenn wir diese Struktur verstehen, dann können wir unsere intellektuellen Fähigkeiten in allen Situationen des Lebens verbessern. Allerdings ist klares und gründliches Denken auch harte Arbeit, besonders wenn wir lernen wollen, wie man das anstellt. Viele Leute lassen sich von einfachen Denktechniken verführen und glauben, auf diese Weise Zeit und Energie zu sparen. Sie bemerken nicht, daß „bequemes Denken" nur zu Ergebnissen minderer Qualität führt. Denken verlangt Anstrengung und Zeit, und die Hektik unseres Lebens begünstigt nicht gerade sorgfältige Reflexion. Der kognitive Psychologe David Perkins bringt den Sachverhalt auf den Punkt, wenn er feststellt: „Unser Denken ist im allgemeinen unscharf, hastig, eng oder weitschweifig, mit anderen Worten: es ist impulsiv." Und wie jede andere Fähigkeit muß unsere Denkfähigkeit trainiert werden. Alles, was wir nicht benutzen, verkümmert.

Durch die weiter entwickelte Computertechnologie und das inzwischen viel benutzte Internet sind wir im Zeitalter der Information einen großen Schritt weitergegangen. Unsere Fähigkeit, gründlich und kritisch zu denken, wird dadurch auf eine ganz neue Weise bedroht. Wir werden mit Daten überschüttet. Handys sorgen dafür, daß wir ständig und überall erreichbar sind. Im Durchschnitt verbringen unsere Angestellten 60 Prozent ihrer Zeit im Büro damit, Informationen zu studieren oder zu produzieren. Datensmog nennt der Soziologe David Shenk diese Überflutung mit Informationen. Datensmog ist für unser Gehirn unbekömmlich und gefährlich für unsere geistige und emotionale Gesundheit. Er erzeugt Streß durch ein Übermaß an Eindrücken, und wir reagieren mit zwanghaftem Verhalten oder mit der neuen seelischen Krankheit ADD („Attention Deficit Disorder"). Es beginnt ein allgemeiner Kampf um die Aufmerksamkeit: Wer beachtet werden will, greift zu schrillen und übertriebenen Mitteln. Gleichwohl ist unsere Aufmerksamkeitsspanne immer kürzer geworden, und wir sind verhältnismäßig abgestumpft gegen alles, was uns nicht akut bedroht.

Wir können kaum damit rechnen, daß junge Menschen in Schulen und Universitäten kritisches Denken lernen. Unser Erziehungssystem hat sich bis jetzt damit abgefunden, unzusammenhängende Wissenspakete anzubieten, und es bietet keinen zusammenhaltenden Rahmen für Denken und Wissen. Information ist etwas ganz anderes als Wissen. Information wird erst dann Wissen, wenn wir uns gründlich damit beschäftigt haben, wenn wir damit persönlich experimentieren. Und so finden wir uns in der absurden Situation, daß wir in Information ertrinken, aber in puncto Wissen verhungern.
In dieser Lage sind nicht nur die Teilnehmer, denen wir in unseren Workshops begegnen, sondern in gewisser Weise auch wir selbst als Moderatoren. Bei der Vorbereitung unserer Veranstaltungen spüren wir, wie schwierig es ist, uns auf jene Dinge zu konzentrieren, die für unsere Teilnehmer langfristig wichtig sind. Die Anforderungen der Sponsoren ändern sich häufig, und oft orientieren sich ihre Wünsche an den gerade populären Gurus der Managementlehren oder der Modepsychologen.

Didaktische Konsequenzen:

Sie können die logisch-mathematische Intelligenz Ihrer Teilnehmer am besten fördern, wenn Sie durch den Stil Ihrer Moderation zum Ausdruck bringen, daß Sie kritisches und systematisches Denken schätzen. Vermeiden Sie es, wie ein Lehrer der alten Schule aufzutreten, der alles schon weiß, was im Workshop gelernt werden soll. Geben Sie zu erkennen, daß es auf die meisten Fragen viele Antworten gibt und daß Sie Respekt vor dem Denken jedes einzelnen Gruppenmitgliedes haben. Vermeiden Sie die Haltung des Experten und tun Sie alles, daß die Gruppenmitglieder ihre eigene geistige Unabhängigkeit entwickeln können. Sie können ein gutes Modell für Ihre Teilnehmer sein, indem Sie folgende Qualitäten zeigen:

- **Geistige Offenheit:** Hören Sie in Diskussionen genau zu; nehmen Sie jeden Standpunkt präzise zur Kenntnis und würdigen Sie jede Perspektive sorgsam und fair.
- **Informiertheit:** Wenn Sie selbst Meinungen äußern, dann sollten diese so weit wie möglich auf Tatsachen oder Plausibilität gegründet sein; wenn Sie etwas nicht wissen, dann geben Sie das bereitwillig zu.
- **Neugier:** Zeigen Sie Ihre Bereitschaft, Problemen auf den Grund zu gehen, und Themen nicht nur oberflächlich zu behandeln.
- **Geistige Unabhängigkeit:** Haben Sie keine Angst, Meinungen der Gruppe, der Organisation oder der Sponsoren in Frage zu stellen. Zeigen Sie für fremde Meinungen Respekt, aber zeigen Sie, daß es Alternativen gibt.
- **Diskussionsbereitschaft:** Diskutieren Sie Modelle, Konzepte, Ideen auf eine intelligente und geordnete Weise. Respektieren Sie bei kontroversen Diskussionen ausdrücklich entgegengesetzte Standpunkte und äußern Sie sich taktvoll und überlegt.

- **Gründlichkeit:** Demonstrieren Sie, wie man zum Kern eines Themas oder Problems gelangt.
- **Selbstkritik:** Zeigen Sie, daß Sie wenigstens einen Teil Ihrer eigenen Vorurteile kennen und räumen Sie die Möglichkeit ein, daß Sie hier und da blinde Flecken haben.
- **Kreativität:** Benutzen Sie neue Denkmuster und gehen Sie immer wieder aus anderen Blickwinkeln an neue Themen heran.
- **Leidenschaft:** Zeigen Sie bei wichtigen Fragen, daß Sie wirklich verstehen möchten und daran interessiert sind, Meinungen oder Probleme klar zu sehen.

Bitte beachten Sie bei Ihrer didaktischen Planung auch die folgenden Punkte:
- Verwenden Sie häufig Lernformen, die das unabhängige Denken und die Experimentierlust der Teilnehmer fördern. Besonders wichtig sind Lernsituationen, die nicht im Plenum stattfinden: Paarübungen, Übungen in Trios und Quartetten, Lernen in Arbeitsgruppen. Bedeutsam sind auch „offene Sitzungen“, bei denen die Teilnehmer ihre Arbeit selbst organisieren und Themen und Arbeitsformen allein bestimmen. Der Moderator ist bei einer „offenen Sitzung“ nicht dabei, kann aber kontaktiert werden.
- Geben Sie häufig Gelegenheit zu Experimenten und forschendem Lernen. Solche Experimente müssen sich nicht auf logisch-naturwissenschaftliche Fragestellungen beschränken, sie können auch soziale, ökonomische oder psychologische Themen aufgreifen.
- Viele Teilnehmer leiden seit ihrer Schulzeit an einer unglücklichen Beziehung zur Mathematik. Sie fürchten sich vor Rechenfehlern und vermeiden es auf vielen Gebieten, Berechnungen anzustellen. Daraus ergibt sich eine gewisse Hilflosigkeit bei betriebswirtschaftlichen Diskussionen, bei der politischen Meinungsbildung, bis hin zur Planung des eigenen Budgets. Diese Teilnehmer können davon profitieren, wenn sie einen unbefangenen, pragmatischen Umgang mit einfachen Berechnungen lernen können. Dabei können auch jene logisch-mathematischen Denkaufgaben helfen, die in der Seminartradition meist zu Unterhaltungszwecken eingesetzt werden.

In allen Gruppen finden wir Teilnehmer mit einer gut geschulten logisch-mathematischen Intelligenz: Techniker, Ingenieure, Naturwissenschaftler, Handwerker. Sie können den Denkstil dieser Gruppenmitglieder berücksichtigen und ihnen die Mitarbeit erleichtern, indem Sie z. B. Konzepte auch durch graphische Hilfsmittel verdeutlichen – durch Skizzen, Diagramme usw. Auf diese Art des Denkens gehen Sie auch ein, wenn Sie von Zeit zu Zeit eine Übersicht über Ihr Programm geben und z. B. sagen: „Dieser Workshop wird sechs wichtige Komponenten haben…“ oder: „In dieser Sitzung werden wir in sieben Arbeitsschritten vorgehen…“
Berücksichtigen Sie auch die Bedeutung des systemischen Denkens. Von

dieser Art des Denkens profitieren nicht nur Führungskräfte und Manager. Untersuchen Sie mit den Teilnehmern, in welchem Kontext Fragen und Probleme jeweils zu verstehen sind.
Im folgenden finden Sie eine Reihe von Übungen, die die logisch-mathematische Intelligenz der Teilnehmer ansprechen:

Übungsvorschläge:

Übung 1: Können Sie diese Nuß knacken? – Zu den zentralen Bestandteilen des logisch-mathematischen Denkens gehört die Fähigkeit, logische, bzw. numerische Muster zu erkennen und ein Problem in verschiedenen geistigen Schritten zu entschlüsseln. Die Teilnehmer sollen versuchen, die folgenden drei kleinen Aufgaben zu lösen, und dabei darauf achten, was in ihrem Denken vorgeht. Sehen Sie irgendwelche Bilder? Machen sie Skizzen? Gehen sie ganz abstrakt vor? Welche Hilfsmittel setzen sie ein?

a. Finden Sie bitte die fehlende Zahl: 11 – 12 – 14 ... 26 – 42
b. Wenn Sie die gesuchte Zahl mit 3 multiplizieren und durch 4 dividieren, dann bekommen Sie das Ergebnis 3/10. Wie lautet die Zahl?
c. Adelheids Bruder Karl hat zwei Brüder mehr als Schwestern. Wieviel mehr Brüder als Schwestern hat Adelheid?

(Lösung: a: 18 – b: 2/5 – c: 4)

Übung 2: Ursache und Wirkung – In der frühen Kindheit machen wir die ersten Experimente, um herauszufinden, wie man einen Turm baut, wann eine Flasche umkippt, wie stark wir drücken müssen, damit der Wachsmalstift eine Spur auf dem Papier hinterläßt. Wir brauchen den direkten Kontakt mit den Gegenständen, um die Naturgesetze zu verstehen. Irgendwann beginnen wir dann, abstrakter zu denken. Auch ohne Bauklötze können wir Hypothesen aufstellen, diese testen und sie abändern, indem wir die Ergebnisse unserer Versuche berücksichtigen. Das folgende Experiment demonstriert, wie hypothetisch-deduktives Denken funktioniert.
Die Teilnehmer kommen in Trios zusammen. Jedes Trio bekommt drei Enden Nähgarn in folgenden Längen: 30 cm, 45 cm, 60 cm, und drei Objekte mit verschiedenem Gewicht: Eine Büroklammer, ein Knopf, ein Radiergummi. Wenn sie diese Objekte am Ende eines Fadens befestigen, bekommen sie ein Pendel. Die Aufgabe besteht darin, herauszufinden, welche Faktoren darüber entscheiden, wie schnell das Pendel schwingt: Die Schwere des Gewichtes, die Länge des Fadens, die Kraft, mit der das Pendel angestoßen wird oder die Höhe, aus der das Pendel angestoßen wird.
Anschließend berichten die Trios, welche Antwort sie gefunden haben und welche Methoden sie angewendet haben, um die Aufgabe zu lösen.

Übung 3: Wie gehen Sie vor? – Um die folgende Aufgabe zu lösen, können die Teilnehmer verschiedene Strategien anwenden, über die sie verfügen. Gleichwohl erzeugt die Aufgabe zunächst einen „kognitiven Schock", den wir dadurch mildern, daß in Quartetten gearbeitet wird. Sagen Sie ungefähr folgendes: „Um die Seiten eines ziemlich dicken Buches zu numerieren, hat der Drucker 2.989 Ziffern benutzt, wieviele Seiten hat dieser Band?"
Wenn Sie den Teilnehmern auf die Sprünge helfen wollen, können Sie ihnen zeigen, wie das Problem mit Hilfe der Technik der kritischen Schritte zu lösen ist: „Wenn das Buch genau 9 numerierte Seiten hat, dann benutzt der Drucker 9 Ziffern, und wenn das Buch genau 99 numerierte Seiten hat, wieviele Ziffern benutzt der Drucker dann? Und wieviele Ziffern benutzt der Drucker, wenn das Buch 999 Seiten hat?"
(Lösung: 1.024 Seiten)

Übung 4: Ein Gefühl für Zahlen – Wenn es um Fragen der Volkswirtschaft geht, die internationalen Finanzmärkte, um wandernde Kapitalströme, dann werden wir mit ungeheuer großen Zahlen konfrontiert, und viele Menschen können sich nicht vorstellen, was Zahlen wie eine Milliarde oder eine Billion bedeuten. Manchmal hilft es, daß wir solche großen Zahlen mit unseren Alltagserlebnissen verbinden. So können Sie z. B. Ihre Teilnehmer raten lassen, wieviele Tage in einer Million Sekunden enthalten sind (11,5 Tage), wieviele Jahre in einer Milliarde Sekunden enthalten sind (32 Jahre) und wie weit wir zurückgehen müssen, wenn ein Ereignis vor einer Billion Sekunden stattgefunden hat. (Wir würden den letzten Neandertalern begegnen.) Lassen Sie Ihre Teilnehmer einige der folgenden Schätzungen individuell vornehmen und stellen Sie dann gemeinsam mit der Gruppe eine Überschlagsrechnung an, um die Größenordnung zu kontrollieren.
Versuchen Sie folgende Fragen durch eine Schätzung zu beantworten:

- Wieviele Fünfmarkstücke müssen Sie übereinander legen, um die Spitze des Kölner Doms zu erreichen?
- Wieviele Haare haben Sie auf dem Kopf?
- Wieviele Wörter haben Sie in Ihrem Leben bisher gesprochen?
- Wieviele Streichhölzer müssen Sie hintereinanderlegen, um von Ihrer Wohnung bis zu Ihrem Lieblings-Ferienort zu gelangen?
- Wieviele Salzkörner enthält der Salzstreuer, den Sie beim Frühstück benutzen?
- Wieviele Flaschen Mineralwasser brauchen Sie, um Ihre Badewanne bis zum Rand zu füllen?
- Wieviele Fotos enthält ein Jahrgang Ihrer Tageszeitung?
- Wieviele Fenster hat das Gebäude, in dem der Workshop stattfindet?
- Wieviele Kinder wachsen in Deutschland mit alleinerziehenden Vätern oder Müttern auf?
- Wieviele Gehirnzellen bergen alle Köpfe dieser Gruppe zusammengenommen?

Übung 5: Mathematik-Quiz – Bei diesem Quiz können immer zwei Teilnehmer zusammenarbeiten und dabei einen Taschenrechner benutzen oder einfach Papier und Bleistift. Wichtig ist, daß die Beteiligten darauf achten, wie ihnen diese Fragen erscheinen – leicht oder schwer – welche Erinnerungen sie auslösen und mit welchen Methoden sie versuchen, passende Antworten zu finden.

- Wieviele Einwohner hat die Bundesrepublik?
- Wieviele Einwohner der Bundesrepublik sind über 60 Jahre alt?
- Sie haben in New York im Restaurant gegessen. Die Rechnung beträgt 23,46 Dollar. Wieviel Trinkgeld lassen Sie auf dem Tisch liegen? (Sie wissen, daß man in den USA im allgemeinen 15 Prozent Trinkgeld gibt.)
- Sie sind in einem Geschäft und kaufen etwas zu einem Sonderpreis. Ursprünglich betrug der Preis 45 DM, jetzt ist er um 50 Prozent reduziert. An der Kasse hören Sie, daß Sie von dem Sonderpreis noch einmal 25 Prozent abziehen können.
- Sie haben auf Ihrem Haus eine Hypothek in Höhe von 300.000 DM. Die Hypothek soll in 25 Jahren zurückgezahlt sein, und Sie zahlen jedes Jahr sechs Prozent Zinsen. Wieviel Zinsen müssen Sie insgesamt zahlen?
- Sie haben einen neuen Brotbackautomaten und benutzen normalerweise ein Rezept, das 475 Gramm Vollkornmehl verlangt. Sie wollen ein kleineres Brot backen und das Rezept um ein Drittel verringern. Wieviel Mehl müssen Sie nun nehmen?
- Sie verdienen 65.000 DM im Jahr. In der Zeitung lesen Sie, daß die Inflationsrate zur Zeit zwei Prozent beträgt. Wieviel müssen Sie im nächsten Jahr verdienen, wenn die Inflationsrate stabil bleibt und Sie über das gleiche Einkommen verfügen wollen?

Übung 6: Naturwissenschaftliches Verständnis – Kleine Kinder zeigen in der Regel großes naturwissenschaftliches Interesse. Sie möchten wissen, warum der Teller kaputt geht, wenn er auf den Boden fällt; sie möchten wissen, wohin die Seele geht, wenn jemand gestorben ist; sie möchten herausfinden, warum der Himmel blau ist. Leider geht den meisten Erwachsenen dieses naturwissenschaftliche Interesse verloren. Dabei können wir viele Alltagsprobleme nur lösen, wenn wir naturwissenschaftliches Verständnis haben; politische oder ökonomische Urteile können wir in vielen Fällen nur dann abgeben, wenn wir die wissenschaftlichen Konzepte verstehen, um die es geht. Die folgenden Fragen können die Neugier der Teilnehmer wecken. Sie können entdecken, wie häufig wir mit Begriffen arbeiten, die wir nicht wirklich verstehen, die wir lediglich wie eine Vokabel auswendig gelernt haben. Lassen Sie die Teilnehmer in Quartetten zusammenkommen und Antworten auf einige der folgenden Fragen finden. Jedes Quartett soll seine Antworten protokollieren und, wenn möglich, durch eine kleine Skizze verdeutlichen:

- Warum ist es im Sommer wärmer als im Winter?

- Hat es Sinn, bei Grippe ein Antibiotikum zu nehmen?
- Wie unterscheidet sich ein Atom von einem Molekül?
- Wie funktioniert die Festplatte in Ihrem Computer?
- Warum ist der Himmel blau?
- Wie ist der Wissenschaftler vorgegangen, der das Schaf Dolly geklont hat?
- Warum werden wir müde, wenn wir lernen oder Probleme lösen?
- Was ist ein schwarzes Loch?
- Wodurch entstehen Ozon-Löcher?
- Wie funktioniert der Golfstrom und welche Auswirkungen sind zu erwarten, wenn er eines Tages nachlassen sollte?
- Wieviele Gene hat der Mensch und welche Rolle spielen sie?
- Wie funktioniert ein Laser?
- Was geschieht in der Mikrowelle, wenn wir z. B. einen Becher Milch erhitzen?
- Gibt es einen Unterschied zwischen Alkohol- und Kokainabhängigkeit?
- Wie kommt es, daß wir bei der Arbeit manchmal ein Glücksgefühl empfinden? Was passiert dabei im Körper?
- Wie ist es zu erklären, daß die Wettervorhersagen manchmal zutreffen und manchmal nicht?
- Wie kann man die Gene einer Pflanze verändern?
- Wie funktioniert Adrenalin in unserem Körper?

Übung 7: Neugier – Die treibende Kraft auch der logisch-mathematischen Intelligenz ist Neugier. Neugier ist eine sehr persönliche Haltung. Niemand kann auf Kommando neugierig sein. Wir sind neugieriger, wenn wir genügend Freiheit haben. Geben Sie Ihren Teilnehmern Gelegenheit, sich eine Weile auf die eigene Neugier zu konzentrieren und ein Mindmapping zu machen zum Thema „Worauf ich neugierig bin". Stellen Sie jedem frei, eine klassische Mindmap zu zeichnen oder eine große Version auf Flipchart-Papier anzufertigen, die illustriert werden kann. Als Fundus für Fotos und andere Bilder können Sie den Teilnehmern alte Zeitschriften und Zeitungen zur Verfügung stellen. (Zur Technik des Mindmapping vgl. Baustein 46.)

52 Interpersonelle Intelligenz

Was verbindet Johann Wolfgang von Goethe, Elsa Braendstroem und Willy Brandt? Diese drei Persönlichkeiten verfügen über eine gemeinsame Stärke. Jeder von ihnen besitzt in besonderem Maße die Fähigkeit, andere Menschen zu verstehen.

Ähnlich wie Shakespeare war Goethe ein soziales Chamäleon, das sich den verschiedensten Lebensumständen anpassen konnte. Er beherrschte die Sprache aller Stände mühelos und erfaßte schnell, worum es anderen Menschen ging, er verstand ihre Motive, er war ein ausgezeichneter Beobachter zwischenmenschlicher Beziehungen und der sozialen Entwicklung. In seinem Werk konnte er sich in eine unendliche Fülle von Charakteren hineinversetzen. Er verstand ihre tiefsten Sehnsüchte, ihre schlimmsten Ängste, und er konnte sich vorstellen, welche Konsequenzen ihre Leidenschaften, ihre Träume, ihre Empfindlichkeiten haben würden. Außerdem verfügte Goethe über ein hohes Maß an persönlicher Identität und Autonomie. Bei ihm ergänzten sich intrapersonelle und interpersonelle Intelligenz auf erstaunliche Weise.

Die Schwedin Elsa Braendstroem ist uns als eine der großen Helfergestalten dieses Jahrhunderts bekannt. Sie identifizierte sich mit den Menschen, die an den schrecklichen Folgen des Weltkrieges zu leiden hatten, insbesondere mit den verwundeten Soldaten. Sie machte es sich zur Aufgabe, für Kriegsverletzte und Kriegsgefangene zu sorgen. Sie spendete persönlich Trost und verstand es geschickt, immer wieder Sponsoren zu gewinnen, die ihre Arbeit finanziell unterstützten. Darüber hinaus war sie eine inspirierende Führerin für all die Helfer, die sich ihr angeschlossen hatten.

Willy Brandt war ein Politiker, dessen Erfolg hauptsächlich auf seiner Kontaktfähigkeit beruhte. Er verstand es, sich so zu präsentieren, daß man den Eindruck hatte, einem wirklichen Menschen mit all seinen Stärken und Schwächen gegenüberzustehen, der ungefähr so funktioniert wie man selbst. Er war alles andere als ein Bürokrat. Sein Charisma lag u. a. in einer offen gezeigten Verletzlichkeit. Seine Verletzlichkeit war gleichzeitig die Basis, die Empfindlichkeiten anderer ernst zu nehmen, die Sorgen der Wähler, die Empfindlichkeiten unserer osteuropäischen Nachbarn, aber auch die Verletzlichkeit seiner politischen Gegner. Weil Willy Brandt ein so gutes Gespür für Verletzlichkeit hatte, pflegte er einen Politikstil, bei dem es vor allem auf Dialog und Konsens ankam.

Alle drei Charaktere verfügten über ein hohes Maß an interpersoneller Intelligenz. Im Kern geht es bei dieser Intelligenz darum, daß wir uns mit anderen Menschen identifizieren können, daß wir ihre Absichten, ihre Motive, ihre Einstellungen und Stimmungen, ihre Gedanken und zentralen Annahmen über das Leben und die Welt verstehen können. Interpersonelle Intelligenz hatte immer schon einen hohen Überlebenswert. Da Menschen immer

in Gruppen lebten, mußten sie miteinander auskommen. Sie mußten ein Gefühl dafür entwickeln, wie sich ihr eigenes Verhalten auf die anderen auswirken würde, um Gewinne und Verluste einschätzen zu können. Gleichzeitig war es wichtig, sich ungefähr vorstellen zu können, was man von anderen zu erwarten hatte. Wer sich zu viele Feinde machte, verkürzte in der Regel sein ohnehin kurzes Leben. Heute wissen wir, daß die Grundlagen für interpersonelle Intelligenz früh im Leben entstehen. Wenn die Eltern die Bedürfnisse des kleinen Kindes richtig interpretieren, auf das Kind eingehen, viel mit ihm sprechen und Zuversicht zeigen, daß ihr Kind immer kompetenter und selbständiger wird, dann kann sich die soziale Intelligenz des Kindes frei entwickeln. Es kann anderen vertrauensvoll begegnen und muß wenig Energie für seine Selbstverteidigung mobilisieren; es kann soziale Neugier entwickeln und die Präsenz anderer schätzen; es entwickelt, in der Sprache der Transaktionanalyse ausgedrückt, eine „Okay-Grundhaltung“: Es will andere nicht beherrschen, aber genauso wenig sich selbst beherrschen lassen.
Heute steht die interpersonelle Intelligenz hoch im Kurs. Die Unternehmen haben entdeckt, daß sie bessere Überlebenschancen haben, wenn Führer und Manager gute Kommunikatoren sind, wenn sie mit Mitarbeitern und Aktionären, mit Politikern und Interessengruppen geschickt umgehen können. Und in der Pädagogik wird die soziale Intelligenz ebenfalls mehr geschätzt, als das früher der Fall war. Wir wissen, daß Kinder und Erwachsene besser lernen, wenn sie ein entspanntes und persönliches Verhältnis zu ihren Lehrern haben, wenn sie mit den Mitlernenden kooperieren können, wenn sie keine Masken tragen, um Unsicherheiten, Schwächen und Fehler zu vertuschen. Lernen ist in gleicher Weise eine sehr persönliche und eine soziale Aktivität. Im Blick auf die Zukunft kann man die Prognose wagen, daß sich die Bedeutung der sozialen Intelligenz noch vergrößern wird. Wir benötigen Teamfähigkeiten, interkulturelle Sensibilität, das Geschick zur Mediation etc.

Didaktische Konsequenzen:

Beachten Sie die Gruppendynamik im Workshop. Was immer das spezielle Thema des Workshops ist, es gibt einen Gruppenprozeß, in dem sich die Gruppe entwickelt. Unterstützen Sie diesen Gruppenprozeß und dessen wesentliche Ziele:

- Freie Kommunikation unter den Workshop-Teilnehmern, gemeinsames Lernen, kreative Kommunikation und, wenn möglich, Synergie und Flow.
- Sorgen Sie für Lernstrukturen, die die soziale Intelligenz auf vielfältige Weise ansprechen: Arbeit im Plenum, Fishbowl, Arbeitsgruppen, Partnerarbeit, Einzelarbeit.
- Sorgen Sie für ein menschenfreundliches Klima mit genügend Herausforderung, aber ohne Bedrohungen.
- Wenn möglich sorgen Sie für eine heterogene Zusammensetzung des

Workshops in Bezug auf Alter, Geschlecht, Temperamente, berufliche Tätigkeiten. Die Teilnehmer schätzen solche bunt zusammengesetzten Gruppen und arbeiten gern mit Menschen zusammen, durch die sie sich bereichert fühlen.

- Behandeln Sie Störungen auf eine taktvolle und konstruktive Weise. Machen Sie niemanden zum Außenseiter, sondern helfen Sie jedem, seinen passenden Platz in der Gruppe zu finden.
- Zeigen Sie Respekt für die Gefühle der Teilnehmer, für Werte und Einstellungen. Vermeiden Sie jede dogmatische Haltung und Indoktrination.
- Sorgen Sie für einen freien Austausch von Ideen, Gedanken und Gefühlen.
- Eng verbunden mit der sozialen Intelligenz ist unsere Fähigkeit, ökologisch zu denken und Systeme zu verstehen. Fördern Sie auch diese komplexe Form der interpersonellen Intelligenz.
- Eine besondere Form der sozialen Intelligenz ist die interkulturelle Sensibilität. Wenn Sie mit einer multikulturell zusammengesetzten Gruppe arbeiten, dann ist es wichtig, daß Sie dieser Tatsache besondere Beachtung schenken und sie nicht stillschweigend übergehen. Arbeiten Sie mit den Teilnehmern daran, wie man Menschen anderer Kulturen neugierig und tolerant begegnen kann.
- Wenn im Workshop Männer und Frauen zusammenarbeiten, dann achten Sie darauf, daß keine der beiden Gruppen diskriminiert wird. Häufig müssen wir beobachten, daß das Verhältnis zwischen den Geschlechtern untergründig aggressiv ist. Sorgen Sie dafür, daß sich faire und verständnisvolle Beziehungen zwischen Männern und Frauen entwickeln können.
- Geben Sie den Teilnehmern immer wieder Gelegenheit, ihre soziale Intelligenz zu überprüfen und weiterzuentwickeln. Das verbessert nicht nur das Klima im Workshop, sondern es ist auch eine Voraussetzung dafür, daß die Teilnehmer alles, was sie im Workshop gelernt haben, erfolgreich auf ihre Praxis übertragen können.

Im folgenden möchte ich einige interessante Übungen skizzieren, die den Teilnehmern helfen können, ihre interpersonelle Intelligenz weiter zu entwickeln.

Übungsvorschläge:

Übung 1: Erste Eindrücke – eine Übung für die Anfangsphase, für die erste oder zweite Sitzung.

Wenn wir anderen Menschen begegnen, dann benutzen wir unsere „sozialen Landkarten". Wir stellen uns vor, was diese Menschen beruflich machen, welche Position sie bekleiden, in welcher Familienkonstellation sie leben, wie ihr Temperament ist, welche Empfindlichkeiten sie haben, wie sie andere behandeln, usw. Mit diesen Einschätzungen verbunden sind gewisse Erwartungen an das Verhalten. (So erwarten wir z. B. nicht von einem

Manager, daß er in einer Vorstellungsrunde eine Opernarie singt, um uns zu demonstrieren, daß er Musik liebt. Oft helfen uns unsere sozialen Landkarten, andere Menschen relativ genau einzuschätzen. Oft täuschen wir uns allerdings auch und werden Opfer unserer eigenen Vorurteile. Darum ist es gut, wenn wir immer folgendes sozialpsychologische Grundgesetz beherzigen: Jeder kann uns überraschen, denn wir überschätzen unsere Fähigkeit, das Verhalten anderer Menschen vorherzusagen.

Sprechen Sie mit Ihren Teilnehmern darüber, wie wichtig es ist, daß wir andere Menschen teilnehmend beobachten. Wir nehmen eine interessierte und wohlwollende Haltung ein, wir schauen genau hin, bilden uns Hypothesen und sind uns gleichzeitig der Tatsache bewußt, daß wir sie immer wieder überprüfen müssen. Erste Eindrücke haften oft besonders lange, besonders wenn sie emotional gefärbt sind. Hier entstehen leicht Vorurteile, die den freien Umgang mit anderen behindern können.

Fordern Sie die Teilnehmer auf, Papier und Bleistift hervorzunehmen und sich auf irgendeinen Teilnehmer zu konzentrieren. Es spielt dabei keine Rolle, ob sie dessen Namen kennen oder nicht. Die Aufgabe besteht darin, die ersten Eindrücke von diesem Teilnehmer möglichst detailliert aufzuschreiben, je mehr, desto besser. Die Aufzeichnungen sollen aus zwei Komponenten bestehen:

a) die möglichst objektive Beschreibung der Person – Körper, Kleidung, Gesten, nonverbale Kommunikation;

b) die Schlüsse, die wir aus den Beobachtungen ziehen: Wie alt ist dieser Mensch? Wie lebt er? Wie ist sein Temperament? Wie wird er sich hier im Workshop verhalten? Wie ist seine Biographie? Was sind seine Empfindlichkeiten? Welche Stärken hat er? Wie lernt dieser Mensch? Was wird er lernen wollen? usw.

(Geben Sie für diese Notizen zehn Minuten Zeit.)

Anschließend lesen die Teilnehmer nacheinander ihre Notizen vor, ohne dabei Namen zu benutzen und ohne die Person irgendwie zu identifizieren, um die es geht. Die Gruppe soll raten, wer da porträtiert wurde.

Übung 2: Beobachten lernen (Interaktions-Analyse) – Auch diese Übung eignet sich für die frühen Sitzungen im Leben des Workshops. Die Teilnehmer können üben, wichtige soziale Signale zu bemerken und zu entschlüsseln, z. B. im Blick auf Anerkennung und Zurückweisung, im Blick auf Kontakt und Rückzug, im Blick auf Kontrolle und Spontaneität.

Bei dieser Übung benutzen Sie die Technik des Fishbowl. Die Gruppe teilt sich in zwei Hälften, in Gruppe A und Gruppe B. Gruppe A geht in die Mitte und wird sich zehn Minuten beobachten lassen. Die Mitglieder von Gruppe A können die zehn Minuten so miteinander verbringen, wie es sich spontan ergibt. Sie unterhalten sich.

Zuvor sollen die Mitglieder von Gruppe A drei Minuten nach draußen gehen, damit Gruppe B sich in dieser Zeit auf ihre Aufgabe vorbereiten kann.

Außerdem hat das Fishbowl auf diese Weise einen klaren Beginn.
Wenn das Fishbowl beginnt, sollen die Beobachter Notizen machen, wie sich die anderen Gruppenmitglieder im Fishbowl verhalten. Dabei können sich u. a. folgende Fragen stellen: Gibt es eine Subgruppenbildung? Gibt es Paare oder Trios, die sich nahe sind? Wer spricht mit wem? Gibt es dominante Teilnehmer? Zwischen welchen Teilnehmern gibt es Augenkontakt? Gibt es Berührungen und Gesten? Gibt es Hinweise auf die inneren Gefühle der Teilnehmer? Gibt es Anzeichen dafür, daß einige Teilnehmer die Situation im Fishbowl beenden möchten? Gibt es Allianzen und Animositäten?
Anschließend werden die Notizen vorgelesen und besprochen.

Übung 3: Sich verbunden fühlen – Manager, Moderatoren und Therapeuten machen sich ihre Aufgaben oft unnötig schwer, weil sie glauben, sie müßten die Kontrolle über alles haben, sie müßten die Dinge steuern, sie müßten eine überlegene Position einnehmen. Sie machen sich nicht klar, daß sie dann eine Maske tragen müssen, die authentischen Kontakt unmöglich macht. Jeder der professionell mit anderen Menschen zu tun hat, gewinnt, wenn er darauf verzichtet, eine überlegene Position einzunehmen und statt dessen zunächst einmal persönlichen, emotionalen Kontakt herstellt. In dieser einfachen Paarübung können die Teilnehmer versuchen, eine offene, vertrauensvolle und rezeptive Haltung einzunehmen.
Die Teilnehmer kommen in Paaren zusammen und setzen sich so hin, daß sie einander ansehen können. Sagen Sie etwa folgendes: „In dieser Übung müssen Sie nichts weiter tun, als sich auf Ihren Partner zu konzentrieren, ohne Worte… Wenn Sie einander anschauen, dann können Sie einen Augenblick über die Weisheit des Satzes nachdenken: ‚Niemand ist stärker oder schwächer als der andere, aber jeder ist auf seine Weise verletzlich.‘ Seien Sie mit Ihrer ganzen Aufmerksamkeit bei Ihrem Partner. Bemerken Sie Gedanken, Gefühle, Empfindungen in Ihrem eigenen Körper, ohne daß Sie sich damit intensiv beschäftigen. Bemerken Sie diese Dinge und lassen sie dann los. Versuchen Sie, einfach offen zu sein für die andere Person, und vielleicht können Sie empfinden, daß Sie irgend etwas von der anderen Person bekommen. Vielleicht ist es die Aufmerksamkeit des anderen, vielleicht ist es das Wohlwollen, vielleicht ist es seine Neugier, vielleicht seine Sympathie oder die Bereitschaft, in diesem Augenblick ehrlich zu sein. Bemerken Sie, wie angenehm es ist, wenn wir darauf verzichten, den anderen beeindrucken zu wollen; wenn wir uns Offenheit gestatten für all die Eindrücke, die wir von dem anderen bekommen können; wenn wir uns das Recht herausnehmen, uns zu zeigen, wie wir sind, mit all unseren Vorzügen und Schwächen."

Machen Sie die Teilnehmer darauf aufmerksam, daß sie für dieses nonverbale Experiment fünf Minuten Zeit haben und daß sie dabei nicht sprechen sollen. Anschließend können die Teilnehmer das Experiment auswerten.

Die hier skizzierte Aufgabe ist für Kinder einfach, aber für Erwachsene schwer. Die Teilnehmer können diese rezeptive, nicht wertende Offenheit auch auf folgende Weise allein weiterüben: indem sie in einen Spiegel schauen und sich auf sich selbst konzentrieren; indem Sie diese Übung mit einem Baum, mit einem Felsen, mit einem Teich etc. machen

Übung 4: Sich mit einer Gruppe verbunden fühlen – Besonders für Menschen, die professionell sprechen müssen, ist dies eine wichtige Übung. Es geht dabei um dieselbe Haltung wie in dem vorstehenden Experiment, allerdings in einem erweiterten sozialen Rahmen. Die Teilnehmer stehen dabei im Kreis. Sagen Sie etwa folgendes: „In diesem Experiment können Sie üben, auch einer Gruppe gegenüber offen und rezeptiv zu sein, eine innere Verbindung zu den anderen sich entwickeln zu lassen und zu genießen, daß Sie nichts anderes tun müssen. Jeder ist einfach präsent und offen für die verschiedensten Eindrücke; achten Sie eine Weile auf Ihren Atem... Stellen Sie sich bequem hin; lassen Sie dabei die Arme locker an den Seiten herabhängen... Vielleicht hilft es Ihnen, wenn Sie sich vorstellen, daß das Zentrum Ihrer Aufmerksamkeit in Ihrem Bauch ist. Manche Menschen schätzen es, wenn sie sich vorstellen, wie ein Baum dazustehen, dessen Wurzeln weit in den Boden reichen und dessen Äste sich dem Himmel entgegenstrecken... Spüren Sie Ihren physischen Körper, Ihre Energie und den Raum, der Sie umgibt...
Nun gestatten Sie sich, auch die anderen Gruppenmitglieder zu bemerken. Konzentrieren Sie Ihre Aufmerksamkeit jeweils auf ein Gruppenmitglied. Bemerken Sie den physischen Körper des anderen, seine Energie, seine Beziehung zu dem Raum, der ihn umgibt. Lassen Sie Ihre Aufmerksamkeit in der Gruppe herumwandern und konzentrieren Sie sich auf jeden Teilnehmer nur für eine kurze Weile, vielleicht nur zehn Sekunden. Sie müssen sich nicht anstrengen, Augenkontakt herzustellen oder zu vermeiden. Beschäftigen Sie sich nicht zu lange mit einer einzelnen Person.
Lassen Sie Ihre Aufmerksamkeit herumwandern, so daß Sie die Gegenwart aller Gruppenmitglieder spüren. Bemerken Sie auch weiterhin Ihren Atem, und atmen Sie entspannt und tief. Bemerken Sie die Gruppe als Ganzes. Seien Sie bei der Gruppe, bei jedem Gruppenmitglied, und schließen Sie sich auch selbst ein. Bemerken Sie die Vielfalt und das Leben in der Gruppe. Vielleicht können Sie empfinden, daß diese Art der Offenheit angenehme, freundliche Gefühle hervorruft. Aber lassen Sie alle Gefühle zu und alle Gedanken, die kommen und gehen. Seien Sie mit Ihrer Aufmerksamkeit bei der Gruppe. Spüren Sie, daß dies eine sichere und wohlwollende Umgebung ist."

Übung 5: Andere verstehen – Für den Erfolg von Beratern, Lehrern, Therapeuten und Managern ist ein Faktor von herausragender Bedeutung: die Fähigkeit, die Perspektive anderer Menschen zu verstehen. In diesem Paarexperiment können die Teilnehmer üben, aufmerksam und nicht wertend zuzuhören.
Immer zwei Teilnehmer kommen zusammen und setzen sich so hin, daß sie sich anschauen können. Sie entscheiden, wer A und wer B sein soll. A hat in der ersten Runde fünf Minuten Zeit, über irgendein Thema zu sprechen, das ihm am Herzen liegt. B praktiziert nur aktives Zuhören, indem er

- den Partner aufmerksam anschaut,
- eine offene Körperhaltung einnimmt,
- ablenkende Bewegungen und Gesten vermeidet,
- zuläßt, daß Blickkontakt spontan möglich ist,
- keine Kommentare abgibt und keine Fragen stellt,
- ein aufmerksames Schweigen praktiziert, während der andere spricht,
- vielleicht manchmal spontan sagt: „Sagen Sie mehr."
- am Ende ehrlich mitteilt, was er in dieser Position des Hörenden empfunden hat. (Anschließend Rollenwechsel.)

Übung 6: Soziales Netz – Jeder von uns braucht ein soziales Netz, d. h. Freunde, Familienmitglieder und Bekannte, die uns nahe stehen, denen wir helfen, wenn sie Hilfe brauchen, und die uns helfen, wenn wir Hilfe brauchen. Ohne ein solches soziales Netz verschlechtern sich unsere Chancen, gesund zu bleiben und mit den Herausforderungen des Lebens zurechtzukommen. In dieser Übung können die Teilnehmer ein einfaches Soziogramm zeichnen, eine Art Landkarte ihrer sozialen Beziehungen. Jeder kann überprüfen, ob dieses soziale Netz ausreichend ist oder ob es verstärkt werden muß. Sagen Sie etwa folgendes: „Für diese Übung brauchen Sie ein großes Blatt Papier. Malen Sie in die Mitte einen kleinen Kreis und schreiben Sie Ihren Namen hinein. Dann zeichnen Sie in gleichmäßigem Abstand um den ersten Kreis herum vier konzentrische Kreise, und zwar so, daß der vierte Kreis die ganze Seite ausfüllt.
Schreiben Sie in den ersten Kreis die Namen aller Menschen, die Ihnen ganz nahe stehen. Dazu gehören der Partner und enge Freunde und Verwandte, an die Sie sich wenden würden, wenn Sie in einer schweren Krise steckten.
In den zweiten Kreis schreiben Sie all Ihre guten Freunde, mit denen Sie sich regelmäßig treffen, die Sie hin und wieder besuchen, und vielleicht jene Familienmitglieder, die Sie regelmäßig sehen oder mit denen Sie auf eine andere Weise regelmäßig Kontakt haben.
In den dritten Ring schreiben Sie die anderen wichtigen Menschen Ihres sozialen Netzes – wichtige Menschen aus der Welt der Arbeit, aus der Familie, aus Institutionen, in denen Sie sich engagieren.
In den letzten Kreis schreiben Sie die Namen von Menschen, zu denen Sie lockere Beziehungen haben."

Übung 7: Ideenparty – Die Therapeutin Barbara Sher hat einen interessanten Typus von Selbsthilfegruppen entwickelt, den sie als „Erfolgsteam“ bezeichnet. Ein „Erfolgsteam“ entsteht, wenn verschiedene Freunde und Bekannte, aber auch Fremde, zu einer sogenannten „Ideenparty“ zusammenkommen. Sie können eine solche „Ideenparty“ auch während eines Workshops veranstalten, damit Ihre Teilnehmer dieses in den USA sehr erfolgreiche Instrument kennenlernen.
Erklären Sie Ihren Teilnehmern, wie „Erfolgsteams“ funktionieren: Sie können sowohl privat als auch in Institutionen verwendet werden. Am besten ist es, wenn die „Ideenparty“ auf freiwilliger Basis stattfindet, z. B. am Abend nach Abschluß des regulären Programms. Voraussetzung ist, daß jeder Teilnehmer ein wichtiges Ziel hat und die Ressourcen der anderen Teilnehmer benutzen möchte, um auf gute Gedanken zu kommen. Folgende Gründe sprechen für eine „Ideenparty“:

- Viele Menschen haben bessere Ideen für andere als für sich selbst;
- und viele sind für andere mutiger als für sich selbst.

Die „Ideenparty“ besteht aus drei Teilen:

1. Warm werden – jeder Partygast erzählt etwas Neues und Spannendes, das er in der letzten Zeit erlebt hat. (1–2 Minuten)
2. Allgemeines Brainstorming.
3. Freier Austausch – die Partygäste unterhalten sich über ihre Ressourcen, ihre Möglichkeiten und alles, worauf sie sonst noch stolz und zufrieden sind.

Das Brainstorming hat folgende Struktur: Die Gruppe konzentriert sich immer auf einen Partygast zur Zeit. Dabei geht es um drei Fragen:

- Wovon träumen Sie?
- Was hindert Sie daran, diesen Traum zu verwirklichen?
- Was brauchen Sie, um Ihr Ziel zu erreichen?

Bei dem Brainstorming macht die Person, um die es geht, Notizen und genießt den Enthusiasmus der übrigen Partygäste, die sich für sie den Kopf zerbrechen. Bei dem Brainstorming können Einfälle in bunter Folge geäußert werden, die mit Hindernissen zu tun haben bzw. Lösungswege skizzieren. Wenn der Gruppe nichts weiter einfällt, dann bedankt sich der Betreffende für die Hilfestellung. Er wird das entstandene Protokoll allein auswerten.
Normalerweise treffen sich solche Erfolgsteams regelmäßig, so daß die Unterstützung durch die Gruppe weiterhin möglich ist.

Übung 8: Intimes Feedback – Auch hier kommen die Teilnehmer außerhalb des regulären Workshop-Programms zusammen, und zwar in Quartetten. Dieser überschaubare soziale Rahmen soll zum einen Sicherheit geben, zum anderen dafür sorgen, daß derjenige, der das Feedback bekommt, davon nicht überwältigt wird. Nacheinander hat jedes Mitglied des Quartetts das Recht, die Aufmerksamkeit der anderen drei für sich zu beanspruchen. Dabei können zwei verschiedene Wünsche geäußert werden:

1. Positives Feedback – was sind meine Stärken, meine besten Qualitäten?
2. Was kann ich tun, um effektiver, sensitiver oder hilfreicher zu werden?

Wenn klar ist, welche Art Feedback der Betreffende wünscht, muß er nur noch aufmerksam zuhören, was die anderen drei zu sagen haben. Wenn wir etwas hören, womit wir nicht gerechnet haben, verzichten wir darauf, irgend etwas zu erklären, uns zu rechtfertigen oder zu argumentieren. Es ist am besten, wenn die Person, um die es geht, überhaupt keinen Kommentar abgibt, sondern einfach zuhört und sich vielleicht ein paar Notizen macht, um später darüber nachzudenken. Wenn alle Feedback gegeben haben, dann bedankt sich der Betreffende kurz und macht den Platz frei für den nächsten.
Diese Feedback-Runde gibt Gelegenheit zu Überprüfung, wie gut unsere Selbsterkenntnis ist, aber vor allem können wir genießen, daß wir die konzentrierte, wohlwollende Aufmerksamkeit einiger Menschen haben, die bereit sind, uns ihre Eindrücke mitzuteilen. Später werden wir uns Zeit nehmen, über das Gehörte zu reflektieren.

Übung 9: Perspektivenwechsel – Interpersonelle Intelligenz zeigt sich auch darin, daß wir uns vorstellen können, wie andere uns sehen, welches in ihren Augen unsere Stärken und Schwächen und unsere Empfindlichkeiten sind und wie sie unsere Bedürfnisse und Ziele einschätzen.
In dieser Übung benutzen die Teilnehmer die Technik des kreativen Schreibens, um eine Charakterskizze von sich selbst anzufertigen, und zwar aus der Perspektive eines anderen Workshop-Teilnehmers. Jeder entscheidet sich insgeheim für ein anderes Gruppenmitglied, dann setzt er sich in Gedanken auf dessen Platz und betrachtet sich selbst. Welche Gedanken, welche Empfindungen wird dieses andere Gruppenmitglied über mich haben? Bin ich jemand, mit dem der andere gern zusammen ist und warum? Was findet er anziehend an mir? Was versteht der andere nicht an mir? Was ist fremd, was ist schwierig?
Besonders nützlich ist es, wenn die Teilnehmer jemanden auswählen, mit dem sie Schwierigkeiten haben.
Die Auswertung kann unter vier Augen stattfinden mit einer Zeitbegrenzung (5–10 Minuten), die andere Möglichkeit besteht darin, daß jeder sein „Fremdbild" im Plenum vorliest, so daß auch die übrigen Teilnehmer Feedback geben können.

Variation: Manchmal möchten sich die Teilnehmer auf Situationen vorbereiten, bei denen sie auf eine ganz bestimmte Weise gesehen werden möchten, z. B. wenn sie sich um einen Job bewerben, wenn sie eine neue Stelle antreten, wenn sie schwierige Verkaufsgespräche führen müssen, wenn sie eine schwierige Klasse unterrichten müssen usw. In diesem Fall heißt die Schreibaufgabe einfach: Machen Sie eine Charakterskizze von sich selbst und beschreiben Sie sich so, wie Sie von einer ganz bestimmten Person gesehen werden möchten.

Übung 10: Danke! – Soziale Intelligenz zeigt sich auch darin, daß wir in der Lage sind, uns bei anderen für Unterstützung, Anregung oder Kritik zu bedanken. Dazu gehört weiter die Bereitschaft, anderen mitzuteilen, daß wir sie schätzen und uns in ihrer Gesellschaft wohlfühlen. Diese Übung können Sie in der zweiten Hälfte des Workshops einsetzen. Sie fördert nicht nur wichtige Aspekte der sozialen Intelligenz, sondern auch das Gruppenklima.
Die Teilnehmer wählen sich ein Gruppenmitglied aus, bei dem sie sich für Anregungen etc. bedanken wollen oder dem sie einfach mitteilen wollen: „Ich schätze Sie." Zu diesem Zweck benutzen sie wieder die Technik des kreativen Schreibens und schreiben eine Charakterskizze dieser Person. Sie tun das in dem Bewußtsein, daß jeder Mensch ein Kunstwerk ist, einmalig und voller Rätsel.
Diese „Charakterskizzen" können einzigartige Geschenke sein, wie wir sie nicht oft im Leben erhalten.

53 Intrapersonelle Intelligenz

Der Theologe Martin Buber erzählte gern folgende Geschichte: Ein Mann war gestorben und kam an die Pforte des Himmels. Der Mann erwartete, daß ihn der heilige Petrus mit der kritischen Frage begrüßen würde: „Warum warst du in deinem Leben eigentlich nicht wie Abraham oder wie Moses oder wie Josef?“ Aber der Mann war vollkommen überrascht und tödlich erschrocken, als Petrus fragte: „Warum warst du in deinem Leben nicht du selbst?“

In gewisser Weise versuchen wir alle in unserem Leben eine Antwort auf die schwierige Frage zu finden: „Wer bin ich?“ Aber unser eigenes Selbst ist schwer zu beschreiben. Für einige ist das Selbst wie ein großer Bahnhof, wo alle unsere Aktivitäten koordiniert werden – unsere Pläne, Hoffnungen, Wünsche, Handlungen und Unterlassungen, unsere Aufgaben und unsere Verantwortlichkeiten. Für andere ist das Selbst wie ein großes Lagerhaus, wo wir all unsere Erfahrungen, die wir im Leben gemacht haben, aufbewahren, um sie zu benutzen, damit wir mit den Schwierigkeiten des Lebens zurechtkommen. Für den Mystiker ist das Selbst unser höheres Bewußtsein, das die Begrenzungen unseres Ego transzendieren kann.

Wenn wir ein drei Jahre altes Kind fragen: „Zeig mal auf dich!“, dann wird das Kind meist mit dem Finger auf seinen Bauch zeigen. Wenn wir ein älteres Kind oder einen Erwachsenen dasselbe fragen, dann wird die Hand meistens auf die Brust oder auf den Kopf weisen. Aber auch heute können wir nicht wirklich sagen, wo unser Selbst oder das Zentrum unseres Bewußtseins zu finden ist. Die Schwierigkeit liegt einfach darin, daß der Gegenstand unserer Suche gleichzeitig das Subjekt ist, das die Suche durchführt.

Wir können leichter beschreiben, welche Qualitäten unser inneres Selbst hat. Der amerikanische Psychologe William James skizziert seine Vorstellung vom Selbst folgendermaßen: „Ich habe oft darüber nachgedacht, wie man den Charakter eines Menschen am besten beschreiben kann. Am besten konzentriert man sich dabei auf eine Situation, bei der sich der Betreffende ganz intensiv aktiv und lebendig fühlt. In einem solchen Augenblick gibt es in uns eine Stimme, die sich meldet und sagt: ‚Das ist mein wirkliches Ich.‘“

Der Psychiater James Masterson zählt verschiedene Komponenten auf, die seiner Auffassung nach unser inneres Selbst charakterisieren:

- die Fähigkeit, ein breites Spektrum von Gefühlen zu erleben, deutlich, intensiv und spontan,
- die Fähigkeit zur Selbstbehauptung,
- das Empfinden von Selbstachtung,
- die Fähigkeit, schmerzliche Gefühle anzuerkennen und aufzulösen,
- die Bereitschaft, Verpflichtungen einzugehen und dazu zu stehen,
- die Fähigkeit zu Kreativität und Intimität,
- die Fähigkeit, allein sein zu können.

Masterson sieht in diesem inneren Selbst eine Konstante und ein Zentrum, das bleibt, auch wenn wir uns entwickeln und in vielen Punkten verändern. Die frühe Kindheit ist eine besonders wichtige Zeit für die Entwicklung dieses Selbst. Wenn das Kind genug Liebe bekommt, genug Ermutigung, wenn es ausreichend wahrgenommen und geschätzt wird, dann kann es ein positives Selbstbild entwickeln. Wenn das Kind jedoch in einer Umgebung aufwächst, in der es überwiegend Angst, Depression oder Aggression erlebt, dann wird es ein negatives Selbstbild bekommen, ein „falsches" Selbst, dann wird es sich eine Maske zulegen, um sich nach außen zu schützen oder um das Gefühl von Wertlosigkeit zu vermeiden. Nicht immer erleben wir unser inneres Selbst als vollkommen einheitlich. Wir hören verschiedene innere Stimmen, und dementsprechend haben einige Psychologen und Therapeuten die Idee entwickelt, daß unser Selbst verschiedene Komponenten hat: Die Gestalttherapeuten sprechen vom „Topdog" und vom „Underdog", die Transaktionsanalyse unterscheidet zwischen Kind-Ich, Eltern-Ich und Erwachsenen-Ich, die Psychoanalyse benutzt die Vorstellung vom Es, Ich und Über-Ich. Der italienische Psychiater Roberto Assagioli nimmt an, daß wir neben unserem zentralen Selbst über eine Reihe von „Nebenpersönlichkeiten" verfügen, die uns häufig verborgen sind und erst deutlich werden, wenn wir vor besonderen Herausforderungen oder unter Streß stehen. Diese „Nebenpersönlichkeiten" sind wie Personen in einem Theaterstück, bunt und vielfältig. Jeder kann versuchen, ihnen humorvolle Namen zu geben, wie z. B.: Karate-Kid, der Clown, der Vamp, das verlassene Kind, usw.

Lange Zeit schien es so zu sein, daß sich vor allem Therapeuten, Philosophen und Theologen besondere Gedanken über das menschliche Selbst machten. Aber das hat sich geändert. Heute gibt es in vielen Disziplinen ein großes Interesse an der Frage, wie Menschen lernen können, mit dem raschen Wandel in der Gesellschaft fertig zu werden und diesen Wandel konstruktiv zu beeinflussen. Im Zuge dieser Entwicklung ist die Beschäftigung mit dem Selbst erneut aktuell geworden – in der Organisationsentwicklung, in der Managementlehre, in der Kreativitätsforschung, in der Pädagogik und in der Erwachsenenbildung. Aber wahrscheinlich ist es das atemberaubende Tempo der Entwicklung, das dazu führt, daß wir dem Selbst eine so große Aufmerksamkeit schenken. Wo Wissen und Skills so schnell veralten, brauchen wir Menschen, die bereit sind zu lebenslangem Lernen und die selbst entscheiden, was sie in einem spezifischen Kontext neu lernen wollen. Wir beobachten eine Verlagerung der Autorität vom Lehrenden zum Lernenden. Und wer selbst mit Lerngruppen arbeitet, weiß, daß man nicht versuchen sollte, die Lernenden zu kontrollieren oder zu konditionieren. Wir sind dabei, den Respekt vor der Autonomie des Lernenden neu zu entdecken. Das Selbst des Lernenden entscheidet, ob Lernen als wertvoll oder als irrelevant beurteilt wird. Der Lernende motiviert sich selbst, indem er seine Ziele ins Auge faßt, und er muß selbst beurteilen, ob sein Lernen erfolgreich war. In diesem Sinne hat Ruth Cohn die Autonomie des Lernenden betont, indem sie als Axiom ihrer Themenzentrierten Interaktion für jeden die Aufforderung formuliert: „Be your own chairman."

Didaktische Konsequenzen:

- Lassen Sie die Lernenden soweit wie möglich selbst über ihre Lernziele entscheiden. Geben Sie ihnen Gelegenheit, ihre Lernziele mit ihren Lebenszielen in Verbindung zu bringen.
- Reservieren Sie Zeit dafür, daß die Lernenden sich ausführlich mit ihren Lebenszielen auseinandersetzen können. In seinem Buch „How to Think Like Leonardo da Vinci" hat der Trainer Michael Gelb ausführlich gezeigt, wie man das machen kann („Make a Master Mind Map of Your Life").
- Geben Sie den Lernenden Gelegenheit, ihren Lernerfolg selbst zu beurteilen. Sorgen Sie dafür, daß jeder einzelne Teilnehmer zwischendurch immer wieder Gelegenheit zu einer „aktive Auswertung" bekommt.
- Betonen Sie die Autonomie des Lernenden bei der Vorbereitung auf ein Thema (Was weiß ich bereits darüber?) und beim Transfer (Wie kann ich das Gelernte in Zukunft nutzen?).
- Geben Sie immer wieder Gelegenheit, interessante Themen und Projekte zu zweit oder in Kleingruppen zu bearbeiten.
- Arbeiten Sie niemals mit Konkurrenzsituationen als Anreiz zum Lernen.
- Vermeiden Sie Belohnungen, Prämien und Lob, weil sie damit die intrinsische Motivation schädigen.
- Geben Sie Gelegenheit zur Klärung persönlicher Werte und Einstellungen.
- Verwenden Sie Lerntechniken, die die Introspektion und den kreativen Ausdruck fördern, also z. B. kreatives Schreiben, Malen, Mindmapping.
- Sorgen Sie dafür, daß die persönliche Kreativität gestärkt wird, indem Sie z. B. ab und zu Musik spielen, Literatur vortragen, aus Biographien bedeutender Persönlichkeiten erzählen oder Abbildungen von Kunstwerken in die Arbeit integrieren.
- Machen Sie Ihren Teilnehmern Mut, sich von Zeit zu Zeit Einsamkeit und persönlichen Rückzug zu gönnen.
- Lassen Sie die Teilnehmer einfache Formen der Meditation kennenlernen.
- Arbeiten Sie häufig mit Imaginationen und Phantasiereisen.
- Schaffen Sie ein entspanntes Klima, in dem es den Teilnehmern möglich ist, ihre Gefühle auszudrücken.
- Ermutigen Sie die Teilnehmer, häufiger positive Gefühle auszudrücken und zeigen Sie konstruktive Möglichkeiten, mit Gefühlen von Angst, Verletzungen und Ärger umzugehen.
- Etablieren Sie die „Störungsregel" aus der Themenzentrierten Interaktion, damit es nicht zu einem Gefühlsstau kommt, der die Kooperationsfähigkeit der Gruppe beeinträchtigt. (Vgl. Baustein 55 „Umgang mit Störungen".)
- Berücksichtigen Sie auch spirituelle Themen. Nicht ausgesprochene

Unterschiede der spirituellen Orientierung sind eine der häufigsten Quellen für zwischenmenschliche Konflikte. Der amerikanische Psychologe Paul Pearsall vertritt darüber hinaus die Meinung, daß wirklich systemisches Denken nur möglich ist, wenn wir auch unsere Verbindung mit dem Universum bedenken, mit Gott, oder wie immer wir eine uns haltende, höhere Macht bezeichnen. (Interview mit Richard Simon: „Don't just do something. Sit there" in „Familiy Therapy Networker", Jan./Febr. 1999.)

Übungsvorschläge:

Im folgenden finden Sie einige nützliche Übungen, die den Teilnehmern helfen können, ihre intrapersonelle Intelligenz weiterzuentwickeln:

Übung 1: Collage: Mein inneres Selbst – Bringen Sie möglichst vielfältiges Bastelmaterial für diese Sitzung mit: Klebstoff, Scheren, Filzstifte, Wachsmalstifte, Fingerfarben oder ähnliches, alte Zeitungen und Zeitschriften und für jeden einen großen Bogen Flipchart- oder Packpapier. Wenn möglich, bringen die Teilnehmer Kopien von Fotos mit, die sie in verschiedenen Lebensphasen zeigen.
Dann fertigen die Teilnehmer eine Collage an, die die verschiedenen Aspekte der eigenen Person symbolisieren. Sie können dazu malen, schreiben und ausgeschnittene Bilder und/oder Fotos aufkleben. In das Zentrum des Flipcharts kommen Worte und Bilder, die das „innere Selbst" andeuten, jenen Teil des Selbst, den wir fühlen, wenn wir ganz lebendig und aufmerksam sind. Außen herum können andere Aspekte unserer Persönlichkeit Platz finden, z. B. unsere „Nebenpersönlichkeiten".
Diese Übung hilft den Teilnehmern, ihr Selbstkonzept zu artikulieren und ihre Identität stärker zu erleben. Dies ist auch ein Beitrag zur Stärkung der Selbstachtung.

Übung 2: Kreativität – Geben Sie den Teilnehmern eine Kopie mit folgenden Affirmationen zum Thema Kreativität:

1. Meine Kreativität nützt mir und anderen.
2. Meine Kreativität ist klar und umfassend.
3. Ich vertraue meinen kreativen Impulsen und benutze sie.
4. Meine Kreativität ist verläßlich und anregend.
5. Wenn ich meiner Kreativität vertraue, wird sie stärker und stärker.
6. Meine Kreativität wächst und gedeiht.
7. Meine Kreativität beglückt mich und meine Welt.
8. Ich fühle mich und meine Arbeit mit einer höheren Macht verbunden.
9. Ich bin bereit, etwas zu schaffen.
10. Ich will mein kreatives Talent benutzen.
11. Ich brauche nur ein paar einfache Werkzeuge, und schon blüht meine Kreativität.

12. Ich habe das Recht, meine Kreativität zu fördern.
13. Meine Kreativität fördert meine Freundschaften und meine Hilfsbereitschaft.
14. Ich bin ein Werkzeug für das Universum, um Gutes zu schaffen.
15. Ich verdanke meine Kreativität Gott.
16. Ich öffne mich und lasse Kreativität in mich hereinströmen.
17. Ich verwirkliche meine kreativen Impulse mit Vertrauen und innerer Klarheit.

Lassen Sie die Teilnehmer diese Affirmationen langsam durchlesen und dann die auswählen, die die meisten negativen Kommentare in ihrem Kopf auslösen. Dann sollen sie eine eigene Affirmation formulieren, die dieser negativen Stimme widerspricht.
Austausch in Paaren oder Trios.
Sprechen Sie im Plenum über die Möglichkeiten, Affirmationen als Mittel der Inspiration zu benutzen. Machen Sie ein großes Poster, auf dem jeder Teilnehmer eine persönliche Kreativitätsaffirmation aufschreibt, und hängen Sie es an die Wand des Gruppenraumes.

Übung 3: Drei wichtige Ziele – Sprechen Sie mit den Teilnehmern darüber, daß wir unsere Selbstachtung und unser Selbstkonzept nicht allein durch Suggestion oder eine Art der Selbsthypnose verbessern können. Um uns kompetent fühlen zu können, müssen wir das Gefühl haben, daß wir unser Leben meistern, indem wir Ziele aufstellen und sie in wichtigen Teilen auch erreichen. Weisen Sie darauf hin, daß viele Erfinder, Künstler und Wissenschaftler Meister in der Kunst waren, Ziele aufzustellen. Benjamin Franklin war erst zwanzig Jahre alt, als er seine wesentlichen Lebensziele aufschrieb. Bis ins hohe Alter hat er sich an diese Ziele gehalten. Der Vorstandsvorsitzende der Automobilfirma Chrysler, Lee Iaccoca, spricht in seiner Autobiographie über die Bedeutung kurzfristiger Ziele. Jeden Sonntag Abend setzte er sich an seinen Schreibtisch und plante die wesentlichen Ziele für die kommende Woche.
Wenn wir Ziele formulieren, dann ist es wichtig, daß sie für uns persönlich wichtig und wertvoll sind. Diese Ziele entspringen oft unserer Intuition. Anschließend müssen wir unseren kritischen Geist benutzen, um zu überprüfen, ob diese Ziele erreichbar und konkretisierbar sind.
Sagen Sie den Teilnehmern ungefähr folgendes: „Nehmen Sie ein erstes Blatt Papier und schreiben Sie drei wichtige persönliche und/oder berufliche Ziele auf, die Sie auf diesem Workshop erreichen wollen. Drücken Sie sich möglichst konkret aus und achten Sie darauf, daß die Ziele wirklich wichtig sind und mit etwas Glück auch erreichbar.
Dann bringen Sie die Ziele in eine Rangreihe. Schreiben Sie das wichtigste Ziel nach oben und das am wenigsten wichtige Ziel ganz nach unten.
Dann nehmen Sie ein zweites Blatt und schreiben Ihr wichtigstes Ziel oben

auf die Seite. Schreiben Sie darunter alles auf, was Sie tun müssen, um dieses Ziel zu erreichen.
Nun nehmen Sie ein drittes Blatt Papier und bringen die Schritte in Richtung auf das Ziel in eine zeitliche Reihenfolge. Schreiben Sie auf, was Sie zuerst tun müssen, was als nächstes usw.
Immer wenn Sie später einen Schritt verwirklicht haben, können Sie ihn auf dem Blatt durchstreichen und zum nächsten weitergehen."

Übung 4: Jedes Bild erzählt eine Geschichte – Die Durchführung dieser Übung dauert ungefähr zwei Stunden. Sie brauchen für jeden Teilnehmer einen großen Bogen Bastelkarton, Klebstoff, Ölkreiden, Marker, eine Schere sowie zwei bis drei alte Zeitschriften und Zeitungen. Jeder soll eine Collage anfertigen, die zeigt, wie das eigene Leben in fünf Jahren aussehen wird. Wichtig: Die Collage soll nicht das Ergebnis einer fortgeschriebenen Planung sein, sondern in diesem Falle lassen wir uns von Bildern und Fotos inspirieren und von unseren Gefühlen. Wir sind auf der richtigen Spur, wenn wir das Gefühl haben, daß die entstehende Collage uns selbst hier und da überrascht. Dies ist eine Zukunftsvision, sozusagen aus dem Bauch heraus. Niemand muß hier realistisch vorgehen oder das Gesetz der Wahrscheinlichkeit berücksichtigen.
Ziel ist es, vernachlässigte und übersehene eigene Wünsche und Werte auf diese Weise in den Blick zu bekommen. Fragen Sie die Teilnehmer, ob sie sich dazu Musik wünschen.

Übung 5: Wünsche – Dies ist eine sehr wirksame, kurze Übung, die Sie an einer geeigneten Stelle unterbringen können. Normalerweise wird diese Übung nicht ausgewertet; die Teilnehmer können später darauf zurückkommen.
Sagen Sie den Teilnehmern ungefähr folgendes: „Jeder von uns hat eine Menge Wünsche in seinem Herzen, und manchmal fragen wir uns, was wir tun können, daß mehr von unseren Wünschen Wirklichkeit werden. Die Antwort ist ganz einfach: Wir müssen unsere Wünsche ernstnehmen. Ein erster Schritt, wie wir unseren Wünschen mehr Gestalt geben können, besteht darin, daß wir sie einfach aufschreiben. Nehmen Sie sich ein Blatt Papier und öffnen Sie die Tür zu Ihren geheimen Wünschen. Schreiben Sie zwanzig Wünsche auf und numerieren Sie sie von 1 bis 20. Beginnen Sie jede Zeile auf dieselbe Weise: Ich wünsche mir… Diesen Zettel sollen Sie niemandem zeigen, aber Sie sollen ihn gut verwahren und vielleicht in einigen Wochen wieder anschauen."

Übung 6: Meditation – Im Zentrum der intrapersonellen Intelligenz steht unsere Fähigkeit, auch unsere subtilen Gefühle, Hoffnungen und Gedanken, unsere geheimsten Wünsche und Obsessionen zu erkennen. Ein Meister dieser Selbsterforschung war der große französische Dichter Marcel Proust, der sein inneres Leben bis ins Detail erforschte und uns seine Erinnerungen in dem vierbändigen Roman „Auf der Suche nach der verlorenen Zeit" überliefert hat. Auf den ersten 50 Seiten beschreibt er eine einzige Szene, nämlich, wie er als Kind jeden Abend darauf wartet, daß seine Mutter kommt, um ihm „Gute Nacht" zu sagen. Jedes feinste Gefühl und jeder flüchtige Gedanke wird im Detail erforscht.
Und von Sigmund Freud, dem Begründer der Psychoanalyse, wissen wir, daß er seit seinem 39. Lebensjahr jeden Tag eine halbe Stunde damit verbrachte, seine innere Welt zu erforschen – durch freie Assoziationen, Traumarbeit und, wie Proust, durch Erinnerungen an die Kindheit.
Heute benutzen auch viele Europäer und Amerikaner die Meditation, um sich selbst besser zu verstehen. Die Meditation ist das älteste und vermutlich beste Mittel, um die eigene innere Welt zu erforschen. Alles, was wir in der Hektik des Alltags übersehen, können wir mit Hilfe der Meditation leichter entdecken. Wer meditiert, kann sich dabei nicht nur entspannen, sondern er kann auf einfachem Wege Selbsterkenntnis üben.
In der folgenden Übung können Sie Ihren Teilnehmern eine ganz einfache Form der introspektiven Meditation, wie sie im Buddhismus entwickelt wurde, nahebringen.
Sagen Sie Ihren Teilnehmern ungefähr folgendes: „Setzen Sie sich bequem hin und schließen Sie die Augen. Konzentrieren Sie Ihre Aufmerksamkeit auf Ihren Atem. Atmen Sie ganz normal und bemerken Sie, wie sich das anfühlt, wenn die Luft beim Einatmen durch die Nase hereinströmt und beim Ausatmen aus Ihrem Mund hinausströmt. Wahrscheinlich werden Sie bemerken, daß Ihre Aufmerksamkeit wandert und daß Sie irgendwelche Gedanken und Gefühle bemerken. Wenn das der Fall ist, halten Sie diese Gedanken und Gefühle nicht fest, lassen Sie sie einfach weiterziehen und kehren Sie zu Ihrer Atmung zurück. Sie können sich dann sagen: ‚Ach ja, das ist mein Ärger', oder: ‚Ja, ich fühle, wie mein Herz schlägt', oder: ‚Jetzt fällt mir ein, wie ich als Kind aus dem Fenster sah, und auf die Heimkehr meines Vaters wartete.' Kehren Sie immer wieder mit Ihrer Aufmerksamkeit zu Ihrem Atem zurück. Probieren Sie diese einfache Form der Meditation jetzt einmal für fünf Minuten aus."

Übung 7: Allein sein – Als Gegengewicht zu der konzentrierten Gruppenerfahrung des Workshops können Sie Ihren Teilnehmern ab und zu eine Dosis Einsamkeit zukommen lassen. Sprechen Sie darüber, wie wichtig es für jeden Erwachsenen ist, nicht ständig in Kontakt mit anderen Menschen zu sein. Das erschöpft unsere emotionalen Ressourcen. Wir brauchen von Zeit zu Zeit Einsamkeit, um uns zu regenerieren. Jeder weiß, daß die großen

Religionsstifter die Einsamkeit aufgesucht haben, um die nötige innere Reife für ihre Sendung zu entwickeln. Buddha saß unter einem Baum, Jesus zog in die Wüste, und Mohammed verbrachte den Ramadan in der Höhle von Hera. Laden Sie die Teilnehmer dazu ein, eine kleine private Retraite zu erproben, indem sie eineinhalb Stunden allein verbringen. Um das meiste aus dieser freiwilligen Einsamkeit zu gewinnen, soll diese Zeitspanne in zwei Phasen gegliedert sein. In der ersten Phase können wir rezeptiv sein: Wir können etwas lesen oder einen Spaziergang machen, wir können ein Kunstwerk betrachten, wir können schlafen und träumen, wir können die Erfahrungen des Workshops überdenken oder uns mit Gefühlen, Erinnerungen oder Hoffnungen beschäftigen, die sich von selbst melden.
In der zweiten Phase können wir expressiv sein, indem wir unsere Gedanken und Gefühle gestalten. Wir können eine Tagebuchnotiz oder einen Brief schreiben, wir können etwas zeichnen oder malen, wir können Affirmationen schreiben, tanzen oder singen.
Wichtig ist, daß jeder darauf achtet, welche neuen Erfahrungen er macht, wenn er diese freiwillige Einsamkeit erlebt.

Übung 8: Autobiographie in zehn Sätzen – Fordern Sie die Teilnehmer auf, ihr bisheriges Leben in nicht mehr als zehn Sätzen zu beschreiben. Diese Komprimierung kann uns helfen, unser Leben aus einer neuen Perspektive zu sehen, wichtige Themen, Höhen und Tiefen neu zu bewerten und die Frage neu zu stellen: „Wie soll es weitergehen?“

Übung 9: Verletzlichkeit – Viele Menschen wünschen sich mehr Kreativität und fragen sich, wie sie diesem Ziel näherkommen können. Hier können Sie eine sehr wichtige Antwort geben: Voraussetzung für persönliche Kreativität ist Risikobereitschaft. Risikobereit kann nur der sein, der seine Verletzlichkeit anerkennt und die damit verbundene Angst. Wer die eigene Verletzlichkeit und Angst ignoriert, verliert automatisch einen großen Teil seiner Kreativität.
In dieser sehr schönen Übung können die Teilnehmer ihre Verletzlichkeit und Angst auf eine sichere und diskrete Weise ins Auge fassen. Dies ist ein ganz privates Experiment, das zwar in der Gruppe ausgeführt, aber nicht ausgewertet wird. Die hier gezeigte „Technik“ kann auch im Alltag mit großem Erfolg angewendet werden.
Sagen Sie den Teilnehmern ungefähr folgendes: „Wenn wir unsere Verletzlichkeit verlieren, dann verlieren wir unsere Fähigkeit, kreativ zu sein. Wenn wir einen Roman schreiben wollen, ein Computerprogramm entwickeln oder eine Vision für ein Unternehmen entwerfen wollen, dann brauchen wir Mut und Risikobereitschaft. Wir können nicht sicher sein, ob unser Vorhaben gelingt, ob es von anderen akzeptiert wird, usw. Mit anderen Worten: wenn wir schöpferisch vorgehen, haben wir auch Angst.
Ich will Ihnen schöne Möglichkeit zeigen, wie Sie diese Angst zur Kenntnis

nehmen können, ohne sie überzubewerten. Das Entscheidende ist, daß Sie Ihre Angst selbst zur Kenntnis nehmen und sie nicht ignorieren. Denn die Energie, die Sie für die Unterdrückung Ihrer Angst brauchen, würde Ihnen bei Ihrem kreativen Vorhaben fehlen. Jeder von Ihnen bekommt von mir eine kleine Schachtel. Nun nehmen Sie sich ein weißes Blatt Papier und schneiden Sie es in zehn Teile. Schreiben Sie auf jeden Abschnitt eine Angst, eine Befürchtung, eine Sorge, die es gegenwärtig in Ihrem Leben gibt. (Diese Ängste müssen nicht unbedingt mit einem kreativen Projekt zusammenhängen.) Wenn Sie eine Befürchtung notiert haben, falten Sie das Papier sorgsam zusammen und legen Sie es in die Schachtel. Sagen Sie dabei zu sich selbst: ‚Mehr muß ich im Moment nicht tun. Ich bemerke diese Sorge und indem ich sie in die Schachtel lege, übergebe ich sie dem Schicksal, einer höheren Macht, oder ich lege sie in Gottes Hand.‘
Auf der psychologischen Ebene lösen Sie sich so ein wenig von der Sorge und gewinnen die Unterstützung einer wohlwollenden höheren Macht. Damit öffnen Sie Ihren Geist und werden locker, um Lösungen, Einsichten und Unterstützung annehmen zu können. Sie werden aufnahmebereit für das Neue.“

Übung 10: Brief an das Selbst – Dies ist eine schöne Übung für das letzte Drittel eines längeren Workshops. Wenn Sie den Eindruck haben, daß Ihre Teilnehmer etwas Übung in der Kunst der Introspektion gewonnen haben, dann können Sie dieses Experiment erproben, das eine gelungene Mischung aus kreativem Schreiben und innerer Reflexion ist. Jeder soll einen Brief an das eigene innere Selbst verfassen. Es soll ein Brief sein, der Mut macht, und er soll drei positive Veränderungen, auch ganz kleine, enthalten, die der Teilnehmer im Laufe des Workshops erlebt oder bei sich vorgenommen hat. Der Brief soll unterschrieben, datiert und in einem Umschlag per Post nach Hause geschickt werden. Dieser Brief gelingt am besten, wenn er nicht in der Workshop-Atmosphäre geschrieben wird, sondern an einem anderen Platz. Lassen Sie die Teilnehmer ein Café oder Restaurant oder etwas ähnliches aufsuchen und dort den Brief abfassen. Wenn die Teilnehmer den Brief nach dem Workshop erhalten, ist dies ein positives Erlebnis, das die Gruppenerfahrung in den Alltag transferiert.

54 Toxische Belohnungen

In vielen Unternehmen wird mit Belohnungen gearbeitet. Mitarbeiter, die einen Verbesserungsvorschlag machen, werden durch eine Geldprämie belohnt, Verkäufer bekommen Prämien, wenn sie ihren Umsatz gesteigert haben, Investmentbanker bekommen Prämien, die ihr normales Gehalt um ein vielfaches übersteigen, und zum Teil bekommen Topmanager Prämien in Form von Aktienoptionen, wenn sie die Kapitalrendite verbessert haben. Hinter all diesen Maßnahmen steckt ein pessimistisches Menschenbild, das davon ausgeht, daß wir aus freien Stücken nicht unser Bestes geben würden, sondern träge sind und unsere Arbeit nicht lieben. Darum müssen wir durch materiellen Anreiz dazu gebracht werden, uns anzustrengen und überdurchschnittliche Leistung zu bringen. Die oben erwähnten Belohnungssysteme sind Beispiele für extrinsische Motivation; sie sind von der Sozialphilosophie des „Behaviorismus“ inspiriert: Ein Verhalten muß verstärkt werden, damit es häufiger angewendet wird. Die Praxis zeigt jedoch die Schwächen dieser Philosophie. Die Deutsche Bank hatte ein englisches Investmenthaus erworben, um auf diesem Geschäftsfeld erfolgreicher zu werden. Doch trotz exorbitanter Prämien verließen viele Teams nach der Übernahme ihre alte Firma, weil ihnen das Klima unter der deutschen Führung nicht behagte.
Diese Art der Mitarbeitermotivation hat noch weitere Nachteile. Der einzelne Mitarbeiter wird in der Regel bestrebt sein, seine persönliche Prämie zu maximieren; dabei gerät er unvermeidlich in Konflikt mit der Loyalität zu seinem Team. Soll er seine Kollegen aufrichtig informieren und sein Wissen weitergeben, auch wenn er dadurch seine eigenen Einkommenschancen verschlechtert? Es dürfte schwer möglich sein, eine lernende Organisation zu entwickeln und gleichzeitig individuelle Leistungsprämien zu zahlen.
Aber wir finden die Praxis der extrinsischen Motivation nicht nur in der Wirtschaft. Viele Eltern machen es ähnlich: Sie versprechen Ihren Sprößlingen alle möglichen Belohnungen, wenn sie bestimmte Schulleistungen erbringen, und kleine Kinder bekommen Bonbons und Schokolade, wenn sie auf dem Weg durch den Supermarkt „brav“ sind oder wenn sie es vermeiden, sich mit ihren Spielkameraden zu streiten. Der entscheidende Satz, den die Autoritätsperson sagt, hat immer dieselbe Struktur: „Wenn du das tust, dann bekommst du von mir...“ Hier zeigt sich die Resignation der Erwachsenen – es ist ihnen offenbar unmöglich, ihre Kinder so zu erziehen, daß sich diese freiwillig konstruktiv verhalten. Untergründig schädigt diese Belohnungspraxis die Beziehung zwischen Eltern und Kindern. Einerseits schwächen die Eltern die eigene Autorität, weil sie mit diesen auch für die Kinder leicht durchschaubaren Belohnungen arbeiten und damit auch eine gewisse Hilflosigkeit signalisieren. Gleichzeitig schwächen sie die persönliche Autonomie der Kinder, denn die Belohnungen sagen indirekt: „Du kannst dich nicht selbst kontrollieren. Du bist unreif. Du bist bequem. Ich

muß besondere Maßnahmen ergreifen, damit du das tust, was passend ist." Das Kind empfindet sehr deutlich, daß es auf eine subtile Weise manipuliert und kontrolliert wird. Wenn es sich auf diese Art und Weise bestechen läßt, dann verliert es etwas von seiner Selbstachtung.

Aber nicht nur Belohnungen und Prämien sind problematisch. Der amerikanische Pädagoge Alfie Kohn weist in seinem Buch „Punished by Rewards" darauf hin, daß auch Lob problematisch sein kann, und zwar in all den Situationen, wo es um Lernen geht. Besonders Erwachsene können sehr ambivalent auf Lob reagieren. Sie können darin eine Kontrolle des Lehrenden erblicken und interpretieren das Lob dann in dem Sinne: „Ich habe mich offensichtlich so verhalten, wie Sie das wollten." Möglicherweise sehen sie darin auch eine geringe Einschätzung des eigenen Potentials und denken im stillen: „Offenbar haben Sie das gar nicht von mir erwartet. Ich bin wohl über mich selbst hinausgewachsen."

Es gibt noch eine andere Möglichkeit, wie das Lob verstanden werden kann, nämlich als eine Aufforderung, ja nicht schlechter zu werden und das „erreichte Niveau" zu halten. Dann kann das Lob es schwer machen, im Lernen zu experimentieren, Fehler zu machen oder sich mit Dingen zu beschäftigen, die dem Lehrenden vielleicht weniger am Herzen liegen.

Vermeiden Sie darum „toxische Belohnungen". Halten Sie sich bitte vor Augen, daß auch ein positives Urteil immer noch ein Urteil bleibt. Finden Sie selbst andere Möglichkeiten, Wertschätzung auszudrücken, und sorgen Sie dafür, daß Rückmeldungen aus der Gruppe kommen können. Das ist viel motivierender für die Lernenden. Machen Sie Mut, statt zu loben.

Betonen Sie nicht die Leistung und die Ergebnisse, sondern machen Sie Mut, weitere Risiken einzugehen. Klopfen Sie den Workshop-Teilnehmern nicht auf die Schulter, sondern fragen Sie Ihre Teilnehmer, wie sie selbst ihre Arbeit einschätzen. Das stärkt die Autonomie des Lernenden, und er lernt, seine eigenen Maßstäbe klarer zu erkennen. Regen Sie die anderen Gruppenmitglieder dazu an, unterstützendes Feedback zu geben. Wenn Sie so vorgehen, dann stärken Sie die intrinsische Motivation Ihrer Teilnehmer. Wenn Lob und Belohnung eine große Rolle beim Lernen spielen, dann wird die Qualität des Lernens leicht auf dem gerade erreichten Plateau gehalten, weil der Lernende dann versucht, sich zu wiederholen, um immer wieder dieselbe Belohnung kassieren zu können. Kreativität und Veränderungen werden somit erschwert. Natürlich können Lob und Belohnung kurzfristig bewirken, daß Menschen tun, was sie tun sollen, daß sie pünktlich sind, daß sie Dinge auswendig lernen. Aber es ändert sich in diesem Fall immer nur das Verhalten, nie die Person, nie die Einstellung. Extrinsische Motivation funktioniert nicht, wenn wir in unseren Lerngruppen folgendes erreichen wollen:

- langfristige Leistungsbereitschaft,
- selbstgesteuertes Lernen,
- Werte, wie Respekt, Loyalität und Freundlichkeit,
- Kreativität und komplexes Denken,

- Aufrichtigkeit, Integrität und Selbstvertrauen,
- Verantwortungsbereitschaft, Kooperation und Loyalität.

Wir müssen folgendes fundamentale Konzept beachten: Wenn der Lernende eine Aufgabe erfüllt, um Belohnung oder Anerkennung zu bekommen, dann ist damit innerlich immer die Einschätzung verbunden, daß die Aufgabe als solche nicht attraktiv ist. Darum verzichten Sie bitte auf alle verbalen und materiellen Prämien in Ihren Workshops. Diese behavioristische Methode schadet mehr, als daß sie nützt. Zum Glück gibt es eine realistische Alternative: Arbeiten Sie in Ihrem Workshop so, daß das Lernen Spaß macht und persönlich sowie beruflich relevant ist.
Im folgenden möchte ich Sie auf dic Alternativen hinweisen, die Sie haben:

1. **Drücken Sie immer wieder Ihre Wertschätzung aus, verbal und nonverbal:** Wenn die Teilnehmer z. B. Arbeitsergebnisse vorstellen, dann können Sie mit einem einfachen „Dankeschön" darauf reagieren. Sie werden viele andere Gelegenheiten finden, wo es passend ist, Freude, Zufriedenheit, Anerkennung mit einem „Dankeschön" auszudrücken.

2. **Setzen Sie kleine Zeremonien und Rituale ein:** Wenn einzelne, schwierige Aufgaben und Projekte abgeschlossen sind, sorgen solche Zäsuren für wichtige Abwechslung und entsprechen einem menschlichen Grundbedürfnis, weil hier die Zeit stehenbleibt und der Erfolg auf natürlich Weise genossen werden kann. Auch die Anerkennung der Gruppenmitglieder wird als wohltuend empfunden.

3. **Sorgen Sie dafür, daß es häufig qualifiziertes Feedback gibt:** von einem Partner, von einer Kleingruppe, vom Plenum. Ohne Feedback wünschen sich viele Teilnehmer Lob oder Belohnung durch den Gruppenleiter.

4. **Geben Sie Raum für große und kleine Feiern:** Oft reagiert die Gruppe spontan auf ein Rollenspiel, indem die Teilnehmer begeistert klatschen. Manchmal ist es vielleicht nötig, daß Sie persönlich Applaus spenden, oder eine Runde Applaus initiieren. Geben Sie Gelegenheit zum „Angeben", ein paar Minuten, wo jeder sich selbst Anerkennung ausdrückt. Sorgen Sie dafür, daß die Teilnehmer aussprechen, was ihnen an der Arbeit der anderen gefällt. Machen Sie der Gruppe spontan ein Geschenk, das nichts kostet, z. B. eine Runde Schultermassage im Kreis oder fünf Minuten Sonnenbad im Park. Solche spontanen Wohltaten werden automatisch richtig verstanden: „Ich habe das Recht zu genießen.

5. **Demonstrieren Sie, daß Lernen ein Genuß ist:** Wenn Sie selbst in letzter Zeit im Workshop oder anderswo etwas gelernt haben, dann berichten Sie enthusiastisch davon. Das gibt den Teilnehmern die wichtige Botschaft, daß Lernen für sich selbst wertvoll und bereichernd ist.

6. **Vertiefen Sie die Beziehungen in der Gruppe:** Zeigen Sie etwas von Ihrer Persönlichkeit, von Ihren Gefühlen, von Ihren Gedanken. Zeigen Sie, daß Sie am Lernen und Arbeiten der Teilnehmer Anteil nehmen. In der bewußten Erinnerung an den Workshop werden Sie dann oft eine wichtige Rolle spielen. Sorgen Sie dafür, daß Sie nicht in der Galerie der strengen, irrelevanten, teilnahmslosen Lehrer, Eltern und Vorgesetzten landen. Natürlich muß der Moderator professionellen Abstand halten, aber sein wichtigstes Geschenk an die Workshop-Teilnehmer ist persönliches Interesse. (Arbeiten Sie nicht mit Gruppen, bei denen Sie vorher wissen, daß Sie eine starke, persönliche Aversion empfinden!) Natürlich ist es auch wichtig, dafür zu sorgen, daß sich die Bande zwischen den Teilnehmern erfreulich entwickeln.
7. **Berücksichtigen Sie die Lebensbedürfnisse der Teilnehmer:** Unser Gehirn arbeitet automatisch dann am besten, wenn es sich mit Dingen beschäftigt, die unserem Überleben dienen. Wenn die Workshop-Teilnehmer an Themen arbeiten, die für ihr Leben wichtig sind, dann verstärkt sich ihre Motivation. Für viele Teilnehmer sind berufliche Themen von hoher Bedeutung (Wie komme ich mit meinem Chef besser zurecht? Was kann ich tun, damit mein Team zusammenwächst?), aber überraschend oft möchten die Teilnehmer Dinge für ihr Privatleben lernen, auch wenn sie das nicht direkt zu erkennen geben. Wenn sie das Gefühl haben, daß sie Einsichten und Skills vermittelt bekommen, die auf Partnerschaft oder Familie übertragbar sind, dann engagieren sie sich intensiv. Keine Prämie könnte soviel Motivation erzeugen!
8. **Geben Sie Raum für Wahlmöglichkeiten und Kreativität:** Ständige Kontrolle und Manipulation der Lernenden erzeugen Ressentiments, Widerstand oder Passivität. Geben Sie Ihren Teilnehmer beim Lernen und Arbeiten im Workshop Wahlmöglichkeiten. Eine Fülle von Alternativen bietet einen guten Kontext für hohe Motivation. Holen Sie die Vorschläge der Teilnehmer ein; lassen Sie sie immer wieder Arbeitsergebnisse präsentieren oder die Rolle von Coachs oder Experten übernehmen; lassen Sie immer wieder Teams an komplexen, selbstgewählten Themen zusammenarbeiten. Das ist vielleicht das wichtigste Geheimnis intrinsischer Motivation.
9. **Schaffen Sie eine stimulierende, positive Umgebung:** Sorgen Sie für Bilder und Poster an den Wänden, für die Möglichkeit, ganz verschiedenartige Musik zu hören, und für eine Vielzahl von attraktivem „Spielzeug zum Anfassen".
10. **Zeigen und sagen Sie, daß Fehler willkommen sind:** Sorgen Sie für eine Kultur der Fragen und der engagierten Diskussion.

55 Umgang mit Störungen

Alles, was die Konzentration der Workshop-Teilnehmer auf Arbeit und Lernen behindert, ist eine Störung. Manche Störung wird ganz und gar übersehen, andere werden bemerkt und übergangen, lösen sich jedoch nach einiger Zeit „von selbst“ auf; zum Teil werden Störungen aber auch ausdrücklich angesprochen, indem der Teilnehmer selbst, der Moderator oder andere Gruppenmitglieder darauf reagieren.
Im folgenden möchte ich einige häufiger auftretende Störungen skizzieren:

1. Importierte Störungen – Oft gibt es Teilnehmer, die aus einer schwierigen Situation im privaten oder beruflichen Bereich kommen: Krankheiten in der Familie, Partnerprobleme, Konflikte in der Firma u. a. können die Gefühle der Betroffenen prägen und ihre Aufmerksamkeit gefangen halten. Manchmal dauert es eine Weile, bis diese Teilnehmer ihre mitgebrachten Kümmernisse beiseite legen können. Informelle Gespräche mit anderen oder mit dem Moderator können helfen. Manchmal ist jemand mutig genug, der Gruppe mitzuteilen, was ihn von der gemeinsamen Arbeit ablenkt.

2. Assoziative Störungen – Alles, was im Workshop gesagt wird, kann eine intensive persönliche Reaktion auslösen – eine Idee, ein Thema, eine Hoffnung, eine Befürchtung, ein Ereignis, ein Name... Irgendjemand spricht z. B. über die Abschiedsparty in seiner alten Firma. Ein anderer Teilnehmer trennt sich gerade von seiner Partnerin. Das Thema „Abschied“ löst eine innere, intensive Kettenreaktion aus. Solche Ablenkungen finden unglaublich oft statt. Mancher bleibt dann längere Zeit der offiziellen Agenda fern. Er ist dann eine Weile nicht mehr präsent. Wenn viele Teilnehmer gleichzeitig etwas Ähnliches erleben, entsteht eine energetische Lücke, die von den meisten Gruppenmitgliedern und dem Moderator deutlich empfunden wird.
Themen, die besonders oft Ablenkungen provozieren sind u. a.: Gewalt – Tod – Beziehungsprobleme – Politik – Schule – Sex/Sexismus – Rassimus – Steuern – Geld – Babys – Scheidung – Krankheit – Arbeitslosigkeit– Entlassungen – der Chef – die Eltern.

3. Störungen der Kommunikation – Bemühen Sie sich darum, daß alle Beteiligten im Workshop möglichst direkt und spezifisch kommunizieren. Dazu gehört, daß Teilnehmer und Moderator Ich-Aussagen machen: „Ich bin ärgerlich“ statt „Wir ärgern uns alle“ usw. Weiter gehört dazu die Verwendung offener Fragen. („Was denken Sie darüber?“ ist eine Einladung zu einem Gespräch. „Stimmen Sie mir zu?“ ist eine manipulative Pseudoeinladung; der Fragende ist nicht an einer differenzierten Antwort interessiert.) Regen Sie das reflektive Zuhören an. Die Frage „Wollen Sie damit sagen, daß...?“ überprüft, ob der Hörer die Botschaft zutreffend gedeutet hat.

Der Prozeß des Zuhörens wird besonders durch folgende Verhaltensweisen gestört:

- Wir denken schon darüber nach, was wir selbst als nächstes sagen wollen.
- Wir geben vorschnell einen Rat und hindern den Sprecher dadurch daran, mehr zu berichten.
- Wir wissen schon vorher, was der andere sagen will. Wir klinken uns assoziativ ein: „Etwas Ähnliches ist mir neulich passiert..."
- Wir ziehen voreilig Schlüsse.
- Wir lesen Gedanken: „Ich weiß, was du denkst." „Du bist deprimiert."

Genauso schädlich sind Kommunikations- und Denkblockaden, die Sprecher und Zuhörer lähmen. Achten Sie u. a. auf Äußerungen folgender Art:

- Es ist nicht so wichtig...
- Nie hört mir jemand zu...
- Immer geht es mir so...
- Ich sage es nur einmal, und ich werde es nie wieder sagen...
- Allmählich müssen Sie wissen, was ich denke...
- Ich habe es Ihnen gesagt, aber ich wußte, daß Sie nicht zuhören würden...
- Das geht nicht...
- Niemand kann das...
- Ich habe alles probiert... etc.

Intervenieren Sie, wenn in Ihrem Workshop Gesprächsbeiträge unterbrochen werden, wenn einzelne Teilnehmer kein Echo bekommen, das ihren Beitrag würdigt, wenn schüchterne Teilnehmer nicht eingeladen werden, mehr von sich mitzuteilen.

4. Zensur und Zurückhaltung – Jede Gruppe hat Tabus, d. h., es gibt Themen oder Mitteilungen, die unterdrückt werden. Und wenn jemand darüber sprechen sollte, wird er indirekt oder direkt blockiert.
Häufige Tabus sind starke erotische Anziehung, persönliche Abneigung und kritische Gedanken über andere Teilnehmer. Weitere häufige Tabus sind der Ausdruck starker Gefühle (vor allem Trauer und Wut), Kritik am Moderator, Kritik an Organisationen und Institutionen, besonders, wenn diese den Workshop sponsern.
Wenn starke Gefühle oder leidenschaftliche Gedanken permanent zensiert werden, entsteht eine spürbare Spannung, die von der Gruppe erlebt wird. Das kann zu einer Lähmung der Gruppenenergie und zu einer Einschränkung des Lernens führen. Dann wird die Frage akut: Wieviel Offenheit und Intimität kann sich diese Gruppe leisten?

5. Hidden Agendas – Damit sind verdeckte Ziele gemeint, die die Teilnehmer oder der Moderator in den Workshop mitgebracht haben. Sie können ebenfalls spontanes Verhalten, engagiertes Arbeiten und intensives Lernen

stören. (Lernen bedeutet ja Sich-öffnen.)
Solche geheimen Ziele finden sich in den folgenden Beispielen:
- Ich bin nur hier, weil ich dazu gezwungen wurde, eigentlich will ich weg.
- Ich möchte, daß die Sitzung kurz ist, damit ich schnell nach Hause zurückkehren kann.
- Ich möchte einen guten Eindruck machen, damit ich für die freie Stelle in Frage komme.
- Ich möchte von allen gemocht werden.
- Ich nehme teil, weil ich von Andy fasziniert bin.

Wenn es genug Vertrauen gibt, können solche „Hidden Agendas" enthüllt werden. Dieser Vorgang führt fast immer zu einer erheblichen Steigerung der Gruppenenergie.

6. Anziehung und Abstoßung, Neid und Konkurrenz – Das soziale Verhalten der Workshop-Teilnehmer wird in einem hohen Maße von ihren mitgebrachten Erfahrungen bestimmt. Die Beziehungen zu Eltern und wichtigen Autoritäten in der Kindheitsfamilie, die eigene Stellung in der Geschwisterreihenfolge, das vertraute eigene soziale Milieu – all das beeinflußt unser Verhalten in Gruppen. Unsere Wahrnehmung anderer Teilnehmer kann durch Übertragung („Du bist wie mein Vater."), aber auch durch Projektion eigener Gefühle und Wünsche auf andere verzerrt werden.
Besonders bei negativen Übertragungen („Ich fühle mich immer unwohl, wenn Erich in meine Nähe kommt.") können Sie vorsichtig versuchen, gemeinsam mit dem betroffenen Teilnehmer zu forschen, ob es jemanden gibt, der so ähnlich wie Erich ist/war. Verhindern Sie vor allem, daß Teilnehmer in die Rolle von Außenseitern oder Sündenbocken geraten und achten Sie auch darauf, daß es innerhalb der Workshopgruppe keine Spaltung gibt nach dem Muster „Männer gegen Frauen", „Lehrer gegen Psychologen", „Ossis gegen Wessis".

7. Situative Störungen – Diese Schwierigkeiten stammen häufig aus Frustrationen, und sie werden durch Streß ausgelöst oder durch archaische Tendenzen des Stammhirns (vgl. Baustein 6 „Wie unser Gehirn funktioniert"). Diese Art Schwierigkeiten zeigen sich u. a. in
- Seitengesprächen,
- Zuspätkommen,
- Fernbleiben,
- sarkastischen Bemerkungen,
- sexistischen Sprüchen,
- Imponiergehabe,
- Monopolisieren der Diskussion,
- verbalen Attacken gegen Teilnehmer oder Moderator
- Clownerien etc.

8. Aufregende Nachrichten von außen – Manchmal gelangen aufregende Nachrichten in den Workshop, die alle oder einzelne Teilnehmer sehr aufregen:
- dramatische politische Ereignisse
- gravierende Veränderungen in der eigenen Firma
- private Glücks- oder Unglücksfälle

Über solche aufregenden Nachrichten muß in der Regel gesprochen werden, damit die Gruppe wieder arbeitsfähig wird. Es hat wenig Sinn, darüber hinwegzugehen.

Störungen erinnern Teilnehmer und Moderator daran, daß Unordnung ebenso normal ist wie Ordnung. Aber meist neigen weder Teilnehmer noch Moderator dazu, auf plötzliche Unordnung philosophisch zu reagieren. Meist löst die Störung ein Alarmsignal aus: Sie bringt unserem Gehirn etwas Neues, und dieses Neue tritt auf der Stelle in der Vordergrund. Natürlich fragen wir uns, ob das Neue positiv oder bedrohlich ist. Die meisten Störungen signalisieren Gefahr, und damit entsteht oft die Frage, ob Flucht oder Angriff die bessere Reaktion ist. Da in einer Gruppe niemand wirklich flüchten oder angreifen kann, entsteht Streß für alle. Der Moderator muß also reagieren. Je mehr er selbst unter Streß gerät, desto größer ist die Wahrscheinlichkeit, daß er auf ein klassisch-autoritäres Modell der Krisenlösung zurückgreift, das ich gleich skizzieren werde. In diesem Modell geht es um Kontrolle und Unterdrückung der Krise und nicht um ihre organische Auflösung. Dieses Modell hat folgende Elemente:
- Der Gruppenleiter muß die Kontrolle haben.
- Den Vorrang hat die Aufgabe, das Thema.
- Der Gruppenleiter muß störende Gefühle unterdrücken, damit keine Unterbrechung eintritt, so daß die Teilnehmer konzentriert weiterlernen können.
- Da die unterdrückten Gefühle aber den Lernprozeß stören und zu neuen Störungen führen, muß der Gruppenleiter seine Kontrolle verstärken, um nicht von seinem Ziel abzuweichen.

Wenn wir nach diesem Modell vorgehen und Störungen ignorieren oder unterdrücken oder die „störenden" Gruppenmitglieder in irgendeiner Weise bestrafen, dann verschlechtern wir das Lernklima. Besonders ängstliche Teilnehmer bekommen Lernschwierigkeiten, weil sie sich nicht mehr sicher fühlen. Außerdem geben wir ein sehr schlechtes Beispiel. Implizit zeigen wir die eigene Unsicherheit, weil wir nicht in der Lage sind, auf eine überraschende Situation konstruktiv zu reagieren. Deshalb ist ein anderes Modell besser, das folgende Prizipien hat:
- Gefühle begleiten jede Art der Gruppenarbeit und dürfen ausgedrückt werden.
- Die Lernenden fühlen sich dann gut und lernen mehr.
- Eine Störung darf immer ausgedrückt werden; sie hat sogar Vorrang.
- Unter diesen Bedingungen gibt es weniger Störungen.

- Je mehr Freiheiten die Lernenden haben, je mehr sie selbst mitbestimmen können, desto besser können sie lernen.
- Der Gruppenleiter muß weniger „offizielle“ Instruktionen geben.
- Es gibt keine Verlierer, jeder ist ein Gewinner.

Im folgenden möchte ich sieben Grundsätze einer „Störungsphilosophie“ skizzieren, die das Lernklima in Gruppen verbessert und die Gefahr von gravierenden Störungen reduziert.

1. Störungen gehören zum Leben – Im Alltag, in unserem Privatleben und in den Unternehmen, in denen wir arbeiten, geschehen ständig überraschende Dinge, die unsere Aktivitäten, Planungen, Erwartungen „stören“. Ständig müssen wir uns fragen: „Was bedeutet diese neue Information, dieses neue Ereignis? Will ich gleich auf die Störung eingehen? Will ich sie ignorieren? Will ich sie später berücksichtigen?“ Das Leben ist chaotisch. Wir können nicht erwarten, daß unsere Workshops Inseln permanenter Ruhe sind, wo die Gesetze des Lebens keine Gültigkeit haben. Ganz im Gegenteil, ein gewisses Maß an Störungen zeigt, daß die Gruppe, mit der wir es zu tun haben, lebendig ist. Störungen geschehen einfach. Es ist besser für uns, wenn wir uns auf die Störung einstellen, als wenn wir sie unterdrücken. Am besten ist es, wenn wir uns auf diese Störungen so einstellen, daß wir sie als interessante Herausforderung betrachten und als Rohstoff für unsere Neugier. Wenn wir Störungen akzeptieren und etwas daraus machen, dann geben wir unseren Teilnehmern eine wichtige indirekte Botschaft: Der Workshop ist kein Labor, keine sterile Lernsituation, sondern „wirkliches Leben“. Was ich hier lerne, kann ich später übertragen.

2. Der Workshop ist ein Platz zum Lernen – Ehrgeizige Moderatoren haben häufig den Wunsch, das Verhalten der Gruppenmitglieder möglichst schnell zu ändern. Sie möchten, daß die Lernziele so rasch wie möglich erreicht werden; sie wollen, daß möglichst alle Teilnehmer im selben Zeitraum dasselbe lernen. Um das zu erreichen, muß man in der Tat ein hohes Maß an Kontrolle anwenden. Man muß Belohnungen verteilen, damit die Teilnehmer das tun, was der Gruppenleiter möchte. Er muß gelegentlich einschüchtern, abweichendes Verhalten bestrafen und Konkurrenzverhalten fördern, um die Teilnehmer in die gewünschte Richtung zu lenken. Aber diese Kontrollmaßnahmen haben gefährliche Nebenwirkungen. Zwang und Manipulationen führen dazu, daß die Teilnehmer Spaß und Interesse am Lernen verlieren. Das schlimmste Lernklima wird von Angst und Streß bestimmt; das beste Lernklima enthält wenig Streß, es bietet statt dessen echte Herausforderungen. Darum ist es besser, alles dafür zu tun, daß die Teilnehmer neugierig werden, daß sie über ihre Lernziele mitbestimmen können, daß sie negative Gefühle ausdrücken dürfen, daß sie auch den Gruppensitzungen fernbleiben dürfen, wenn sie spüren: Ich brauche jetzt eine Pause zum Nach-

denken. Ein Lernklima mit wenig Kontrolle führt dazu, daß Störungen viel seltener auftreten.
Wenn Sie so arbeiten, geben Sie Ihren Teilnehmern die indirekte Botschaft: In diesem Workshop geht es nicht darum, den Moderator zufriedenzustellen, sondern darum, daß wir lernen können.

3. Alle unsere Teilnehmer verdienen Respekt – Es ist ein weitverbreiteter Fehler, daß der Moderator das Sortierprinzip von Aschenputtel anwendet, und zwischen Teilnehmern unterscheidet, die erfreulich bzw. unerfreulich sind. Die meisten Teilnehmer haben den Wunsch, etwas von dem Workshop zu profitieren. Selten kommen sie mit der Absicht, den Moderator zu kritisieren, zu ärgern oder ihn als unfähig hinzustellen. Sie alle haben ein normales Bedürfnis, gut dazustehen, sich auszudrücken, ein gewisses Maß an Einfluß auszuüben, beachtet und gemocht zu werden. Manchmal drücken sie diese Grundbedürfnisse vielleicht nicht ganz taktvoll oder etwas abrupt aus, aber es ist unsere Aufgabe als Moderator, diese Bedürfnisse zu respektieren und dafür zu sorgen, daß Frustration oder der Hunger nach Aufmerksamkeit geäußert werden können. Wenn wir außerdem Wege zeigen, wie die Teilnehmer solche Grundbedürfnisse auch im Alltag konstruktiv befriedigen können, geben wir den Teilnehmern die indirekte Botschaft: „Sie sind ein Mensch aus Fleisch und Blut mit einem individuellen Temperament, mit individuellen Empfindlichkeiten. Ich respektiere Sie, wie sie sind."

4. Die beste „Disziplinierungsmaßnahme" wird von niemandem bemerkt – Jeder Moderator kennt das: Fangfragen mit einer starken emotionalen Botschaft, Seitengespräche, aus dem Raum gehen, Zeitunglesen während der Gruppensitzung usw. Wenn Sie sich über diese Dinge aufregen, dann werden Sie mehr „Disziplinprobleme" bekommen, nach dem Grundgesetz: Die Energie fließt dahin, wo die Aufmerksamkeit ist. Wenn Sie z. B. verhindern wollen, daß ein Teilnehmer weiterhin Zeitung liest, dann können Sie eine kurze Gruppenaktivität beginnen, bei der die Teilnehmer ihre Plätze verlassen müssen und irgendeine Paaraktivität starten. Je weniger ein Teilnehmer weiß, daß er diszipliniert wird, desto besser. Sorgen Sie dafür, daß immer das Lernen betont wird, indem Sie sorgfältig beobachten, wie wach oder wie müde die Gruppenmitglieder sind, und benutzen Sie Lernsituationen, die Engagement, Neuigkeit, Herausforderung und Vielfalt ins Spiel bringen. Konzentrieren Sie Ihre eigene Aufmerksamkeit auf die Herausforderungen und das Vergnügen des Lernens. Arbeiten Sie mit den Lernstrategien, die am Ende dieses Abschnitts aufgelistet sind, um Störungen zu vermeiden. Wenn Sie so vorgehen, geben Sie Ihren Teilnehmern die indirekte Botschaft: Der Moderator ist kein Spielverderber und keine Mimose; er weiß, wie er sein Schiff durch Wind und Wetter zu steuern hat.

5. Störungen sind eine Information für den Moderator – Bei den meisten Störungen handelt es sich um spontane Reaktionen. Reagieren Sie nonverbal (indem Sie didaktisch handeln und nicht mit Worten) und anders als die Teilnehmer es aus der Schule kennen. (Halten Sie keinen Vortrag!) Störendes Verhalten entspringt fast immer einfachen, aber intensiven Bedürfnissen. (Vgl. auch Baustein 6: Wie unser Gehirn funktioniert) Das Verhalten ist nicht geplant oder überlegt. Greifen Sie auf die Grundregeln nur im Notfall zurück (Baustein 36: Spielregeln). Damit geben Sie Ihren Teilnehmern die indirekte Botschaft: Ich kann mir vorstellen, wie Sie sich fühlen.

6. Vorbeugung verhindert 95 Prozent aller Störungen – Wenn die Teilnehmer engagiert lernen und sich frei ausdrücken können, dann haben sie genügend Freiheit, so daß Störungen mit normalem Taktgefühl gelöst werden können. Sorgen Sie dafür, daß die Lernrhythmen, d. h. der Wechsel von Konzentration und Entspannung, von Aktivität und Pause, stimmen. Sorgen Sie für Übergangsaktivitäten und stille Zeiten. Wenn einige Teilnehmer ernste Probleme mitgebracht haben, dann sprechen Sie mit ihnen in den Pausen. Erfahrene Moderatoren haben selten Disziplinprobleme, weil sie geschickt genug sind, ein optimales Lernklima zu schaffen. Wenn Sie so vorgehen, geben Sie den Teilnehmern die indirekte Botschaft: Sie können sich hier auf die wirklich wichtigen Dinge konzentrieren.

7. Bewußt erkannte Störungen können mitgeteilt werden – Vielleicht möchten Sie auch die Regel der Themenzentrierten Interaktion einführen: „Störungen haben Vorrang". In den Fällen, wo die Teilnehmer (und der Moderator) wissen, daß sie abgelenkt, aufgeregt, ängstlich oder verärgert sind, teilen sie dies mit.
Wir müssen uns aber klar sein, daß längst nicht alle Störungen von den Betroffenen klar erkannt werden. Insofern gibt auch die Berücksichtigung dieser Regel keine Garantie dafür, daß über jede Störung gesprochen wird.

Hier einige Tips, wie Sie vorbeugen können, daß überhaupt Störungen entstehen. Sie haben folgende didaktische Möglichkeiten:

- Begrenzen Sie die Zeit konzentrierter Informationsaufnahme im Plenum (nach Möglichkeit nicht länger als 20 Minuten). Das gilt vor allem für Vorträge des Moderators oder einzelner Teilnehmer, aber auch für Präsentationen und Diskussionen.
- Schaffen Sie mehr „W-H-I-D"-Aktivitäten (Was habe ich davon?). Finden Sie mit den Teilnehmern heraus, was sie lernen wollen bzw. was sie davon haben, wenn sie sich mit einem bestimmten Thema beschäftigen. Beginnen Sie mit den Bedürfnissen und Zielen der Teilnehmer. Je mehr Sie die Ziele der Teilnehmer im Workshop berücksichtigt haben, desto mehr Engagement werden Sie erleben.

- Wenn Sie Spielregeln aufstellen, dann sollen diese klar sein. Die Teilnehmer müssen wissen, welche Gründe hinter jeder Regel stehen. Bringen Sie das Blatt mit den Regeln für alle sichtbar an der Wand an; je weniger explizite Regeln es gibt, desto besser. (Vgl. Baustein 36: Spielregeln)
- Lassen Sie die Teilnehmer häufig in Kleingruppen, in Trios oder in Paaren zusammenarbeiten und anschließend im Plenum über ihre Ergebnisse berichten. Das sorgt dafür, daß diese Lerngemeinschaften einen positiven Fokus haben. Der Vorteil dieser kooperativen Kleingruppen: Geborgenheit, Spaß, Herausforderung und Sicherheit.
- Achten Sie darauf, daß Sie in den ersten fünf Minuten einer Lerneinheit freundlichen Blickkontakt mit jedem Teilnehmer aufnehmen.
- Sorgen Sie dafür, daß jeder Teilnehmer ausreichend zu Wort kommt, daß jeder seine Gedanken, Gefühle und Ideen ausdrücken kann. Benutzen Sie dafür all die Lernstrategien, die in Frage kommen: Runden-Technik, konzentrische Kreise, Arbeit in Kleingruppen, Brainstormings, „Energizer", usw. Längeres Schweigen einzelner Teilnehmer kann zu Streß führen. Nur wenn wir gehört werden, fühlen wir uns wichtig, dazugehörig und beachtet.
- Sorgen Sie dafür, daß die Teilnehmer den Workshop interessant finden. Begünstigen Sie häufige Veränderungen. Schaffen Sie ein Lernklima, das bunt ist, frisch, herausfordernd, bedeutungsvoll und manchmal auch wild und chaotisch.
- Beobachten Sie die Stimmung und die Lernbereitschaft der Teilnehmer. Reagieren Sie schnell auf Anzeichen von Müdigkeit, Langeweile oder Ärger. Frustration führt in der Regel zu Apathie oder Groll. Verhindern Sie, daß daraus Probleme entstehen, und verändern Sie die Situation.
- Stellen Sie zu allen Gruppenmitgliedern Kontakt her. Kontakt ist eine Ihrer wichtigsten Aufgaben. Berücksichtigen Sie besonders die Teilnehmer, zu denen Ihre Beziehung am schwächsten ist, und nehmen Sie verbal und nonverbal zu ihnen Kontakt auf. Seien Sie sich klar darüber, welche Teilnehmer leicht und viel sprechen, und sorgen Sie dafür, daß auch die „stillen Wasser" Gehör finden.
- Vermeiden Sie folgenden klassischen Fehler: In manchen Gruppen begegnen wir Teilnehmern, die von vielen Workshop-Veteranen als „Besserwisser" bezeichnet werden. Das ist blanker Unsinn. Es handelt sich hier oft um Teilnehmer, die etwas anders als die Mehrzahl denken und die ständig auf der Suche nach Neuem sind. Sie sprechen aus, was langweilig ist, was fehlt oder was falsch ist. Diese Teilnehmer wollen nicht stören und auch die Autorität des Moderators nicht angreifen. Sie benutzen einfach eine andere kognitive Perspektive. Ihre Beiträge sind wertvoll und erinnern uns daran, daß wir alles aus verschiedenen Blickwinkeln betrachten können.

Verwenden Sie eine positive Bezeichnung für diese Personengruppe; mein Vorschlag: Querdenker. (Im nächsten Baustein finden Sie interessante Hinweise auf den Umgang mit diesen Personenkreis.)

- Achten Sie darauf, daß sich die Teilnehmer in jeder Sitzung körperlich betätigen können, damit die linke Hemisphäre ausruhen kann. Benutzen Sie Bewegungsspiele, Stretching, Malen, Imaginationen oder andere Aktivitäten, die das Unbewußte einbeziehen.
- Achten Sie darauf, daß Ihr eigener Streß-Level niedrig bleibt. Kommen Sie am Ende jedes Tages zur Ruhe, und sorgen Sie für Situationen, in denen Sie sich entspannen können.
- Geben Sie klare, aktivierende Anweisungen, wenn Sie eine Übung o. ä. anleiten. Sagen Sie deutlich, was zu tun ist, und prüfen Sie, ob Sie verstanden wurden.
- Geben Sie den Teilnehmern immer wieder die Möglichkeit, selbst zu entscheiden, wie Sie arbeiten möchten. Lassen Sie unter verschiedenen Themen wählen; stellen Sie auch die Arbeitsform zur Disposition: allein, mit einem Partner, in einer Kleingruppe usw. Wahlmöglichkeiten motivieren!
- Benutzen Sie die multiplen Intelligenzen der Teilnehmer. Bei der Planung eines Arbeitstages sollten Sie alle sieben Intelligenzen berücksichtigen. Sorgen Sie immer wieder dafür, daß die Teilnehmer über Themen sprechen können, die wichtig für sie sind. Stellen Sie Zeit für kleinere Gesprächskreise und für Diskussionen im Plenum oder mit einem Partner zur Verfügung. Holen Sie von Zeit zu Zeit Feedback von der Gruppe ein. Auf diese Weise bekommen Sie wertvolle Hinweise und können die Entstehung von Problemen leichter verhindern. (Was könnte ich anders machen, damit Sie noch besser lernen können?)
- Vermeiden Sie Angst, Belohnungen und Strafen.
- Zeigen Sie den Teilnehmern, daß Sie an ihnen interessiert sind, indem Sie ab und zu außerhalb der Gruppensitzungen mit ihnen Zeit verbringen: beim Sport, bei einem Kneipenbesuch, bei einem Theaterabend.

Im folgenden möchte ich Ihnen noch ein Gruppenexperiment vorschlagen, das nützlich ist, das Thema von Störungen mit der ganzen Gruppe zu bearbeiten. Besonders produktiv ist diese Übung, wenn im Workshop Teilnehmer sind, die selbst professionell lehren oder Arbeitsgruppen anleiten, und die von daher ein erhöhtes Interesse haben zu lernen, wie man mit Störungen umgehen kann:

Übung: Aus heiterem Himmel – Sagen Sie den Teilnehmern ungefähr folgendes: „Dies ist eine Imaginationsübung, die deutlich machen kann, welche Vorgänge in einer Gruppe unsere Aufmerksamkeit und unsere Arbeitsfähigkeit nachhaltig stören können… Schließen Sie die Augen und entspannen Sie sich ein wenig… Stellen Sie sich irgendeine Situation im Workshop vor, in der Sie interessiert mitarbeiten. Lassen Sie dann irgend etwas eintreten, was Sie ablenkt. Erleben Sie, wie Ihre Aufmerksamkeit plötzlich von einem Ereignis oder einer Entwicklung in der Gruppe angezogen wird. Was könnte es sein, was Sie ablenkt, aufregt, neugierig macht, Sie unruhig oder apathisch werden läßt? Was geschieht in der Gruppe? Wie reagieren Sie selbst? Wie reagieren die anderen Gruppenmitglieder? Wie verhalte ich mich?
Nehmen Sie sich genügend Zeit, diese Situation in der Phantasie zu erleben, und benutzen Sie alle Ihre Sinne, um diese vorgestellte Situation möglichst deutlich zu erleben. Bemerken Sie, was Sie dabei denken und was Sie fühlen. Wie würden Sie selbst auf eine solche Situation gewohnheitsmäßig reagieren? Wie würden Sie spontan reagieren?… Wenn Sie bereit sind, dann kommen Sie mit Ihrer Aufmerksamkeit wieder hierher zurück, recken und strecken Sie sich ein wenig und öffnen Sie Ihre Augen wieder, damit wir darüber sprechen können, was Sie sich vorgestellt haben."

56 „Querdenker“

Manchmal bezeichnet der Moderator unbequeme Teilnehmer als „schwierig“. Wir sollten dieses Adjektiv nicht verwenden, sondern statt dessen von unserer Unfähigkeit sprechen, gewisse Teilnehmer zu verstehen. Zu den schwer verständlichen Teilnehmern gehören jene, die wir leicht auf den ersten Blick als „Besserwisser“ einstufen. Wir nehmen oft an, daß diese Teilnehmer unreif sind, daß sie ein Autoritätsproblem haben, daß sie geltungssüchtig sind etc. Aber diese Interpretationen sind häufig irreführend. „Besserwisser“ sind in der Regel intelligente und produktive Denker. Ihr Gehirn tickt nur anders als bei vielen anderen.

Unser Gehirn hat das Bedürfnis, Dinge als vertraut zu registrieren, und es wird gleichzeitig durch Abwechslung motiviert. Ein Teil der Lernenden betont beim Lernen mehr die Ähnlichkeit mit dem bereits Bekannten, ein Teil betont vor allem die Unterschiede. Man könnte sagen, daß etwa fünfzig Prozent der Lernenden beide Tendenzen in einem ausgewogenen Verhältnis haben. Sie stellen Ähnlichkeit mit dem Bekannten mit derselben Häufigkeit fest, wie sie Neuheit registrieren. Ungefähr zehn Prozent unserer Teilnehmer haben die Angewohnheit, ständig die Differenzen zu betonen, Ausnahmen festzustellen und das Neue herauszuarbeiten. Ungefähr vierzig Prozent betonen ständig die Ähnlichkeit

Der Denkstil unserer Teilnehmer zeigt sich auch im Verhalten. Die „Angepaßten“, die überwiegend Ähnlichkeiten betonen, schätzen Konstanz im Leben. Sie behalten lange Zeit denselben Job, sie pflegen dieselben Freundschaften, essen in denselben Restaurants und haben jahrelang dieselben Hobbys. Sie benutzen generalisierende Denkmuster und generalisierende Aussagen, wie: Jeder... immer wir... niemals... alle... Die zehn Prozent „Querdenker“, die die Unterschiede betonen, haben eine andere Vorliebe. Sie schätzen Veränderungen mehr als Ähnlichkeiten. Sie probieren gern neue Dinge aus, sie wechseln die Restaurants, testen neue Routen, wenn sie mit dem Auto unterwegs sind, und sie experimentieren gern. Sie suchen nach Ausnahmen von der Regel und benutzen Sätze wie: Aber... nicht immer... man könnte es auch anders sehen... Wenn es ein Schild gibt mit der Aufschrift: „Kein Durchgang“, dann halten sich die Angepaßten daran, die „Querdenker“ werden neugierig: Was mag hinter dem Schild verborgen sein? Wir dürfen diese Menschen nicht mit folgenden Personengruppen verwechseln, und zwar:

1. mit Skeptikern, die auch die Dinge in Frage stellen, aber nicht das Neue suchen, sondern auf eine ziemlich mechanische Weise alles und jedes bezweifeln. Sie können ihre Meinung nur sehr schwer ändern, weil sie innerlich rigide sind, was man von den „Querdenkern“ nicht sagen kann.

2. mit unreifen Menschen, die wie die Zweijährigen zu allem „Nein“ sagen, weil sie den Protest brauchen, um sich als Person abzugrenzen bzw. um überhaupt eine Persönlichkeit zu entwickeln.
3. Mit Soziopathen, die Widerstand leisten müssen, weil sie so verletzlich sind, daß sie sich nur durch aggressives Verhalten einigermaßen wohl fühlen können. Soziopathen rächen sich für erlittenes Unrecht.

Der Prozentsatz von Querdenkern und Angepaßten schwankt in verschiedenen Kulturen. Kulturen, in denen Tradition und Anpassung ein hoher Wert sind, wie z. B. in Japan, haben einen sehr hohen Prozentsatz von Angepaßten. In Israel haben wir eine Kultur, die sich auch in der Geschichte schon ständig abgrenzen mußte von den Denkweisen ihrer Gastländer. Diese Kultur ermutigt Kinder, Fragen zu stellen, Ausnahmen zu finden und Unterschiede herauszuarbeiten. Hier finden wir eine hohe Anzahl von Querdenkern. Die zersplitterte Parteienlandschaft belegt diesen Umstand. Die vielen neuen israelischen Hightech- und Softwarefirmen sind ein Beweis dafür, wie produktiv solche Querdenker für Innovation und Forschung sind.
In Australien haben wir ebenfalls einen höheren Prozentsatz von Querdenkern. Das hängt zum Teil damit zusammen, daß dieser Kontinent in seinen Ursprüngen als eine Strafkolonie für England diente. Aber vor allem hängt das damit zusammen, daß die Einwanderer die geistige Haltung mitbrachten, anders zu denken als die Menschen in den Ursprungsländern. Sie importierten eine Leidenschaft für Veränderung und Wandel. Amerikanische Soziologen nennen dieses Motiv das „California Greener Grass Syndrome“. In den Vereinigten Staaten haben wir im mittleren Westen die Dominanz der Angepaßten und in einigen Staaten der Ostküste und in Kalifornien ein überdurchschnittlich hohes Maß an Querdenkern. Es ist nicht zufällig, daß ein wesentlicher Motor der amerikanischen Wirtschaft in Kalifornien angesiedelt ist, im Silicon Valley, in den Firmen, die die Entwicklung des Internets antreiben und daraus so etwas wie ein globales Gehirn machen. Ein berühmtes Beispiel für die Querdenker ist der Gründer der Disney Corporation Walt Disney. Sein wichtigster Antrieb war es, die Regeln sozialer Konformität zu brechen und das zu schaffen, was er so sehr vermißte, nämlich Spaß, Vergnügen und Unterhaltung für die Familie.
Wenn Sie in Ihrer Gruppe solche Querdenker haben, dann können Sie sie daran erkennen, daß sie:
- häufig widersprechen, Neues schätzen, Veränderungen lieben, gerne Risiken eingehen,
- manchmal die Regeln brechen und Grenzen überschreiten,
- daß sie Unterschiede brauchen, um die Dinge zu verstehen.

Versuchen Sie, die Querdenker nicht zu verändern, sie sind völlig okay. Schätzen Sie den Umstand, daß sie andere Perspektiven ins Spiel bringen. Achten Sie darauf, daß diese Personen nicht in die Rolle von Außenseitern

oder Sündenböcken geraten. Wenn ein Querdenker Sie darauf aufmerksam macht, daß Sie ein Wort am Flipchart falsch geschrieben haben, dann bedanken Sie sich, und laden Sie ihn ein, weiterhin wachsam zu sein, um Fehler, Ungenauigkeiten oder allzu einfache Problemlösungen aufzuspüren.
Im folgenden möchte ich Ihnen zwei Übungen vorstellen, die dem Querdenken entgegenkommen.

Übung 1: Systemische Grundsätze – Lassen Sie die Teilnehmer in Quartetten zusammenkommen und einige Beispiele aus ihrer Erfahrung heraus zusammenstellen, die zu folgenden Gesetzen systemischen Denkens passen:

- Die Probleme von heute entwickelten sich aus den Lösungen von gestern.
- Manchmal ist die Kur schlimmer als die Krankheit.
- Schneller ist langsamer.
- Kleine Veränderungen können zu größeren Ergebnissen führen; aber die besten Veränderungsmöglichkeiten sind oft am undeutlichsten zu erkennen.
- Wenn man einen Elefanten halbiert, dann bedeutet das nicht, daß man zwei kleine Elefanten bekommt.
- Man soll niemandem Vorwürfe machen.

Übung 2: Das Sfumato-Prinzip – In seinem Buch „How To Think Like Leonardo da Vinci" spricht Michael Gelb davon, daß Leonardo über die bemerkenswerte Fähigkeit verfügte, die Spannung zwischen Gegensätzen auszuhalten und mit Unsicherheit, Vieldeutigkeit und den Paradoxa des Lebens zurechtzukommen. In unseren Zeiten schneller Veränderungen können wir diese Toleranz gut gebrauchen, und die „Querdenker" in Ihrer Gruppe dürften damit bereits vertraut sein.
Lassen Sie die Teilnehmer immer zu zweit zusammenkommen und über die folgenden Polaritäten und Paradoxa sprechen:

- **Freude und Trauer.** Denken Sie an den traurigsten Augenblick Ihres Lebens zurück... Welche Augenblicke waren die glücklichsten? Gibt es eine Verbindung zwischen diesen beiden Gefühlen? Wann haben Sie Freude und Trauer gleichzeitig erlebt?
- **Stärke und Schwäche.** Nennen Sie drei Stärken, die Ihre Person charakterisieren; nennen Sie drei persönliche Schwächen. Auf welche Weise sind Ihre Stärken Schwächen? Auf welche Weise können Sie Ihre Schwächen als Stärken benutzen?
- **Intimität und Unabhängigkeit.** Denken Sie an Ihre engste Beziehung. Wie sehen Sie den Zusammenhang zwischen Intimität und Unabhängigkeit? Können Sie das eine ohne das andere haben? Löst diese Verbindung manchmal in Ihnen Angst aus?
- **Veränderung und Konstanz.** Sprechen Sie über drei wichtige Veränderungen, die Sie in Ihrem Leben beobachtet haben. Erwähnen Sie drei Dinge, die konstant geblieben sind. Was halten Sie von dem Aphorismus „Je stärker sich die Dinge verändern, desto mehr bleiben sie sich gleich"?

57 Schwierige Teilnehmer

Jede Lerngruppe funktioniert am besten, wenn es keine allzu großen Unterschiede in der Beteiligung der Gruppenmitglieder gibt, wenn alle zur Gruppe beitragen, wenn niemand die Diskussion monopolisiert und niemand chronisch passiv oder schweigsam ist. Störend für eine positive Gruppenentwicklung ist es, wenn einzelne Teilnehmer permanent sarkastische oder feindselige Bemerkungen machen bzw. wenn andere fortwährend als Ratgeber oder als „Gruppenleiter ohne Vertrag" agieren. In diesem Abschnitt möchte ich mich auf vier klassische Schwierigkeiten konzentrieren, die in jedem Workshop auftreten können: ein Teilnehmer, der permanent schweigt; ein Teilnehmer, der das Gespräch monopolisiert; ein Teilnehmer, der sarkastisch kommuniziert; ein Teilnehmer, der sich ständig mit anderen beschäftigt, nur nicht mit sich selbst.

1. Allgemeine Prinzipien – Als Moderator haben wir die Aufgabe, dafür zu sorgen, daß jeder Teilnehmer in der Lage ist, zu lernen und ein produktives Mitglied der Gruppe zu sein, und daß die Gruppe als Ganzes ein Milieu für intensives Lernen bilden kann. Wenn wir schwieriges und unproduktives Verhalten beobachten, dann dürfen wir nicht zu schnell versuchen, diese Teilnehmer zu ändern oder ihr problematisches Verhalten zu „heilen". Zunächst müssen wir herausfinden, was die schwierigen Teilnehmer durch ihr Verhalten mitteilen möchten und ob sie sich selbst darüber klar sind, daß sie anderen Probleme bereiten. Moderator und Teilnehmer müssen taktvoll vorgehen, um die schwierigen Gruppenmitglieder nicht zu verletzen, zu isolieren und zum verstärkten Widerstand zu provozieren. Die meisten Menschen können ihr Verhalten leichter ändern, wenn sie Gelegenheit haben, in einer freundlichen Atmosphäre ihr eigenes Verhalten aus einer anderen Perspektive zu sehen, wenn ihnen in freundlichem Ton gesagt wird, wie andere sie sehen, und wenn sie selbst entscheiden können, ob sie ihr Verhalten ändern wollen.

Auf jeden Fall ist es unproduktiv, wenn ein schwieriger Teilnehmer mit einem Etikett versehen wird, wenn man ihn als Vielredner oder Miesmacher abstempelt. Solche Etiketten machen den Betreffenden leicht zum Sündenbock und verstärken das unerwünschte Verhaltensmuster. Ein zu starker Gruppendruck, Vorwürfe und Angriffe können den Betreffenden verletzen und Veränderungen blockieren. Wenn sich der Moderator entschließt, selbst zu intervenieren, dann darf er die persönliche Beziehung zu dem schwierigen Teilnehmer nicht beschädigen. Statt einem Vielredner zu sagen: „Sie monopolisieren die Diskussion", kann er sagen: „Ich habe Schwierigkeiten mit Ihnen. Wenn Sie Ihren Chef so ausführlich schildern, dann fällt es mir nach einiger Zeit schwer, weiter zuzuhören. Ich bin viel neugieriger darauf, wie Sie selbst innerlich auf Ihren Chef reagieren." Oder der Moderator

könnte sich metaphorisch ausdrücken und sagen: „Ich möchte Sie gern verstehen und kennenlernen, aber es ist nicht leicht für mich, Ihnen zu folgen, wenn Sie die Dinge so detailliert beschreiben. Ich gehe zwar gern im Wald spazieren, aber hier habe ich das Gefühl, daß ich vom Weg abkomme und mich verlaufe.“ Wenn der Moderator sich so ausdrückt, dann hat der Teilnehmer die Chance zu erkennen, daß er die Aufmerksamkeit anderer verliert, wenn er so viele Worte macht, und vielleicht beschließt er, sein Verhalten zu ändern. Aber auch wenn er sein Verhalten nicht ändern will, weiß er jetzt, mit welchen Konsequenzen er zu rechnen hat.
Neben der persönlichen Intervention hat der Moderator natürlich die Möglichkeit, für Feedback aus der Gruppe zu sorgen. In diesem Falle muß er jedoch sehr taktvoll vorgehen. Die übrigen Teilnehmer verfolgen eine solche Intervention mit höchster Aufmerksamkeit. Es ist für sie beruhigend zu sehen, wenn der Moderator mit schwierigem Verhalten freundlich und vielleicht sogar humorvoll umgeht.

2. Schweigsame Gruppenmitglieder – Grundsätzlich soll der Moderator Respekt für einen schweigenden Teilnehmer zeigen, um ein geeignetes Klima zu erzeugen, in dem der Betreffende seine Zurückhaltung aus eigenem Entschluß aufgeben kann. Gleichzeitig soll der Moderator sein Interesse zu erkennen geben, auch den schweigsamen Teilnehmer besser kennenzulernen und zu verstehen. Darüber hinaus ist es nützlich, wenn er herausfindet, welche Auswirkungen das Schweigen auf die übrigen Teilnehmer hat. In vielen Gruppen laden die anderen Gruppenmitglieder im Laufe der Zeit die stillen Teilnehmer ein zu sprechen. Oft schätzen die Stillen das Interesse der anderen. Wenn der Moderator das Thema des Schweigens einführt, dann kann er seine Hoffnung ausdrücken, daß auch die stillen Teilnehmer ihre Ziele in der Gruppe verwirklichen können. Er kann die stillen Teilnehmer einladen, zunächst unter sich über ihre Ziele in der Gruppe zu sprechen. Er kann den stillen Teilnehmern erklären, wie wichtig es für das Funktionieren jeder Gruppe ist, daß sich alle beteiligen. Es besteht sonst die Gefahr, daß sich die aktiven Teilnehmer kritisiert fühlen oder daß sie Schuldgefühle entwickeln, weil sie den Stillen vielleicht die Möglichkeit zur Entfaltung nehmen.
Oft lohnt es herauszufinden, was zu dem Schweigen führt. Häufig ist das Schweigen ein anerzogenes Verhalten, das mit dem kulturellen Hintergrund des Teilnehmers eng verbunden ist.
Wenn es mehrere schweigsame Teilnehmer im Workshop gibt, dann können Sie die Technik des Fishbowl benutzen. Die schweigsamen Teilnehmer setzen sich in die Mitte des Kreises und diskutieren, wie es ihnen bisher in der Gruppe gegangen ist, was sie profitiert haben, und ob sie den geheimen Wunsch haben, sich auch nach außen aktiver zu beteiligen. Wenn Sie diese Technik anwenden, müssen Sie vorher sicherstellen, daß die stillen Teilnehmer daran interessiert sind, sich den übrigen Gruppenmitgliedern deutlicher

zu präsentieren.
Eine Variation dieser Technik dreht das Arrangement um. Diesmal gehen die aktiven Teilnehmer in die Mitte des Kreises und sprechen darüber, wie sie mit dem Schweigen der übrigen zurechtkommen. Auf diese Weise haben die Stillen Gelegenheit, Feedback für ihr Verhalten zu bekommen.
Eine weitere Intervention kann die Technik des Rundgangs bieten. Dabei geht ein schweigsamer Teilnehmer im Kreis herum, bleibt bei jedem Gruppenmitglied stehen und komplettiert den Satz: „Wenn ich Sie so anschaue, dann glaube ich, daß Sie von mir erwarten..." Anschließend kann der Rundgang wiederholt werden, aber diesmal mit dem Satz: „Wenn ich Sie so anschaue, dann wünsche ich mir von Ihnen..." Diese Technik bringt den stillen Teilnehmer mit jedem Gruppenmitglied in Kontakt; sie bietet gute Voraussetzungen für eine stärkere Integration.

3. Gruppenmitglieder, die zuviel reden – In manchen Workshops haben wir Teilnehmer, die sehr höflich sind, so daß sie lange warten, bis sie einen Vielredner stoppen. Das viele Reden einzelner Teilnehmer ist nicht nur ein Schönheitsfehler, sondern es blockiert die Gruppenentwicklung, weil die übrigen Teilnehmer damit beschäftigt sind, ihren Ärger im Zaum zu halten. Vielleicht entschließen Sie sich deshalb für eine persönliche Intervention und teilen dem Vielredner Ihre Beobachtung mit. Sie können z. B. sagen: „Ich freue mich natürlich über jedes Gruppenmitglied, das aktiv ist und in der Gruppe das Wort ergreift, gleichzeitig möchte ich dafür sorgen, daß alle zu Wort kommen und daß die Redezeiten einigermaßen gerecht verteilt sind. Vielleicht haben Sie Lust, mir dabei zu helfen, indem Sie darauf achten, daß wir eine gleichmäßigere Beteiligung bekommen, daß auch die Stillen ihren Platz in der Gruppe finden."
Sie können sich aber auch für eine Gruppentechnik entscheiden, die das Gesprächsverhalten der Teilnehmer untersucht. Plazieren Sie irgendein Objekt – eine Vase oder ein Buch – auf dem Fußboden in der Mitte des Kreises und sagen Sie dann zu den Teilnehmern: „Ich möchte Sie zu einem Experiment einladen. Lassen Sie uns eine kurze Inspektion der Gruppenkommunikation machen. Wenn Sie von sich selbst den Eindruck haben, daß Sie in der Gruppe zu häufig zu Wort kommen, dann stellen Sie sich dichter an das Objekt heran, wenn Sie aber den Eindruck haben, daß Sie zu selten zu Wort kommen, dann stellen Sie sich entsprechend weiter weg auf. Wählen Sie den Platz in Bezug auf das Objekt, der das Ausmaß Ihrer verbalen Beteiligung symbolisch zum Ausdruck bringt." Anschließend kommentieren alle Teilnehmer den Platz, den sie selbst eingenommen haben. Außerdem können sie ihre Reaktion mitteilen im Blick auf die Standorte, die die anderen gewählt haben. Diese soziometrische Übung bietet genügend Material für eine allgemeine Feedback-Runde über die Kommunikationssituation in der Gruppe.

4. Sarkastische oder zynische Teilnehmer – Solche Gruppenmitglieder machen sich über andere lustig, produzieren abfällige und ironische Bemerkungen, wie z. B.: „Ich bin psychologisch nicht so verfeinert wie Charly, aber ich mache meine Arbeit korrekt und zuverlässig." Permanenter Sarkasmus kann das Vertrauen in der Gruppe beschädigen, besonders dann, wenn die übrigen Teilnehmer nicht den Mut haben, diese Personen auf ihr Verhalten anzusprechen. In diesem Falle können Sie das betreffende Gruppenmitglied dazu einladen, Kritik und den damit verbundenen Ärger probeweise direkt auszudrücken, indem Sie z. B. sagen: „Sind Sie bereit, ein Experiment zu machen? Gehen Sie einmal im Kreis herum und sagen Sie jedem Gruppenmitglied, was Sie an ihm stört, bzw. worüber Sie ärgerlich sind." Diese Runde kann den sarkastischen Teilnehmer in direkteren Kontakt zu den übrigen bringen und die ganze Gruppe ermutigen, gefühlsmäßige Reaktionen direkter auszudrücken.

5. Ratgeber, Tröster und Weise – Hier liegt die Schwierigkeit darin, daß die betreffenden Teilnehmer sich mehr auf die übrigen Gruppenmitglieder konzentrieren als auf sich selbst. Teilnehmer, die nicht für sich selbst lernen wollen und die über sich persönlich wenig mitteilen, verursachen oft Schwierigkeiten in der Gruppe. Zu diesem Personenkreis gehören „selbsternannte Gruppenleiter", „Krankenschwestern", „Ratgeber" und „Weise", die damit prahlen, welche Perlen der Weisheit sie im Leben zusammengetragen haben. Sie alle geben den übrigen den Eindruck, daß sie nichts dazulernen müssen, daß sie über alle Schwierigkeiten hinaus sind. Auf diese Weise schwächen sie das Lernklima, weil sie davor zurückscheuen, offen über ihre Defizite und Probleme zu sprechen. Wie die schweigsamen Teilnehmer werden auch diese schwierigen Klienten oft von anderen Gruppenmitgliedern auf ihr Verhalten angesprochen. Der Moderator sollte dieses Feedback unterstützen. Er kann den scheinbar altruistischen Teilnehmern zu verstehen geben, daß wir manchmal anderen mehr geben, wenn wir den Mut haben, etwas für uns selbst zu nehmen.
Sie können die folgende Technik benutzen, um diesen nach außen orientierten Teilnehmern zu helfen, indem Sie ihnen vorschlagen, einen Rundgang zu machen und jedem Teilnehmer zunächst einen Ratschlag zu geben und an diesen einen Wunsch anzuschließen: „Und von Ihnen möchte ich..." Diese Technik gestattet dem Teilnehmer, zunächst das zu tun, was er meist ganz automatisch macht, nämlich Rat zu geben. Aber gleichzeitig wird er aufgefordert, etwas für ihn Schwieriges zu tun, nämlich direkt für sich selbst zu sorgen und bei jedem Gruppenmitglied um etwas zu bitten. Schlagen Sie diese Technik allerdings nur dann vor, wenn der Teilnehmer Interesse zeigt, sein Verhalten zu ändern.

58 Soziales Lernen

Unser Gehirn ist ein soziales Instrument. Als wichtiges Mittel zum Überleben hat unser Gehirn die Sprache entwickelt, die uns mit anderen verbindet und die uns mit anderen gemeinsam planen und Probleme lösen läßt. Das erklärt zum Teil, weshalb das Lernen in Gruppen und Teams uns hilft, neue Ideen zu entwickeln, Probleme zu analysieren und neue Konzepte kennenzulernen und anzuwenden. Indem wir mit anderen sprechen, gewinnen wir neue Einsichten und entwickeln Verständnis. Durch „soziale" Lernprozesse wird unser Denken angeregt und intensiviert.

Der Workshop ist ein ideales Milieu für die vielen Facetten sozialen Lernens. In einer Umgebung mit wenig Bedrohung können die Teilnehmer sich mitteilen, ihre Gefühle ausdrücken, ihre Ideen ventilieren; sie können neue Einfälle produzieren und Probleme lösen. Die Workshop-Teilnehmer sind wichtige Ressourcen füreinander und in diesem Sinne bedeutungsvoller als der Moderator. Manchmal staunen wir darüber, daß die hierarchischen Formen des Lernens in früheren Zeiten so klaglos akzeptiert wurden. Die Schüler konzentrierten ihre Aufmerksamkeit auf den Lehrer vor ihnen. Heute wünschen sich alle abwechslungsreichere Lernsituationen. Unterstützen Sie diesen Wunsch. Manchmal wird es im Workshop still und konzentriert zugehen, in anderen Zeiten laut und chaotisch. Es gibt Zeiten, in denen jeder für sich am besten lernt, und Zeiten, wo am besten mit anderen zusammen gelernt werden kann. Das allerwichtigste wird sein, den Teilnehmern Mut zu machen, daß sie sich gegenseitig helfen und miteinander kooperieren. Diese Einstellung wird in den modernen Unternehmen genauso gewünscht wie in der Familie. Darum soll der Workshop ein Platz zum Lernen sein, der vor allem die Interaktion zwischen den Teilnehmern betont.

1. Partnerarbeit

Dies ist eine naheliegende Möglichkeit, wie Sie die Interaktion zwischen den Workshop-Teilnehmern fördern können. Sie können die Partner zu verschiedenen Zwecken zusammenbringen – für eine Lernaufgabe, für ein Experiment, für eine Planung, für eine Kreativitätsübung, aber auch zur Konsolidierung des Gelernten, für einen Austausch, für eine Reflexion, für Feedback.

Um Partner zusammenzubringen, können Sie folgende Techniken benutzen:

- Bitte stehen Sie auf und machen Sie sieben Schritte in irgendeine Richtung… dann bleiben Sie stehen… und nun gehen Sie auf die Person zu, die Ihnen am nächsten steht und ungefähr so groß ist wie Sie…
- Suchen Sie diesmal Ihren Partner durch etwas Zauberei. Schließen Sie die Augen, drehen Sie sich einmal langsam im Kreis herum und zeigen Sie dann mit der Hand in irgendeine Richtung… Jetzt öffnen Sie die Augen.

Zeigt Ihre Hand auf einen anderen Teilnehmer? Wenn dessen Hand auch auf Sie zeigt, dann sind Sie jetzt ein Paar. Wenn nicht, dann probieren Sie es noch einmal oder heben Sie einfach die Hand hoch und tun Sie sich mit jemandem zusammen, der auch die Hand hochgehoben hat.
- Schließen Sie die Augen und imitieren Sie die Stimme von irgendeinem Tier… Öffnen Sie dann die Augen, gehen herum und bilden mit dem ersten Gruppenmitglied ein Paar, das dieselben Töne macht.
- Gehen Sie im Raum herum. Tun Sie sich mit einem anderen zusammen, der im selben Monat Geburtstag hat.
- Kommen Sie alle in Paaren zusammen. Suchen Sie sich jemanden aus, auf den Sie neugierig sind.
- Suchen Sie sich bitte einen Partner, der ganz anders ist als Sie selbst.
- Kommen Sie mit einem Partner zusammen, den Sie gern besser kennenlernen möchten.

2. Ein Team bilden in fünf Schritten

Wenn Teamarbeit angesagt ist, dann können Sie auf folgende Weise vorgehen und die Teams arbeitsfähig machen:

Erster Schritt: Spezifizieren Sie die Zusammensetzung des Teams – Sagen Sie der Gruppe, wieviele Teilnehmer zu einem Team gehören sollen – im Idealfall vier bis acht Teilnehmer. Dann teilen Sie mit, nach welchen Gesichtspunkten die Teams zusammengesetzt werden sollen. Interessante Möglichkeiten sind:
- Möglichst heterogene Zusammensetzung nach Alter, Temperament und Tätigkeit;
- möglichst heterogene Zusammensetzung im Blick auf die Geschwisterkonstellation (ältestes Kind, jüngstes Kind, mittleres Kind, Einzelkind);
- es kommen Teilnehmer zusammen, die herausfinden wollen, wie gut Teamarbeit zwischen ihnen klappt;
- wenn die Teams an unterschiedlichen Themen arbeiten, dann können Teilnehmer zusammenkommen, die sich für dasselbe Thema interessieren;
- manchmal ist es auch reizvoll, homogene Teams zu bilden – nach Geschlechtern, nach der beruflichen Tätigkeit, nach Bereichen im Unternehmen usw.

Stellen Sie, sobald die Teams gebildet sind, sicher, daß jeder in einem Team untergekommen ist und daß alle mit der Komposition des Teams zufrieden sind. Soll noch etwas geändert werden? Fordern Sie die Teams dann auf, sich an verschiedenen Stellen im Raum hinzusetzen.

Zweiter Schritt: Kennenlernen (3 Minuten) – Nun ist es wichtig, daß sich die Teilnehmer der Teams kennenlernen. Jeder hat 30 Sekunden Zeit, um irgend etwas von sich zu erzählen, was nichts mit der Arbeit zu tun hat. Wenn jemand gesprochen hat, dann klatschen die anderen kurz, aber es werden keine weiteren Fragen gestellt. Wenn alle gesprochen haben kann die verbleibende Zeit genutzt werden, um weitere Fragen zu stellen.

Dritter Schritt: Teamleiter (2 Minuten) – Manchmal empfiehlt es sich, daß das Team einen Leiter hat. Das kann Sicherheit geben und für Effizienz sorgen. Es kann jedoch auch die Kreativität beeinträchtigen. Der Teamleiter darf nicht vom Moderator bestimmt werden. Fordern Sie die Teams auf, in einem Rundgang zu erklären, wer die Aufgabe des Teamleiters übernehmen möchte bzw. wer nicht. Wenn zwei Teilnehmer leiten wollen, dann können sie sich die Aufgabe teilen.

Vierter Schritt: Teamidentität (3 Minuten) – Geben Sie den Teams 60 Sekunden Zeit, für ihr Team einen Namen zu finden. Danach haben die Teams 90 Sekunden Zeit, um ein Teamritual zu erfinden, das sie zu Beginn und am Ende ihrer Arbeit praktizieren können, um ihren Erfolg zu feiern. Dieses Ritual kann laut und wild sein.

Fünfter Schritt: Arbeitsziel – Wenn es bereits Arbeitsziele gibt, dann wiederholen Sie diese noch einmal. (Oft ist es reizvoll, daß die Teams an unterschiedlichen Aufgaben arbeiten, so daß bei der anschließenden Präsentation der Ergebnisse weniger Dubletten vorkommen.) Wenn es noch keine Arbeitsziele gibt, dann haben die Teams jetzt fünf Minuten Zeit, um eine Arbeitsaufgabe zu definieren. Geben Sie dafür einen Rahmen an:
Die Aufgabe muß von allen Teammitgliedern gebilligt oder gewollt werden. Sie muß positiv, spezifisch und lösbar sein. In der Regel sind Aufgaben am besten, bei denen mehrere Ergebnisse oder Lösungen möglich sind.
Anschließend werden die Aufgaben der Teams auf Flipchart geschrieben. Die Arbeitszeit wird vereinbart, und es wird geklärt, in welchen Räumen gearbeitet werden kann.

3. Arbeitsgruppen bilden

Im folgenden möchte ich Ihnen zwei Möglichkeiten vorstellen, wie Sie auf interessante Weise Arbeitsgruppen bilden können. Voraussetzung dafür ist, daß die Teilnehmer gut miteinander vertraut sind und die Gruppe ein gewisses Maß an Offenheit entwickelt hat.

Gruppen bilden nach Konsens – Nehmen wir an, daß im Workshop fünfzehn Teilnehmer sind, und Sie wollen drei Gruppen bilden. Dann bitten Sie darum, daß sich drei Freiwillige melden. Die Freiwilligen setzen sich in der

Mitte der Gruppe auf den Boden. Jeder Freiwillige ist sozusagen der Gründungsvater seiner Gruppe. Jetzt beginnt ein Gruppenbildungsritual mit genau festgelegten Regeln. Die Zuwahl erfolgt nach dem Konsensusprinzip. In der ersten Runde kann jeder Gründungsvater selbst entscheiden, wen er von den übrigen Teilnehmern in seine Gruppe einladen möchte. Wenn der Eingeladene annimmt, setzt er sich zu dem Gründungsvater. Er hat aber auch die Möglichkeit abzulehnen. Annahme der Einladung oder Ablehnung werden kurz begründet. Wenn eine Einladung abgelehnt wird, versucht der Gründungsvater sein Glück bei einem anderen Teilnehmer.
Der jüngste „Gründungsvater" darf das Ritual beginnen. Dann geht es weiter im Uhrzeigersinn. Der „Gründungsvater" und sein Auserwählter müssen sich in der zweiten Runde einigen, wen sie als nächsten einladen wollen. Hier soll das zuletzt hinzugekommene Teammitglied die Initiative ergreifen. Die Verhandlungen sollen für die ganze Gruppe transparent sein, d. h. es wird laut gesprochen. Alle anderen Regeln bleiben in Kraft.
Dieser Gruppenbildungsprozeß kann zwischen 15 und 45 Minuten dauern. Er hat den Vorteil, daß die dabei gebildeten Teams bereits durch die Feedbackprozesse und die gemeinsamen Erlebnisse bei der Zuwahl das Gefühl einer starken Zusammengehörigkeit entwickeln.

Diese Art der Teambildung kann durch die Möglichkeit der Zurückweisung manchmal anstrengend sein. Hier wird aber vieles transparent, was sonst verborgen bleiben würde.
Eine etwas sanftere Möglichkeit gibt die folgende Vorgehensweise:

Intuitives Gruppenbilden – Sagen Sie den Teilnehmern, daß dies eine ungewöhnliche Methode ist, um Arbeitsgruppen zu bilden. Ein Teil unserer Vorurteile wird dabei ausgeschaltet, weil die Teilnehmer nicht sprechen dürfen und nicht sehen können.
Die Gruppenmitglieder räumen die Stühle beiseite und schließen die Augen. Sprechen ist tabu. Sie beginnen sehr langsam im Raum herumzugehen. Wenn sie anderen Teilnehmern begegnen, dann dürfen sie die Hände nicht benutzen, um herauszufinden, mit wem sie es zu tun haben. Sie sollen nur mit Hilfe ihrer Intuition entscheiden, ob sie mit diesem Teilnehmer ein Paar bilden wollen – das erste soziale Molekül einer Arbeitsgruppe.
Die Paare fassen sich an den Händen und gehen weiter im Raum herum, schweigend und mit geschlossenen Augen, um weitere „freie Atome" an sich zu binden. Wenn die vorher festgelegte Gruppengröße erreicht ist, bleibt die vollständige Arbeitsgruppe stehen, bildet einen Kreis und hält sich an den Händen. Diese Teilnehmer können die Augen öffnen, sie sollen jedoch noch nicht miteinander sprechen, sondern die Zeit nutzen, um sich schweigend auf die verschiedenen Teammitglieder einzustellen. Wenn alle Arbeitsgruppen zusammengefunden haben, dann gibt es einen kurzen Austausch über diese Prozedur in der Kleingruppe.

Schnelle, problemlose Gruppenbildung – Wenn Sie mit vielen Teilnehmern arbeiten (40 Teilnehmer und mehr), dann können Sie folgende Techniken benutzen:

- **Abzählen** – Wenn Sie z. B. 50 Teilnehmer haben und Sie wollen fünf Subgruppen bilden, dann lassen Sie die Teilnehmer einfach von 1 bis 10 abzählen. Dann kommen alle mit der Nummer 1 in eine Gruppe, alle mit der Nummer 2 bilden die nächste Gruppe usw. Die Teilnehmer können sich schnell finden, indem sie die Hände hochhalten und entsprechend viele Finger zeigen.
- **Geburtstage** – Hier kommen die Teilnehmer nach ihren Geburtsmonaten zusammen. Die Gruppengröße kann hier sehr variieren und es ist auch nicht gesagt, daß zwölf Gruppen entstehen. Sie bekommen ein Überraschungsergebnis, bei dem Sie unter Umständen einige Gruppen zusammenlegen müssen.
- **Hausnummern** – Hier zeigen die Teilnehmer so viele Finger, wie es die erste Ziffer ihrer Hausnummer erfordert (oder die letzte Ziffer ihrer Telefonnummer). Sie kommen mit all den Workshop-Mitgliedern zusammen, die dieselbe Zahl zeigen.

59 Kooperation

Kooperation ist ein komplizierter Vorgang, bei dem wir mehrere unserer multiplen Intelligenzen benötigen: Wir benötigen die verbale Intelligenz, um eigene Wünsche, Gefühle und Bedürfnisse mitzuteilen bzw. um die Vorstellungen unseres Kooperationspartners zu verstehen, aber gleichzeitig müssen wir in der Lage sein, das zu hören, was nicht ausgedrückt wird. Jeder Kommunikationsvorgang ist unvollständig. Ein Teil bleibt einfach ungesagt. An diesen sogenannten „Subtext“ können wir uns nur vorsichtig herantasten, indem wir uns in die Person des Kooperationspartners einfühlen. Dazu benötigen wir unsere interpersonelle Intelligenz. Um unsere eigenen Gefühle und Wünsche und Bedürfnisse zu kennen, sind wir auf unsere intrapersonelle Intelligenz angewiesen, und weil ein großer Teil der Kommunikation über Körpersprache läuft, benötigen wir auch unsere visuelle Intelligenz, um die feinen körperlichen Signale und Gesten unserer Kooperationspartner wahrzunehmen. Aber auch der Klang der Stimme, die Intonation der Worte spielen eine Rolle. Diese akustische Dimension der Verständigung erschließt sich uns nur, wenn wir auch unsere musikalische Intelligenz bemühen.

Aber die wichtigste Voraussetzung für eine gelungene Kommunikation besteht in unserer Bereitschaft, uns überhaupt auf unseren Kooperationspartner einzulassen. Menschen, die das leicht und mühelos können, bezeichnen wir gerne als „Teamplayer“. Wir haben den Eindruck, daß die Verständigung mit ihnen leicht und locker klappt. Aber nicht alle Menschen haben diese Fähigkeit weit entwickelt. Dann scheint es uns, daß diese Menschen mehr in ihrer eigenen Sphäre sind. Es ist schwer, etwas zu ihnen „rüberzubringen“, und wir vermissen ein klares Echo auf unsere Botschaften.

Wir können diesen Prozeß der inneren Einstellung auf den Kooperationspartner sehr treffend mit einem Balanceakt vergleichen: Wer gut kooperieren will, muß genauso gut bei sich selbst sein können, wie bei dem anderen. Bei mir selbst sein heißt: Ich kenne meine Ideen, meine Wünsche, meine Gefühle. Bei dem anderen sein heißt: Ich bin offen für die Ideen, Wünsche und Gefühle des Kooperationspartners. Kooperation heißt natürlich nicht, daß die an der Kooperation Beteiligten dieselben Ziele, Gefühle und Bedürfnisse haben. Das würde ja auch bedeuten, daß die Kooperation fruchtlos wäre. Ziel einer Kooperation ist immer, daß irgend etwas Neues geschaffen wird, daß ein Problem gelöst wird, daß eine Aufgabe bewältigt wird. Aber was die Kooperation empfindlich stören kann, ist eine gestörte Balance, wenn einer der Kooperationspartner den Eindruck hat, daß er den anderen nicht erreichen kann bzw. daß der andere sich nicht mitteilt. Wie können wir eine gute Balance im Kooperationsprozeß erreichen? Wir können uns Mühe geben, alles, was wir über Kommunikation gelernt haben, anzuwenden: aktives Zuhören, Beachtung des Subtextes, Paraphrasieren und klare Botschaften senden über unsere Bedürfnisse und Ziele. Aber wir wissen auch, daß besonders unter Streß, in

neuartigen Situationen, unter Zeitdruck und bei weit auseinanderliegenden Zielen der Kooperationspartner, alle diese Tugenden leicht verlorengehen. Und wenn wir uns selbst verletzt fühlen, wenn wir uns zurückgewiesen fühlen oder machtlos, dann verkümmern unsere Kommunikationsfähigkeiten, und wir verstummen oder attackieren unsere Kooperationspartner.
Darum ist die zweite Antwort auf die Frage „Wie können wir die Balance bei Kooperationsprozessen beibehalten?": „Wir müssen auf unseren Körper hören!" Die richtige Balance zu finden, ist nicht nur ein geistiger Akt. Die Balance empfinden wir auch körperlich. Wir bemerken körperlich, wenn wir uns unserem Kooperationspartner öffnen; wir bemerken körperlich, wenn wir unseren eigenen Schwerpunkt in der Diskussion verlieren; wir bemerken körperlich, wenn die Kooperationspartner in unser persönliches Territorium eindringen und uns überrollen usw. Darum sind alle Übungsformen besonders nützlich, die den Körper einbeziehen, wenn wir uns für die Kunst der kooperativen Balance sensibilisieren wollen.
Im folgenden präsentiere ich eine Reihe von Spielen, die im Training von Schauspielern benutzt werden. Jede Theateraufführung ist ein subtiler Kooperationsprozeß, und die Schauspieler müssen in der Lage sein, sehr feinfühlig aufeinander einzugehen. Die Trainingsspiele, die sich in der Arbeit mit Schauspielern bewährt haben, können auch Workshop-Teilnehmern helfen, ihr Gespür für die interpersonelle Balance zu verfeinern. Sie können diese Spiele zwischendurch verwenden, zum Anwärmen oder zur Vorbereitung von Gruppenarbeit. Sie können die Teilnehmer damit auf besondere Weise auf anstehende klassische Kooperationsprozesse vorbereiten: auf Arbeitsgruppen oder auf Aufgaben, die ein hohes Maß an Kooperationsbereitschaft erfordern.

Übungsvorschläge:

Übung 1: Schieben – Dies ist eine wichtige Übung, die den Teilnehmern physisch zeigt, wie sie ihre eigene Kraft gebrauchen können, ohne den anderen zu überwältigen. Mit anderen Worten, sie erleben, wie sie kooperieren und dabei immer wieder die Balance herstellen können.
Die Teilnehmer kommen in Paaren zusammen. Sie schauen einander an, die Hände auf den Schultern des Partners. Sie stellen sich vor, daß auf dem Boden zwischen ihnen eine imaginäre Linie ist, die nicht überschritten werden soll. Dann fangen beide an, kräftig gegen die Schultern des Partners zu drücken. Und wenn einer der Partner spürt, daß sein „Gegner" schwächer ist, dann nimmt er seinen Druck etwas zurück, um den Partner nicht wegzuschieben, um *nicht* zu gewinnen. Wenn der Partner seinen Druck erhöht, dann kann der andere dasselbe tun, so daß beide soviel Kraft ausüben, wie es gemeinsam möglich ist. Ziel ist, möglichst viel Kraft auszuüben, aber nur bis zu dem Punkt, wo der andere noch mithalten kann. Der andere darf nie aus seiner Position gebracht werden.

Variation: Die Partner stehen Rücken an Rücken und halten einander bei den Händen. Beide drücken kräftig gegen den Rücken des Partners, aber nur so weit, wie der andere mithalten kann.

Übung 2: Aufstehen – Auch bei dieser Übung können zwei Gruppenmitglieder physisch kooperieren. Hier kommt es darauf an, daß beide genauso stark drücken wie der Partner, und beide müssen ihren Druck absolut synchronisieren.
Beim ersten Mal sollten immer zwei Teilnehmer zusammenkommen, die ungefähr gleich groß sind. Beide Teilnehmer stehen Rücken an Rücken. Ganz langsam gehen sie dann in die Knie, bis sie – immer noch Rücken an Rücken – richtig am Boden sitzen. Dann beginnt der schwierige Teil der Aufgabe: jetzt sollen sie nämlich gemeinsam hochkommen. Dazu werden die Knie angezogen und die Arme in den Ellbogengelenken miteinander verhakt. Aus dieser Position versuchen beide, gleichzeitig in die Höhe zu kommen und die Ausgangsposition wieder zu erreichen. Einige Paare haben gleich beim ersten Mal Erfolg, während andere umkippen und mehrere Anläufe brauchen. Mißerfolg stellt sich immer dann ein, wenn jemand stärker drückt als der Partner, wenn die beiden keinen gemeinsamen Rhythmus finden oder wenn einer der Partner versucht, den anderen hochzuziehen. Erfolg ist nur dann möglich, wenn beide in Balance sind, wenn beide gleichzeitig mit derselben Kraft drücken.
Lassen Sie die Teilnehmer anschließend kurz miteinander sprechen und dann denselben Versuch mit anderen Gruppenmitgliedern wiederholen. In der Regel stellt sich heraus, daß diese Übung mit einigen Partnern besser klappt als mit anderen.
Anschließend kurze Auswertung im Plenum: Was kann man aus dieser Erfahrung auf andere Kooperationsprozesse übertragen? Eine der Lehren dürfte sein: Wir können nicht mit allen Menschen gleich gut kooperieren. Wenn Kooperation funktionieren soll, dann muß jeder seine ganze Energie einsetzen können. Die Kooperation zwischen einem Starken und einem Schwachen kann schwierig sein, weil der Starke dann seine Kraft zurückhalten muß.

Übung 3: Balancieren – Bei dieser Übung kommt ein neues Element hinzu, nämlich Vertrauen. Die Teilnehmer müssen nicht nur ihre Stärke benutzen, sondern sie müssen sich gleichzeitig entspannen können. Auch diese Übung ist leichter, wenn die Partner etwa gleich groß sind.
Die Partner stehen sich gegenüber, so daß sie mit ihren Fingerspitzen die Schultern des anderen berühren können. Nun fassen sie sich bei den Händen und gehen aufeinander zu, bis sich die Fußspitzen berühren. Die Füße bleiben am Boden in derselben Position. Beide strecken nun die Arme aus, indem sie sich zurücklehnen und, während sie sich weiter bei den Händen halten, versuchen, in eine Balance zu kommen. Wenn sie diesen Punkt

erreicht haben, dann sind die Arme ganz gestreckt, die Körper lehnen sich nach hinten und können sich entspannen. Sie erleben einen Zustand der Balance, wie auf einer Wippe. Wenn dieser Punkt erreicht ist, ist der einfache Teil der Übung gelungen. Im zweiten Teil sollen die Partner versuchen, die Balance weiter zu halten, aber gleichzeitig mit verschiedenen Positionen zu experimentieren – indem sie nach beiden Seiten ein wenig schaukeln und indem sei ihren Schwerpunkt nach unten und dann wieder nach oben wandern lassen. Wenn das gelingt, können die Partner auch die Augen schließen und weiter versuchen, mit ihren Körpern den Raum um sich herum zu erforschen.
Bei dieser Übung geht es – genau wie bei den beiden vorigen – um Kooperation, aber der Körper hängt hier am Körper des anderen, und er muß entspannt sein, um verschiedene Bewegungen auszuführen. Es ist eine völlig andere Form von Körperkontrolle, die hier benötigt wird. Für einige Gruppenmitglieder ist das eine schwierige Herausforderung.
Anschließend kann die Übung mit anderen Partnern wiederholt werden, und die Teilnehmer tauschen sich nach jeder Runde kurz aus. Danach ist eine kurze Auswertung im Plenum sinnvoll. Welche Einsichten lassen sich aus dieser Übung auf alltägliche Kooperationsprozesse übertragen?

Übung 4: Den Ball tragen – Bei dieser Übung stehen immer zwei Teilnehmer Rücken an Rücken. Zwischen ihren Rücken halten sie einen Tennisball. Später sollen sie mit dem Ball durch den Raum gehen. Um diese Aufgabe zu bewältigen, ist eine Vorbereitung sinnvoll. Um sich fit zu machen und den Rücken zu sensibilisieren, stellen sich die Partner Rücken an Rücken (ohne Ball). Ihre Aufgabe ist es, sich miteinander zu unterhalten, ohne Worte, nur durch Bewegung des Rückens. Sagen Sie den Teilnehmern etwa folgendes: „Sie können sich rauf und runter bewegen, nach den Seiten, ganz wie Sie wollen. Aber denken Sie daran, daß es eine Unterhaltung sein soll.“
Meist hören Sie etwas Gelächter. Nach zwei bis drei Minuten können die Partner kurz darüber sprechen, was sie bei dieser Kommunikation erlebt haben.
Dann ist es soweit. Die Teilnehmer stellen sich an der einen Seite des Raums auf, so daß alle Paare den Raum in derselben Richtung durchqueren können. Auf diese Weise ist es leichter, Kollisionen zu vermeiden. Die Partner plazieren den Ball zwischen ihren Rücken und beginnen, durch den Raum zu gehen. Es kommt darauf an, daß sie ihre Bewegungen genau synchronisieren. Wenn einer schneller geht als der andere, dann wird der Rückenkontakt unterbrochen. Der Ball fällt auf den Boden. In diesem Fall muß das Paar zum Ausgangspunkt zurückkehren und von vorn anfangen.
Bei dieser Übung können Sie den Teilnehmern freistellen, ob sie dabei sprechen wollen. Anschließend tauschen sich zunächst die Partner aus, um herauszufinden, was sie bei dieser Übung über Kooperation lernen konnten.

Übung 5: Kreis der Knoten – Hier arbeiten am besten acht bis zwölf Teilnehmer zusammen. Um die Gruppe vorzubereiten, beginnen Sie mit einem „elastischen" Kreis. Die Teilnehmer fassen einander an den Händen und bilden einen ebenmäßigen Kreis. Dann gehen sie langsam weiter nach außen, bis sich nur noch die Fingerspitzen berühren, während die Füße weiter nach außen gehen. Um Halt zu finden, muß jeder gegen die Fingerspitzen der Partner drücken. Anschließend macht die Gruppe das Gegenteil, sie versammelt sich in der Mitte des Kreises und macht sich so klein wie möglich.
Dann beginnt die eigentliche Übung: Die Teilnehmer fassen sich wieder bei den Händen und bilden einen Kreis. Dieser Handkontakt soll während der ganzen Übung nicht aufgegeben werden. Dann beginnt einer der Teilnehmer den ersten Knoten zu machen, indem er nach vorne geht und seine Nachbarn links und rechts langsam mit sich zieht. Er kann unter den Händen der Teilnehmer auf der anderen Seite durchgehen oder darüber hinwegsteigen. Anschließend macht der nächste Teilnehmer den nächsten Knoten usw., bis jeder so viele Knoten gemacht hat wie möglich und sich niemand mehr bewegen kann.
Dann kommt die schwierige Aufgabe: Ohne zu sprechen soll sich die Gruppe wieder entknoten, und jeder soll in seine Ausgangsposition zurückkehren. Das ist außerordentlich schwer, da der Handkontakt nicht unterbrochen werden darf. Wenn die Gruppe sich vollständig verknotet hat, dann gelingt es selten in der vorgeschriebenen Weise, ohne loszulassen, dieses Problem zu lösen.
Sie können dann einen zweiten Anlauf unternehmen lassen und die Gruppe fragen, wieviele Knoten sie sich diesmal zumuten möchte: Drei Knoten, vier Knoten, fünf Knoten?

Variation: Mit einer kleineren Gruppe von etwa sechs Teilnehmern kann diese Übung auch mit geschlossenen Augen gemacht werden. Das erhöht die Konzentration, aber dann müssen sich die Teilnehmer sehr langsam und vorsichtig bewegen, um Kollisionen zu vermeiden.

Übung 6: Einander helfen – Bei dieser Kooperationsübung arbeiten wiederum zwei Teilnehmer zusammen, um gemeinsam eine imaginäre Aufgabe zu erledigen. Dazu müssen sie ihre Phantasie benutzen. Sagen Sie den Teilnehmern: „Sie haben das Glück, daß Sie gemeinsam einen Schatz heben können. Über dem Schatz liegt ein schwerer Felsbrocken, den Sie nur gemeinsam beiseite rollen können. Wenn Sie das geschafft haben, dann liegt der Schatz vor Ihnen. Sie sollen bei dieser Aufgabe nicht sprechen. Darum werden Sie ihre Augen sehr aufmerksam benutzen. Aber Sie müssen nicht nur ein gemeinsames geistiges Bild von dem Felsbrocken entwickeln, sondern Sie müssen auch Ihre Bewegung koordinieren, weil einer allein den Felsen nicht bewegen kann. Wenn Sie diese Aufgabe richtig machen, werden Sie feststellen, daß Sie sich sehr anstrengen. Wenn Sie den Felsbrocken beiseite gerollt oder weggetragen haben, dann sollen Sie gemeinsam den Schatz heben. Niemand weiß, was das für ein Schatz ist – wie groß er ist und wie er verpackt ist usw. Finden Sie das heraus. Einigen Sie sich wieder ohne Worte und fördern Sie den Schatz gemeinsam zutage."

60 Probleme lösen

In dieser Einheit greifen wir auf Übungen zurück, die aus der Tradition des Improvisationstheaters stammen. Beispiel: Ein kleines Team von vier bis fünf Teilnehmern wird mit einem gefährlichen Dilemma konfrontiert, bei dem es um Leben und Tod geht. Die Teammitglieder müssen eine Lösung für das Problem finden, wenn alle die schwierige Situation wohlbehalten überstehen sollen. Solche „lebensbedrohlichen" Probleme haben den großen Vorteil, daß die Schwierigkeiten sehr übersichtlich sind: Es ist ganz deutlich, worin das Problem besteht. Es ist auch klar, daß es nicht übergangen werden kann und daß eine Lösung gefunden werden muß, bei der alle beteiligt sind. Genauso klar ist die zweite wichtige Frage:

- **Wann** hat das Problem angefangen? Die Antwort lautet klipp und klar: In diesem Augenblick. Die Konsequenzen werden drastisch sein, wenn die Gruppe nicht zu einer intelligenten, einvernehmlichen Lösung kommt.
- Die dritte wichtige Frage – **Wer** muß sich um die Lösung des Problems kümmern? – ist ebenfalls schnell beantwortet. Da alle Teammitglieder betroffen sind, müssen alle an der Lösung mitwirken. Nur gemeinsam kann das Team aus dieser Falle des Schicksals herauskommen.
- Die vierte Frage – **Wo** spielt sich das Problem ab? – ist ebenfalls schnell beantwortet. Das Problem entsteht dort, wo die Gruppe gerade ist. Es ist ein einmaliges Problem, das überraschend auftritt und das unbedingt gelöst werden muß.
- Die fünfte Frage – **Warum** ist das Problem von Bedeutung? – ist ebenfalls klar zu beantworten. Es geht um Leben und Tod, und wenn die Gruppe keine Lösung findet, dann müssen alle teuer dafür bezahlen.
- Die sechste Frage – **Wie** kann das Problem gelöst werden? – ist die schwierigste. Hier sind prinzipiell mehrere Antworten möglich. Es gibt mehrere intelligente und erfolgversprechende Lösungswege. Die Gruppe muß versuchen, das Problem aus verschiedenen Perspektiven zu betrachten. Die Beteiligten können die Situation nicht ändern, aber sie können ihre Handlungsstrategien frei wählen und mit genügend Phantasie ihr Leben retten.

Mit anderen Worten, Problemsituationen erleichtern es jeder Übungsgruppe, sich ganz auf den Konsensprozeß zu konzentrieren und eine Lösung zu finden, die für jedes Gruppenmitglied akzeptabel ist. Jeder kann auf sein Wissen zurückgreifen und auf seine logischen Skills, um eine Lösung herbeizuführen. Diese Aufgaben sind deshalb so interessant, weil es keine beste Lösung gibt. Dadurch hat jede Gruppe eine gewisse Freiheit. Es geht nicht darum, eine schon existierende richtige Antwort zu finden. Jede Gruppe kann vollkommen kreativ sein.

Lassen Sie die Teilnehmer zu viert oder zu fünft in Teams zusammenkommen, je nachdem wieviele Teilnehmer in der einzelnen Übung vorgesehen sind. Geben Sie allen genügend Zeit, sich in einem Rollenspiel auf eine Lösung zu einigen. Dazu ist es nötig, daß jeder eine definierte Rolle übernimmt. (Wie heißt diese Person? Wie alt ist sie? Welchen familiären und beruflichen Hintergrund hat sie?)

Um das Rollenspiel vorzubereiten, können Sie folgende Übung zum Anwärmen benutzen: Drei Teilnehmer nehmen die Position eines dreiteiligen Spiegels ein. Die vierte Person probiert verschiedene Kleidungsstücke vor dem Spiegel an. Ein solcher dreiteiliger Spiegel besteht aus einem Teil, der direkt vor der Person steht, und auf jeder Seite, rechts und links, gibt es einen weiteren Teil. Jeder Teil spiegelt die Person aus einem anderen Blickwinkel. Sagen Sie der Person, die die Kleidungsstücke anprobiert, daß sie nicht nur in den zentralen Spiegel vor sich schauen, sondern sich gelegentlich auch frontal den Seitenteilen des Spiegels zuwenden soll. Alle drei Teammitglieder, die die Person spiegeln, sollen nur den Teil der Person reflektieren, den sie tatsächlich sehen. Nach und nach soll jeder Teilnehmer einmal die Rolle der Person übernehmen, die vor dem Spiegel neue Kleidungsstücke ausprobiert.
Diese Übung hilft den Teilnehmern, sich aufeinander einzustellen. Der anschließende Kooperationsprozeß wird dadurch sehr viel einfacher.

Übungsvorschläge:

Übung 1: Lawine (vier Teilnehmer) – Das Team stellt sich vor, daß es im Gebirge ist, in einer Hütte oben am Berg. Gerade ist über Radio die Nachricht gesendet worden, daß eine Riesenlawine droht, die die Hütte wegreißen würde. Um dem Unheil zu entkommen, hat die Gruppe einen Schlitten, aber auf diesem Schlitten gibt es nur drei Sitzplätze. Wie kann sich das ganze Team retten?

Übung 2: Gefangen im Fahrstuhl (vier Teilnehmer) – Durch einen Stromausfall bleibt der Fahrstuhl zwischen zwei Stockwerken stecken. Im Fahrstuhl ist auch eine schwangere Frau, bei der die Wehen einsetzen. In dem Gebäude halten sich keine weiteren Menschen auf.

Übung 3: Ausbruch aus dem Gefängnis (fünf Teilnehmer) – Sie sind – wegen eines politischen Verbrechens – unschuldig ins Gefängnis geworfen worden. Ihre Hände sind mit Handschellen gefesselt, und sie tragen Augenbinden. Einer von ihnen hat bemerkt, daß die Tür ihrer Zelle nicht verschlossen ist, und der Wächter, der vor der Tür sitzt, schnarcht laut. Wie kann die Gruppe aus dem Gefängnis entkommen?
Bei diesem Rollenspiel darf nicht gesprochen werden. Das Team muß sich nonverbal einigen. Es ist nützlich, wenn die Gefängniszelle durch Requisiten angedeutet wird.

Übung 4: Drei Fallschirme (vier Teilnehmer) – Das Team macht einen Ausflug in einem Sportflugzeug. Der Motor setzt aus. Es gibt nur drei Fallschirme. Wie können die Teammitglieder dieses Problem lösen?

Übung 5: Sinkendes Schiff (vier Teilnehmer) – Vier Freunde sind auf einem sinkenden Schiff. Ein Rettungsboot soll in den nächsten Minuten herabgelassen werden, aber der Orkan ist so stark und die Wellen gehen so hoch, daß das Rettungsboot vermutlich ebenfalls untergehen wird. Die vier sind enge Freunde und möchten zusammenbleiben. Was können sie tun?

Übung 6: Bergsteiger (vier Personen) – Fünf Personen sind gemeinsam durch ein Seil gesichert. Die fünfte Person ist abgestürzt, bewußtlos und zur Zeit unsichtbar. (Darum brauchen wir keinen Teilnehmer für diese Rolle.) Die vorletzte Person ist in einer gefährlichen Position und ist ebenfalls in Gefahr, abzustürzen. Was unternehmen die vier Bergsteiger?

61 Prävention

Hier möchte ich über einige Gefahren sprechen, die besonders bei längeren Workshops entstehen können, wenn die Teilnehmer abends nicht nach Hause in ihre gewohnte Umgebung zurückkehren. Die Intensität der Gruppenarbeit und die Isolation von der normalen Umwelt können für einzelne Teilnehmer bedrohlich werden, wenn diese nicht in der Lage sind, sich gut abzugrenzen, ein schwaches Selbstwertgefühl haben, leicht zu kränken sind oder sich zur Zeit in einer Lebenskrise befinden.

Der Moderator muß ständig die seelische Belastbarkeit seiner Teilnehmer im Auge haben. Wir können die Belastung durch den Workshop in Grenzen halten, wenn wir dafür sorgen, daß jeder von Anfang an einen Platz in der Gruppe finden und sich zugehörig fühlen kann. Wir sollten uns und den Teilnehmern immer wieder vor Augen führen, daß Vielfalt sich positiv auf das Lernen im Workshop auswirkt. Jeder Teilnehmer muß gut mit den anderen Gruppenmitgliedern verbunden sein, so daß er sich nicht einsam fühlt.

Die erste Sitzung dient uns dazu, ein Gespür dafür zu entwickeln, wie belastbar die Gruppe ist. Wer ist besonders empfindlich? Wer ist mit spezifischen Belastungen zum Workshop gekommen? Besondere Aufmerksamkeit schenken wir den Teilnehmern, die nicht freiwillig gekommen sind, und auch jenen, die zu erkennen geben, daß dieser Workshop für sie möglicherweise keine Lernchance bietet. Für beide Personengruppen müssen wir klären, ob die Teilnahme am Workshop sinnvoll ist.

Während der ersten Sitzung weisen wir auch darauf hin, daß gutes Selbstmanagement den Lernerfolg im Workshop erheblich steigern kann. Wir fordern die Teilnehmer auf, genug zu schlafen, etwas Sport zu treiben und nicht zuviel zu trinken. (Manche Gruppen – und Moderatoren – neigen dazu, in langen Nachtsitzungen die Arbeit an den Workshopthemen intensiv fortzusetzen. Das Engagement ist erfreulich, führt aber schnell zur Erschöpfung.)

Wichtig ist auch, daß Sie Ihre Bereitschaft erklären, auch außerhalb der Gruppensitzung zur Verfügung zu stehen, besonders für Teilnehmer, die den Eindruck haben, daß sie in der Gruppe ihre Lernziele nicht erreichen können oder denen es nicht gut geht.

Sie sollten unbedingt zu Beginn verabreden, daß es möglich ist, Gruppensitzungen auszulassen. Es muß jedoch ein eisernes Gesetz sein, daß in diesem Fall der Moderator oder sein Co-Leiter informiert wird. Wenn ein Teilnehmer das vergißt, dann müssen Sie als Moderator alles tun, um den betreffenden Teilnehmer zu finden. Diese Rigidität gibt den Teilnehmern die klare Botschaft, daß Sie sich für den Zusammenhalt der Gruppe ernsthaft einsetzen.

Darüber hinaus ist es wünschenswert, daß der Moderator grundsätzlich einen therapeutischen Berater hat, den er während des Workshops erreichen und ggf. um Unterstützung bitten kann. Das bedeutet, daß es ein Sicherheitsnetz gibt, auf das im Notfall zurückgegriffen werden kann. (Empfehlenswert ist ohnehin, daß jede Abteilung für Personalentwicklung festen Kontakt zu einem erfahrenen Psychotherapeuten hat, z. B. für den Fall von akuten Lebenskrisen einzelner Mitarbeiter der Organisation.)

Im folgenden möchte ich die wichtigsten Präventionsgrundsätze während eines längeren Workshops auflisten:

- Stellen Sie sich darauf ein, während des Workshops 24 Stunden am Tag verfügbar zu sein. Auch in Ihrer Freizeit müssen die Teilnehmer Sie erreichen können.
- Fordern Sie die Teilnehmer auf, für ihre Fitneß im Workshop selbstverantwortlich zu sorgen.
- Bitten Sie die Teilnehmer, den Moderator im voraus zu informieren, wenn sie eine Sitzung ausfallen lassen wollen.
- Finden Sie heraus, ob Sie Risikoteilnehmer in der Gruppe haben, und informieren Sie Ihren klinischen Berater und andere, die für den Workshop verantwortlich sind.
- Stellen Sie persönlichen Kontakt zu jedem Teilnehmer des Workshops her, und zwar so schnell wie möglich.
- Respektieren Sie das Recht der Teilnehmer, sich abzugrenzen, indem sie einzelne Übungen auslassen, auf Fragen nicht antworten usw.
- Verhindern Sie unter allen Umständen, daß ein Teilnehmer in die Rolle Sündenbockes gedrängt wird.
- Sorgen Sie dafür, daß die Arbeit im Workshop nur so intensiv ist, daß auch ängstliche Teilnehmer nicht überfordert sind.
- Lassen Sie sich darüber informieren, wie und wo die Teilnehmer ihre freie Zeit verbringen.
- Beraten Sie sich mit Kollegen oder einem Konsultanten, wenn Sie spüren, daß Sie auf irgendeinen Teilnehmer stark negativ reagieren.
- Sorgen Sie dafür, daß belastete Teilnehmer nach dem Workshop sicher nach Hause zurückkehren können.

62 Versäumnisse und Fehler

Unerfahrene Workshop-Leiter haben oft Angst, Fehler zu machen. Natürlich ist es gut, wenn der Moderator sich Mühe gibt und seine Sache gut macht, aber auch bei erfahrenen Leitern kommt es hin und wieder vor, daß sie eine falsche Entscheidung treffen. Daher ist es besser, wenn der Moderator mit einer experimentellen Haltung an seine Aufgabe herangeht und sich dasselbe Recht zubilligt, das er den Teilnehmern einräumt: nämlich das Recht darauf, Fehler zu machen. Wir sind kreativer, spontaner und intuitiver, wenn wir uns Irrtümer zubilligen, bei Interventionen, die wir nachträglich bedauern, bei Techniken, die wir im Rückblick anders hätten anwenden sollen. Unsere Fehler können für uns selbst der Ansporn sein, die Situation gründlicher zu analysieren, unsere Theorien zu überdenken oder unsere eigene seelische Situation zu berücksichtigen. In den Augen der Teilnehmer machen uns eingestandene Fehler menschlicher. Meist kommt es zu falschen Entscheidungen, wenn wir zu sehr unsere eigenen Vorstellungen im Kopf haben und uns zu wenig auf die Teilnehmer einstellen.

Wenn wir bemerken, daß wir etwas falsch gemacht haben, dann ist es am einfachsten, das zuzugeben. Diese Haltung führt selten dazu, daß wir den Respekt und das Vertrauen der Gruppe verlieren. Wir können dagegen in große Schwierigkeiten geraten, wenn wir einen Mißgriff nicht eingestehen und unseren Plan starrsinnig weiter verfolgen. Wenn wir hingegen unser Bedauern für einen Fehler ausdrücken, dann geben wir gleichzeitig ein gutes Beispiel. Wir zeigen, daß wir uns nicht hinter unserer Rolle verbergen müssen und daß wir nicht perfekt sein müssen. Wir können diese Gelegenheit benutzen, um die Reaktion der Gruppe zu erforschen und herauszufinden, wie weit die Teilnehmer uns dieses Recht zugestehen.

Im folgenden möchte ich einige klassische Fehler auflisten, die immer wieder vorkommen:

1. Der Moderator knüpft nicht an dem an, was die Teilnehmer schon wissen, was sie verstehen, was sie glauben und wünschen.
2. Der Moderator hat zu wenig persönlichen Kontakt zu den Teilnehmern, kennt ihre Namen nicht oder weiß z. B. nicht, wie die Namen korrekt ausgesprochen oder geschrieben werden. Das wird häufig als mangelndes Interesse gedeutet.
3. Die Teilnehmer sind zu wenig involviert; es gibt zu wenig Interaktion zwischen ihnen und infolgedessen ein zu schwaches Wir-Gefühl.
4. Der Moderator widmet den Beiträgen der Teilnehmer zu wenig Aufmerksamkeit, er ignoriert ihre Fragen, Ideen und Vorschläge.
5. Die Sitzungen beginnen und enden unpünktlich.
6. Der Moderator wirkt müde und unkonzentriert.
7. Der Moderator versucht zuviel in zu wenig Zeit zu erreichen. Er gibt zu viele Informationen am Stück und spricht zu lange.

8. Es fehlt die Balance zwischen kognitivem und emotionalem Lernen. Die Teilnehmer fangen an, sich zu langweilen.
9. Der Moderator übersieht die Einzigartigkeit seiner Gruppe. Er geht routinemäßig vor, und die Teilnehmer haben das Gefühl, daß sie unpersönlich behandelt werden.
10. Die Sprache des Moderators ist unnötig technisch und enthält zuviel Moderatoren-Jargon. Das erzeugt Ablehnung bei den Teilnehmern.
11. Es fehlt an lebendigem Rapport zu den Teilnehmern. Der Moderator hat keinen Blickkontakt, spricht gleichförmig und bezieht die Teilnehmer nicht ein.
12. Die Anweisungen des Moderators sind zu kompliziert, zu lang oder undeutlich.
13. Der Moderator benutzt vorschnell eine Technik, ohne sich im klaren darüber zu sein, was die Teilnehmer wollen und in welche Richtung er mit der Gruppe gehen will.
14. Der Moderator ist nicht genügend feinfühlig; er spürt nicht den Widerstand einiger Teilnehmer gegen eine Technik.
15. Der Moderator verfolgt rigide ein Ziel und hat keinen Kontakt zum Lernprozeß der Gruppe.
16. Der Moderator macht Witze an Stellen, wo den Teilnehmern überhaupt nicht zum Lachen zumute ist.
17. Der Moderator plant für eine Sitzung zuviele Themen ein, folgt seinem eigenen Programm und beachtet nicht Themen und Stimmungen der Teilnehmer.
18. Der Moderator reagiert auf Vorwürfe oder Angriffe defensiv.
19. Der Moderator reagiert technisch in einer Situation, in der ein Teilnehmer eine persönliche Reaktion gebraucht hätte.
20. Der Moderator gibt zu erkennen, daß er selbst fremdenfeindlich ist, bzw. er interveniert nicht, wenn es in der Gruppe zu Äußerungen in dieser Richtung kommt.
21. Der Moderator zeigt sexistisches Verhalten bzw. er interveniert nicht, wenn andere Teilnehmer sich sexistisch verhalten.
22. Der Moderator behandelt die Teilnehmer ungleich. Er bevorzugt Personen, die er mag, die eine gehobene Position innehaben, die zu dem eigenen Geschlecht gehören usw.
23. Bei Konflikten verhält sich der Moderator parteiisch und unterstützt die Fraktion, deren Standpunkt sich mit seinen eigenen Vorlieben deckt.
24. Der Moderator lobt sich selbst und prahlt mit seinen Heldentaten und Verbindungen.

Zu solchen Fehlern kommt es häufig, wenn der Moderator sich angespannt, isoliert oder unterlegen fühlt. Die Fehlerquote sinkt drastisch, wenn er mit einem passenden Co-Leiter zusammenarbeitet.

63 Macht

Die Teilnahme an einem Workshop ist nicht immer eine erfreuliche Aussicht. Das hat u. a. damit zu tun, daß wir in jeder Gruppe mit Fragen der Macht konfrontiert werden. Einige Teilnehmer können sich mit Leichtigkeit äußern, ihren Standpunkt vertreten, ihre Gedanken und Gefühle ausdrücken. Andere Teilnehmer sind eher schüchtern, und für sie bedeutet es eine gewisse Überwindung, das Wort zu ergreifen, an Entscheidungen mitzuwirken und vor anderen darüber zu sprechen, was sie denken und empfinden. Einige Teilnehmer ergreifen in einer Gruppe spontan die Initiative, während andere abwarten oder auf die Ideen und Vorschläge, die gemacht werden, reagieren. Jeder Mensch hat sein eigenes Verhaltensmuster im Blick auf Einfluß, Initiative und Selbstverteidigung.
Jeder bringt seine Einstellung zur Macht mit in eine neue Gruppe. Manche Teilnehmer glauben, daß Macht grundsätzlich etwas Negatives sei. Aber Macht ist nicht notwendigerweise schlecht. Sie kann konstruktiv gebraucht werden, und sie kann mißbraucht werden. Außerdem ist Macht niemals ein fester Besitz. Macht wird übertragen, und sie kann oft überraschend schnell entzogen werden. Das gilt auch für den Moderator eines Workshops. In der Regel hat der Moderator nur die Macht, die sich aus seinem Wissen, aus seinen Erfahrungen mit Gruppen und aus seiner persönlichen Glaubwürdigkeit ergibt. Er besitzt diese Macht nur so lange, wie die Teilnehmer bereit sind, mit ihm zu kooperieren und seine Vorschläge aufzugreifen.

In Gruppen können wir fünf verschiedene Arten von Macht unterscheiden:
- Macht aufgrund der institutionellen Position,
- verliehene Macht,
- Macht durch Wissen,
- persönliche Macht,
- Macht durch eine Koalition.

1. Institutionelle Macht – Diese Form der Macht liegt z. B. vor, wenn der Workshop in einer Institution stattfindet und ein Teilnehmer in der Hierarchie der Institution weiter oben steht als die anderen. (Ein Abteilungsleiter nimmt an einem Workshop gemeinsam mit einigen Gruppenleitern und einer größeren Anzahl von Sachbearbeitern teil.)
Aber auch in einem freien Workshop können wir institutioneller Macht begegnen, wenn z. B. ein hochrangiger Manager daran teilnimmt, ein Professor, ein Pfarrer, ein Funktionär der Stadtverwaltung usw. Teilnehmer mit institutioneller Macht haben oft mehr Einfluß in einer Gruppe als die übrigen Gruppenmitglieder. Sie finden mehr Beachtung, ihre Meinung hat mehr Gewicht. Institutionelle Macht wird von außen in die Gruppe hineingetragen und wirkt sich innerhalb der Gruppe aus. Bei Firmen-Workshops kann

sich institutionelle Macht darin zeigen, daß Gruppenentscheidungen durch Interventionen des Mächtigen umgestürzt werden.

2. Verliehene Macht – Verliehene Macht liegt dann vor, wenn die Gruppe einem Mitglied bestimmte Aufgaben und Rollen zuweist, die dieser Person einen besonderen Einfluß geben. In der Regel besitzt der Moderator eines Workshops solche verliehene Macht, aber auch andere Rollen sind mit Macht verbunden: Die Rolle des Gruppensprechers, des Protokollanten, des Beobachters, des Projektleiters usw. Verliehene Macht wird von der Gruppe vergeben oder bestätigt, und sie kann auch von der Gruppe wieder entzogen werden.

3. Macht durch Wissen – Macht durch Wissen liegt dann vor, wenn ein Gruppenmitglied besonderes Wissen und besondere Erfahrungen in dem Bereich hat, in dem die Gruppe gerade arbeitet. Oft haben Teilnehmer, die bereits über institutionelle oder über verliehene Macht verfügen, zusätzlich noch Macht durch Wissen.

4. Persönliche Macht – Sie liegt dann vor, wenn jemand durch Alter, Geschlecht, persönliche Qualitäten und Charisma von den anderen als Autorität anerkannt wird. Die Verteilung von persönlicher Macht in einer Gruppe kann sich im Laufe der Zeit durchaus verändern. Je länger die Teilnehmer sich kennen, desto kritischer werden sie in ihrem Urteil. Oft revidieren sie ihre Einschätzung der anderen.

5. Macht durch Koalitionen – Immer wieder zeigt es sich, daß mehrere Mitglieder einer Gruppe sich informell zusammenschließen, um die Arbeitsweise einer Gruppe zu beeinflussen oder um Entscheidungen zu dominieren. Solche Fraktionsbildungen können für einen Workshop sehr problematisch werden, wenn sich die übrigen Teilnehmer dadurch eingeschüchtert oder majorisiert fühlen. Wechselnde Koalitionen sind durchaus normal und akzeptabel, chronische Koalitionen können die Gruppe daran hindern, das Stadium der Synergie zu erreichen. Der Grund für solche permanenten Koalitionen ist in der Regel Unsicherheit der Beteiligten und Mangel an Geschick, sich in eine demokratisch funktionierende Gruppe einzufügen.

Für den Moderator eines Workshops ist es wichtig, sich immer wieder klarzumachen, wie Macht in einem Workshop ausgedrückt wird. Chronische Konflikte in einer Gruppe sind oft das Ergebnis von unklaren oder ignorierten Machtbeziehungen. Dann kann es sinnvoll sein, die Machtbeziehungen durch eine geeignete Übung zu untersuchen. Denn damit die Gruppe flexibel arbeiten kann, darf es keine zu großen Machtdifferenzen geben. Jedes Gruppenmitglied muß das Gefühl haben, von den anderen und vom Moderator als volles und gleichberechtigtes Mitglied anerkannt zu werden. Eine Gruppe

kann nur dann erfolgreich sein, wenn sie ihre Minoritäten und „schwachen" Mitglieder respektiert und dafür sorgt, daß auch diese Teilnehmer Erfolgserlebnisse haben. Der Umgang mit „schwachen" Gruppenmitgliedern ist ein Barometer für die soziale Sicherheit in einer Gruppe. Werden diese Mitglieder ignoriert, ausgegrenzt oder schlecht behandelt, dann steigt das Gefühl allgemeiner Unsicherheit. Es kommt dann zu Schuldgefühlen bzw. zu Versuchen, diese zu verdecken.
Wenn Sie den Eindruck haben, daß ungeklärte Machtbeziehungen die Arbeit in Ihrem Workshop behindern, dann können Sie die folgende Übung einsetzen:

Übung: Soziogramm der Macht

Ziel: Die Teilnehmer können identifizieren, wo in ihrer Gruppe Macht vorhanden ist und um welche Arten von Macht es sich handelt. Die Analyse der Machtverhältnisse führt in der Regel dazu, daß starre Beziehungen flexibler werden und daß Macht und Einfluß gleichmäßiger verteilt werden.

Material: Flipcharts und Ölkreiden.

Zeit: 60–120 Minuten.

Arbeitsstruktur: Besprechen Sie zunächst mit den Teilnehmern die fünf verschiedenen Typen von Macht. Erweitern Sie ggf. die Ideen über Macht: Was kann uns sonst noch Macht geben? Depressives Verhalten, Schönheit, Krankheit, chronisches Unglück, erotische Ausstrahlung usw.
Dann kommen die Teilnehmer in Trios zusammen und zeichnen ein Soziogramm der Machtverteilung in ihrem Workshop. Auf dem Bild soll jedes Gruppenmitglied dargestellt werden, und zwar durch irgendeine geometrische Form: Kreis, Quadrat, Dreieck oder jede andere geometrische Form. Für jede Person soll eine Form gefunden werden, die deutlich macht, wie diese Person Einfluß und Macht in der Gruppe ausübt. Die Größe des geometrischen Symbols soll deutlich machen, wie stark dieser Einfluß ist. Außerdem kann durch die Verteilung der Symbole auf dem Flipchart angedeutet werden, wer wen beeinflußt, fördert oder behindert, wo Koalitionen sind, wer eher im Zentrum und wer eher an der Peripherie steht. Die Triomitglieder sollen überlegen, über welche Art Macht jedes Gruppenmitglied verfügt. (Anschließend Auswertung im Plenum.)

Variationen:
- Anstelle von Trios arbeiten die Teilnehmer solo.
- Jeder Teilnehmer arbeitet solo und fertigt zwei Soziogramme an. Ein Diagramm von irgendeiner Gruppe in der der Betreffende außerhalb des Workshops Mitglied ist (zum Anwärmen), anschließend ein Diagramm von der Machtverteilung im Workshop.

64 Selbstachtung

Wir alle möchten uns gut fühlen. Besonders gut fühlen wir uns, wenn wir uns unserer Fähigkeiten und unserer Intelligenz bewußt sind. Außerdem fühlen wir uns gut, wenn wir uns für liebenswert halten, wenn wir glauben, daß wir einzigartig sind, von anderen beachtet und geschätzt. Wer sich für fähig und liebenswert hält, der verfügt über Selbstachtung.

In der Regel beginnen wir unser Leben mit Selbstachtung. Die psychologische Forschung hat herausgefunden, daß 80 Prozent unserer Kinder mit hoher Selbstachtung zur Schule kommen, daß aber nur fünf Prozent der Abiturienten das Gymnasium mit hoher Selbstachtung verlassen. In der Zwischenzeit müssen Kinder und Jugendliche offenbar gravierende Dinge erleben, die ihr Wohlbefinden entscheidend beeinträchtigen.

Die Selbstachtung von Erwachsenen ist heute durch die dramatischen Veränderungen auf dem Arbeitsmarkt akut bedroht. Menschen, die durch die Umstrukturierung ihres Unternehmens den Arbeitsplatz verloren haben, erleben das oft als eine tiefe Kränkung und als einen Vertrauensbruch. Sie verlieren ihren Platz in Gruppen, denen sie sich zugehörig fühlen, und sie bleiben mißtrauisch, auch wenn sie das Glück haben, einen neuen Arbeitsplatz zu finden. Auch die Unsicherheit, möglicherweise den Job zu verlieren, wirkt sich als eine latente Bedrohung der Selbstachtung aus. Für die meisten Erwachsenen ist die Arbeit ein wichtiger Teil der Identität und eine entscheidende Quelle der Selbstachtung.

Der Moderator muß also damit rechnen, daß er heute noch mehr Teilnehmer als früher im Workshop findet, deren Selbstachtung einigermaßen fragil ist. Aber zum Glück kann er auch viel dafür tun, daß die Selbstachtung seiner Gruppenmitglieder gestärkt wird: indem er dafür sorgt, daß jeder seinen Platz in einer kohäsiven und freundlichen Gruppe findet, in der intensives Lernen möglich ist.

Selbstachtung können wir nicht erzeugen, aber wir können die Voraussetzung schaffen, daß unsere Teilnehmer ihre eigene Selbstachtung verstärken. Und wenn es eine geheime Formel dafür gibt, dann lautet sie, daß wir zunächst unsere eigene Selbstachtung kultivieren müssen. Auch für den Moderator ist es nicht selbstverständlich, daß er in puncto Selbstachtung ein gutes Vorbild ist. Wir müssen ständig an uns arbeiten, um in dieser Hinsicht für unsere Teilnehmer anregend sein zu können.

Es gibt eine Reihe von Grundsätzen und Qualitäten, auf die Sie als Moderator, Gruppenleiter oder Trainer Wert legen sollten:

1. **Persönliche Integrität:** Sagen Sie die Wahrheit, halten Sie Ihr Wort und stehen Sie zu den Vereinbarungen, die Sie treffen. Wenn Sie lavieren oder selbst „hidden agendas" kultivieren, dann bemerken Ihre Teilneh-

mer das und können entsprechend weniger Vertrauen zu Ihnen entwickeln. Und Sie selbst bezahlen für allzuviel zwischenmenschliche Diplomatie mit innerer Angst.

2. **Verantwortlichkeit:** Übernehmen Sie die Verantwortung für das, was Sie sagen, was Sie denken, empfinden, wünschen oder befürchten, indem Sie diese Dinge klar und deutlich aussprechen. Das wichtigste Wort in diesem Zusammenhang ist das Wort „Ich". Senden Sie Ich-Botschaften und keine Botschaften, die anderen Vorwürfe machen oder andere ändern wollen. Das einzige, was Sie mit Sicherheit verändern können, ist Ihr eigenes Verhalten. Wenn Sie das beachten, fühlen Sie sich sehr viel sicherer und bei all Ihren Unternehmungen wirksamer.

3. **Unterstützung für andere:** Unterstützen Sie die Ziele und Ideen der Menschen, mit denen Sie privat und beruflich zu tun haben. Dadurch werden auch Sie erfolgreich arbeiten. Fragen Sie sich stets: „Wie kann ich helfen?" (Wenn Sie auch die anderen Punkte aus dieser Liste berücksichtigen, wird sich daraus kein Helfersyndrom entwickeln, sondern ein Gefühl der Sicherheit, daß Ihr Leben mit dem Leben anderer auf natürliche Weise verbunden ist.)

4. **Selbstdisziplin:** Übernehmen Sie Aufgaben, die andere ungern tun. Führen Sie schwierige Projekte zu Ende. Kümmern Sie sich um Details. Seien Sie sorgsam im Blick auf Qualität und Service. Setzen Sie sich Ziele und geben Sie sich Mühe, möglichst viele davon zu erreichen. Vermeiden Sie es, sich auf Ihren Lorbeeren auszuruhen. Selbstdisziplin ist eine wichtige Quelle unserer Selbstachtung. Das Leben und unsere Arbeit sorgen auf ihre Weise für Überraschungen und Chaos.

5. **Pflegen Sie Beziehungen:** Seien Sie neugierig auf die Persönlichkeiten der Menschen, mit denen Sie zusammenkommen; nehmen Sie Anteil an deren Schicksal. Setzen Sie sich für andere ein. Seien Sie dabei ganz konkret. Merken Sie sich Geburtstage, Jahrestage, besondere Ereignisse.

6. **Selbsterkenntnis:** Bemühen Sie sich darum, Ihre Stärken und Schwächen zu erkennen. Versuchen Sie, ständig neue Dinge zu lernen, und scheuen Sie nicht davor zurück, von Zeit zu Zeit um Hilfe zu bitten. Sorgen Sie dafür, daß Sie genügend Supervision und Therapie erhalten.

7. **Lebensziele:** Versuchen Sie herauszufinden, worin Ihr Lebenstraum besteht. Was ist der Sinn Ihres Lebens? Wo sind Sie auf Ihrem Lebensweg angekommen? Suchen Sie sich immer wieder Zwischenziele, die Sie inspirieren, so daß Sie am Morgen gern aufwachen und sich freuen, daß Ihnen ein neuer Tag geschenkt ist.

8. **Lebensraum:** Wo immer Sie sind und arbeiten, versuchen Sie, diesen Räumen eine Atmosphäre zu geben, die zu Ihrer Lebensphilosophie paßt. Haben Sie immer einige symbolische Objekte in Ihrer Umgebung, die Ihre Phantasie und Ihr Denken inspirieren und vertiefen.

9. **Qualität:** Versuchen Sie, immer Ihr Bestes zu geben, auch bei kleinen, alltäglichen Aufgaben. Versuchen Sie, jede Arbeit zu genießen, und staunen Sie immer wieder über die feine Kooperation zwischen Ihrem Körper, Ihrem Geist und Ihren Gefühlen. Erleben Sie Qualität nicht so sehr als Aufgabe, sondern als eine Möglichkeit, die Ihnen geschenkt ist.

10. **Gesundheit:** Seien Sie Ihrem Körper dankbar, der Sie jeden Tag dabei unterstützt, daß Sie Ihre Träume zu verwirklichen können. Führen Sie einen ständigen Dialog mit Ihrem Körper, und gönnen Sie sich genügend Ruhe und gesunde, physische Aktivität.

Workshops, die die Selbstachtung fördern

Selbstachtung können wir nicht durch einzelne Übungen herbeiführen. Eine wichtige Quelle für Selbstachtung im Workshop sind die sozialen Beziehungen, die die Teilnehmer untereinander und zum Workshop-Leiter entwickeln. Sie können auf folgende Weise dafür sorgen, daß sich die Selbstachtung Ihrer Teilnehmer regenerieren kann.

- **Ermöglichen Sie sinnvolle Ziele:** Sprechen Sie mit Ihren Teilnehmern darüber, welchen Sinn Sie in Ihrer eigenen Arbeit sehen, welche Hoffnungen und Visionen Sie damit verbinden. Regen Sie die Teilnehmer an, über wichtige Ziele in ihrem Leben zu sprechen und ihre Lernziele im Workshop damit zu verbinden.

- **Vermitteln Sie ein Gefühl für die Einflußmöglichkeiten:** Es ist gut, wenn Ihre Teilnehmer möglichst bald bemerken, daß sie mehr Wahlmöglichkeiten haben, als sie normalerweise glauben. Helfen Sie den Teilnehmern, neue Perspektiven zu entwickeln für ihre Gefühle, für ihre Gedanken über das Leben, für ihre Auffassung von der Arbeit, für zwischenmenschliche Beziehungen, für lebenslanges Lernen. Beteiligen Sie die Teilnehmer an der Tagesplanung und sorgen Sie dafür, daß sie möglichst viele Entscheidungen im Workshop selbst treffen können. Nehmen Sie sich genügend Zeit, um gemeinsam mit den Teilnehmern die Lernziele des Workshops herauszuarbeiten.

- **Schaffen Sie eine Atmosphäre der Sicherheit:** Sorgen Sie für eine Atmosphäre der Ruhe und der Ungestörtheit vor äußeren Ablenkungen. Entwickeln Sie Intimität und Vertrauen und einige praktische Regeln, an die sich alle halten. Sorgen Sie für klare räumliche und zeitliche Grenzen. Benutzen Sie Rituale, die die Sitzung einleiten und abschließen. Seien Sie selbst verläßlich, indem Sie niemanden verletzen, indem Sie verhindern, daß sich Teilnehmer als Außenseiter oder Sündenbock fühlen müssen. Dieses Gefühl der Sicherheit ist die Voraussetzung für Experimente und Improvisation bei allen Beteiligten.

- **Schaffen Sie eine demokratische Atmosphäre:** Damit ist nicht gemeint, daß Sie ständig abstimmen. Der entscheidende Vorzug der Demokratie ist nicht, daß der Wille der Mehrheit geschieht, sondern daß Minoritäten geschützt werden. Auch im Workshop kommen einzelne Teilnehmer leicht in eine Außenseiterposition. Bemerken Sie das und tun Sie alles, um eine solche Entwicklung zu stoppen. Beteiligen Sie die Gruppe an Entscheidungen. Üben Sie mit der Gruppe Entscheidungsprozesse und das Lösen von Problemen. Sorgen Sie dafür, daß alle Meinungen mitgeteilt werden können, und knüpfen Sie an Vorschläge und Wünsche der Teilnehmer an. Zeigen Sie den Teilnehmern, wie wirkliche Konsensbildung möglich ist.

- **Schaffen Sie ein Gefühl der Zugehörigkeit:** Wir definieren uns immer wieder durch die Gruppen, zu denen wir gehören. Helfen Sie den Teilnehmern, daß sie sich im Workshop in einer „Lerngemeinschaft" fühlen. Seien Sie selbst ein Modell für herzliches, akzeptierendes und tolerantes Verhalten. Fördern Sie diese Haltung auch unter den Teilnehmern. Das Gefühl der Zugehörigkeit gibt die Basissicherheit, um neugierig und risikobereit beim Lernen zu sein.

- **Schaffen Sie ein Gefühl der Identität:** Zeigen Sie durch Ihr Verhalten, daß jeder Teilnehmer einzigartig und unvergleichlich ist. Auf diese Weise verhindern Sie, daß die Teilnehmer versuchen, negative Aufmerksamkeit zu gewinnen. Wer sich respektiert fühlt, muß in der Regel kein destruktives Verhalten zeigen. Geben Sie häufig Gelegenheit für expressives Verhalten durch physische und künstlerische Aktivitäten etc. Signalisieren Sie, daß Sie jeden Teilnehmer auch einzeln wahrnehmen. Sprechen Sie die Teilnehmer mit Namen an. Unterstreichen Sie freudige Ereignisse, z. B. Geburtstage. Nehmen Sie sich Zeit, besondere Erfolge mit der Gruppe zu feiern.

- **Stärken Sie das Gefühl von Kompetenz:** Kompetent können sich die Teilnehmer fühlen, wenn sie bemerken, daß sie schwierige Aufgaben gemeistert, daß sie erfolgreich neue Dinge gelernt haben und daß sie als Gruppe gut zusammen funktionieren. Zusätzlich können sich die Teilnehmer kompetent fühlen, wenn sie bemerken, daß sie für ihre persönlichen Qualitäten und für ihre Individualität geschätzt werden. Drücken Sie diese Wertschätzung immer wieder selbst aus, und sorgen Sie dafür, daß auch innerhalb der Gruppe oft Gelegenheit besteht, positives Feedback zu geben und Wertschätzung auszudrücken. Eine ganz einfache und oft übersehene Weise, Wertschätzung auszudrücken, besteht darin, daß wir uns bedanken. Bedanken Sie sich, wenn sich Freiwillige für ein Experiment melden, bedanken Sie sich für Gruppenberichte, bedanken Sie sich für Anregungen und Korrekturen. Geben Sie im Verlauf des Workshops mindestens einmal Gelegenheit, daß sich die Teilnehmer untereinander bedanken für Anregungen und Hilfestellungen.

65 Umgang mit Konflikten

Besonders in Phase vier der Gruppenentwicklung (Zeit der Konfrontationen), kommt es häufiger zu Konflikten zwischen Workshop-Mitgliedern. Die Teilnehmer sind sich im Verlaufe des Gruppenprozesses schon nähergekommen, so daß sie gefühlsmäßig stärker aufeinander reagieren; sie sind sich aber noch nicht nahe genug gekommen, um Wünsche und Abneigungen konstruktiv und klar und, vor allem, rechtzeitig auszusprechen. Es ist die Aufgabe des Moderators, dafür zu sorgen, daß interpersonelle Konflikte ausgedrückt und darin gebundene Energien freigesetzt werden können. Konflikte, die zu lange mitgeschleppt werden, behindern die Arbeit an den Gruppenaufgaben. Im folgenden will ich einige typische Kommentare anführen, die auf Konflikte hinweisen, wie sie für Phase vier charakteristisch sind:

- Ich spüre, daß Otto Unbehagen verbreitet.
- Ich mag all diese Aggressivität nicht.
- Warum konzentrieren wir uns immer wieder auf das Negative?
- Einige Leute der Gruppe reißen das Gespräch immer wieder an sich.
- Ich finde, daß hier zu oft theoretisiert wird.
- Ich weiß nicht, was ich hier soll. Ich habe all diese Probleme nicht.
- Ich langweile mich.
- Wir sprechen nicht über die wirklich wichtigen Dinge.
- Einige Leute geben sich hier den Anschein, als ob sie auf alles eine Antwort wüßten.
- Wegen Charly habe ich Schwierigkeiten, mehr von mir zu zeigen. Er erinnert mich zu sehr an meinen verflossenen Freund.
- Katharina läßt sich gehen und sieht so gelangweilt aus.

Die meisten dieser Bemerkungen sind indirekte Mitteilungen, die anderen die Schuld für mein eigenes Verhalten zuweisen, und der Moderator hat die Aufgabe, aus der indirekten eine direkte Konfrontation zu machen. Ermutigen Sie die Teilnehmer, ihre Beschwerden zu personalisieren. Statt „Ich spüre, daß Otto Unbehagen verbreitet“ könnte der Teilnehmer sagen: „Ich fühle mich in der Gegenwart von Otto unsicher. Ich habe den Eindruck, daß Otto auf mich herabsieht.“ Statt „Einige Teilnehmer der Gruppe reißen das Gespräch immer wieder an sich“, könnte der Teilnehmer sagen: „Karla ich ärgere mich, daß du so viel sprichst, ich würde selbst gern mehr sagen.“

Phase vier ist die Zeit der Unsicherheit. Darum ist die Art und Weise wichtig, wie diese Konflikte behandelt werden. Es geschieht leicht, daß die Gruppe einen Sündenbock findet und diesen Teilnehmer ausgrenzt oder mit negativem Feedback überschüttet. Wenn Sie bemerken, daß diese Gefahr besteht, dann müssen Sie einschreiten:

Geben Sie der ganzen Gruppe Feedback und beschreiben Sie, was vorgeht. Weisen Sie darauf hin, daß es vermutlich noch mehr Unzufriedenheit und

Ärger gibt und daß es für die Arbeit gut ist, alle diese Dinge direkt zur Sprache zu bringen. Die Verschiedenheit der Charaktere macht die Gruppe interessant, aber manchmal ist Unterschiedlichkeit auch unbequem für uns, und am liebsten würden wir „den Kuchen essen und ihn gleichzeitig behalten".
Sie können die folgenden Fragen und Interventionstechniken benutzen, um Konflikte aufzuklären:

- Wenn Sie sich langweilen, was vermissen Sie dann?
- Können Sie uns sagen, was Sie gedacht und gefühlt haben, ehe Sie uns mitteilten, daß Sie sich langweilen?
- Bitte stellen Sie sich direkt vor Charly hin. Sagen Sie ihm, wie Sie sich in seiner Gegenwart fühlen... Wären Sie bereit, Charly zu sagen, was für Erfahrungen Sie mit Menschen in Ihrem Leben gemacht haben, an die Charly Sie erinnert?
- Sind Sie bereit, einen Augenblick so zu tun, als ob Sie Katharina wären? Lassen Sie sich so gehen wie Katharina und sprechen Sie darüber, was Sie vielleicht denken oder fühlen würden, wenn Sie Katharina wären.
- Und wie fühlt sich das an, Otto, wenn Sie hören, daß Sie Unbehagen verbreiten?
- Tilly, Sie sagen, daß Sie nicht zur Gruppe gehören, weil Sie all diese Probleme nicht haben. Vielleicht sind Sie bereit, einigen Mitgliedern der Gruppe zu sagen, auf welche Weise Sie sich von ihnen unterscheiden. Anschließend können die Gruppenmitglieder Ihnen sagen, wie Sie darüber denken.

Im allgemeinen sollte der Moderator danach fragen, wie ein Gruppenmitglied auf die geäußerte Kritik reagiert. In erster Linie soll er aber mit der kritischen Person selbst arbeiten. Es hat wenig Sinn, wenn wir anderen sagen, wie sie sind, was für einen Charakter sie haben etc. Besser ist es, wenn wir sagen, wie wir uns im Blick auf ein anderes Gruppenmitglied fühlen. Wir können niemanden ändern, aber wir können mitteilen, wie uns zumute ist, und oft fühlen wir uns besser, wenn wir unsere Schwierigkeiten klar und deutlich mitgeteilt haben.

Übung: Ich wünsche dir ein schönes, langes Leben – Einfache Konflikte können mit Hilfe dieser Feedback-Übung ausgedrückt werden. Der Empfänger des Feedbacks wird in diesem Ritual geschützt. Die rituelle Antwort bestätigt unser Recht, jedes Feedback, das wir erhalten, zu prüfen und so zu verwerten, wie es uns passend scheint.
Bei dieser Übung sitzen die Teilnehmer im Kreis. Ein Gruppenmitglied beginnt und sagt z. B.: „Fred, ich wünsche dir ein schönes, langes Leben. Ich möchte dir sagen, daß ich mich ärgere, wenn du zu vielen Gruppensitzungen verspätet erscheinst."
Fred antwortet dann und sagt: „Danke, Alwin, daß du mir das gesagt hast, ich will deine Worte bedenken, aber ich bin nicht auf der Welt, um so zu

sein, wie du mich haben willst.“

Achten Sie bitte darauf, daß die Grundstruktur dieser rituellen Sätze erhalten bleibt. Sie bewirkt ein kleines Wunder, daß nämlich die Kritisierten in der Regel wenig defensiv reagieren. Und für die Kritiker ist es auf diese Weise leichter, ihre Beanstandungen und Forderungen anzumelden.

66 Dampf ablassen

Manchmal gibt es im Workshop unterschwellige Unzufriedenheit, nicht ausgesprochene Klagen und Beschwerden. Alles scheint irgendwie nicht recht zu passen.
In einem solchen Fall ist es am besten, wenn der Moderator dafür sorgt, daß alle Unannehmlichkeiten direkt angesprochen werden können. Vielleicht bekommt der Gruppenraum zu wenig Sonnenlicht, vielleicht ist der Koch kein begnadeter Künstler, vielleicht wurde die Hälfte der Teilnehmer von ihrem Chef zum Workshop geschickt, vielleicht verpassen die Gruppenmitglieder ein wichtiges Sportereignis. Im folgenden skizziere ich ein paar Möglichkeiten, wie Sie auf Mißstimmungen und die damit verbundene depressive Atmosphäre reagieren können:

- Die Teilnehmer kommen in Paaren zusammen und erzählen einander, was sie unzufrieden macht. Sie überlegen sich, wie die Situation verbessert werden kann. Anschließend kommt die ganze Gruppe zusammen. Jedes Paar äußert seine „Klagen“ und mögliche Lösungsvorschläge.

- Die ganze Gruppe macht ein Brainstorming. Ohne Diskussion werden alle Ärgernisse genannt und aufgelistet. Anschließend versucht die Gruppe, Lösungen für große und kleine Unannehmlichkeiten zu finden.

- Jeder schreibt anonym alle Ärgernisse auf Kärtchen, die in eine Schachtel gelegt werden. Der Moderator zieht blind zwei Kärtchen und gibt sie an zwei Gruppenmitglieder weiter. Jeder versucht eine Lösung zu finden. Die Gruppe kann sich anschließend dazu äußern. Auf dieselbe Weise wird mit allen Kärtchen verfahren.

- Die Teilnehmer schreiben ihre Kümmernisse auf kleine Klebezettel (anonym) und kleben sie auf ein Flipchart. Anschließend sortieren zwei Teilnehmer die Beschwerden nach Themen. Danach kann die Gruppe die einzelnen Themenblöcke diskutieren, um Lösugen zu finden.

Wenn Sie die Beschwerden explizit gemacht haben, müssen Sie gemeinsam mit der Gruppe dafür sorgen, das tatsächlich soweit wie möglich Abhilfe geschaffen wird.

67 Fragen und Antworten

Fragen aus der Gruppe sind eine Herausforderung an den Moderator. Einige Fragen sind vielleicht verhüllte Kritik. (Warum haben Sie mit dem Thema Vertraulichkeit soviel Zeit verbracht?) Bei anderen Fragen hat der Moderator vielleicht den Eindruck, daß es ernstgemeinte Fragen sind. Gleichwohl lösen sie Unbehagen bei ihm aus.

Eine Frage kann dem Moderator unangenehm sein,

- weil er fürchtet, die Antwort nicht zu wissen,
- weil er fürchtet, in der Hitze des Gefechtes, die Antwort ungeschickt zu formulieren,
- weil er fürchtet, daß sein mangelndes Fachwissen oder seine mangelnde Kenntnis der Organisation deutlich werden könnten,
- weil er fürchtet, daß der Fragesteller mehr weiß als der Moderator und daß dies offenbar werden könnte.
- weil darin starke Gefühle ausgedrückt werden, auf die der Moderator im Augenblick nicht eingehen möchte,
- weil er an sich den Anspruch stellt, originell zu antworten,
- weil die Beantwortung der Frage den Zeitplan stören könnte.

In manchen Gruppen ist es sinnvoll, über das Thema „Fragen“ mit der Gruppe zu sprechen. Schließlich müssen die meisten Teilnehmer ihrerseits im Alltag mit Fragen ihrer Mitarbeiter umgehen.

- Klären Sie zunächst das Problem der Fragen, die lediglich eine Verpackung für Kritik sind, und einigen Sie sich darauf, daß es für die Gruppenkultur besser ist, Kritik offen und sachlich, d. h. nicht bestrafend, zu formulieren.
- Machen Sie deutlich, daß Sie Fragen schätzen, weil sie ein Zeichen dafür sind, daß die Teilnehmer neugierig und am Thema interessiert sind.
- Weisen Sie darauf hin, daß zu Beginn einer Gruppe besonders häufig Fragen an den Moderator gestellt werden, weil die Teilnehmer annehmen, daß er als Experte besonders wertvolle Dinge zu sagen hat. Fügen Sie hinzu, daß es ein Zeichen für eine gut entwickelte Gruppe ist, wenn die Teilnehmer anfangen, einander gegenseitig zu wichtigen Dingen zu befragen.
- Kündigen Sie an, daß Sie gern bereit sind, auf spontane Fragen einzugehen, und daß Fragen Ihnen helfen, den Lernprozeß in der Gruppe besser einzuschätzen.
- Nehmen Sie für sich in Anspruch, daß Sie nicht auf alle Fragen eine Antwort wissen können, daß Sie in solchen Fällen mit der ganzen Gruppe überlegen werden, wie eine Antwort gefunden werden kann.
- Es kann auch vorkommen, daß Sie eine Frage zurückstellen, wenn es einen besseren Zeitpunkt gibt, darauf einzugehen.

Wenn Sie auf diese Weise Ihre Einstellung zu Fragen deutlich machen, dann werden die Teilnehmer zufrieden sein, weil sie die Freiheit haben, jederzeit Mißverständnisse und Schwierigkeiten zu klären oder Wünsche zu artikulieren. Zusätzlich können Sie im Laufe eines Workshops immer wieder speziell Gelegenheit geben, Fragen zu stellen. Im folgenden sollen einige Übungen vorgestellt werden, die einen interessanten Rahmen bieten, Fragen zu stellen und zu beantworten.

Übungsvorschläge:

Übung 1: Fragen und Antworten (für die Anfangsphase)

Ziel: Diese Technik bringt die Teilnehmer in eine innere Balance. Lernerfolge und Neugier auf „mehr" werden artikuliert. Dies ist auch für den Moderator hilfreich.

Zeit: 10 Minuten.

Arbeitsstruktur: In einem Rundgang äußert jeder Teilnehmer eine Einsicht, die er in der gerade zu Ende gangenen Sitzung gewonnen hat und eine Frage, die für ihn aufgetaucht ist. Die Fragen geben sowohl der Gruppe als auch dem Moderator nützliche Hinweise für die weitere Arbeit. Es ist wichtig, daß die Fragen am Ende der Gruppensitzung nicht beantwortet werden. Machen Sie ganz am Schluß der Sitzung folgendes deutlich: Sie danken für jede Frage. Die Fragen sind hilfreich für die weitere Arbeit. Sie werden bei der weiteren Arbeit diese Fragen berücksichtigen.

Übung 2: Fragen und Antworten (für die mittlere Phase des Workshops)

Ziele: Je mehr die Teilnehmer lernen, desto mehr Fragen entwickeln sie und desto wesentlicher werden die Fragen, die gestellt werden. Diese tieferen Fragen sollen ans Licht kommen und von den Teilnehmern und vom Leiter beantwortet werden. Die Vorgehensweise betont die Interaktion in der Gruppe und weckt eine starke innere Beteiligung.

Material: Papier und Bleistift.

Zeit: 45 Minuten.

Arbeitsstruktur: Kündigen Sie zu Beginn an, daß jeder gleich die Möglichkeit haben wird, eine wichtige Frage zu notieren, die ihn vielleicht schon seit einiger Zeit im Workshop beschäftigt. Diese Frage wird von irgendeinem Gruppenmitglied beantwortet werden.
Dann schreibt jeder eine einzige wichtige Frage auf (ohne seinen Namen dazuzuschreiben) und faltet das Blatt zusammen. Der Moderator beteiligt sich ebenfalls. Die Frage soll so formuliert sein, daß nicht ohne weiteres erkennbar ist, von wem die Frage stammt. Die zusammengefalteten Zettel

werden gemischt; jeder zieht einen Zettel und prüft zunächst, ob er nicht die eigene Frage erhalten hat. Anschließend liest jeder die Frage durch und denkt zwei Minuten darüber nach.
Dann beginnt die Phase der Antworten. Wer immer bereit ist, seine Gedanken auf die gezogene Frage mitzuteilen, steht auf und geht zu dem Teilnehmer, von dem er glaubt, daß er die Frage aufgeschrieben hat. Dort spricht der Betreffende zwei Minuten über die Frage und versucht dem potentiellen Fragesteller eine nützliche Antwort zu geben. Derjenige, der die Antwort bekommen hat, gibt nicht zu erkennen, ob er diese Frage tatsächlich gestellt hat.
Wenn alle Fragen beantwortet sind, können sich die Verfasser der Fragen zu erkennen geben.

Übung 3: Graffiti (für die mittlere Phase)

Ziel: Dies ist eine sehr dynamische Methode, um das Fragenpotential der Gruppe auszuloten und Antworten aus allen Teilnehmern hervorzulocken. Solche Aktivitäten steigern die Kreativität im Workshop.

Material: Zwei oder drei Flipcharts, die nebeneinander an einer Pinnwand befestigt werden, so daß eine besonders große Fläche zum Schreiben entsteht.

Zeit: 30 bis 60 Minuten.

Arbeitsstruktur: Stellen Sie zu Beginn fest, daß eine Gruppe folgenden Vorteil bietet: gemeinsam können bessere Lösungen für Probleme gefunden und auch die besseren Fragen gestellt werden. Dann erklären Sie den Teilnehmern bitte die Spielregeln: Das Spiel hat zwei Teile. Im ersten geht es um Fragen, im zweiten um Antworten.

Erster Teil: Die Teilnehmer denken eine Minute über wichtige Fragen nach, die sie im Augenblick bewegen. Irgendeiner beginnt, spricht seine Frage laut aus und notiert sie dann irgendwo auf der Pinnwand. Dann kommt der nächste Teilnehmer an die Reihe, formuliert seine Frage und schreibt sie ebenfalls auf. Wenn Fragen einen inneren Zusammenhang haben, können sie dichter zusammengeschrieben werden. In dieser Phase gibt es keine Möglichkeit zu Kommentaren und Antworten. Die Fragen sollen nacheinander geäußert und notiert werden. Jeder hat das Recht, mehrere Fragen zu stellen oder auch gar keine Frage. Es ist vollkommen natürlich, daß die aufgeworfenen Fragen neue Fragen in der Gruppe provozieren.

Zweiter Teil: Wenn alle anliegenden Fragen notiert sind, beginnt der zweite Teil. Wer immer zu einer Frage Stellung nehmen will, geht zu der Pinnwand und teilt seine Gedanken dazu mit. In dieser Phase gibt es eine stillschweigende Übereinkunft: Jeder, der antwortet, tut das in dem Bewußtsein, daß es vermutlich mehrere Antworten zu jeder Frage gibt. Wenn ein Teilnehmer gesprochen hat, streicht er die Frage aus. Wenn andere Gruppenmitglieder das Bedürfnis haben, zu einer Frage zusätzliche Antworten zu geben, können sie das tun, indem sie ebenfalls an die Pinnwand treten, ihren Kommentar dazu geben und die Frage ein zweites Mal durchstreichen. Der Moderator hat ebenfalls das Recht, Antworten oder Kommentare zu den Fragen zu geben.

Übung 4: Fragen an den Moderator (für die Schlußphase)

Ziel: Dies ist eine Fragesitzung, die den Teilnehmern hilft, sich auf die Rückkehr in den Alltag vorzubereiten. Sie soll helfen, Mißverständnisse auszuräumen, Anregungen zu geben, Anerkennung auszudrücken, Würdigungen vorzunehmen und den Transfer von Einsichten und Skills zu erleichtern. Bei dieser Struktur ist es das Privileg des Moderators, die Fragen zu beantworten, die aus der Gruppe kommen.

Zeit: 30 bis 60 Minuten.

Arbeitsstruktur: Sagen Sie den Teilnehmern, daß Sie in dieser Sitzung bereitstehen, um ihnen zu helfen, das, was sie im Workshop gelernt haben, auf ihre berufliche oder private Praxis zu übertragen. Sagen Sie, daß dieser Transfer erfolgreicher sein wird, wenn die Teilnehmer dabei eine besondere Haltung einnehmen, nämlich Respekt und Anerkennung. Hinter dieser Formel verbirgt sich folgendes: Respekt vor dem, was jeder für sich herausgefunden und gelernt hat, und Anerkennung der Personen, zu denen jeder nach dem Workshop zurückkehrt. Für alle ergibt sich die Aufgabe, beides miteinander zu verbinden: das eigene Wissen zu benutzen und die „anderen", die Kollegen, Vorgesetzten und Familienmitglieder zu berücksichtigen.
Bitten Sie die Teilnehmer, sich einen Augenblick auf diese Aufgabe einzustellen und sich dann auf Fragen zu konzentrieren, die im Zusammenhang mit der Rückkehr vom Workshop in die gewohnte Umgebung entstehen können. (1–2 Minuten)
Sie sind jetzt bereit, auf Fragen aus der Gruppe zu antworten.

Die Teilnehmer werden von dieser Sitzung am meisten profitieren, wenn Sie bei Ihren Antworten die PGA-Technik benutzen, d. h. wenn Sie bei jeder Antwort folgende drei Komponenten berücksichtigen, nämlich: **Paraphrase – Gefühle – Antwort.**

Paraphrase – Wenn Sie die Frage gehört haben, dann versuchen Sie, sie noch einmal in Ihren eigenen Worten zu formulieren (paraphrasieren), damit die Frage ganz deutlich ist, und zwar

- für die ganze Gruppe,
- für den Fragesteller
- und für für Sie selbst.

Indem Sie die Frage noch einmal anders formulieren, vereinfachen oder vielleicht auch einfach wiederholen, stellen Sie sicher, daß jeder im Raum sich mit demselben Gedanken beschäftigt. Das ist vor allem wichtig im Blick auf die übrigen Teilnehmer, weil diese vielleicht mit ihren eigenen Fragen befaßt waren und nicht genau gehört haben, was gefragt wurde. Die Paraphrasierung kann auch für den Fragesteller nützlich sein, besonders wenn seine Frage sehr komplex war oder viel Unsicherheit zeigte. Und vor allem ist die Paraphrasierung für Sie selbst gut, weil Sie den Kontakt zur Gruppe aufbauen können und etwas Zeit haben, Ihre Gedanken zu ordnen.
Manchmal genügt es, daß Sie die Frage einfach mit den Worten des Teilnehmers wiederholen und einfach den Namen des Fragestellers hinzufügen, indem Sie z. B. sagen: „Fred fragt, was..."
In anderen Fällen werden Sie die Frage abwandeln, um einer diffusen Frage eine klare Richtung zu geben oder um aus einer pessimistischen Frage eine ressourcenorientierte Frage zu machen.

Gefühle – Der zweite Teil Ihrer Antwort geht noch nicht auf den Inhalt der Frage ein, sondern beschäftigt sich mit den Gefühlen des Fragestellers, der Gruppe und Ihrer eigenen als Moderator. Es geht um die emotionale Stimmung der Frage, um die Intensität, mit der die Frage gestellt wurde, und um die innere Beteiligung der übrigen Gruppenmitglieder. Jetzt haben Sie Gelegenheit, ganz unterschiedlich zu reagieren. Sie können Einfühlung zeigen, Sie können aber auch konfrontieren. Dabei sollten Sie Konflikte vermeiden. Sie akzeptieren die Frage und deuten gleichzeitig an, wie Sie selbst emotional auf die Frage reagieren. Sie können z. B. folgende Kommentare geben:
- Das ist eine sehr wichtige Frage.
- Diese Frage wird mir häufig gestellt.
- Es ist das erste Mal, daß mir diese Frage gestellt wird.
- Ich kann sagen, daß dies auch ein wichtiges Thema für mich selbst ist.
- Viele in unserem Workshop ringen mit diesem Problem.
- Ich finde, dies ist ein sehr kompliziertes Thema.
- Diese Frage trifft genau ins Schwarze.
- Das ist eine sehr mutige Frage.

Mit solchen Antworten knüpfen Sie an die Gefühle des Fragestellers an und signalisieren, daß Sie die Gefühlsbotschaft verstanden haben und daß Sie so praktisch wie möglich antworten wollen. Auf eine sehr rechthaberische Frage können Sie z. B. sagen: „Über diesen Punkt gibt es sehr viele verschiedene Meinungen. Ich verstehe Ihre Ansicht, und ich möchte kurz meine Auffassung mitteilen."

Antwort – Geben Sie jetzt die benötigte Information bzw. Ihre persönliche Stellungnahme. Wenn Sie beim besten Willen keine Antwort wissen, dann können Sie das klar und deutlich sagen, und wenn Sie wollen, können Sie auch hinzufügen, daß Sie bereit sind, sich zu informieren, oder daß Sie jemanden kennen, an den sich der Fragesteller wenden kann. In einer solchen Situation können Sie auch die Gruppe mit einbeziehen und fragen, ob irgend jemand sonst die Frage beantworten kann. Oder Sie wenden sich an einen Spezialisten in der Gruppe und bitten ihn, bei dieser speziellen Frage zu helfen.

Wenn Sie auf die Fragen eingehen, dann wenden Sie sich nicht nur an den Fragenden. Haben Sie die ganze Gruppe im Auge und gestalten Sie die Antwort so, daß die übrigen Teilnehmer auch etwas davon haben, so daß Ihnen deren Aufmerksamkeit nicht verloren geht. Gehen Sie auf das Bedürfnis des Fragenden ein, objektivieren Sie aber die Antwort, um die Gruppe einzubeziehen. Achten Sie darauf, daß Sie nicht zu weitschweifig antworten. Meist sind kurze Antworten am besten. Vermeiden Sie, sich selbst zu wiederholen. Wenn Sie merken, daß das Interesse der übrigen Gruppenmitglieder gering ist, dann können Sie bei einer für den Fragesteller wichtigen Frage sagen: „Ich möchte, daß auch die anderen ihre Fragen stellen können, und antworte deshalb nur kurz, aber ich bin bereit, Ihnen nachher ausführlicher zu antworten."
Wenn Sie Ihre Antworten auf die ganze Gruppe ausrichten, dann können Sie es auch vermeiden, mit „streitsüchtigen" Teilnehmern in eine Auseinandersetzung zu geraten. Diese Gefahr besteht vor allem bei kurzen Workshops.
Behalten Sie in dieser Fragerunde die Zeit im Auge und strukturieren Sie den Verlauf so, daß jeder zu seinem Recht kommt. Seien Sie nicht überrascht, wenn nicht alle Teilnehmer Fragen stellen. Oft sind Fragen durch die vorausgehenden Antworten bereits beantwortet. Und wenn diese Runde kürzer ist als erwartet, dann haben Sie wertvolle Energie gespart.

Übung 5: Wiederholung (für alle Gelegenheiten)

Ziel: Diese Übung ist eine sehr gute Art der geistigen Bilanzierung. Das physische Arrangement aktiviert Cerebellum und Cortex. Eine neue Perspektive kann eingenommen werden. Geistige Selbständigkeit und Verantwortlichkeit werden betont.
Das Spiel ist mehr als eine reine Wiederholung. Es dient auch der Konsolidierung und Bewertung des Gelernten. Sie können diese Struktur auch für eine kurze Problemlösung benutzen, für ein Brainstorming, für jede Art der Bestandsaufnahme.
Und vor allem: So macht Wiederholung Spaß, weil die Atmosphäre des Spiels eine Prise Improvisation und Überraschung enthält.

Zeit: 10–15 Minuten.

Material: einige mittelgroße Bälle.

Anleitung: Kommen Sie zu fünft oder zu sechst zu einem Team zusammen und stellen Sie sich in einem Kreis auf, der ungefähr zwei Meter Durchmesser hat. Ich möchte Ihnen eine neue Art zeigen, wie Sie die wichtigen Dinge wiederholen können, an denen wir in der letzten Sitzung gearbeitet haben. Sie werden dabei einen Ball benutzen, und das sind die Regeln:
Wenn Sie den Ball einem anderen Mitglied Ihres Teams zuwerfen, dann lassen Sie den Ball einen hohen Bogen machen, so daß er ungefähr in Kopfhöhe bei dem anderen ankommt. Fragen Sie vor dem Wurf einfach: „Was haben Sie in der letzten Sitzung gelernt?" Wer den Ball bekommen hat, nennt irgend etwas, was er in der letzten Sitzung gelernt und verstanden hat. Wer den Ball hat, kann in Ruhe sprechen. Sie brauchen sich nicht abzuhetzen. Wenn Sie fertig sind, werfen Sie den Ball einem anderen Teammitglied zu. Nur derjenige, der den Ball hält, darf sprechen. Bitte geben Sie den Ball nicht an Ihre Nachbarn rechts oder links weiter, sondern einer Person, die weiter von Ihnen entfernt steht... (3 Min.)
Nun sollen Sie sich weiter mit den Themen unserer letzten Sitzung beschäftigen. Fragen Sie den Empfänger des Balls diesmal, was er *nicht* verstanden hat. (2 Min.)

Übung 6: Ein Schritt in die richtige Richtung (für alle Gelegenheiten)

Ziel: Dies ist ein etwas längeres Spiel, das eine interessante Möglichkeit bietet, neu gewonnene Informationen zu wiederholen. Sie können damit aber auch Verständnis testen und Zusammenhänge erklären lassen. Der Reiz besteht darin, daß die Konsequenz der Antwort zurückverlagert wird vom Antwortenden auf den Lehrenden. Das macht diese spielerische Abfrage oder Reflexion reizvoll.
Wenn sich die Gruppe an dieses Spiel gewöhnt hat, können die Teilnehmer später selbst vorschlagen, wo der Moderator starten und wo er ankommen soll.
Um eine Variation einzuführen, können auch die anderen Aufgaben von den Teilnehmern übernommen werden. Ein kleines Komitee kann Fragen vorbereiten und die wandelnde Schachfigur, die über „zutreffend" oder über „unzutreffend" entscheidet, kann auch ein Gruppenmitglied sein. In diesem Falle ist ab und zu mit Protesten zu rechnen, wenn die Gruppe mit dem Urteil nicht einverstanden ist. Das gibt Gelegenheit, Konflikte zu lösen.

Zeit: 20–30 Minuten.

Anleitung: Ich habe mir eine neue Möglichkeit überlegt, wie wir eine Wiederholung interessanter machen können. Das Spiel, das ich Ihnen vorschlagen möchte, geht so: Ich habe dreißig Fragen mitgebracht, die Sie beantworten sollen. Jedesmal, wenn Sie eine richtige Antwort geben, dann mache ich einen Schritt nach vorn. Wenn die Antwort falsch ist, dann mache ich einen Schritt zurück. Ich beginne an der Tür, und ich möchte einmal durch den

Raum und zurück zur Tür gehen. Ich bewege mich wie eine Schachfigur, die von Ihren Antworten hin- und hergeschoben wird. Wir werden sehen, wo ich am Ende angekommen bin. Ich würde mich sehr freuen, wenn ich am Ende wieder hier an der Tür stehen kann.

Übung 7: Die Zauberer (für alle Gelegenheiten)

Ziel: Dies ist eine hervorragende Alternative zu anderen Formen der Wiederholung, der Reflexion, der Überprüfung von Verständnis und Wissen. Die Teilnehmer kontrollieren selbst den Schwierigkeitsgrad des Spiels, weil die „Zauberlehrlinge" die Fragen selbst bestimmen. Für die Zauberer entsteht eine sehr interessante Situation, weil sie nicht nur über die Antwort nachdenken müssen, sondern auf eine ungewohnte und überraschende Weise miteinander kooperieren. Dadurch entsteht eine kreative Spannung und jenes Element des Neuen, das Lernen vergnüglich macht.

Variation: Wenn Ihre Teilnehmer mit dieser Struktur vertraut sind, können Sie später Quartette mit jeweils zwei Zauberer-Paaren bilden lassen. Beide Paare sprechen nach dem Ein-Wort-Prinzip, das eine Paar fragt, das andere antwortet.

Zeit: 15–20 Minuten.

Anleitung: Kommen Sie in einem Trio zusammen und stellen Sie sich so hin, daß Sie genügend Abstand zu den anderen Trios haben. Ich möchte Ihnen jetzt eine sehr interessante und spannende Form der Auswertung und der Wiederholung zeigen. Dabei bekommen die Mitglieder jedes Trios verschiedene Rollen. Zwei von Ihnen werden Zauberer. Die Zauberer stellen sich nebeneinander und legen einander den Arm um die Schultern. Das dritte Mitglied steht den beiden Zauberern gegenüber. Dies ist der Zauberlehrling. Der Zauberlehrling möchte die Zauberer auf die Probe stellen. Er darf irgendeine Frage stellen, die sich auf das bezieht, was wir in den letzten Sitzungen erarbeitet haben. Es muß eine Frage sein, auf die man nicht mit einem einzigen Wort antworten kann, also z. B.: „Was ist eine lernende Organisation?" Sobald der Zauberlehrling seine Frage gestellt hat, sind die Zauberer am Zuge. Sie müssen antworten, und zwar auf eine ganz besondere Weise. Jeder von ihnen darf immer nur ein Wort von der Antwort sagen. Es ist ganz egal, welcher Zauberer anfängt. Wenn das erste Wort der Antwort gesagt ist, ist der zweite Zauberer an der Reihe, die Antwort fortzusetzen, und es verstößt gegen die Ehre der Zauberer, daß sie sich vorher über ihre Antwort verständigen. Sie improvisieren und beeindrucken den Zauberlehrling durch eine Antwort, die von zwei Personen schrittweise entwickelt wird.

Themen erforschen

Übung 1: Unstrukturierte Runden

Ziel: Die Mitglieder sollen angeregt werden, in Ruhe wichtige Beiträge zu leisten und sich anschließend auszutauschen.

Material: Flipchart.

Arbeitsstruktur: Einigen Sie sich mit der Gruppe auf das Thema dieser Aktivität (z. B.: Wie werden sich die Bedürfnisse unserer Kunden in den nächsten fünf Jahren entwickeln?), und beschreiben Sie dann die Vorgehensweise.
Jedes Gruppenmitglied spricht zum Thema. Niemand darf den Sprecher unterbrechen. Der Sprecher sagt Bescheid, wenn er seinen Beitrag abgeschlossen hat. Es gibt keine zeitliche Begrenzung für die einzelnen Wortbeiträge, und die Reihenfolge ergibt sich spontan. Die anderen Gruppenmitglieder hören aufmerksam zu, ohne jeden Kommentar, ohne jede Reaktion. Nur ein Teilnehmer darf jeweils sprechen.
Der Moderator wiederholt am Ende noch einmal das Spektrum der Meinungen und unterstreicht die wichtigsten Übereinstimmungen und Abweichungen. Er überprüft mit der Gruppe, ob sein Resümee korrekt war. Wenn es in dieser Runde darum geht, zu einer gemeinsamen Meinung zu gelangen, hilft der Moderator der Gruppe dabei. Am Ende der Runde kann ein Beschluß bzw. eine beabsichtigte Maßnahme auf dem Flipchart notiert werden.

Variationen:
- Der Moderator notiert stichwortartig den Beitrag jedes Gruppenmitgliedes und holt vom Sprecher Feedback ein, ob seine Zusammenfassung korrekt ist.
- Jedes Gruppenmitglied kann beliebig oft das Wort ergreifen.
- Am Ende jeder Runde folgt eine allgemeine Diskussion.
- Am Ende jeder Runde faßt der Moderator Übereinstimmungen und Differenzen zusammen. Dann folgen weitere Runden, bis eine gemeinsame Auffassung entwickelt wurde.

Übung 2: Strukturierte Runden

Ziel: Diese Übung soll jedem Mut machen, seine Meinung mitzuteilen, und sicherstellen, daß jeder Gelegenheit hat, zu dem betreffenden Thema gehört zu werden. „Strukturierte Runden“ ist eine grundlegende Arbeitstechnik. Sie können diese Vorgehensweise benutzen, um ein Thema aufzubereiten oder um zu einer gemeinsamen Willensbildung in der Gruppe zu kommen. Außerdem ist diese Technik nützlich für die Klärung von Konflikten, weil sie das

gesamte Meinungsspektrum zutage fördert. Solche Runden helfen jeder Gruppe, gründlich über ein Thema oder über eine Frage nachzudenken. Indem jeder Teilnehmer alle anderen Meinungen hört, kann er seine eigene Meinung entwickeln und ändern.
Formulieren Sie das Thema für die Runde, z. B.: „Wie können wir unser Wissen für die Kollegen in XY verfügbar machen?"

Material: Flipchart.

Zeit: Jedes Gruppenmitglied erhält eine begrenzte Redezeit, z. B. eine oder zwei Minuten.

Arbeitsstruktur: Formulieren Sie das Thema für diese Runde. Es ist hilfreich, wenn Sie das Thema auf Flipchart notieren. Fordern Sie einen Teilnehmer auf, den Anfang zu machen, und legen Sie fest, wer als nächster sprechen soll. Die Teilnehmer sprechen nacheinander ohne Unterbrechung und ohne Kommentar. Alle Gruppenmitglieder konzentrieren ihre Aufmerksamkeit auf den jeweiligen Sprecher. Der Zeitnehmer sagt, wann die vorgesehene Zeit abgelaufen ist. Wenn die zur Verfügung stehende Zeit nicht vollständig ausgenutzt werden soll, dann sagt der Sprecher, daß er fertig ist, und lädt das nächste Gruppenmitglied ein fortzufahren. Jedes Gruppenmitglied hat das Recht zu sagen: „Ich passe", wenn der Betreffende aus irgendeinem Grunde keinen Beitrag leisten will oder kann.
Am Ende der Runde faßt der Moderator das Spektrum der Meinungen zusammen und hilft der Gruppe, zu einer gemeinsamen Auffassung bzw. Willensbildung zu gelangen.
Es ist sinnvoll, daß Sie stichwortartig die Beiträge jedes Teilnehmers auf Flipchart notieren, ggf. auch die Zwischenbilanzen, die Sie als Moderator im Verlauf der weiteren Klärungen ziehen. Als Abschluß sollen Beschlüsse und geplante Maßnahmen ebenfalls notiert werden. Wenn in einer Runde keine Klarheit erreicht wird, dann kann eine zweite und dritte folgen.
Wichtig: Vielleicht ist es nötig, daß Sie die Teilnehmer daran erinnern, die anderen nicht zu unterbrechen oder zu kommentieren. Vielleicht müssen Sie zurückhaltende Teilnehmer auch ermutigen, die eigene Meinung vorzutragen.
Wenn verschiedene Runden stattfinden, dann ist es oft zweckmäßig, daß jeweils ein anderes Gruppenmitglied den Anfang macht.
Dies ist eine einfache und außerordentlich wirksame Workshop-Technik, die Sie oft anwenden können.

Übung 3: Dynamisches Brainstorming

Ziel: Hier sollen in einer ruhigen und konzentrierten Atmosphäre möglichst viele Ideen erzeugt werden.

Material: Flipchart und Kurzzeitwecker.

Zeit: Legen Sie mit den Teilnehmern gemeinsam einen Zeitrahmen von fünf bis zehn Minuten fest.

Arbeitsstruktur: Einigen Sie sich zu Beginn mit der Gruppe auf das Thema des Brainstormings. Die Teilnehmer können spontan das Wort ergreifen und jeden Einfall mitteilen, den sie haben, auch exotische Ideen sind willkommen. Die Beiträge können schnell hintereinander erfolgen. Schreiben Sie alle Ideen auf Flipchart. Vielleicht brauchen Sie einen Helfer, um alle Beiträge festzuhalten. Sie werden sehen, daß jeder Teilnehmer durch die Beiträge der anderen zusätzlich angeregt wird. Achten Sie darauf, daß niemand die geäußerten Ideen kommentiert. Beziehen Sie die kinästhetische Intelligenz der Teilnehmer mit ein, indem Sie einen der folgenden Vorschläge realisieren:

- Die Teilnehmer stellen sich hin,
- die Teilnehmer gehen an einen anderen Platz im Raum,
- die Teilnehmer hüpfen auf einem Fuß,
- die Teilnehmer stellen sich auf ihren Stuhl,
- die Teilnehmer schließen die Augen,
- die Teilnehmer gehen dabei meditierend im Raum umher,
- die Teilnehmer stehen irgendwo im Raum. Nach jeder Äußerung darf der Sprecher einen Schritt in eine beliebige Richtung machen.

Übung 4: Pro und Kontra

Ziel: Hier sollen die positiven und negativen Aspekte einer Fragestellung oder eines Problems geklärt werden, um die Entscheidung vorzubereiten.

Material: Am besten zwei Flipcharts.

Zeit: 15 bis 30 Minuten.

Arbeitsstruktur: Machen Sie ein Brainstorming zu allen negativen Aspekten und notieren Sie die Ideen auf dem einen Flipchart. Dann machen Sie eine kleine Pause vor dem nächsten Schritt. Sie können die Teilnehmer z. B. auffordern, im Raum herumzugehen und sich zu recken und zu strecken. Dann machen Sie ein zweites Brainstorming zu all den positiven Aspekten und notieren die Ideen auf dem zweiten Flipchart.
Anschließend setzt sich die Gruppe in einem Halbkreis vor beide Flipcharts. Fordern Sie die Teilnehmer auf, alle Notizen still zu lesen. Anschließend können Sie die Gruppe fragen, ob die Gruppe jetzt bereit ist, an einer Entscheidung zu arbeiten. Manchmal ist die Zeit dafür noch nicht reif. Dann gibt es verschiedene Möglichkeiten, um weiterzukommen:

- Die Teilnehmer sprechen über die Hintergründe einzelner Punkte, die sie beim Brainstorming genannt haben, und sie antworten auf Fragen aus der Gruppe.

- Die Gruppe teilt sich in Untergruppen auf und bespricht das Für und Wider. Jede Untergruppe versucht, zu einer Entscheidung zu gelangen, die sie später dem Plenum vorstellt.
- Identifizieren Sie die wichtigsten Punkte aus beiden Listen und gewichten Sie diese. Das Plenum löst sich in Subgruppen auf, diskutiert darüber und kommt mit einer Empfehlung zum Plenum zurück.
- Entscheiden Sie im Plenum, ob die Frage schon reif für eine Entscheidung ist oder ob noch andere Voraussetzungen erfüllt werden müßten.

Übung 5: Das Kontinuum

Ziel: Diese Technik hilft der Gruppe, das Meinungsspektrum zu einer Frage zu erkunden und visuell hervorzuheben.

Zeit: Zwischen 10 und 60 Minuten, je nach Größe der Gruppe und der gewünschten Intensität der Diskussion.

Arbeitsstruktur: Ziehen Sie eine imaginäre Linie durch den Raum, z. B. eine Diagonale von Ecke zu Ecke. Erklären Sie den Teilnehmern, daß das eine Ende der Linie für vollständige Ablehnung und das andere Ende für vollständige Zustimmung steht. Formulieren Sie die Fragestellung und die beiden extremen Positionen, die dazu möglich sind. (Beispiel: Soll die doppelte Staatsbürgerschaft in Deutschland eingeführt werden?) Erklären Sie, daß diese Technik sich an unsere Intuition sowie an unser rationales Denken wendet und daß sie uns zu einem ruhigen und bedächtigen Vorgehen einlädt. Die Teilnehmer wandern zunächst im Raum herum, um ein Gefühl für die räumliche „Beantwortung" der Frage zu entwickeln. Sie können verschiedene Positionen probeweise einnehmen, bis sie sich für eine Position auf der Linie entscheiden, die sich für sie richtig „anfühlt". Wenn alle Teilnehmer ihren Platz auf der imaginären Linie eingenommen haben, dann können sie sich mit ihren beiden Nachbarn darüber austauschen, weshalb sie sich diese Stelle ausgesucht haben. (2 Minuten für die Unterhaltung nach beiden Seiten) Die Teilnehmer an den Endpunkten des Kontinuums sprechen miteinander oder mit dem Moderator.
Dann überprüft jeder, ob er die Position, die er gewählt hat, beibehalten oder ob er jetzt eine andere Position beziehen will. Nach dieser Korrekturmöglichkeit, ergreift jeder Teilnehmer das Wort und begründet für die ganze Gruppe, was ihn zu seiner Position geführt hat und was er im Augenblick empfindet.

Variationen:
- Die Reihe kann einen leichten Bogen bilden, damit jeder sehen kann, wo die anderen Teilnehmer ihre Position gefunden haben.
- Sie können die beiden Gruppenmitglieder an den Endpunkten der Linie auffordern, eine kurze öffentliche Unterhaltung zu führen, was sie zu ihrer

Entscheidung geführt hat.

- Sie können die Reihe in der Mitte „zusammenfalten“, so daß sich immer zwei Teilnehmer gegenüberstehen. Diese Teilnehmer unterhalten sich dann fünf Minuten lang über ihre Position. Anschließend kommen immer zwei beliebige Paare zusammen und diskutieren über ihre eingenommenen Positionen.

Anwendungsmöglichkeiten: Diese Technik kann immer angewendet werden, um kontroverse Meinungen zu erforschen. Außerdem können wichtige Aspekte des Gruppenprozesses mit ihrer Hilfe geklärt werden:

- Wie weit bin ich mit der Arbeit im Workshop zufrieden?
- Wieviel Einfluß habe ich in der Gruppe?
- Wieviel habe ich bisher in diesem Workshop lernen können?
- Wie frei fühle ich mich hier?
- Wieviel Vertrauen habe ich zur Gruppe?
- Wieviel Spaß macht mir die Teilnahme am Workshop?
- Was von dem hier Erfahrenen werde ich später in der Praxis benutzen können?
- Wie gut klappt die Kooperation im Workshop?
- Wie weit bin ich mit dem Moderator zufrieden?

Untergruppen bilden – (Ein Workshop mit einer größeren Anzahl von Teilnehmern kann immer wieder in kleinere Gruppen aufgeteilt werden, damit jeder die Chance hat, sich aktiv zu beteiligen.)

Paare: Partnerarbeit kann sehr schnell eingeleitet werden, um Ideen zu erzeugen, um die Diskussion über ein Thema zu vertiefen und um die Arbeitsenergie in der Gruppe zu steigern, z. B.: „Lassen Sie sich zwei Minuten Zeit, um mit Ihrem Nachbarn darüber zu sprechen, wie…“
Anschließend können Sie die Paare fragen, was sie herausgefunden haben. Achten Sie darauf, das Thema und zeitlicher Rahmen klar sind.

Trios und Quartette: Solche Kleingruppen eigenen sich sehr gut, um Probleme zu diskutieren, Lösungen vorzubereiten oder um bestimmte Skills zu üben. Sie erleichtern die aktive Teilnahme. Sie sind besonders für schüchterne Teilnehmer ein Rahmen, der Sicherheit gewährt.
Oft ist es nützlich, daß die Kleingruppen ihre Arbeitsergebnisse auf Flipcharts notieren und einen Sprecher wählen, der die Arbeitsergebnisse später im Plenum vorstellt. Nach der verabredeten Arbeitszeit (zwischen 15 und 30 Minuten) kommen die Kleingruppen im Plenum zusammen und stellen ihre Ergebnisse der ganzen Gruppe vor.

Untergruppen mit 6 bis 8 Teilnehmern: In einem sehr großen Workshop müssen Sie häufiger auf diese Arbeitsform zurückgreifen. Bei Untergruppen mit mehr als fünf Teilnehmern ist es sinnvoll, daß die Gruppe sich einen eigenen Moderator wählt. Auch diese Subgruppen notieren ihre Arbeitsergebnisse auf Flipchart und wählen sich für die Präsentation einen Sprecher.

Wenn Sie mit Untergruppen arbeiten, müssen Sie immer berücksichtigen, wieviel Zeit die Vorstellung der Arbeitsergebnisse erfordert. Für jeden Bericht müssen Sie ungefähr mit fünf Minuten rechnen. Darum wird es besser sein, wenn Sie z. B. nur vier Kleingruppenberichte haben, anstelle von sechs. Setzen Sie klare Zeitgrenzen, sowohl für die Arbeitszeit in den Kleingruppen (in der Regel maximal 30 Minuten) als auch für die Präsentation im Plenum und das anschließende Feedback.

69 Geschichten, Anekdoten, Aphorismen

Diese literarischen Formen können Sie benutzen, um die Aufmerksamkeit Ihrer Teilnehmer zu gewinnen, um ihnen komplizierte Zusammenhänge zu verdeutlichen und um sie zum Nachdenken anzuregen. Kurze Geschichten verwende ich persönlich gern, um eine Lerneinheit mit einem deutlichen Höhepunkt zu beenden.

1. Geschichten

Geschichten sollen in der Regel kurz sein. Besonders geeignet sind Zen- und Sufigeschichten. Sie sind kurz, sie verblüffen, sie sind zeitlos. Und sie belehren auf eine sehr akzeptable Weise. Am besten erzählen Sie die Geschichte auswendig. Setzen Sie Ihre Stimme dabei dramatisch ein!

Die Lösung des Problems – Ein Mann hatte viele Jahre damit verbracht, die Gesetze seiner Religion zu studieren. Er kam zu seinem Meister und fragte ihn: „Meister, was muß ich sonst noch wissen?"
Der Meister sagte: „Der Schlüssel zu einem guten Leben ist die Liebe, nicht die Religion oder das Gesetz." Dann erzählte er die Geschichte von zwei Jungen, die in die Sonntagsschule gingen. Am Ende hatten beide genug vom Religionsunterricht. Einer von ihnen machte darum den Vorschlag, einfach wegzulaufen.
„Weglaufen sollen wir? Unsere Väter werden uns sicher einfangen und verprügeln."
„Nein, wir werden ihnen eine Tracht Prügel verpassen."
„Was? Willst du deinen Vater verprügeln? Du bist wohl verrückt geworden. Hast du vergessen, daß wir Vater und Mutter ehren sollen?"
„Du hast vollkommen recht. Darum machen wir es so: Du verprügelst meinen Vater und ich deinen."

Schlamm und Morast – Zwei Mönche wanderten über Land. Es hatte lange geregnet, und der Weg war mit Schlamm bedeckt. Tanzan und Ekido zogen unerschütterlich weiter, bis auf die Haut durchnäßt von dem schweren, endlosen Regen. Als sie um eine Wegbiegung kamen, trafen sie ein wunderschönes Mädchen in einem prächtigen seidenen Kimono, das sich scheute, den morastigen Weg zu überqueren.
„Komm Mädchen," sagte Tanzan spontan. Er hob sie auf seine Arme und trug sie über den Morast.
Ekido schwieg bis zum Abend, bis sie den Tempel erreichten, wo sie die Nacht verbringen wollten. Jetzt konnte er sich nicht mehr zurückhalten: „Wir Mönche halten uns von Frauen fern," sagte er zu Tanzan, „ganz besonders von jungen und schönen. Sie sind gefährlich. Warum hast du das getan?"

„Ich habe das Mädchen dort am Rande des Weges abgesetzt," sagte Tanzan. „Trägst du sie denn immer noch in deiner Phantasie?"

Schwimmen können – Nasrudin hatte ein altes Ruderboot. Manchmal nahm er Passagiere mit, die einen Ausflug machen wollten. Eines Tages wurde er von einem nervösen Professor angeheuert, der auf die andere Seite des breiten und gefährlichen Stromes übersetzen wollte. Sobald das Boot abgelegt hatte, fragte der Professor, ob sie mit hohen Wellen zu rechnen hätten. „Keine Ahnung, weiß nich", sagte Nasrudin. „Hast du niemals Grammatik gelernt?" fragte der Professor. „Nein", sagte Nasrudin. „Nun, dann hast du dein halbes Leben vergeudet", antwortete der Professor von oben herab.
Bald zog ein gewaltiger Sturm auf. Die Wellen schlugen hoch und füllten Nasrudins kleines Boot mit Wasser. Er wandte sich zu seinem Passagier um und fragte: „Haben Sie jemals schwimmen gelernt?" „Nein", antwortete der Professor. „Dann haben Sie Ihr ganzes Leben vergeudet, denn wir werden gleich untergehen."

Himmel und Hölle – Ein alter Mönch saß an der Straße, in tiefe Meditation versunken. Plötzlich wurde seine Andacht von der barschen Stimme eines Samurai-Kriegers unterbrochen: „He, alter Mann, lehre mich, was Himmel und Hölle sind!"
Als ob er nicht gehört hätte, gab der Mönch zunächst keine Antwort. Ganz langsam öffnete er seine Augen mit einem kaum merklichen Lächeln auf den Lippen, während der Samurai vor ihm stand, ungeduldig und zunehmend ärgerlich.
„Du möchtest das Geheimnis von Himmel und Hölle kennen?", fragte der Mönch schließlich. „Du, der du so grob bist? Du, dessen Hände und Füße mit Staub bedeckt sind? Du, dessen Schwert rostig und ungepflegt ist?"
Der Samurai stieß einen Fluch aus. Er zog sein Schwert und hob es hoch über seinen Kopf. Sein Gesicht wurde scharlachrot vor Zorn, als er sich anschickte, den respektlosen Mönch zu enthaupten.
„Das ist die Hölle", sagte der alte Mann sanft.
Wie vom Blitz getroffen, hielt der Samurai inne, überwältigt von Staunen, Ehrfurcht, Mitgefühl und Liebe zu diesem sanften alten Mann, der sein Leben riskiert hatte, um ihm diese Lehre zu erteilen. Seine Augen füllten sich mit Tränen der Dankbarkeit.
„Und das", sagte der Mönch, „ist der Himmel."

2. Anekdoten

Persönlich erlebte Geschichten sind häufig besonders wirkungsvoll. Vor allem, wenn eine solche Geschichte dramatisch ist, wenn sie die Zuhörer überrascht, sie in Spannung versetzt und eine starke emotionale Bewegung bei ihnen auslöst.

Tradition – Abraham Maslow erzählte seinen Studenten gern die folgende Anekdote:
Im Zweiten Weltkrieg sollte ein Rationalisierungsexperte für die britische Armee die Arbeitsweise der Artillerie analysieren, weil man hoffte, die Geschütze noch wirksamer einsetzen zu können.
Der Experte beobachtete, wie die Geschützmannschaft einen Armeelastwagen bestieg und eine Kanone auf den Schießplatz bugsierte. Dann brachte die Mannschaft das Geschütz in Stellung, lud eine Granate und richtete das Rohr auf ein Ziel aus. Kurz vor dem Schuß gingen zwei der Soldaten mit schnellen Schritten hinter die Kanone und nahmen Haltung an. Nach dem Schuß kehrten sie zu dem Geschütz zurück und halfen beim Entfernen der Kartusche und beim erneuten Laden.
Der Experte fragte die Mannschaft, warum die beiden Soldaten vor jedem Schuß hinter der Kanone Haltung annahmen. Niemand konnte ihm einen Grund nennen. Es war einfach Teil der Routine.
Neugierig geworden, setzte der Experte seine Erkundigungen fort. Er befragte ältere und immer ältere Offiziere. Aber er bekam stets dieselbe unbefriedigende Antwort: Das haben wir immer so gemacht.
Schließlich bat er einen Veteranen aus dem Burenkrieg, sich das Ritual auf dem Schießplatz anzusehen. Vielleicht könnte der alte Soldat ihm erklären, was die beiden Männer taten, die sich vor jedem Schuß hinter der Kanone postierten.
Der Veteran schaute sich die Sache an, lachte schallend und sagte: „Sie halten die Zügel der Pferde, damit die nicht weglaufen, wenn die Kanone feuert."

Sich beklagen – Die amerikanische Dichterin Maya Angelou erzählt die folgende Begebenheit aus ihrer Jugend:
„Ich bin bei meiner Großmutter aufgewachsen. Sie hatte eine ganz besondere Angewohnheit: Wenn jemand in ihren Laden kam, der zu klagen und zu jammern pflegte, dann rief sie mich zu sich und sagte mit Verschwörermiene: ‚Komm herein, Mädchen!' Meine Großmutter fragte den Kunden dann: ‚Wie geht es Dir heute, Bruder Thomas?' Dieser antwortete: ‚Nicht so gut heute, Schwester Henderson.' ‚Es ist so heiß. Ich hasse diese Sommerhitze. Sie macht mich ganz krank. Dieses Wetter bringt mich noch um!'
Meine Großmutter stand dann stoisch da, die Arme vor der Brust verschränkt und murmelte: ‚Aha, aha!' Und sie sah mich an, ob ich dieses Lamento auch gehört hätte.
Ein anderes Mal kam eine Frau und klagte: ‚Ich hasse das Pflügen. Die Erde ist so widerspenstig, und die Maultiere sind so dumm. Ich komme um bei dieser Arbeit. Ich werde nie damit fertig werden. Meine Hände und Füße sind wund, und ich habe Sand in den Augen und in der Nase. Das halte ich nicht länger aus!'
Und meine Großmutter, die Arme stoisch gekreuzt, sagte: ‚Aha, aha!' Sie schaute mich an und nickte. Aber sobald die Frau den Laden verlassen hatte,

befahl sie mir, mich vor sie hinzustellen. Und dann sagte sie die Worte, die sie wohl schon tausendmal zu mir gesprochen hatte: ‚Mädchen, hast du gehört, was Bruder ‚Es-ist-zu-heiß‘ und Schwester ‚Zuviel-zu-tun‘ geklagt haben?‘ Dann nickte ich, und Großmutter fuhr fort: ‚Mädchen, überall auf der Welt haben sich gestern abend Menschen schlafen gelegt, Arme und Reiche, Junge und Alte, Weiße und Schwarze. Viele von ihnen werden nie wieder aufwachen, Mädchen. Sie hatten heute morgen aufstehen wollen, aber ihre Betten wurden zu Särgen und ihre Decken zu Leichentüchern. Diese Toten würden alles geben, alles für fünf Minuten Hitze und für zehn Minuten Pflügen im Staub. Darum hüte dich davor, zu jammern und zu klagen. Wenn du etwas nicht gern tust, dann tu etwas anderes. Wenn du etwas nicht ändern kannst, dann ändere die Art, wie du darüber denkst. Aber jammere nicht!‘

Jeder Mensch hat nur einige Augenblicke im Leben, in denen er sich öffnet und sich etwas sagen läßt. Und meine Großmutter hat mich in solchen Momenten erreicht, die ich im Alter zwischen drei und dreizehn Jahren hatte.

Jammern ist nicht nur dumm, es kann auch gefährlich sein. Es kann einen grausamen Menschen darauf aufmerksam machen, daß ein Opfer in der Nähe ist.“

Augenblicke des Schweigens – Der amerikanische Meditationslehrer Clark Strand erzählt die folgende Begebenheit: „Neulich traf ich einen alten, erfahrenen Psychoanalytiker. Ich fragte ihn, was seiner Meinung nach der wichtigste Faktor für eine erfolgreiche Behandlung sei. Er antwortete, daß er lange Jahre gedacht habe, es käme vor allem auf eine möglichst gute analytische Ausbildung an. Immer habe er seine Therapieerfolge damit erklärt, daß er bei so vielen ausgezeichneten Lehranalytikern ausgebildet worden war.

‚Und wie sehen Sie die Sache heute?‘

‚Jetzt weiß ich, daß meine Stärke darin bestand, in Augenblicken des Schweigens für meine Patienten offen zu bleiben. In Augenblicken, in denen nicht gesprochen wurde. Wenn ich zurückdenke, dann waren die entscheidenden Augenblicke diejenigen, in denen scheinbar überhaupt nichts geschah. „Ich habe dreißig Jahre gebraucht, bis ich das zulassen konnte‘, sagte er. Ich fragte weiter: ‚Glauben Sie, daß viele Analytiker oder Psychotherapeuten dieses Geheimnis kennen?‘

‚Wenn sie ihre Klienten erfolgreich behandeln, dann handeln sie danach. Aber in den meisten Fällen wissen sie nicht, daß sie es wissen.‘

Er dachte noch einen Augenblick nach und fügte hinzu: ‚Es ist so schwierig, weil es eigentlich so selbstverständlich ist.‘“

Sehr schön sind auch ganz kurze Anekdoten, die mit leichter Hand ein Schlaglicht auf unsere Schwächen werfen und uns zum Lachen bringen. Ein Beispiel ist die folgende Anekdote, die Paul Watzlawick zugeschrieben wird:

Der Kaffee schmeckt scheußlich – Ein Kollege fragte Paul Watzlawick, woran man merkt, daß eine Paartherapie beendet werden kann. Watzlawick antwortete: „Wenn das Paar zusammen frühstückt und der Mann sagt: ‚Der Kaffee schmeckt scheußlich', und wenn dann beide wissen, daß der Mann über den Kaffee spricht..."

3. Aphorismen

Manchmal können wir den Teilnehmern eine Botschaft ganz kurz und knapp durch einen Aphorismus senden. Vielleicht wollen wir sie kurz darauf aufmerksam machen, daß Autoritäten ab einem gewissen Alter nicht mehr bekämpft werden müssen:

„Reife ist, wenn du tust, was du möchtest, auch wenn deine Mutter glaubt, daß das eine gute Sache ist."

Am Ende einer schwierigen Sitzung oder nach einem Mißerfolg können Sie die Teilnehmer mit dem folgenden Aperçu von Jean Giraudoux trösten:

„Nur die Mittelmäßigen bringen immer Spitzenleistungen."

Und wenn Ihre Teilnehmer von Zweifeln geplagt sind, weil sie die Lösung für ein schwieriges Problem noch nicht gefunden haben, machen Sie ihnen am Ende einer Sitzung folgendes indirekte Kompliment:

„Alle Schwierigkeiten dieser Welt haben den einen Grund: Die Dummen sind sich ihrer Sache sicher, und die Klugen sind voller Zweifel." (Bertrand Russell)

70 Persönliches Journal

Wenn Sie sehr motivierte Teilnehmer in einem Workshop haben, der über eine längere Zeit geht, dann können Sie sie auffordern, ein persönliches Journal zu führen, ein Tagebuch, in dem sie ihre Lernprozesse im Workshop beschreiben, ihre Einsichten, ihre Blockaden und Durchbrüche. Im folgenden skizziere ich, wie Sie die Teilnehmer mit diesem sehr persönlichen Lernmedium vertraut machen können, das ihre Ressourcen und innere Selbständigkeit betont.

Ziel: Einführung des „persönlichen Journals".

Zeit: 30 Minuten.

Material: Ein Schreibheft für jeden Teilnehmer.

Arbeitsstruktur: Finden Sie heraus, wer von den Teilnehmern bereits Erfahrung auf diesem Gebiet hat und benennen Sie ggf. einige Persönlichkeiten, die den Teilnehmern bekannt sind, die ebenfalls diese Methode benutzen.

Dann sprechen Sie über die Technik und die Zwecke des Journal-Schreibens:
- Tagebuchschreiben ist ein Dialog, den wir mit uns selbst führen.
- Eine grundlegende Technik ist der „Bewußtseinsstrom": Wir notieren alles, was uns durch den Sinn geht, unsere Gedanken und Erfahrungen, unsere Gefühle. Oft werden wir dabei entdecken, daß wir eigentlich einen „Trialog" schreiben, bei dem unser Kopf, unser Herz und unser Körper zu Wort kommen.
- Tagebuchschreiben gestattet uns zunächst eine private Situation, in der wir von äußeren Störungen und Interventionen frei sind. Wir müssen auf niemanden Rücksicht nehmen.
- Kreative Persönlichkeiten erleben ihren Alltag als Abfolge von vielen kleinen Prozessen des Lernens, Suchens und Erkennens. Sie empfinden ihr Leben als dynamisch und veränderbar. Stabilität finden sie in ihrer Verbundenheit mit dem Lebensprozeß. Die Eintragungen in einem täglichen Tagebuch tragen ebenfalls zu dem Gefühl der Kontinuität bei, weil das Schreiben die vielen Ereignisse verbindet, die an der Oberfläche vielleicht chaotisch und unzusammenhängend erscheinen.
- Besonders nützlich ist Tagebuchschreiben in Übergangssituationen, an Wendepunkten des Lebens, wenn wichtige Entscheidungen getroffen werden müssen, wenn intensive Lernphasen anstehen.
- Hilfreich ist Tagebuchschreiben auch am Ende von Lernprozessen; es hilft uns dann, neue Perspektiven und Einsichten zu integrieren.
- Weiter hilft Tagebuchschreiben bei der Pflege wichtiger Beziehungen. Es gibt Gelegenheit, Beziehungen tiefer zu verstehen und nicht vorschnell z. B. frustriert zu reagieren.

- Tagebuchschreiben ist ein gutes Mittel der Entspannung, weil wir hier ganz unserem eigenen, inneren Rhythmus folgen können und nicht auf externe Anforderungen reagieren müssen.
- Wir können das Tagebuchschreiben benutzen, um wichtige Erlebnisse in unserer beruflichen Sphäre zu bedenken und um uns auf schwierige Aufgaben vorzubereiten.
- Und es hat noch folgenden methodischen Vorteil: Wir können auf frühere Eintragungen zurückgreifen, um eigene Verhaltensmuster deutlicher zu erkennen, um Dinge zu bemerken, die uns in unserem Leben fehlen, und um Selbstblockaden zu entdecken.

Wenn Sie über die Möglichkeiten des persönlichen Journals gesprochen haben, dann können Sie die Schreibhefte verteilen und den Teilnehmern folgende Hinweise geben: „Ehe Sie zu schreiben beginnen, können Sie sich eine Minute ruhiger Konzentration gönnen... ruhig und tief atmen, die Augen schließen, den Körper spüren, Ihre Stimmung wahrnehmen und die Gedanken, die Ihnen gerade durch den Kopf gehen...
Dann können Sie anfangen zu schreiben. Schreiben Sie über sich selbst und über Ihren Lernprozeß im Workshop. Vielleicht wollen Sie notieren, in welchen Situationen Sie leicht gelernt haben, in welchen Situationen Ihr Lernen mühsamer war; vielleicht wollen Sie aufschreiben, welche Einsichten Sie gewonnen haben, welche Antworten Sie gefunden haben, welche Fragen aufgetaucht sind.
Vielleicht hat Ihre Teilnahme am Workshop auch zu Erinnerungen geführt, an frühere Lernsituationen, an frühere Lehrer, an Lerngruppen, an denen Sie einmal teilgenommen haben.
Wenn Sie bemerken, daß Sie aus irgendeinem Grunde mit einem anderen Thema innerlich beschäftigt sind, dann geben Sie diesem Thema die Priorität und schreiben Sie darüber. Sie dürfen das Tagebuch als eine Gelegenheit betrachten, bei der Sie sich ganz frei ausdrücken können. Lassen Sie sich zehn Minuten Zeit dafür."

Nach zehn Minuten beenden die Teilnehmer ihr Schreiben und lesen ihre Notizen schweigend durch. Sie können noch irgendwelche Zusätze machen, wenn sie es möchten. Danach gehen die Teilnehmer fünf Minuten an einen Ort, wo sie ganz für sich sind. Dort lesen sie ihre Notizen einmal mit lauter Stimme. Sie hören sich dabei selbst zu und fassen dann ihre Reaktion auf all das, was sie ausgedrückt haben, in einem einzigen, kurzen Satz zusammen, den sie ebenfalls im Tagebuch notieren.
Anschließend kurzes Feedback im Plenum zu dieser Selbstmanagement-Technik.

Variation: Am Ende einzelner Gruppensitzungen können Sie die Teilnehmer auffordern, kurze Einträge in ihr persönliches Journal zu machen. Lesen Sie einzelne der folgenden Satzanfänge vor und lassen Sie die Teilnehmer die Satzanfänge komplettieren:

- Diese Lerneinheit war für mich wie...
- Richtig wach wurde ich, als...
- Ärger, Befriedigung oder Engagement habe ich in dieser Sitzung erlebt, als...
- Inspiration, Träume oder Ideen kamen mir in dieser Sitzung, als...
- Von allen Gruppenmitgliedern hat mich in dieser Sitzung am meisten angeregt...
- Ich habe in dieser Sitzung nicht ausgedrückt, daß...
- Zufrieden bin ich, daß ich in dieser Sitzung aktiv wurde, indem ich...
- Offen geblieben ist für mich...
- Meinen Körper habe ich in dieser Sitzung gespürt, als...
- Die größte innere Verbundenheit habe ich mit XY gespürt...
- Vergnügen hat mir gemacht, daß...

71 Zwölf Rituale

In allen Gruppen können Rituale den Teilnehmern ein Empfinden von Sicherheit und Verläßlichkeit schenken. Rituale können die Gruppe wichtiger machen durch das besondere Maß an Vertrautheit und durch eine kleine Dosis Exklusivität. Der Moderator kann indirekte und explizite Rituale benutzen.

Das wichtigste indirekte Ritual ist die Sitzordnung. Wenn die Teilnehmer die Arbeit jeden Tages mit derselben Anordnung der Stühle beginnen, zum Beispiel im Stuhlkreis, dann stellen sie sich automatisch auf den partizipativen Arbeitsstil des Workshops ein.

Zu den expliziten Ritualen gehört die Technik des „Rundganges", bei dem ein Teilnehmer nach dem anderen ein kurzes Statement abgibt.

Dieses Ritual betont die zentrale Philosophie des Workshops, daß jeder zur Gruppe gehört und wichtig ist. Sie können zum Beispiel jeden Tag mit diesem einfachen Ritual beginnen. Die Teilnehmer sprechen nacheinander kurz darüber, mit welchen Gedanken und Gefühlen sie den Arbeitstag beginnen. Dieses Ritual bewirkt, daß jeder seine Aufmerksamkeit auf die Gruppe und auf die gemeinsame Arbeit konzentriert. Der Moderator erhält wichtige Hinweise über die persönliche Befindlichkeit jedes einzelnen Teilnehmers.

Sehr nützlich ist das Ritual des Rundgangs auch am Ende des Tages.

Ehe die Teilnehmer die Freizeit am Ende des Tages genießen oder nach Hause fahren, kommt die Gruppe als Ganzes noch einmal deutlich in den Blick. Nacheinander teilt jeder mit, in welcher Stimmung und mit welchen Gedanken er die Arbeit des Tages abschließt.

Wenn Sie als Moderator Rituale benutzen, zeigen Sie den Teilnehmern indirekt, daß Sie am Zusammenhalt der Gruppe interessiert sind und daß Sie eine Balance anstreben zwischen Neuem und Vertrautem. Im folgenden möchte ich Ihnen einige Vorschläge für weitere Lernrituale machen:

- Beginnen Sie bei mehrtägigen Workshops den Tag mit einer Körperübung zum Wachwerden und schließen Sie dann eine Runde mit dem „Wetterbericht" („In welcher Stimmung beginne ich diesen Tag?" etc.) an. Das ist mein persönliches Lieblingsritual, das von zahlreichen Gruppen geschätzt wird, weil es menschenfreundlich ist. Viele Teilnehmer beginnen den Tag noch etwas schläfrig. Darum begrüßen sie einen solchen sanften Übergang zu den folgenden Arbeitssitzungen. (Vorschläge für Körperübungen finden Sie in meinen Büchern „Metaphorische Aktionen", „Die 10-Minuten-Pause" und in „Anwärmspiele, Teil 1 und 2".)

- Begrüßen Sie am Morgen jeden Teilnehmer an der Tür des Gruppenraumes mit einem Lächeln und sprechen Sie jeden mit seinem Namen an.

- Beginnen Sie den Tag mit demselben animierenden Musikstück. Spielen Sie zwei bis drei Minuten vor Arbeitsbeginn eine Begrüßungsmusik, die den Workshopmitgliedern ohne Worte sagt: „Kommen Sie herein, hier soll es gleich losgehen, wir werden einen interessanten Tag zusammen erleben." Spielen Sie Instrumentalmusik mit einem frischen Rhythmus, zum Beispiel „Great Balls of Fire" (J. Hammer/O. Blackwell), „Jailhouse Rock" (J. Leiber/M. Stoller) oder „High School Confidential" (R. Hargrave/J. L. Lewis). Die Musik soll aktivierend wirken, das Gehirn der Teilnehmer wecken und sie auf den Start der Sitzung vorbereiten. Wählen Sie ein Musikstück, das zum Geschmack Ihrer Teilnehmer paßt.

- Laden Sie häufig zu „Stretching-Pausen" ein. Bitten Sie die Teilnehmer, zu viert oder zu fünft zusammenzukommen und sich im Kreis aufzustellen. Spielen Sie sanfte Musik. Nacheinander leitet jedes Teammitglied seine Partner eine Minute lang an, sich zu strecken, indem es Streckübungen vormacht, die ihm bekannt sind oder die es spontan erfindet.

- Machen Sie einmal am Tag ein Mindmapping. Inhalt des Mindmappings können zum Beispiel die Ergebnisse und Einsichten des letzten oder des laufenden Tages sein.

- Wenn es regelmäßig Arbeitsgruppen gibt, dann können Sie diese anschließend zu einer „Selbsteinschätzung in zehn Punkten" auffordern. Jede Arbeitsgruppe definiert selbständig zehn Punkte, nach der sie ihre Arbeit selbst bewerten will (Beispiele: Ist jeder zu Wort gekommen? Konnten Koflikte gelöst werden? Wie ist die Qualität der Arbeitsergebnisse? usw.).

- Lassen Sie die Teilnehmer einmal am Tag zu zweit einen „Sokratischen Spaziergang" machen. Sie sprechen dabei über ihre Einsichten, entstandene Fragen, gegebenenfalls über Blockaden sowie über Hoffnungen und Wünsche.

- Fordern Sie die Teilnehmer auf, sich ihrem linken oder rechten Nachbarn zuzuwenden. Gemeinsam haben sie sechzig Sekunden Zeit, um dem anderen ein kleines Kompliment zu machen oder sich bei dem Partner für die Kooperation, für eine Anregung u. ä. zu bedanken.

- Organisieren Sie nach einer anstrengenden Arbeitsphase eine Runde Applaus für den gesamten Workshop: ein Teilnehmer beginnt heftig zu klatschen, und in schneller Folge schließt sich immer ein weiteres Gruppenmitglied dem Applaus an. Das ergibt ein eindrucksvolles Crescendo.

- Vor einer anstrengenden Aktivität können Sie der Gruppe eine „Lernmassage" schenken. Die Teilnehmer kommen zu zweit zusammen. Abwechselnd geben sie einander nun eine Klopfmassage mit den Fingerspitzen beider Hände, und zwar für die Schädeldecke und die Seiten des Kopfes, für Schultern und Rücken, für Arme und Beine.

- Laden Sie zu Reflexions-Teams ein. Nach einer Lerneinheit kommen immer drei Teilnehmer zusammen, um ihren Lernprozeß zu bilanzieren: Was habe ich neu gelernt? Welche Fragen sind aufgetaucht? Was hat sich für mich bestätigt? Was möcht ich später anwenden?

- Machen Sie eine „schnelle Umfrage". Alle Teilnehmer schließen die Augen und überlegen sich, wie zufrieden sie im Augenblick – nach einer Skala von eins bis zehn – sind. Dann halten sie entsprechend viele Finger hoch. Wenn alle Hände oben sind, fordert der Moderator dazu auf, die Augen wieder zu öffnen. Alle schauen sich um, und jeder kommentiert den eigenen Zufriedenheitsfaktor, beziehungsweise das Bild, das die ganze Gruppe abgibt. Auf diese Weise entsteht sehr schnell Transparenz.
  (Sie können natürlich auch andere Dinge abfragen: Wie schwierig war die Lerneinheit? Wie interessant war das Lernarrangement? Wie neuartig sind die gewonnenen Einsichten, wie zufrieden ist jeder mit dem Moderator? etc.)

Sie können selbst weitere Rituale erfinden, die zu Ihrem persönlichen Arbeitsstil als Moderator und zu Ihren Workshopteilnehmern passen.
Die meisten hier vorgeschlagenen Rituale sind zwei Kategorien zuzuordnen:
1. Hedonistische Rituale, die Spaß und Vergnügen bereiten.
2. Informative Rituale, in denen es um den Austausch von Gedanken, Meinungen, Wünschen usw. geht.

Eine solche Mischung entspricht der Workshop-Philosophie: Die Teilnahme soll Genuß bereiten und klüger machen!

72 Den Körper einbeziehen

Versuchen Sie, dieser Aufforderung möglichst oft nachzukommen. Der Workshop wird lebendiger, die Teilnehmer lernen mehr und haben mehr Spaß, wenn der Körper häufiger in den Lernprozeß einbezogen wird. Grundschullehrer wissen das seit langem, aber schon von Zehnjährigen erwarten wir, daß sie 45 Minuten stillsitzen und sich auf ein Thema konzentrieren. Unser Gehirn ist für diese Art von Konzentration nicht konstruiert. Ganz instinktiv sucht unser Geist das Neue, um entscheiden zu können, ob wir wach sein müssen oder ob wir uns entspannen dürfen. Besonders unser Stammhirn hat diese Wächterfunktion. Wir haben ein ganz natürliches Bedürfnis, uns zu bewegen und herumzuwandern. Der Grund ist einfach: Durch die wechselnden Perspektiven, aus denen wir unsere Umgebung betrachten und z. B. nach „verdächtigen" Geräuschen forschen, haben wir eine größere Chance, wichtige Informationen aus einer Fülle von sinnlichen Daten herauszufiltern.
In Baustein 49 über die kinästhetische Intelligenz habe ich bereits über den Dualismus gesprochen, der unsere Kultur prägt. Sobald der Lernende in die Pubertät kommt, wird der Körper in formellen Lernprozessen als etwas betrachtet, was kontrolliert und unterdrückt werden muß. Eine harmonische Energieentfaltung beim Lernen wird dadurch gestört. Sehr disziplinierte Lerner versuchen, ihren Körper zu ignorieren, und die temperamentvollen Lernenden scheinen an Konzentrationsschwäche und Hypermotorik zu leiden. Durch die erzwungene körperliche Ruhe zeigt ein Teil der Lernenden die Symptome von Hyperaktivität. Eine andere Didaktik würde Kindern, Jugendlichen und Erwachsenen diese Stigmatisierung ersparen.
Im Blick auf eine moderne Workshop-Didaktik ist es sinnvoll, daß wir bei allen Lernsituationen den Körper der Lernenden im Auge haben. Der Körper ist der Kontaktpunkt zwischen zwei Welten, zwischen Geist und Materie, und unser Stammhirn arbeitet wie ein automatischer Scanner, der entscheidet, ob Ruhe oder Wachheit angesagt ist. Das Stammhirn entscheidet auch, ob hereinkommende Informationen neu und ungewöhnlich sind. Es entscheidet über unsere Aufmerksamkeit beim Lernen. Wenn sich der Körper genug beim Lernen bewegt, dann kann dieser Scanner normal funktionieren, sonst haben wir häufig Fehlalarm, und das Stammhirn meldet: „Es passiert nichts Wichtiges. Du kannst schlafen oder spielen gehen."
Im folgenden möchte ich Sie auf verschiedene Möglichkeiten aufmerksam machen, wie Sie den Körper beim Lernen einbeziehen können.

1. Körperhaltung und Denken – Auch für viele Erwachsene entstehen Schwierigkeiten beim Lernen, wenn sie in sich zusammengesunken auf ihren Stühlen sitzen. Das Gehirn erhält zu wenig Sauerstoff, und der Blutdruck ist zu niedrig. Darum ist es zweckmäßig, daß Sie bei längerer intellek-

tueller Arbeit die Teilnehmer zwischendurch auffordern, kurz aufzustehen. Machen Sie eine Streckübung oder eine kurze Atemübung. Fordern Sie dazu auf, die Augen aktiv zu benutzen und sich im Raum umzusehen.
Wenn wir stehen, dann beginnt unser Herz schneller zu schlagen, ungefähr zehn Schläge zusätzlich pro Minute. Auf diese Weise strömt mehr Blut ins Gehirn, was wiederum das zentrale Nervensystem aktiviert und die Tätigkeit der Neuronen im Gehirn anregt. Wenn wir stehen, dann strömen zehn bis fünfzehn Prozent mehr Blut durch unser Gehirn, und die Informationsverarbeitung wird fünf bis zwanzig Prozent schneller. Wenn wir zu lange sitzen, fangen wir leicht an, uns zu langweilen und den Fokus unserer Aufmerksamkeit zu verlieren.
Wenn Sie oder ein Gruppenmitglied ein längeres Referat halten, können Sie die Teilnehmer durchaus auffordern, zwischendurch ein paar Minuten im Stehen zuzuhören. Auch das führt dazu, daß die Aufmerksamkeit erheblich geschärft wird. Und denken Sie daran, immer wieder kurze Atemübungen einzustreuen. Amerikanische Biologen haben herausgefunden, daß schwimmende Delphine jedesmal 90 Prozent der verbrauchten Atemluft austauschen, wenn sie zum Atmen auftauchen. Das heißt, diese Tiere versorgen sich mit der größtmöglichen Menge an frischem Sauerstoff. Wenn wir in der Gruppe sitzen und lernen, schneiden wir im Vergleich zu den Delphinen sehr schlecht ab. Bei jedem Atemzug benutzen wir nur 10 bis 25 Prozent unserer Lungenkapazität. Das bedeutet, daß unser Gehirn – der größte Sauerstoffverbraucher unseres Körpers – beim Lernen quasi verhungert. Wenn Ihre Teilnehmer gähnen, muß das kein Zeichen dafür sein, daß sie sich langweilen, aber es ist ein sicheres Zeichen für ein Sauerstoffdefizit.
Denken Sie bitte daran, häufig genug aktivierende Übungen zu benutzen, damit die Lernphysiologie für Ihre Teilnehmer stimmt.

2. Rollenspiele und Improvisationstheater unterstützen das Lernen – Es ist eine alte didaktische Idee, daß wir den Körper und seine Beweglichkeit beim Lernen einbeziehen. Unglücklicherweise arbeiten fast nur GrundschullehrerInnen in den ersten Schuljahren auf diese Weise, aber die moderne Lernforschung sagt uns, daß diese didaktische Strategie auch für Erwachsene erfolgversprechend ist. Wenn wir akademisches Lernen in einen körperlichen Kontext einbetten, dann kann unser Gehirn komplexe und unvergeßliche geistige Landkarten hervorbringen. Wenn sich die Teilnehmer beim Lernen durch Rollenspiele oder improvisierte Theaterszenen ausdrücken können, dann werden auch ihre Gefühle einbezogen, und das Vergnügen, mit anderen gemeinsam etwas zu tun, wird geweckt. Streß und Angst sind dabei gewöhnlich niedrig, und das fördert die Kreativität. Und weil die Teilnehmer sich bei Rollenspiel und Improvisationstheater einen Ernstfall vorstellen müssen, können sie leichter auf das Gelernte zurückgreifen, wenn sie später in derselben Situation sind.
Sorgen Sie deshalb dafür, daß Ihre Teilnehmer bereits im Workshop mög-

lichst viel in einem Kontext lernen können, der auch später für sie wichtig ist. Lassen Sie sie das Gespräch mit einem Kunden inszenieren oder die Beratung eines Klienten, das Gespräch einer Mutter mit ihrem Kind. Wenn die Teilnehmer solche Inszenierungen planen, einüben und präsentieren, dann ist das ein interessanter und unterhaltsamer Vorgang. Viele Intelligenzen können dabei aktiviert werden.
Das didaktische Modell für alle diese Aktivitäten finden wir im Simulator-Training der Piloten, in den Mannöver-Aktivitäten des Militärs oder in der Probenarbeit von Schauspielern. Bei allen diesen Gelegenheiten wird der Ernstfall simuliert, und die Lernenden können ihre gesamte Existenz, ihren Körper und ihren Geist, ihre Gefühle und ihre Phantasie benutzen, um komplexe Problemlösungen zu erarbeiten.
Im folgenden finden Sie verschiedene reizvolle Aktivitäten, mit denen Sie Ihren Workshop-Teilnehmern die Erlaubnis geben können, ihren Körper zu benutzen und eine vernachlässigte Dimension des Lernens neu zu entdecken.

Übungsvorschläge:

Übung 1: Selbsttest: Mein Körper – Geben Sie den Teilnehmern den nachstehenden Selbsttest und gehen Sie die Antworten dann locker im Plenum durch. Helfen Sie durch geeignete Fragen, die Antworten zu klären. Diskutieren Sie, was die Teilnehmer im Alltag tun, um eine differenzierte Beziehung zum eigenen Körper zu unterhalten. Erläutern Sie den Teilnehmern Ihre eigene „Körper-Geist-Didaktik“, damit sie Ihre Interventionen und Übungsvorschläge besser verstehen.

Selbsttest

- Ich fühle mich körperlich fit.
- Ich fühle mich körperlich kräftig.
- Ich fühle mich körperlich flexibel.
- Ich weiß, wann mein Körper angespannt oder locker ist.
- Ich verstehe etwas von gesunder Ernährung.
- Meine Freunde würden sagen, daß ich mich graziös bewege.
- Ich bin mit beiden Händen geschickt.
- Ich bin mir im klaren darüber, wie mein körperlicher Zustand meine Einstellungen, meine Stimmungen und meine Lernprozesse beeinflußt.
- Ich bin mir im klaren darüber, wie meine Lebenseinstellung und meine täglichen Erlebnisse meine körperliche Verfassung beeinflussen.
- Ich habe Grundwissen über die menschliche Anatomie, über die Physiologie des Gehirns, über den Blutkreislauf, über die Atmung.
- Mein Körper arbeitet gut koordiniert.
- Ich bewege mich gern.
- Ich bin in der Lage, mich rhythmisch auszudrücken.

Übung 2: Bild meines Körpers – Diese Übung hat die Aufgabe, das Interesse der Teilnehmer am eigenen Körper zu wecken, sie neugierig zu machen und für die Zusammenhänge zwischen Körperlichkeit und Lernen zu sensibilisieren. Für jeden Teilnehmer brauchen Sie ein Flipchart und einen Filzschreiber.
Zunächst liegen alle Teilnehmer mit geschlossenen Augen am Boden und konzentrieren ihre Aufmerksamkeit auf ihren Körper. Sie denken an alle wichtigen Körperteile und versuchen, jene Teile ein wenig zu bewegen, an die sie gerade denken.
Geben Sie jedem Teilnehmer dann ein Flipchart und einen Filzschreiber. (Alle Filzschreiber sollten dieselbe Farbe haben.) Fordern Sie die Teilnehmer auf, die Augen unbedingt geschlossen zu halten, wenn sie gleich beginnen, den eigenen Körper auf das Papier zu zeichnen. (2–5 Minuten) Dann soll jeder, immer noch mit geschlossenen Augen, seinen Namen auf die Rückseite des Bildes schreiben.
Sammeln Sie nun die Bilder ein, und legen Sie diese in beliebiger Reihenfolge auf dem Boden zusammen. Erst dann öffnen die Teilnehmer die Augen und schauen sich diese improvisierte Gemäldeausstellung an. Zunächst kommentiert jeder, was ihm an diesen Bildern besonders auffällt. Erst danach kann jeder versuchen, sein eigenes Bild zu identifizieren.
Diese Übung sensibilisiert die Gruppe auf eine interessante Weise für ihren Körper. In der Regel achten die Teilnehmer im Anschluß daran viel stärker auf ihre Bewegungen, auf die Art, wie sie sitzen und atmen, auf die nonverbalen Aspekte ihrer Kommunikation usw.
Unterstreichen Sie, daß jeder von uns in erster Linie ein Körper ist. Wir können die ungewöhnlichsten Ideen haben, aber die Voraussetzung dafür ist, daß wir einen Körper haben. Wir denken zu selten daran, daß unser Körper unser Fundament ist und die Quelle aller Freuden und Leiden, alles Wissens, aller Erfindungen. Wir haben allen Grund, unseren Körper gut zu behandeln.

Übung 3: Rot und Schwarz – Geben Sie jedem ein Blatt Papier und drei Filzschreiber oder Ölkreiden in den Farben Rot, Schwarz und Grün. Zu Beginn haben die Teilnehmer fünf Minuten Zeit, um eine Skizze ihres Körpers anzufertigen. Dann bekommen sie folgende Aufgabe:
Malen Sie die Teile rot an, wo Sie die meiste Spannung und den meisten Streß fühlen. Nehmen Sie dann den schwarzen Stift und malen Sie die Teile schwarz an, wo Ihre Energie blockiert zu sein scheint, wo Sie am wenigsten fühlen. Dann nehmen Sie die Farbe Grün und malen damit die Teile des Körpers an, die sich am lebendigsten fühlen, wo die Energie frei fließt.
Anschließend kommen die Teilnehmer zu zweit zusammen, um Möglichkeiten zu finden und auszuprobieren, wie sie die schwarz und rot kolorierten Teile lebendiger machen können.

Übung 4: Atemmeditation – Dies ist eine sehr schöne, nicht-technische Möglichkeit, die innere Einstellung zum Atmen zu verändern. Sagen Sie etwa folgendes zu Ihren Teilnehmern:

„Setzen oder stellen Sie sich hin und wenden Sie Ihr Gesicht in eine Richtung, die Ihnen angenehm ist. Heißen Sie den einströmenden Atem willkommen. Beugen Sie sich ganz leicht nach vorne, sozusagen in den Atem hinein. Begrüßen Sie die Luft, so wie Sie einen lieben Gast begrüßen würden, der in Ihr Haus kommt…

Lassen Sie Ihre Gedanken kommen und gehen, aber kehren Sie mit Ihrer Aufmerksamkeit immer zu Ihrem Atem zurück. Vielleicht bemerken Sie eine bestimmte innere Stimmung, vielleicht entdecken Sie, daß sich Ihre Stimmungen wandeln: Ruhelosigkeit… Neugier… Staunen… Dankbarkeit… Erleichterung… sinnlicher Genuß…

Wenn Sie möchten, dann sagen Sie einfach zu sich selbst: ‚Dieser Atem ist der Atem meines Lebens.' Der Atem ist ein Geschenk an Sie, das Ihnen die ganze Welt macht. Beteiligt sind die Ozeane, die Wälder und die Sonne. Jedesmal, wenn Sie einatmen, kommt die ganze Welt in Ihren Körper, um Sie für ein paar Augenblicke am Leben zu halten. Jedesmal, wenn Sie atmen, empfängt Ihre Lunge das Wunder der Sonne, die auf Ozeane und Wälder herabscheint. Unsere Lunge ist ein Tempel, der den Geist des Universums empfängt. Bei dieser Meditation können Sie entdecken, wie das unendliche Universum sinnlich wahrnehmbar wird. Das ist ein Geheimnis, das jeder Atemzug Ihnen mitteilen will.

Vielleicht möchten Sie spontan seufzen oder gähnen. Bemerken Sie, wie schön das Atmen ist, und genießen Sie es. Und wenn Sie weiter atmen, können Sie ein paar Sekunden lang Ihre Aufmerksamkeit auf folgende Dinge richten:

- Bemerken Sie, wie der Atem in Ihren Körper strömt.
- Bemerken Sie das Gefühl der Weite.
- Spüren Sie, daß mit dem Atem die ganze Welt in Ihren Körper hineinströmt.
- Seien Sie sich bewußt, daß der Planet Erde und die Sonne Jahrtausende brauchten, um den Sauerstoff zu produzieren, der Ihr Leben erhält.
- Seien Sie sich der Sonne bewußt, die das Leben auf der Erde möglich macht, während Sie ruhig ein- und ausatmen.

Und nun gehen Sie mit Ihrer Aufmerksamkeit mitten in Ihre Brust, in den Raum, in den Sie hineinatmen. Begrüßen Sie den Atem von dieser Stelle aus. Danken Sie der Luft, daß sie tief in Sie hineinströmt, um Sie zu erfrischen."

Übung 5: Das Wunder der Vokale – Dies ist ebenfalls eine sehr schöne Atemübung. Töne und Klänge bieten dem Gehirn eine augenblickliche Erfrischung.
Die Teilnehmer stellen sich als Gruppe zusammen und blicken auf einen Freiwilligen, der vor ihnen steht. Alle stellen sich nun vor, daß sie gemeinsam eine menschliche Orgel sind, und der Freiwillige bestimmt, wie laut die Orgel spielt. Die Gruppe soll Töne produzieren und dabei die Vokale a, e, i, o, u benutzen. Wenn der Freiwillige dicht bei der Gruppe ist, sollen diese Töne leiser sein, und wenn er weiter weg geht, sollen die Klänge lauter werden. Jeder kann sich für einen Vokal entscheiden und versuchen, mit diesem Vokal einen Gedanken oder ein Gefühl auszudrücken.

Übung 6: Der Bär von Poitiers – Sinn dieser Übung ist es, sich auf eine aufregende Weise lebendig zu fühlen. Alle Sinne werden durch dieses Spiel in kürzester Zeit unglaublich geschärft.
Ein Freiwilliger wird der Bär von Poitiers. (Aus dieser französischen Stadt stammt das bemerkenswerte Spiel.) Der Bär dreht den anderen Teilnehmern den Rücken zu. Diese sind die Holzfäller. Die Holzfäller sind damit beschäftigt, Bäume zu fällen und Äste abzuschlagen. Nach kurzer Schonzeit läßt der Bär ein lautes Brüllen hören. All die Holzfäller stürzen nun zu Boden und bleiben dort regungslos liegen. Nach und nach untersucht der Bär jeden Holzfäller, brummt und brüllt, wann immer er Lust dazu hat, berührt die Holzfäller und versucht jeden Trick, um die Holzfäller zum Lachen zu bringen oder sie zu irgendeiner Bewegung zu verleiten. (Nur Kitzeln wäre unfair.) Sein Ziel ist es, daß sie ihm zeigen, daß sie lebendig sind. Wenn der Bär Erfolg hat, wird der Teilnehmer, der sich als lebendig entlarvt hat, ein zweiter Bär, und die beiden versuchen, die anderen leblosen Holzfäller dazu zu bringen, Leben zu zeigen. Und natürlich versuchen die Holzfäller, still und stumm zu bleiben, so gut es ihnen möglich ist. Aber das ist schwer. Mit der Zeit gibt es drei Bären, dann vier Bären usw.
Dies ist ein paradoxes Spiel. Die Holzfäller versuchen, nichts zu sehen, nichts zu hören und sich tot zu stellen, weil der Bär dann nichts tut, weil er tote Menschen nicht frißt. Aber die Anweisung: „Empfinde nichts", ruft genau die gegenteilige Reaktion hervor – alle Sinne der Holzfäller werden wie durch ein Wunder geschärft; denn natürlich gilt: Furcht macht uns sehr sensitiv.

73 Meditation

Meditationen bieten eine ausgezeichnete Möglichkeit, die Teilnehmer des Workshops in eine konzentrierte und ruhige Geistesverfassung zu bringen. Sie eignen sich besonders für den Beginn des Arbeitstages und synchronisieren das innere Erleben und die Gefühle der Gruppenmitglieder. Sie werden mit Hilfe der Meditationen wach und präsent; sie könnnen sich entspannen und anschließend deutlicher wahrnehmen und kommunizieren. Ich habe drei Meditationen ausgewählt, die für die Workshop-Praxis besonders günstig sind.

Übungsvorschläge:

Meditation 1: Lernen – Vielleicht mögen Sie sich einen Augenblick klarmachen, daß Ihr Potential zu lernen unendlich groß ist.

Ihre Fähigkeit zu lernen ist weder durch Ihre Herkunft, Ihre Ausbildung, Ihr Alter, noch durch Ihr Geschlecht begrenzt. Daß Sie lernen können, gehört zu Ihrem biologischen Erbe. Und die Fähigkeit Ihres Gehirns, neue Dinge aufzunehmen und zu verstehen, ist wirklich unendlich. Eingeschränkt werden kann Ihr Lernen, wenn Sie an sich zweifeln. Aber zum Glück ist das nur ein Gedanke, den Sie vielleicht in Ihrem Kopf haben, und keine unverrückbare Tatsache.

Nun gestatten Sie sich bitte, daß Sie Ihren Atem bemerken, der das Gehirn mit Sauerstoff versorgt. Merken Sie, wie der Atem in Sie hineinströmt, wenn Sie sich öffnen, um ihn in sich aufzunehmen.

Und nun gestatten Sie sich, mit Ihrem Bewußtsein nach innen zu gehen, an jenen geheimnisvollen Platz, der Ihr inneres Zentrum ist, wo Sie all Ihre Fähigkeiten, Ihr ganzes Potential aufbewahren: Ihre Fähigkeit zu sehen, zu hören, zu berühren, zu schmecken und zu riechen, Ihre Fähigkeit zu fühlen und zu denken, Ihre Fähigkeit, sich zu bewegen und zu sprechen und vor allem Ihre Fähigkeit, zu wählen und zu entscheiden.

Bemerken Sie, daß dies alles wertvolle Ressourcen sind, die Sie überallhin mitnehmen können, an jeden neuen Ort, den Sie in Ihrem Leben aufsuchen. Sie haben alles, um überallhin gehen zu können, weil Sie all diese Fähigkeiten haben.

Und nun können Sie daran denken, wie gut Sie sich fühlen, wenn Sie bei sich zu Hause aufgeräumt haben. Was Sie gestern noch gebrauchen konnten, davon paßt manches heute vielleicht nicht mehr. Vielleicht entschließen Sie sich, diese Dinge einfach aufzugeben und etwas Neues zu schaffen, was Sie zu diesem Zeitpunkt Ihres Lebens brauchen können. Ihre Wünsche und Bedürfnisse wandeln sich, während Sie sich in der Welt bewegen.

Darum können Sie dafür sorgen, daß Sie auf dem Laufenden bleiben. Prüfen Sie, was Sie jetzt brauchen, und bemerken Sie, was Sie vielleicht schon haben. Benutzen Sie alles, was nützlch ist, und trennen Sie sich von allem, was nun nicht länger zu Ihnen paßt. Gestatten Sie sich, Ihrem Leben die Dinge hinzuzufügen, die Sie brauchen und über die Sie noch nicht verfügen. Und weil Sie wie jeder von uns unendliche Möglichkeiten haben, kreativ zu sein, können Sie immer das finden, was Sie brauchen.

Meditation 2: Gehen wie ein Tiger – Bewußtes Gehen ist eine gute Möglichkeit, etwas für unsere Körperhaltung zu tun. Oft bemerken wir nicht, wie wir unseren Körper halten. Manchmal ziehen wir unsere Schultern hoch und strengen uns dabei unnötig an. Ein anderes Mal gehen wir vornübergebeugt und belasten damit unsere Wirbelsäule. Manchmal spannen wir die Muskulatur von Schultern und Nacken an und schränken so die Beweglichkeit unseres Kopfes ein...

Wenn wir bewußt gehen, dann gestatten wir uns, unseren ganzen Körper zu spüren – von den Füßen bis zum Kopf. Wir merken dann, ob wir uns locker bewegen oder ob wir uns verspannen. Aber es kann sein, daß wir zunächst gar nicht wissen, wie wir unseren Körper halten sollen, damit wir unser Gehen als harmonisch und leicht empfinden können.

Vielleicht haben wir Schwierigkeiten, eine gute Balance zu finden. Aber wir können jederzeit neu lernen, ruhig und leicht zu gehen...

Darum bitte ich Sie, wenn Sie gleich beginnen, durch den Raum zu gehen, folgendes Rezept anzuwenden: Bemerken Sie ihren Atem..., bemerken Sie jeden einzelnen Schitt, den Sie machen... und stellen Sie sich einen großen Tiger vor, der sich langsam und harmonisch bewegt... Lassen Sie sich von den natürlichen Bewegungen des Tigers anregen...

Und jetzt können Sie vielleicht Ihre eigenen Schritte genauso harmonisch werden lassen, leicht und kraftvoll. Gestatten Sie sich, von diesem Tiger zu lernen, und bemerken Sie, wie Sie sich von Schritt zu Schritt sicherer und freier fühlen... (2–3 Min.)

Meditation 3: Ein halbes Lächeln – Wir alle wünschen uns Ausgeglichenheit und innere Ruhe. Diese Dinge können wir nicht kaufen, aber wir können sie in uns entwickeln. Es gibt ein paar einfache Techniken, die uns die Balance und eine innere Gelassenheit wiedergeben, auch wenn es um uns herum Hektik und Streß gibt. Wir können uns immer die Zeit nehmen, in Ruhe tief zu atmen. Und das können Sie so machen: Atmen Sie ganz tief ein, wenn Sie sich abgehetzt, unruhig oder erschöpft fühlen... Wenn Sie tief einatmen, dann halten Sie die Zeit an... Und wenn Sie dann noch ein halbes Lächeln auf Ihre Lippen kommen lassen, dann geschieht ein kleines Wunder...

Das können Sie jetzt ausprobieren: Fangen Sie einfach an zu lächeln, während Sie ruhig und tief atmen. Bemerken Sie, wie sehr sich Ihr Gesicht löst, während Sie atmen und lächeln. Gestatten Sie diesem Lächeln, sich als Lockerheit in Ihrem ganzen Körper auszubreiten...

Wenn Sie sich die Zeit für ein kleines Lächeln nehmen, dann geschieht das Wunder einer Veränderung. Sie werden bemerken, daß Sie sich viel wohler fühlen.
Ihr eigenes Wohlbefinden kann ansteckend sein. Ein einzelner ausgeglichener Mensch kann auf eine ganze Gruppe aufgeregter Menschen beruhigend wirken...
In unserem Lächeln steckt eine Kraft, die wir jeden Tag aktivieren können, und das kostet uns gar nichts. Diese innere Ruhe hilft uns, daß wir Zuversicht entwickeln. Sie ist ein wesentlicher Teil unserer Selbstachtung.

(Weitere Anregungen finden Sie in meinem Buch „Meditationen für Manager".)

Achten Sie bitte darauf, daß Ihre Teilnehmer nicht zu lange sitzen müssen. Langes Sitzen führt automatisch zu einer flachen Atmung und damit zu einer ungenügenden Versorgung des Gehirns mit Sauerstoff. Außerdem führt langes Sitzen zu Verspannungen im Körper. Unser Körper hat ein biologisches Design für permanente Bewegung. Wenn unser Körper zu lange in derselben Stellung bleibt, dann leidet irgendwann auch unsere Konzentrationsfähigkeit und die Qualität unserer kognitiven Funktionen.
Darum ist es gut, wenn Sie Ihre Teilnehmer häufiger zum „Stretching" einladen. Das entspannt und aktiviert den Körper und hilft dem Gehirn, wieder neu aufmerksam zu werden.

Übungsvorschläge:

Übung 1: Nach den Sternen greifen – Diese Übung entspannt und revitalisiert Arme, Schultern und Wirbelsäule, außerdem regt sie Atmung und Kreislauf an.
Sagen Sie Ihren Teilnehmern etwa folgendes: „Wenn wir zu lange sitzen, dann meldet sich unser Körper und sagt uns, daß er sich bewegen möchte.
Stellen Sie sich bitte vor Ihren Stuhl, die Füße schulterbreit auseinander... Und nun heben Sie beide Arme hoch über den Kopf und greifen Sie immer weiter nach oben. Machen Sie zunächst Ihren rechten Arm ganz lang, so als ob Sie sich einen Stern vom Himmel holen wollten... Dann können Sie Ihre rechte Seite locker lassen und mit dem linken Arm ganz nach oben greifen... Stellen Sie sich vor, daß Sie nun mit der linken Hand einen Stern vom Himmel pflücken wollen... Spüren Sie die Streckung in Ihrem Oberkörper, in Ihrer Schulter, in Ihrer Seite, im Arm, in den Fingern... Und machen Sie das noch ein paarmal, daß Sie abwechselnd mit dem rechten und linken Arm nach den Sternen am Himmel greifen. Atmen Sie dabei bitte gleichmäßig tief ein und aus." (1–2 Min.)

Übung 2: Das Herz öffnen – Diese Klopfmassage verbessert Blutzirkulation und Atmung und sorgt dafür, daß mehr Sauerstoff ins Gehirn kommt. Die Teilnehmer werden sich anschließend frischer und wacher fühlen.
Sagen Sie Ihren Teilnehmern ungefähr folgendes: „Gleich können Sie etwas für Ihr Herz und Ihren Kreislauf tun. Stellen Sie sich entspannt vor Ihren Stuhl und machen Sie mit beiden Händen eine lockere Faust. Fangen Sie an, mit beiden Fäusten auf Ihren Brustkorb zu trommeln, um ihr Herz herum, und beziehen Sie auch die rechte Seite der Brust ein... Gehen Sie mit Ihrer Klopfmassage weiter bis zu den Seiten Ihrer Rippen. Trommeln Sie locker aus dem Handgelenk, und wenn Sie sich warm gemacht haben, dann können Sie etwas kräftiger klopfen." (30–60 Sek.)

Übung 3: Unsichtbare Bewegungen – Diese Übung gibt Ihren Teilnehmern das Empfinden einer gelassenen Aufmerksamkeit. Die Nackenmuskulatur kann sich entspannen, Sie können besser hören, und die Augen erfrischen sich dabei. Wir alle üben Tätigkeiten aus, bei denen wir uns überwiegend nach vorn beugen – beim Lesen, beim Arbeiten am Computer, beim Autofahren und auch, wenn wir mit einer Gruppe zusammensitzen. Unser schwerer Kopf belastet dabei die Wirbelsäule viel stärker, als es bei gerader Haltung der Fall wäre. Wir verspannen uns und ermüden schneller. Daher müssen wir immer wieder dafür sorgen, daß unser Körper sein natürliches Gleichgewicht findet. Wenn wir gähnen, wenn wir uns recken und strecken, dann sind das automatische Aktionen, mit denen unser Körper sich selbst regenerieren will. Gleich können Sie Ihren Körper dabei zusätzlich unterstützen.

Setzen Sie sich ganz gerade hin, so daß der Kopf senkrecht über Ihrem Becken ist. Nehmen Sie Ihre Schultern zurück, bis der Rücken ganz gerade ist, und legen Sie die Hände locker auf die Oberschenkel...

Versuchen Sie nun mit offenen Augen winzig kleine Bewegungen mit Ihrem Kopf zu machen, so klein, daß Sie sie gerade noch bemerken können. Das kann eine seitliche Bewegung sein, nach links und rechts und wieder zurück, oder eine winzige Bewegung vor und zurück, so daß sich Ihr Kinn unmerkbar hebt und senkt... Vielleicht möchten Sie jetzt die Augen schließen, um diese fast unsichtbaren Bewegungen deutlich zu spüren... (20 Sek.)

Machen Sie diese winzigen Bewegungen weiter und bemerken Sie, wie sich Ihr Kopf dabei anfühlt..., wie sich Ihr Nacken dabei anfühlt... Vielleicht haben Sie jetzt auch das Bedürfnis, ein paar tiefe Atemzüge zu machen...

Wenn Sie so aufmerksam sind, um Unsichtbares zu bemerken, dann verhalten Sie sich wie ein Detektiv, der ein fremdes Haus betritt. Er bewegt sich ganz langsam und vorsichtig und ist vollkommen konzentriert.

Wenn Sie Ihren Kopf so vorsichtig bewegen, dann kann auch Ihr Geist die Haltung eines Detektivs einnehmen, der ganz ruhig ist und zugleich vollständig aufmerksam.

Denken Sie bitte daran, daß Ihr Kopf viele unsichtbare Bewegungen macht – bei jedem Atemzug, bei jeder neuen Information, die Sie aufnehmen, und bei jedem Problem, das Sie lösen wollen. Wenn Sie sich dabei sehr anstrengen, dann verspannen Sie leicht die Muskeln in Ihrem Nacken und fixieren Ihren Kopf. Das macht Sie müde. Achten Sie immer darauf, daß Ihr Kopf beweglich bleiben kann.

75 Entspannung

An verschiedenen Stellen habe ich darauf hingewiesen, daß die Teilnehmer im Workshop am besten lernen, wenn sie in einem Zustand entspannter Aufmerksamkeit sind. Sie können diesen Zustand auf verschiedene Weise herbeiführen: indem Sie z. B. mit der Gruppe eine Bewegungsübung machen, indem Sie ein Spiel spielen, das vorwiegend der Unterhaltung dient, indem Sie die Teilnehmer einladen, sich hinzustellen, oder indem Sie sie an einen anderen Platz im Raum dirigieren usw. Entscheidend ist, daß Sie die Situation für die Teilnehmer verändern, so daß Körper und Geist auf eine neue Weise angeregt werden. Und natürlich können Sie auch die klassischen Entspannungsübungen verwenden, Atemübungen, Meditationen, autogenes Training, das Entspannungstraining nach Jacobson oder irgendeine Kombination aus diesen verschiedenen Verfahren. Formelle Entspannungsübungen sind dann am geeignetsten, wenn viel Energie verbraucht wurde, wenn die Pause daher länger sein muß und wenn die anschließende Aktivität einen eher ruhigen Charakter hat. Sie finden verschiedene klassische Entspannungsübungen in meinen Büchern „Die 10-Minuten-Pause“, in „Anwärmspiele, Teil 1 und 2“, in „Meditationen für Manager“ sowie in „Innere Ruhe gewinnen“.
Die folgende Übung dauert ungefähr fünf Minuten, benutzt Jacobson-Elemente und ist in der Lage, Ihre Teilnehmer in verhältnismäßig kurzer Zeit tief zu entspannen. Am besten wird diese Übung liegend auf dem Fußboden durchgeführt, dann ist ihre Wirkung am stärksten. Sie werden überrascht sein, wie schnell Ihre Teilnehmer dabei in einen Zustand weitgehender Entspannung gelangen können.

Übung: Anspannen und Loslassen – Schließen Sie bitte die Augen, und machen Sie es sich in Rückenlage auf dem Boden bequem... Gestatten Sie sich, etwas in den Boden einzusinken, während Sie Ihren Körper immer deutlicher wahrnehmen. (30 Sek.)
Und nun strecken Sie sich bitte aus, indem Sie gleichzeitig Arme und Beine ganz lang machen und dabei anspannen... Öffnen Sie bitte Ihre Augen ganz weit, und strecken Sie Ihre Zunge heraus. Jetzt machen Sie auch Ihre Brust ganz weit, und strecken Sie Brust und Bauch heraus, und bleiben Sie ein paar Sekunden in dieser Haltung... Und nun lassen Sie vollständig locker, so daß Ihr Körper ganz schlaff und weich wird. Spüren Sie ein paar Sekunden die Erleichterung, wenn Anspannung und Härte von Ihnen abfallen.
Nun ziehen Sie sich bitte Füße und Beine zu sich heran. Bleiben Sie dabei ausgestreckt auf dem Boden liegen. Spannen Sie die Muskeln in Beinen und Füßen an, so daß Sie das Gefühl haben, daß sie etwas kürzer werden. Beugen Sie die Arme in den Ellenbogen, und machen Sie zwei Fäuste. Ziehen Sie Ihren Bauch fest ein. Pressen Sie die Lippen aufeinander, und machen

Sie ihre Nase kraus. Halten Sie diese Spannung ein paar Sekunden, und lassen Sie jetzt locker...
Nun holen Sie einmal ganz tief Luft, und füllen Sie auch den unteren Teil Ihrer Lungen damit, so daß sich Ihr Bauch hebt. Öffnen Sie Ihren Mund und lassen Sie die Luft hörbar hinausströmen...
Nun holen Sie wieder tief und vollständig Luft, und füllen Sie den mittleren und den oberen Teil Ihrer Lungen, so daß Sie spüren können, wie sich Ihr Brustkorb ausdehnt... Öffnen Sie den Mund, und lassen Sie die Luft hörbar hinausströmen...
Nun kehren Sie wieder zu Ihrem normalen Atemrhythmus zurück... Und immer wenn Sie ausatmen, können Sie sich ein wenig weiter entspannen. Jetzt spüren Sie bitte Ihren ganzen Körper, vom Kopf bis zu den Zehenspitzen. Gestatten Sie Ihrem Körper, noch lockerer und entspannter zu werden... Gestatten Sie Füßen und Zehen, locker zu werden... Spüren Sie, wie sich das Empfinden von Entspannung ausbreitet in Ihren Unterschenkeln..., in Ihren Knien... und in Ihren Oberschenkeln. Spüren Sie auch, wie Ihre Hüfte locker wird...
Nun wandert die Entspannung weiter in den unteren Teil Ihres Rückens... in den mittleren Teil und in den oberen Teil... Jetzt werden auch Ihre Schultern locker... Ihre Oberarme... Ihre Ellenbogen... Ihre Unterarme... Ihre Hände und Finger. Alles wird locker...
Und wenn Sie Ihre Aufmerksamkeit nach innen richten, können Sie bemerken, daß alle inneren Organe sich entspannen, Ihr Herz... Ihr Magen... und ihre Lungen...
Spüren Sie, wie Nacken und Kehle locker werden und alle Muskeln in Ihrem Gesicht... Ihr Mund... Ihre Kiefergelenke... Ihre Nase... Ihre Augen... und Ihre Stirn... Alles wird locker...
Und das Gefühl der Entspannung breitet sich weiter aus von Ihrer Schädeldecke bis zum Hinterkopf, die Wirbelsäule entlang bis in Ihre Zehenspitzen. Spüren Sie, wie Sie sich mehr und mehr entspannen können. Und wenn Sie sich genügend entspannt haben, können Sie anfangen, sich sanft zu recken und zu strecken. Öffnen Sie die Augen in Ihrem persönlichen Rhythmus, und kommen Sie mit Ihrer Aufmerksamkeit hierher in diesen Raum zurück. Richten Sie sich wieder auf, erfrischt und wach.

76 Spielerische Pausen

Von Zeit zu Zeit können Sie ihren Workshopteilnehmern ein besonderes Geschenk machen, indem Sie die ganze Gruppe zum Spielen einladen. Jeder kann dabei sein „inneres Kind" ausdrücken und mit den übrigen Teilnehmern Spaß haben. Ich habe ein sehr reizvolles Spiel ausgewählt, das besonders zu Gruppen mit männlichen Teilnehmern paßt. Es knüpft an jene Zeit an, wo wir Sagen und Ritterromane gelesen oder uns mit Freunden zu Fantasyspielen zusammengefunden haben.

Spiel: Excalibur – Finden Sie eine passende Überleitung, die das Spiel mit dem Gruppenprozeß und der Lerngeschichte Ihres Workshops verbindet. Sagen Sie etwa folgendes zu Ihren Teilnehmern: „Stellen Sie sich vor, daß mitten im Raum ein großer Fels liegt. In einer Spalte dieses Felsens steckt ein mächtiges Schwert. Dieses Schwert trägt den Namen Excalibur.
Ihre Aufgabe ist es, das Schwert aus dem Felsen herauszuziehen. Aber wie Sie sich denken können, benötigen Sie dazu mehr als persönliche Entschlossenheit. Dieses Schwert ist durch einen Zauber gebunden.
Nun möchte ich Ihnen skizzieren, wie die Regeln dieses Spieles lauten:
Jeder von Ihnen wird an die Reihe kommen, um zu versuchen, das Schwert Excalibur aus dem Fels herauszuziehen. Wer an der Reihe ist, geht in die Mitte und zeigt uns pantomimisch wie er das bewerkstelligen will. Dabei können Sie alle möglichen Methoden anwenden, und Sie sind auch nicht allein auf sich gestellt. Wenn Sie wollen, können Sie sich von anderen aus der Gruppe helfen lassen.
Es gibt nun zwei Gesetze, die in diesem Spiel gelten.
1. Sie müssen uns übrigen pantomimisch zeigen, wie Sie das Schwert herausziehen. Dazu müssen Sie in die Mitte gehen und das imaginäre Schwert anfassen. Zeigen Sie uns anderen deutlich, auf welche Weise Sie es herausziehen wollen.
2. Sie müssen den richtigen Dreh finden. Nur wenn Sie die richtige Methode anwenden, werden Sie einen lauten Schrei hören. Ich kenne nämlich das Geheimnis des Schwertes und wenn Sie die Lösung gefunden haben, dann werde ich persönlich für diesen Schrei sorgen.
Und ehe Sie gleich versuchen, das Schwert aus dem Fels zu ziehen, möchte ich noch etwas zur Methode sagen. Jedesmal wenn dieses Spiel gespielt wird, benötigen Sie eine ganz spezielle Methode. Es kann eine sehr einfache sein, sie kann aber auch raffinierter sein. Vielleicht besteht die Lösung darin, daß Sie dreimal um den Stein herumlaufen, irgendein Zauberwort rufen und das Schwert mit beiden Händen herausziehen. Vielleicht müssen Sie das Schwert kniend herausziehen etc. Ich habe die Lösung auf einen Zettel geschrieben, den ich in meiner Tasche (oder an irgendeinem passenden Ort im Gruppenraum) verborgen habe. Sie haben genau fünfzehn Minuten Zeit,

um das geheimnisvolle Schwert Excalibur aus seinem Gefängnis zu befreien..."

Bemerkung: Eine sehr schöne Lösung, die gleichzeitig den Wert kooperativer Arbeit unterstreicht: Das Schwert muß von zwei Teilnehmern gleichzeitig aus dem Stein herausgezogen werden. Wenn Ihnen das zu leicht erscheint, können Sie eine weitere Bedingung stellen: Das Schwert kann nur von einem weiblichen und einem männlichen Teilnehmer gemeinsam herausgezogen werden.
Andere Lösungsmöglichkeiten:
- Einmal um den Stein herumlaufen und dann ziehen.
- Ein Zauberwort oder einen Zauberspruch sagen und das Schwert mit beiden Händen herausziehen.
- Drei Teilnehmer müssen das Schwert gleichzeitig herausziehen.
- Der Teilnehmer muß einen lauten Schrei ausstoßen, ehe er das Schwert herauszieht.
- Der Teilnehmer muß zuerst seinen Namen nennen usw.

Entscheiden Sie sich für eine Lösung, die Sie für angemessen halten.
Legen Sie vorher den Zeitrahmen für das Spiel fest. Wenn zum verabredeten Zeitpunkt die Lösung nicht gefunden wurde, brechen Sie das Spiel bitte ab und teilen Sie die Lösung mit. Machen Sie auf jeden Fall eine kurze Auswertung, damit die Gefühle, die dabei entstanden sind, mitgeteilt werden können. Sie sollten dann auch vereinbaren, daß Sie das Spiel später noch einmal wiederholen. Dann können Sie der Gruppe die Kontrolle über das Spiel geben. Ein Teilnehmer übernimmt beim nächsten Mal die Rolle des Spielleiters und definiert die richtige Methode, wie das Schwert aus dem Stein herausgezogen werden soll.

Variation: In der Originalversion ist die Gruppe ganz auf sich gestellt, um durch Versuch und Irrtum den richtigen Lösungsweg zu finden. Sie können aber auch mit der Gruppe kooperieren, indem Sie von Zeit zu Zeit kleine Hinweise geben. Dadurch wird die Anzahl der möglichen Lösungswege verringert. Oder die Teilnehmer teilen sich in zwei Gruppen auf, die sich beraten und dann einen Abgesandten schicken, um das Schwert zu gewinnen. Die Gruppen wechseln sich dabei ab.
(In meinem Buch „Power-Pausen" finden Sie weitere attraktive Spiele, die Ihre Teilnehmer erfrischen und die Gruppenkohäsion stärken.)

77 Der Moderator als Person

In vielen Workshops geht es darum, daß die Teilnehmer bestimmte Einstellungen verändern: Die Teilnehmer eines Teams sollen kooperationsbereiter werden und aufrichtiger kommunizieren; Führungskräfte sollen lernen, ihren Mitarbeitern gegenüber mehr Vertrauen zu zeigen etc. In solchen Workshops ist die persönliche Haltung des Gruppenleiters besonders wichtig. Ihre Persönlichkeit, Ihr Charakter, Ihre persönlichen Eigenschaften und Ihre Lebensphilosophie sind dann entscheidender als jede Technik, die Sie benutzen. Damit Sie die Workshopteilnehmer wirksam inspirieren können, dürfen Sie der Gruppe nicht widersprüchlich erscheinen. Sie müssen deshalb Techniken und Methoden benutzen, die zu Ihrer Persönlichkeit passen. Wenn Sie z. B. ein ruhiger und sachlicher Mensch sind, dann sollten Sie u. U. keine hochdramatischen Experimente benutzen, weil Sie die Gruppe sonst irritieren würden. Die Gruppe würde die Diskrepanz entdecken und sich fragen: Warum macht er das? Was will er damit erreichen? Sollen wir manipuliert werden? Darum ist es gut, wenn Sie Ihre persönlichen Qualitäten benutzen und sie in Ihren Stil der Workshopleitung einfließen lassen. Wenn Sie z. B. humorvoll sind, dann können Sie diese persönliche Stärke sehr gut einsetzen. Die spielerische Seite Ihrer Person kann ein wichtiger Teil Ihrer Moderation werden. Denken Sie bitte daran, daß Ihre eigene Persönlichkeit der beste Katalysator für die Lernprozesse der Teilnehmer ist.

Ihre wichtigste Aufgabe ist es, die Teilnehmer des Workshops gefühlsmäßig zu erreichen, persönlich auf jeden einzelnen und auf die Vorgänge im Workshop zu reagieren. Erst in zweiter Linie kommt es darauf an, daß Sie geschickt Techniken und Methoden benutzen, um den Teilnehmern dabei zu helfen, daß sie geeignete Lernschritte machen und Schwierigkeiten überwinden können.

Natürlich ist es wichtig, daß Sie Ihr Wissen in bezug auf Lernpsychologie und Gruppendynamik erweitern, und es ist auch wichtig, daß Sie Interventionstechniken und Gruppenmethoden kennen. Aber noch entscheidender ist, daß Ihr technisches Repertoire ein Ausdruck Ihres ganz persönlichen Stiles ist. Darum möchte ich Sie ermutigen, die praktischen Methoden, die ich Ihnen in diesem Buch anbiete, so abzuwandeln, daß Sie einen Moderationsstil finden, der zu ihnen paßt. Am leichtesten wird Ihnen das gelingen, wenn Sie eine experimentelle Haltung einnehmen. Probieren Sie verschiedene Techniken und Methoden aus, um allmählich herauszufinden, was sich für Ihre persönliche Praxis eignet.

Normalerweise überlegt sich ein Gruppenleiter zunächst, welche Methoden oder Techniken zu seinen Teilnehmern passen. Es ist aber genauso wichtig, daß wir uns fragen, welche Dinge zu uns selbst, zu unserer Person als Moderator, passen. Darum möchte ich ihnen einige Vorschläge machen, wie Sie einen Moderationsstil entwickeln können, der zu Ihrer Persönlichkeit paßt.

Nehmen Sie sich selbst wahr! – Und so können Sie anfangen: Bemerken Sie einfach, wie Sie sich selbst im Workshop fühlen und welche Wirkung Sie auf die Teilnehmer haben. Machen Sie sich klar, wie wichtig Ihnen die Gruppe ist, wie direkt und wie aufrichtig Sie sein wollen und wie weit Sie durch Ihr eigenes Beispiel zeigen wollen, was Sie von Ihren Workshopteilnehmern erwarten.

- In welchem Ausmaß wollen Sie gefühlsmäßig in diesem Workshop präsent sein?
- Wieviel Energie steht Ihnen zu Verfügung?
- Wie weit sind Sie bereit, sich auf diese Gruppe einzustellen?

Wenn Sie sich selbst solche Fragen häufig stellen und Ihr eigenes inneres Erleben deutlich wahrnehmen, dann können Sie sich viel sensitiver auf die Gruppe einstellen. Wenn Sie Ihre eigene seelische Energie bemerken, dann können Sie leichter die Energie ihrer Teilnehmer einschätzen.

In allen Lerngruppen gibt es eine unsichtbare, starke Verbindung zwischen Moderator und Teilnehmern. Je neugieriger und experimenteller der Leiter selbst ist, desto größer ist die Wahrscheinlichkeit, daß die Gruppenmitglieder diese Haltung spiegeln.

Vertrauen Sie sich selbst! – Das ist ein anderer wichtiger Schritt, der Ihnen hilft, einen Moderationsstil zu entwickeln, der zu Ihrer Persönlichkeit paßt. Es ist wichtig, daß Sie auf die leise Stimme ihrer Intuition hören, daß Sie spontanen Einfällen folgen, um bestimmte Dinge auszuprobieren. Vielleicht sagt Ihnen Ihre Intuition, daß Sie ein bestimmtes Experiment ausprobieren möchten. Dann spricht viel dafür, daß Sie dieser Eingebung nachgehen, ohne damit den Anspruch zu verbinden, daß die Ergebnisse vollkommen zufriedenstellend sein müssen. Wenn eine einzelne Technik nicht funktioniert, dann ist das keine Katastrophe. Stellen Sie einfach fest, daß eine Übung nicht läuft, und sagen Sie das auch der Gruppe. Moderation ist zu einem großen Teil Lernen durch Versuch und Irrtum. Wenn Sie als Moderator nicht bereit sind, gelegentlich Fehler zu machen, dann werden Sie viele Gelegenheiten versäumen, bei denen Sie glänzende Einfälle realisieren könnten. Sagen Sie Ihren Teilnehmern oft genug Dinge wie:

- Ich möchte etwas mit Ihnen ausprobieren.
- Ich habe da eine Idee; wir könnten folgendes versuchen.
- Ich bin nicht hundertprozentig sicher, ob uns das weiterhilft.

Auf diese Weise lassen Sie die Gruppe wissen, daß Sie selbst nach Lösungen suchen und das Risiko von Fehlschlägen auf sich nehmen. Aber genau das wünschen wir uns ja auch von unseren Teilnehmern. Vermeiden Sie die Haltung des Technokraten, der nur die Dinge tut, die erwiesenermaßen passend und richtig sind.

Im übrigen können auch „Fehler“ eine wichtige Erkenntnisquelle sein. Sie geben Aufschluß über den Gruppenprozeß, über die innere Situation der Teilnehmer, über die Beziehung des Moderators zur Gruppe, über Einflüsse von der Außenwelt auf die Gruppe usw... Eine kurze Analyse gemeinsam mit den Teilnehmern kann sehr hilfreich sein, um wichtige Schlüsse aus einer „falschen" Intervention zu ziehen.

Seien Sie ein Modell! – Praktizieren Sie all die Verhaltensweisen, die Sie sich von Ihren Teilnehmern wünschen. Dazu gehört auch jene selektive Authentizität, die Ruth Cohn ihren Gruppenleitern ans Herz legt. Seien Sie sich Ihrer Gedanken und Gefühle bewußt, und teilen Sie einiges davon in der Gruppe mit. Wenn Sie das tun, dann signalisieren Sie ihrer Gruppe, daß eine solche Offenheit akzeptiert ist. Sie machen es dann für die Gruppenmitglieder leichter, sich spontan auszudrücken. Das bedeutet natürlich nicht, daß Sie ständig von sich sprechen, aber wenn Sie das von Zeit zu Zeit machen, dann geben Sie ein gutes Beispiel. Am besten eignen sich ihre persönlichen Reaktionen auf Vorgänge in der Gruppe und auf das Verhalten der Teilnehmer.
Ein anderes wichtiges Modellverhalten betrifft das Feedback, das Sie den Gruppenmitgliedern von Zeit zu Zeit geben können. Achten Sie darauf, daß Ihr Feedback knapp und individuell bleibt und sich nicht zu einer gewichtigen Persönlichkeitsanalyse auswächst.
Am schönsten ist es natürlich, wenn Sie mit einem gewissen Enthusiasmus zu den Gruppensitzungen gehen. Ihre Vitalität und Lebendigkeit wirkt ansteckend und führt in der Regel dazu, daß die Gruppe ebenfalls engagiert zusammenarbeitet. Wenn Ihre Persönlichkeit für die Gruppenmitglieder erlebbar wird, dann entwickelt sich ein höheres Maß an Vertrauen in der Gruppe. Dieses Vertrauen ist widerum die Voraussetzung dafür, daß die Techniken und Methoden, mit denen Sie arbeiten, intensives Lernen anstoßen. Halten Sie sich immer vor Augen, daß alle Gruppentechniken wenig bringen, wenn sie isoliert angewendet werden und nicht durch eine persönliche Beziehung des Moderators zu den Teilnehmern fundiert sind.

78 Die Schlußphase

Die wichtigsten Phasen des Workshops sind Anfang und Schluß. Zu Beginn wird das Klima der Gruppe geprägt, und am Ende wird das Gelernte konsolidiert, und es werden Pläne für die Zukunft geschmiedet. In einem guten Workshop versuchen die Teilnehmer ohnehin ständig, wichtige Lernerfahrungen für den Transfer aufzubereiten. Gleichwohl ist der Schluß des Workshops eine kritische Phase, nicht nur unter dem Gesichtspunkt des Transfers. Gerade wenn der Workshop gut gelaufen ist, vermeiden Moderator und Teilnehmer es manchmal, die Problematik des Abschlusses ins Auge zu fassen, denn jedes Ende ist schwer für uns. Wir müssen bilanzieren, was wir gewonnen haben, wir müssen Pläne schmieden, und wir müssen uns von Menschen trennen, die wir zu schätzen gelernt haben.
Folgende Aufgaben müssen in der Schlußphase ins Auge gefaßt werden:

- Die Teilnehmer sollten das definitive Ende des Workshops ins Auge fassen und die damit verbundenen Gefühle der Trennung ausdrücken.
- Die Teilnehmer müssen unerledigte Dinge zu Ende bringen, die sie aneinander oder an den Moderator binden.
- Die Teilnehmer sollen spezifische Pläne aufstellen, was sie in der Zukunft aus ihren Lernerfahrungen machen wollen.
- Die Teilnehmer müssen überlegen, von welchen Personen sie nach dem Workshop Unterstützung brauchen, um ihre Ziele nachhaltig verfolgen zu können.
- Schließlich muß die Rückkehr in den Alltag, in die Familie und in den Betrieb vorbereitet werden.

Im folgenden sollen einige Techniken vorgestellt werden, die für die Schlußphase von Bedeutung sein können:

1. Vorbereitung auf das Ende des Workshops – Häufig ist das Programm für den Workshop so vollgepackt, daß wenig Zeit bleibt, um das Ende des gemeinsamen Lernprozesses bewußt zu gestalten. Um intensiv zu lernen, müssen wir bereit sein, uns von Konzepten, Modellen und Einstellungen zu trennen, die für uns überholt sind. Damit etwas Neues entstehen kann, müssen wir das Alte aufgeben.
Darum sollen wir die Zeit vor der letzten Sitzung dafür verwenden, daß sich alle auf das Ende einstellen können. Damit sind zwei Fragestellungen verbunden:

- Wie möchte ich die verbliebene Zeit noch für mich nutzen?
- Was möchte ich hier zurücklassen, weil es mir nicht länger dienlich ist, weil es überholt ist, weil es meine Pläne behindern würde?

Der Moderator sollte bereits in der zweiten Hälfte des Workshops darauf hinweisen, daß die Zeit vergeht und daß der Workshop sich seinem Ende nähert. Er kann die Teilnehmer auffordern, diese kostbare Zeit gut für sich zu nutzen und wichtige Teilziele für die verbliebene Zeit ins Auge zu fassen: „Stellen Sie sich vor, daß dies die letzte Sitzung des Workshops ist. Wie würden Sie sich dann fühlen? Haben Sie schon all das bekommen, was Sie haben möchten? Was würde Ihnen fehlen?“
Bereits in einem gewissen Abstand zum tatsächlichen Ende des Workshops sollte über die Problematik von Anfang und Neubeginn, von Abschluß und Übergang gesprochen werden. Rechnen Sie damit, daß der Workshop für manche Teilnehmer ein starkes Symbol für eine ideale Familie geworden ist, ein Symbol für Hoffnung und für den Glauben an Veränderung. Die Teilnehmer sollten genügend Zeit haben, diese Assoziationen zu erforschen.
Sie können das folgende Ritual benutzen, um den Übergang in den Alltag vorzubereiten: Auf einzelnen Kärtchen notieren die Teilnehmer all die Dinge, die sie im Workshop zurücklassen wollen – überholte Anschauungen, unzweckmäßige Verhaltensweisen, alte Konzepte, einengende Vorschriften. Bereiten Sie ein Lagerfeuer vor, bei dem diese Kärtchen rituell verbrannt werden können. Die Teilnehmer stehen um das Feuer herum, und jeweils ein Gruppenmitglied trennt sich von seinen Kärtchen und läßt die Gruppe wissen, was es hinter sich zurücklassen will.
Nach diesem Ritual sollte die Gruppe gemeinsam feiern.

2. Die Höhepunkte des Workshops nacherleben – Manches, was die Teilnehmer in der Gruppe gelernt haben, kann verlorengehen, wenn sie sich am Ende des Workshops nicht noch einmal an ihre zentralen Lernerfahrungen erinnern und sich fragen, wie sie diese Dinge später privat und beruflich nutzen wollen.
Sie können eine kurze, geleitete Phantasie vorschlagen, die wichtige Workshoperfahrungen ins Gedächtnis zurückruft:
„Schließen Sie bitte Ihre Augen, und denken Sie an all die Sitzungen unseres Workshops zurück. Vielleicht wollen Sie sich vorstellen, daß Sie diese Sitzungen auf einem Video sehen, das noch einmal vor Ihnen abläuft. Gehen Sie zurück zur allerersten Sitzung... Sitzen Sie ein paar Minuten mit geschlossenen Augen, und warten Sie ab, welche Erinnerungen an die erste Sitzung auftauchen. Erinnern Sie sich noch daran, wie Sie sich zu der Zeit gefühlt haben? Wie sahen die anderen Gruppenmitglieder aus?“ (1–2 Min.)
Fordern Sie die Teilnehmer auf, mitzuteilen, was ihnen eingefallen ist. Dann können Sie mit der Phantasie fortfahren:

„Jetzt schließen Sie bitte wieder Ihre Augen; bleiben Sie wiederum ein paar Minuten schweigend sitzen; verfolgen Sie wieder das Video. Alles was Ihnen in den Sinn kommt, können Sie klar und deutlich im Film sehen. Erinnern Sie sich an die Dinge, die für Sie besonders wichtig waren. Woran erinnern Sie sich am deutlichsten? Welche Ereignisse hatten die größte Bedeu-

tung für Sie? (2–3 Minuten)
Und wenn Sie jetzt bereit sind, dann können Sie die Augen öffnen und berichten, was Ihnen eingefallen ist."

Diese Technik kann Erlebnisse zu Tage fördern, die gefühlsmäßig wichtig waren: Konflikte in der Gruppe, das Empfinden von Nähe und Wärme, Situationen, in denen gelacht wurde, aber auch Erfahrungen mit Anspannung, Angst und vielleicht sogar Schmerz. Je öfter und deutlicher die Teilnehmer ihre Erlebnisse verbalisieren, desto besser ist ihre Chance, die damit verbundenen Lernerfahrungen zu integrieren.
Lassen Sie möglichst viele Teilnehmer über solche entscheidenden Erinnerungen sprechen. Auf diese Weise wird die Workshoperfahrung für alle ein letztes Mal lebendig. Jeder hat Gelegenheit, noch einmal zu sehen, wie das eigene Verhalten die anderen beeinflußt hat. Sie können diesen Prozeß von Reflexion und Auswertung noch vertiefen, indem Sie fragen, was jeder über sich und die anderen in diesen unvergeßlichen Augenblicken gelernt hat.

3. Negative Aspekte der Workshoperfahrung ausdrücken – Die Teilnehmer können den Workshop leichter verlassen, wenn sie zuvor auch negative Erfahrungen ausgedrückt haben. Wenn sie am Ende der Gruppe nur so tun, als wären sie zufrieden, dann nehmen sie ihre Kritik mit und beschäftigen sich später damit. Weisen Sie die Teilnehmer auf den in vielen Lebenssituationen gültigen Grundsatz hin: „Was wir nicht sagen, ist oft viel schädlicher, als das, was wir sagen."
Ermutigen Sie die Teilnehmer, auch Kritik am Moderator zu üben und über Dinge zu sprechen, die ihnen nicht gefallen, über die sie sich vielleicht geärgert oder die sie verletzt haben. Wenn die Teilnehmer auch ihre Kritik äußern können, wird ihre Einschätzung des Workshops im allgemeinen positiv ausfallen; sie können dann all das, was sie bei diesem Workshop gelernt haben, in den Vordergrund stellen. Um Kritik herauszulocken, können Sie die folgenden imaginären Situationen verwenden:

- Stellen Sie sich vor, daß ein Jahr vergangen ist. Sie sitzen mit einigen Freunden oder Kollegen zusammen, und die Unterhaltung wendet sich den vielen Workshops zu, die überall im Lande gegeben werden. Einige machen abfällige Bemerkungen. Was werden Sie selbst sagen? Werden Sie sich daran beteiligen und einen Workshop wie diesen auf negative Weise beschreiben? Erinnern Sie sich an kritische Stimmen, die auch auf diesem Workshop laut geworden sind? Werden Sie feststellen, daß die Lernerfahrungen des Workshops nicht dauerhaft und produktiv sind?

- Stellen Sie sich vor, daß Sie nach Hause fahren. Auf dem Nachhauseweg denken Sie an diese Gruppe zurück. Was geht Ihnen dann durch den Kopf? Vielleicht fällt Ihnen dann irgend etwas ein, was Ihnen nicht zugesagt hat; vielleicht geht Ihnen auch irgendeine Kritik an der Art und Weise durch denn Sinn, wie der Moderator den Workshop geleitet hat; und vielleicht würden Sie es bedauern, daß Sie die Gelegenheit nicht genutzt haben, Ihre Kritik ganz offen zu äußern.

- Auch dieser Workshop hatte Höhepunkte und Tiefpunkte, wie alles im Leben. Vielleicht sollten wir gemeinsam auch an die Augenblicke zurückdenken, die nicht so gut waren. In welchen Situationen im Workshop hatten Sie Zweifel? Wann spürten Sie Unzufriedenheit oder sogar Ärger?
- Stellen Sie sich vor, daß Sie Ihrem Partner oder einem guten Freund von diesem Workshop erzählen. Nachdem Sie über Ihre positiven Erfahrungen gesprochen haben, erwähnen Sie auch kritische Punkte. Was würden Sie sagen? Wann haben Sie sich gelangweilt? Wann haben Sie sich geärgert? Wann liefen die Dinge nicht so, wie Sie es sich eigentlich gewünscht haben?...

Wären Sie jetzt bereit, uns einige Ihrer Beschwerden mitzuteilen?

4. Das Thema der Trennung – Besonders wenn die Teilnehmer bei einem längeren Workshop eine kohäsive Gruppe gebildet haben, dann bedauern sie, auseinandergehen zu müssen. Oft befürchten sie, daß sie im Alltag nicht so offen und vertrauensvoll kommunizieren können wie hier. Sie fragen sich, wann sie wieder dieselbe Nähe, dieselbe akzeptierende Atmosphäre, dieselbe Gelegenheit zu Experimenten erleben können.
Um den Prozeß der Trennung zu erleichtern, können Sie zwei wichtige Techniken benutzen:

Sich mit einem Geschenk bedanken. – Fordern Sie die Teilnehmer auf, sich zu überlegen, bei welchem Gruppenmitglied sie sich für Unterstützung oder Anregungen bedanken wollen. Weisen Sie darauf hin, daß Dank, der unausgesprochen bleibt, die Trennung erschwert. Jeder hat zwanzig Minuten Zeit, ein kleines Geschenk herzustellen, das eine symbolische Bedeutung hat. Außerdem kann jeder für den Empfänger des Geschenkes eine kurze Botschaft aufschreiben, in der er spezifisch mitteilt, wofür er sich bedanken möchte.
In einem kleinen Ritual werden anschließend die Geschenke verteilt und die Botschaften vorgelesen, falls die Empfänger dazu bereit sind.

Ein Brief, der nicht abgeschickt werden muß. – Hier konzentrieren sich die Teilnehmer auf eine wichtige Person, mit der sie gern bessere Beziehungen hätten, vielleicht in der Art, wie sie sie im Workshop erlebt haben. Das kann der Partner sein, ein Freund, ein Kollege oder der Chef. Jeder schreibt einen Brief, in dem er skizziert, wie er sich die Beziehung wünscht, und was der Absender in Zukunft anders machen möchte, um von seiner Seite die Beziehung zu verbessern. Für diesen Brief haben die Teilnehmer zwanzig Minuten Zeit. Sagen Sie, daß diese Briefe später nicht abgeschickt werden müssen. Die Funktion des Briefes ist es, die eigene Einstellung (zum Positiven hin) zu verändern, um den anderen vielleicht auch zu einem veränderten Verhalten zu motivieren. Diese Briefe werden in der Regel nicht vorgelesen, die Teilnehmer sprechen am Ende darüber, wie sie den Prozeß dieses indirekten Dialoges mit einer wichtigen Person erlebt haben.

5. Neue Rollen einüben – Im allgemeinen möchten die Teilnehmer im Anschluß an den Workshop, wenn sie in den Alltag zurückgekehrt sind, neues Verhalten praktizieren. Rollenspiel ist eine vorzügliche Technik, den Gruppenmitgliedern die Chance zu geben, erste Experimente in einem sicheren Rahmen zu machen und noch das ehrliche Feedback der vertrauten Gruppenmitglieder zu bekommen. Gerade das Feedback kann zu Alternativen führen, an die der einzelne selbst nicht gedacht hat.
Ein verbreiteter Fehler besteht darin, daß wir alle uns immer wieder wünschen, die anderen mögen sich verändern, damit wir selbst so bleiben können, wie wir sind. Darum betonen Sie bitte, daß die wirksamste Methode, andere zu verändern, darin besteht, zunächst sich selbst anders zu verhalten; das bewirkt auch Veränderungen bei unserem Interaktionspartner. Geben Sie darum einzelnen Teilnehmern Gelegenheit, neues Verhalten und neue Rollen einzuüben – im Blick auf Partnerschaft und Familie, im Blick auf wichtige berufliche Beziehungen.
Eine andere weit verbreitete Gefahr besteht darin, daß die Teilnehmer im Anschluß an einen Workshop den Gruppenjargon auf den Alltag übertragen. Das kann leicht dazu führen, daß die Gesprächspartner im Alltag mit Befremden reagieren. Da bei dem Rollenspiel Unterhaltungen simuliert werden, können Sie ggf. vor dieser Tendenz warnen.

6. Noch einmal: Feedback – Achten Sie bitte darauf, daß die Gruppenmitglieder sich klar und deutlich ausdrücken, wenn sie am Ende darüber sprechen, was sie gelernt haben bzw. was sie in Zukunft anders machen wollen. Es ist nicht ausreichend, wenn gesagt wird: „Dieser Workshop war gut für mich, und ich habe viel gelernt." In diesem Fall sollten Sie nachfragen: „Auf welche Weise war diese Gruppe gut für Sie? Was haben Sie im einzelnen gelernt?" Bei der anschließenden letzten Feedback-Runde sollten möglichst keine neuen Gesichtspunkte auftauchen. Denn dann geht es darum, schon einmal mitgeteilte Beobachtungen abzurunden und zu ergänzen. Außerdem ist es empfehlenswert, bei dieser Gelegenheit nicht auf das Feedback zu antworten, sondern nur zuzuhören. Das Schweigen bedeutet nicht, daß der Empfänger des Feedbacks alles akzeptiert. Es ist lediglich eine Geste, die das aufmerksame und ernsthafte Zuhören unterstreicht. Neben einer offenen Feedback-Runde kann die folgende Technik der unvollständigen Sätze angewendet werden. In der ersten Runde können Sie z. B. den Satzanfang „Ich fürchte, daß du..." vorschlagen. Reihum macht jeder daraus einen vollständigen Satz. Alternative Satzanfänge für die folgenden Runden:

- Ich hoffe, daß du...
- Ich möchte, daß du nicht vergißt...
- Am meisten schätze ich an dir, daß du...
- Ich gehe auf Distanz, wenn du...
- Du legst dir selbst Steine in den Weg, wenn du...
- Du ignorierst deine Stärke, wenn du...

Ein anderes Gruppenmitglied kann die Kommentare aufschreiben, die der Empfänger des Feedbacks erhält, und ihm diese Aufzeichnungen später übergeben. Dann hat der Betreffende etwas, was er schwarz auf weiß nach Hause tragen kann und vermutlich weniger leicht vergessen wird.

7. Was ich mitnehme – Während der letzten Sitzung ist es wertvoll, wenn die Teilnehmer eine abschließende Aussage darüber machen, was es für sie bedeutet hat, am Workshop teilgenommen zu haben, bzw. was sie vom Workshop mit nach Hause nehmen. Die Komprimierung auf einen oder einige wenige Sätze zwingt dazu, die persönliche Bedeutung des Gelernten ganz klar ins Auge zu fassen. Sie können diese zusammenfassende Reaktion mit einem Ritual verbinden: Die Teilnehmer stehen im Kreis zusammen, und in einem Rundgang teilt jeder mit – in einem einzigen Satz –, was er von dem Workshop mitnimmt. Denken Sie daran, auch selbst zu sprechen und Ihre eigene wichtigste Erfahrung mitzuteilen.

8. Rückblick auf die Zukunft – Fordern Sie die Teilnehmer auf, sich vorzustellen, welche Veränderungen sie in ihrem privaten und beruflichen Leben nach einem Jahr bzw. nach fünf Jahren vollzogen haben werden. Anschließend kommen immer zwei Teilnehmer zu einem Rollenspiel in zwei Runden zusammen. In der ersten Runde stellen sich die Teilnehmer vor, daß sie sich nach einem Jahr wiedersehen, weil sie sich irgendwo überraschend getroffen haben. Sie unterhalten sich über ihr Leben und über wichtige Veränderungen, die eingetreten sind. Sie bringen auch jene Dinge zur Sprache, die sie nicht verändert haben, Hoffnungen und Wünsche, die nicht wahrgeworden sind.
In der zweiten Runde stellen sich die Teilnehmer vor, daß sie sich in fünf Jahren zufällig begegnen und dieselbe Unterhaltung führen und Bilanz zu ziehen, was sie mit ihrem Leben in dieser Zeit angefangen haben.
Diese Technik hilft den Teilnehmern, mit verschiedenen Zeitperspektiven zu experimentieren und Erfolge und Mißerfolge ins Auge zu fassen.

9. Gegen Vergessen und Abwerten – Hier benutzen die Teilnehmer ein Rollenspiel, um sich gegen unsere Tendenz zu immunisieren, daß wir Lernerfolge später vergessen oder abwerten. Einige Freiwillige setzen sich in einen inneren Kreis und stellen sich vor, daß sie sich ein paar Monate nach dem Workshop treffen. Sie sprechen vor allem darüber, was sie getan haben, um den Wert des Workshops zu mindern bzw. um das, was sie gelernt haben,

zu vergessen. Sie übertreiben dabei so stark wie möglich.
Die Vorwegnahme dieser negativen Reaktion kann dazu führen, daß dieses Verhalten weniger wahrscheinlich wird. Und auch das Publikum wird von dieser Tendenz entlastet.

10. Techniken für kürzere Workshops – Kürzere Workshops sind mehr inhaltsorientiert. Sie stellen neues Wissen und das Verständnis neuer Konzepte in den Mittelpunkt. Der Gruppenprozeß ist weniger ausgeprägt, und die emotionalen Bindungen der Teilnehmer sind naturgemäß oberflächlicher. Bei diesen kürzeren Workshops haben sich folgende Techniken bewährt:

- Die Teilnehmer machen ein Brainstorming in Kleingruppen. Das Brainstorming konzentriert sich auf die zentralen Punkte, die gelernt wurden.
- Die Teilnehmer spielen ein Assoziationspiel in Kleingruppen. Sie bekommen eine Liste mit sechs zufällig gewählten Wörtern (z. B. Leopard, Fenster, Computer, Frühling, Dachs, Rot). Sie sollen, jeweils in einem Satz, die sechs zentralen Konzepte formulieren, um die es im Workshop gegangen ist. In jedem Satz soll eines dieser „wilden" Wörter vorkommen.
- Die Teilnehmer kommen in Teams zusammen und versuchen, einen attraktiven Slogan zu formulieren, der etwas Wichtiges ausdrückt, was sie bei dem Workshop gelernt haben.
- Jeder Teilnehmer schreibt auf einen Zettel eine wichtige Einsicht, ein wichtiges Konzept, einen wichtigen Grundsatz, den er vom Workshop mit nach Hause nehmen möchte. Diese Zettel werden zusammengefaltet und in einen Luftballon gesteckt, der aufgeblasen und zugeknotet wird. Die Luftballons werden in die Luft geworfen und eine Zeitlang hin- und hergespielt. Nach zwei Minuten sucht sich jeder einen „Glücks-Luftballon" aus, um ihn mit nach Hause zu nehmen. (Variante: Auf Kommando zerdrückt jeder seinen Ballon, und die ganze Gruppe schreit dabei laut unisono: „Ja!" Dann schaut jeder, was auf seinem Zettel steht, und nimmt diesen Zettel als Stimme des Orakels mit nach Hause.)
- Die Teilnehmer kommen in Teams zusammen und entwerfen ein Poster (Schrift und Bild), das die „Perlen der Weisheit" zeigt, denen sie auf dem Workshop begegnet sind. Die Poster werden an die Wand gehängt, die Teilnehmer gehen herum und schauen sie sich an. Sie setzen ihre Unterschrift dicht neben jene „Perlen der Weisheit", die sie selbst schätzen und mit nach Hause nehmen möchten.
- Regen Sie eine Diskussion in Kleingruppen an, bei der die folgenden Fragen beantwortet werden sollen: Was war interessant? Was war wertvoll? In welchen Punkten bin ich ganz anderer Meinung? Was habe ich über mich selbst gelernt? Wie kann ich das benutzen, was ich gelernt habe?

11. Mindmapping – Lassen Sie Quartette zusammenkommen, um im Team eine Mindmap zu kreieren. Das ist eine sehr gute Möglichkeit, den abgelaufenen Lernprozeß noch einmal durchzugehen und ein Empfinden für den Abschluß zu erzeugen. Diese Tätigkeit bezieht auch das Unbewußte mit ein. Gleichzeitig entsteht das Gefühl, daß etwas Greifbares gelernt wurde. Eine gute Mindmap kann in zehn bis zwanzig Minuten angefertigt werden. Die Teilnehmer brauchen dafür einen Bogen Flipchartpapier und farbige Filzstifte und Marker. Anschließend werden die Mindmaps im Raum aufgehängt, und die Teilnehmer wandern umher, um ihre Schöpfungen zu betrachten.

12. Feedback für den Moderator – Sie sollten auf keinen Fall vergessen, vor dem Ende des Workshops Feedback für Ihre Tätigkeit als Moderator einzuholen. Natürlich sind nicht alle Äußerungen für Ihre zukünftige Arbeit relevant, aber Sie können gewisse Tendenzen und Muster erkennen. Betrachten Sie das Feedback wie eine Filmkritik: Manches ist sicher Geschmacksache. Einige Teilnehmer werden Sie lieben, andere werden es nicht tun. Das ist völlig natürlich. Nehmen Sie jene Stimmen besonders ernst, die Dinge ansprechen, über die Sie selbst bereits nachgedacht haben. Um ein möglichst komplettes Bild zu erhalten, können Sie verschiedene Methoden kombinieren. Hier einige Anregungen:

- Fordern Sie die Teilnehmer auf, eine Bewertung des Workshops aufzuschreiben, nicht länger als eine Seite, mit positivem und negativem Feedback.
- Führen Sie eine offene Diskussion mit den Teilnehmern.
- Lassen Sie Teams zusammenkommen und über den Workshop diskutieren.
- Bitten Sie um eine gemeinsame Evaluation des Workshops in schriftlicher Form, damit Sie Anregungen erhalten.
- Hängen Sie ein Flipchart auf mit Adjektiven, wie z. B.: Wertvoll, zu leicht, zu schwer, langweilig, zu wenig Bewegung, zu langsam, zu schnell, zu wenig Inhalt, zutreffend, voll daneben usw. Jeder Teilnehmer soll ein Kreuzchen neben das Wort malen, das seine Workshop-Erfahrung zutreffend beschreibt.
- Entwerfen Sie selbst ein einfaches Formblatt, das in etwa fünf Minuten ausgefüllt werden kann.

13. Zertifikate – Machen Sie sich die Mühe, den Teilnehmern des Workshops ein Zertifikat auszuhändigen. Das Zertifikat ist kein Zeugnis, sondern eine Bestätigung dafür, daß der Teilnehmer von Anfang bis Ende an Ihrem Programm teilgenommen hat. Die meisten Teilnehmer schätzen solche Dokumente. Sie haben eine rituelle Qualität. Wir kennen solche Bestätigungen seit unserer Schulzeit. Das Zertifikat symbolisiert, daß der Workshop erfolgreich abgeschlossen wurde, auf welche Weise auch immer. Das Zertifikat ist eine Hilfe, die Botschaften des Workshops am Leben zu erhalten, auch wenn die Veranstaltung längst vorbei ist. Immer wenn der Teilnehmer dieses Papier betrachtet, werden automatisch Erinnerungen wach, Gefühle und Einsichten, die das weitere Lernen befruchten können. Mancher Teilnehmer wird das Zertifikat an die Wand hängen, um der Welt stolz zu zeigen, daß er an diesem Programm und bei diesem Moderator gelernt hat.

Gestalten Sie dieses Zertifikat attraktiv, was durch die neuen graphischen PC-Programme heute sehr leicht geworden ist. Außerdem gibt es immer Teilnehmer, die solche Zertifikate für eine Zusatzausbildung benötigen. Schließlich unterstreicht das Zertifikat auch Ihre Bedeutung als Moderator. Es ist eine sehr schöne, kostengünstige Marketingmaßnahme.

79 Abschlußritual

Wenn Sie sich für ein Abschlußritual als Schlußpunkt des Workshops entscheiden, dann schließen Sie mit einem starken Akzent. Zu manchen Gruppen paßt das, bei anderen ist es besser, wenn Sie einen leiseren Schluß wählen. Wenn Sie den Eindruck haben, daß Ihre Teilnehmer überwiegend zufrieden waren mit der Arbeit im Workshop und zu erkennen geben, daß sie viel gelernt haben, dann können Sie die folgende geleitete Phantasie als Finale benutzen (die Gruppe sitzt im Kreis zusammen):

Gestatten Sie sich einfach, die Augen für eine kurze Weile zu schließen. Holen Sie einmal tief Luft und atmen Sie langsam aus... So ist es gut... Schenken Sie Ihrem Körper ein paar Minuten Entspannung und lassen Sie Ihre Schultern locker herabfallen. Sie nehmen viel von diesem Workshop mit. Jetzt ist die Zeit gekommen, daß Sie in den Alltag zurückkehren und anwenden, was Sie gelernt haben.
Wenn Sie irgendwann bemerken, daß Sie die Dinge, die Sie hier gelernt haben, nicht anwenden, oder wenn Sie feststellen, daß Sie neues Verhalten, das Sie hier ausprobiert haben, in Ihrem Alltag nicht umsetzen können, dann halten Sie inne. Schauen Sie über Ihre linke Schulter zurück. Dort können Sie einen Schatten sehen. Dieser Schatten symbolisiert die Unsicherheit des Lebens... die dunkle Seite... das Unbekannte... all die Dinge, an die wir lieber nicht denken, die aber immer präsent sind, weil wir immer damit rechnen müssen, in jedem Augenblick, daß unsere Zeit, unser Leben enden kann. So wie Sie heute handeln, die Risiken, die Sie eingehen, und die Liebe, die Sie schenken, all das könnte Ihr letzter Akt auf diesem Planeten sein. Das ist ein ernstes Wort, aber es ist trotzdem wahr. Sie können diesen Gedanken jedoch ganz positiv sehen, wenn Sie bemerken, daß es töricht und arrogant wäre zu zögern. Wenn Sie zögern, dann tun Sie so, als ob Sie unsterblich wären, und unsterblich ist keiner von uns. Und wenn Sie eine Erinnerung an diesen wichtigen Gedanken brauchen, dann schauen Sie über Ihre linke Schulter. Dann werden Sie daran denken, daß etwas Mächtiges auf Sie wartet. Zögern Sie nicht zu handeln.
Verwandeln Sie Ihren Schatten lieber in eine positive Mahnung an Ihre Sterblichkeit. Das kann Sie ermutigen, Ihr Potential zu verwirklichen. Weniger können Sie sich nicht leisten. Holen Sie jetzt noch einmal tief Atem und nicken Sie mit dem Kopf, sagen Sie auf diese Weise „Ja“, wenn Sie langsam ausatmen, und wenn Sie bereit sind, öffnen Sie die Augen. Kommen Sie mit Ihrer Aufmerksamkeit zurück in diesen Raum. Wenn Sie entschlossen sind, all das, was Sie an wertvollen Ideen hier kennengelernt haben, zu benutzen, dann klatschen Sie einmal in beide Hände und sagen Sie einfach „Ja!“

80 Fast ein Credo

Ganz zum Schluß möchte ich noch einmal einige wichtige Grundsätze erläutern, die mir für den Leitungsstil des Moderators wichtig erscheinen. Ich versuche, diese Grundsätze in meiner eigenen Arbeit zu berücksichtigen, und ich glaube, daß viele von ihnen auch für Ihre Arbeit hilfreich sein können, jedenfalls wenn Sie langfristig mit Gruppen arbeiten wollen.

1. Primat der Klienten – Ich glaube, daß der Moderator eine aktive Rolle im Workshop spielen soll. Trotzdem muß er ständig auf seine Teilnehmer reagieren und versuchen, mit ihnen zu „tanzen". Der Prozeß des Lernens ist eine Art Tanz: Manchmal leitet der Moderator, manchmal folgt er seinen Teilnehmern, aber in jedem Fall versucht er, einen gemeinsamen Rhythmus mit seiner Gruppe zu entwickeln.
Grundlegend für die professionelle Beziehung zu den Teilnehmern sind Sensitivität und Respekt. Wir müssen uns immer wieder vor Augen halten: Pädagogisch-psychologisches Wissen, Erfahrung und ein breites Spektrum von nützlichen Techniken und Methoden, all das ist wichtig, aber nicht ausreichend. Was hinzukommen muß, ist unsere Haltung dem Klienten gegenüber:

- Wir hören zu, und unsere Teilnehmer können anfangen, sich selbst zuzuhören.
- Wir sind fürsorglich, und unsere Teilnehmer können anfangen, für sich selbst zu sorgen.
- Wir haben Hoffnung, und unsere Teilnehmer können neue Hoffnung schöpfen.
- Wir sind respektvoll, und unsere Teilnehmer können lernen, sich selbst zu respektieren.

2. Vermeiden Sie Vorurteile und voreilige Annahmen – Wenn Sie ein guter Katalysator für das Lernen sein wollen, dann müssen Sie versuchen, vorgefaßte Meinungen über die Klienten, mit denen Sie arbeiten, beiseite zu stellen. Unsere Vorurteile schränken uns und unsere Klienten ein. Überprüfen Sie vor allem Ihre Vorurteile im Blick auf Alter, ethnische Zugehörigkeit, Geschlecht, Religion, sexuelle Vorlieben und berufliche Positionen. Entwickeln Sie überhaupt möglichst wenig stillschweigende Annahmen über Ihre Teilnehmer, lassen Sie sich direkt von ihnen sagen, wer sie sind, was sie lernen wollen, was für sie wichtig ist. So können Sie wenigstens zum Teil vermeiden, daß Sie Ihre eigenen Wertvorstellungen und Ihr Verständnis der Realität den Teilnehmern aufzwingen.

3. Berücksichtigen Sie kulturelle Unterschiede – Passen Sie Ihren Arbeitsstil und Ihre Methoden den Bedürfnissen der Klienten an, die aus zunehmend unterschiedlichen sozialen und ethnischen Milieus kommen. Versuchen Sie, Ihre Arbeitsweise der Gruppe anzupassen, modifizieren Sie Ihre Technik. Multikulturelle Moderation erfordert eine große Flexibilität und Experimentierbereitschaft. Hier können Sie sich gar nicht genug vorbereiten. Lernen Sie von den Teilnehmern und fragen Sie, wenn Sie z. B. nicht wissen, welche Themen für einen Sikh in einer Gruppe von Europäern tabu sind.

4. Machen Sie sich Ihre eigenen Werte bewußt – Techniken und Methoden, die wir anwenden, sind nicht wertneutral. Wir wählen das aus, was zu unserem Charakter, zu unseren Werten und zu unserem emotionalen Profil paßt. Manchmal ist es notwendig, daß wir im Workshop über unsere eigenen Werte und Überzeugungen sprechen, damit die Teilnehmer uns und unsere Arbeit verstehen. Achten Sie darauf, daß Sie die Wertvorstellungen anderer respektieren. Seien Sie bereit, Ihren Arbeitsstil so zu modifizieren, daß er zu dem Wertespektrum paßt, das die Teilnehmer Ihres Workshops repräsentieren.

5. Die Bedeutung einer guten Vorbereitung – Ein verantwortungsvoller Moderator bereitet sich technisch auf den Workshop vor, und in der Regel gibt er den Teilnehmern auch vorab wichtige Informationen. Was aber leicht vergessen wird: Wir müssen uns auch selbst psychologisch auf eine Gruppe vorbereiten, indem wir darüber reflektieren, was zur Zeit in unserem persönlichen Leben vorgeht, mit welchen Themen und Schwierigkeiten wir uns gerade auseinandersetzen, wo unsere situative Stärke und Verletzlichkeit liegt. Unsere persönliche Verfassung wird automatisch von den Teilnehmern eines Workshops empfunden; darum ist es besser, daß auch wir über uns Bescheid wissen.

6. Vertraulichkeit – Damit der Workshop ein sicherer Ort für das Lernen sein kann, muß das Thema der Vertraulichkeit mit den Teilnehmern besprochen werden. Das gilt nicht für alle Workshops, aber für die meisten. Überprüfen Sie sich auch selbst. Oft verletzen auch Moderatoren die wichtige Spielregel der Vertraulichkeit.

7. Techniken sind Techniken und keine Ziele – Halten Sie sich bitte vor Augen, daß Ihre Techniken (Spiele, Experimente und alle anderen Interventionen) nur so gut sind, wie der Moderator, der sie anwendet. Wenn sie nicht mit Fingerspitzengefühl dem einmaligen Charakter eines Workshops und seiner Mitglieder angepaßt werden, dann helfen sie nicht.
Das Ergebnis einer Technik wird in starkem Maße von dem Gruppenklima geprägt und von der persönlichen Beziehung zwischen Moderator und Teilnehmern. Wenn Sie mehr über Ihre Techniken nachdenken, als über Ihren

Wunsch, mit Ihren Klienten zu „tanzen“, dann ist das Herz des Gruppenprozesses verloren gegangen.

8. Laden Sie zu Experimenten ein – Betonen Sie nicht Ihren Wissensvorsprung und vermeiden Sie den Anschein der Allwissenheit. Betrachten Sie sich als genauso reif wie Ihre Teilnehmer, aber seien Sie etwas experimentierfreudiger und toleranter. Präsentieren Sie Ihre Vorschläge, Interventionen und Techniken in erster Linie als Experimente. Das kultiviert ein neugieriges und demokratisches Klima im Workshop.

9. Respektvolle Sprache – Wenn Sie Ihren Teilnehmern Feedback geben, dann ist es angebracht, das höflich und direkt zu tun. Wenn Sie Interpretationen geben, Vorschläge machen, Techniken einführen, dann sollten Sie sich vorsichtig, tastend und eher hypothetisch ausdrücken. Auf diese Weise hat jeder Teilnehmer die Möglichkeit, Ihre Vorschläge abzulehnen, ohne daß er das Gesicht verliert.

10. Einfache Sprache – Vermeiden Sie den Jargon, der in den verschiedenen therapeutischen Schulen entwickelt wurde und der durch die Popularisierung der Methoden auch in Pädagogik und Erwachsenenbildung Eingang gefunden hat. Psychojargon stößt viele Teilnehmer ab und ist wenig hilfreich für klares Denken und Empfinden. Viele Teilnehmer bringen ohnehin spezielle „Dialekte“ mit, die in ihren Organisationen und Berufsfeldern gesprochen werden. Versuchen Sie, sich klar und einfach auszudrücken. Fragen Sie sich ab und zu: „Könnte ein Kind verstehen, was ich gerade sagen möchte?“

11. Achten Sie auf nonverbale Kommunikation – Beobachten Sie die nonverbalen Signale, die zwischen Ihnen und den Teilnehmern ausgetauscht werden. Vermeiden Sie, diese Signale sozusagen als Experte zu deuten, und versuchen Sie nicht, die Teilnehmer in irgendwelche Kategorien oder Typologien einzuordnen. Solche Typologien sind wissenschaftlich verbrämter Aberglaube, dessen Nutzen hauptsächlich darin besteht, daß er dem Moderator eine Scheinsicherheit gibt. Statt dessen können Sie ein Klima entwickeln, wo alle auf die Körpersprache achten und sie bewußt einbeziehen, um bessere Beziehungen zu entwickeln und intensiver lernen zu können.

12. Lassen Sie sich von der Gruppe helfen – Es gibt immer wieder Situationen, in denen der Moderator unsicher ist, was er in einer Situation tun soll. Ungeübte Moderatoren ignorieren ihre beste Ressource: die Weisheit der übrigen Workshop-Mitglieder. Der einfachste Weg, um Hilfe zu bekommen, besteht darin, daß Sie die Teilnehmer um Unterstützung bitten und ihnen das Problem präsentieren. Wenn Sie sich von der Gruppe helfen lassen, dann lösen Sie gleich mehrere Probleme. Die Gruppe kann mehr Verantwortung übernehmen, und die Situation kann besser geklärt werden.

13. Schwimmen Sie nicht gegen den Strom – Versuchen Sie die Neugier der Teilnehmer zu wecken und lernen Sie die Ziele und Lernwünsche Ihrer Klienten kennen. Lassen Sie sich von den Interessen der Teilnehmer leiten; unterstützen Sie sie dabei, daß sie Antworten auf ihre eigenen Fragen finden können. Damit sind Sie vollauf beschäftigt. Leiten Sie den Lernprozeß nicht in eine Richtung, die von Ihren Gruppenmitgliedern selbst nicht gewünscht wird.

14. Experimentelle Haltung – Erfahrene und unerfahrene Moderatoren unterscheiden sich vor allem in ihrer Bereitschaft zu experimentieren. Lernprozesse in Workshops nehmen immer wieder unerwartete Richtungen, egal wie das Rahmenthema lautet. Der erfahrene Moderator begrüßt solche Überraschungen, weil sie ihm Gelegenheit geben, die eigene Kreativität zu testen: Er muß improvisieren und Lernstrukturen und Techniken „aus dem Stand" entwickeln. Wenn Sie das Gefühl haben, daß Sie unflexibel und einfallslos werden, dann können Sie vielleicht überlegen, ob Sie mehr Supervision brauchen, ob Sie mit verschiedenen Koleitern arbeiten oder eine anregende Fortbildung beginnen sollten.

15. Lassen Sie sich beraten – Es gibt immer wieder Zeiten, in denen wir als Moderator die Hilfe von Kollegen, Supervisoren oder Therapeuten brauchen. Wenn Sie bemerken, daß Ihre persönlichen Probleme und Konflikte Ihre professionelle Urteilskraft und Ihre Arbeit im Workshop beeinträchtigen, dann lassen Sie sich bitte helfen. Entgegen der landläufigen Meinung ist es ein Zeichen absoluter Professionalität, wenn der Moderator Hilfe für eigene Schwierigkeiten sucht. Darüber hinaus ist das ein wirksames Mittel gegen Überlastung und Burnout.

16. Eigene Therapie – Workshop-Moderatoren arbeiten in einem Grenzgebiet zwischen Therapie und Pädagogik. Wenn Sie ein exzellenter Moderator sein möchten, dann müssen Sie bereit sein, Ihr eigenes Leben kontinuierlich zu erforschen. Niemand kann seine Klienten weiter bringen, als er selbst bereit ist zu gehen. Bis zu einem gewissen Grad ist die Leitung von Workshops „therapeutisch" für den Moderator, aber das reicht in der Regel nicht aus. In geeigneten Abständen brauchen Sie für Ihr eigenes Leben und für Ihre eigene Persönlichkeit die Arbeit mit einem guten Therapeuten. Das ist zugleich ein hochwirksames Mittel für Sie, um mehr Kreativität und Intuition zu entwickeln.
Um Ihren eigenen „Entwicklungsstand" aus einer frischen Perspektive zu sehen, können Sie sich folgende Fragen vorlegen: „Wie würde eine Gruppe funktionieren, wenn alle Teilnehmer meine Persönlichkeit hätten? Wo würde eine solche Gruppe steckenbleiben? Welche Widerstände würden sich zeigen?"

17. Technik und Kontext – Die wichtigste Rolle des Moderators besteht darin, Lern- und Arbeitsziele der Teilnehmer zu unterstützen. Er hat nicht die Aufgabe, Probleme zu lösen. Er soll Techniken zur Verfügung stellen, die es erleichtern, daß die Themen der Teilnehmer nach und nach bearbeitet werden können. Gleichzeitig sollen diese Techniken Verbindungen deutlich machen zwischen den einzelnen Themen und zwischen den Workshop-Teilnehmern. Auf diese Weise werden die Teilnehmer angeregt, ebenfalls freier in Assoziationen und Bezügen zu denken und Muster zu entdecken.

18. Mit Humor geht (fast) alles besser! – Taktvoll angewendet, kann Humor sehr hilfreich sein, um schwierige und manchmal auch schmerzliche Situationen im Workshop zu entschärfen. Benutzen Sie von Zeit zu Zeit Techniken und Spiele, die dazu beitragen, daß die Workshop-Mitglieder gemeinsam lachen können. Spielerisches und befreiendes Lachen wird leichter, je stärker das Vertrauen im Workshop ist.

19. Vordergrund und Hintergrund – Natürlich macht sich der Moderator Gedanken über die Entwicklung des Workshops und über Verhalten und Leben einzelner Teilnehmer; er macht sich Gedanken über die Organisation, die einen Workshop sponsert. Aber diese Interpretationen sollen nicht der Ausgangspunkt für die Arbeit im Workshop sein. Benutzen Sie den Vordergrund, das, was Bruno Bettelheim das „Offenkundige" nennt. Das Offenkundige wird leicht ignoriert, weil wir uns daran gewöhnt haben, weil wir es für unvermeidlich halten, weil wir Angst haben, daran zu rühren. Lenken Sie die Aufmerksamkeit der Gruppe darauf und brechen Sie das Tabu, daß das Offenkundige nicht genannt werden darf. Das kann erhebliche produktive Energie im Workshop auslösen. Das Offenkundige besteht häufig aus Mustern: Die Frauen in der Gruppe drücken den Männern gegenüber keine Anerkennung aus; die Männer in der Gruppe ignorieren die Vorschläge von Frauen zur Lösung eines Problems; ein einzelner Teilnehmer wird von den anderen wie Luft behandelt etc.

20. Theorie – Es ist wichtig, daß der Moderator seine eigene theoretische Orientierung immer wieder überdenkt und erweitert. Eine Theorie ist eine geistige Landkarte, aber nicht die Wirklichkeit. Gleichwohl sind Theorien folgenreich, weil sie unsere Vorgehensweise und den Stil unserer Gruppenleitung prägen. Sie beeinflussen die Auswahl unserer Techniken und unsere Visionen, wie wir unseren Klienten helfen können. Es gibt einen interessanten Zusammenhang zwischen unseren Lieblingstheorien und unserem Charakter als Moderator. Es ist gut, wenn wir häufig über diesen Zusammenhang nachdenken. Ein erfahrener Moderator hat vielfältige theoretische Kenntnisse. Er vermeidet es, seine Arbeit auf einer einzelnen Theorie oder Methode aufzubauen. Es gibt Hunderte von kognitiven, biologischen oder psychodynamischen Lerntheorien, die alle relative Verdienste haben. Versuchen Sie, den Reiz jener Theorien zu entdecken, die verhältnismäßig einfach und klar sind. Sie lenken uns weniger ab von unserer wichtigsten Aufgabe: ein gutes Modell für die Teilnehmer zu sein – neugierig, risikofreudig und bereit, Fehler zu machen und sie auch einzugestehen.

21. Die Grenzen der Verantwortlichkeit – Der Moderator steht zu den Teilnehmern des Workshops in einer Lernpartnerschaft; er muß bereit sein, in die eigenen Lernprozesse, das eigene Denken, die eigenen Emotionen und Gefühle Einblick zu geben. Er muß seine Strategien zur Lösung von Problemen und Konflikten offenlegen. Ich habe gesagt, daß der Workshop wie ein Tanz ist, in dem der Moderator manchmal führt und manchmal folgt, und dabei immer versucht, einen gemeinsamen Rhythmus mit den Teilnehmern zu finden. Die Verantwortung für den Erfolg dieses Tanzes hat der Moderator nicht allein. Er ist aber verantwortlich dafür, daß ein Kontext für bedeutsames Lernen entsteht. Er muß Techniken und Skills anbieten, die dynamisches Lernen ermöglichen. Wenn ein Workshop gut läuft, dann ist das nicht allein das Verdienst des Moderators, und wenn ein Workshop unproduktiv ist, dann ist das nicht allein sein Verschulden – auch die Teilnehmer haben ihren Anteil daran.

22. Niemanden direkt verändern wollen – Der Moderator wünscht sich natürlich, daß die Teilnehmer intensiv lernen und sich verändern können. Aber er sollte nicht versuchen, diese Veränderung direkt herbeizuführen. Er versucht, optimale Bedingungen zu schaffen, damit die Teilnehmer ausdrücken können, was sie denken, was sie fühlen, daß sie neues Verhalten ausprobieren und sich überlegen können, was sie privat und beruflich verändern wollen. Der Moderator hat viel erreicht, wenn ein Teilnehmer die Möglichkeit sieht, daß er anders sein und anders handeln könnte. Wenn jemand neue Optionen entdeckt hat, dann beginnt für ihn der schwierigste Teil des Lernens, nämlich, diese Dinge im Alltag zu realisieren.

23. Denken, Fühlen und Handeln integrieren – Der Workshop gelingt besser, wenn wir diese drei Dimensionen unserer Existenz gleichmäßig betonen. Ich halte es für wichtig, daß die Teilnehmer im Workshop Gelegenheit haben, ihre Gefühle wahrzunehmen und auszudrücken, weil Gefühle uns in jeder Sekunde unserer Existenz begleiten und in hohem Maße auch leiten; aber ich halte es für ebenso wichtig, daß die Teilnehmer darüber nachdenken, wie ihre Gefühle das eigene Denken prägen, ihre Anschauungen, Werte und Entscheidungsmuster. Darüber hinaus lenke ich die Aufmerksamkeit der Teilnehmer auf ihr praktisches Verhalten. Wenn sie damit nicht zufrieden sind, ermutige ich sie, andere Verhaltensweisen im Workshop auszuprobieren, damit sie es leichter haben, auch nach dem Workshop konkrete Veränderungen vorzunehmen.

24. Verbalisieren – An vielen Stellen habe ich Sie dazu aufgefordert, daß Sie in Ihren Workshops den Körper einbeziehen und den Teilnehmern Gelegenheit geben, sich zu bewegen. Ich verspreche mir davon, daß die Teilnehmer spontaner und lebendiger werden. Andererseits ist verbale Kommunikation die wichtigste Brücke, die uns mit anderen verbindet, im Beruf wie in der Familie. Häufig ist diese Kommunikation eingeschränkt, von dysfunktionalen Mustern geprägt, manipulativ und zu wenig emphatisch. Die Kultur des Workshops bietet eine gute Möglichkeit, spontane und ehrliche Kommunikation einzuüben, die in allen Bereichen der Gesellschaft so sehr benötigt wird.
Aber verbalisieren ist auch in einem anderen Zusammenhang wichtig. Wenn der Teilnehmer über seinen eigenen Lernprozeß reflektiert, um das Gelernte zu assimilieren, dann muß er darüber sprechen. Er kann einen inneren Monolog halten, er kann in sein Lerntagebuch schreiben, und er kann zu zweit oder in kleinen Gruppen seine Lernerfahrung diskutieren. Der Dialog mit anderen ist eine wirksame Möglichkeit, das Gelernte zu festigen und den Transfer in den Alltag vorzubereiten.

25. Polaritäten – Polaritäten spielen eine wichtige Rolle für Wahrnehmung, Denken und Fühlen. Ich vermute, daß wir so empfänglich für Polaritäten sind, weil unser Körper bereits dieses Organisationsprinzip hat: Er ist symmetrisch gebaut, mit einer linken und einer rechten Seite, mit oben und unten, vorn und hinten. Ermutigen Sie Ihre Teilnehmer, Polaritäten in ihrem Denken, Fühlen und Handeln zu erforschen. Das ist eine sehr elegante Vorgehensweise, die sich wohltuend auswirkt. Wir alle haben eine denkende Seite und eine fühlende Seite, eine dominante Seite und eine submissive Seite, wir sind manchmal unabhängig und zu anderen Zeiten abhängig, unsere Energie ist hoch und dann wieder niedrig usw. Helfen Sie den Teilnehmern, flexibel mit diesen Polaritäten im Leben umzugehen. Stagnation tritt ein, wenn ein Pol auf Kosten des anderen dominiert. Die Gestalttherapie hat viele gute Techniken entwickelt, mit denen wir Polaritäten in unserem Leben erforschen und anerkennen können.

26. Zeitperspektiven – Berücksichtigen Sie bei der Arbeit im Workshop die Vergangenheit, die Gegenwart und die Zukunft. Die Basis für die Arbeit im Workshop sind die Erfahrungen der Teilnehmer, die aktuell in der Gruppe gemacht werden, insofern benötigt der Moderator eine Hier-und-jetzt-Orientierung. Das Ziel der Arbeit besteht jedoch darin, daß die Teilnehmer etwas für die Zukunft lernen. Daher benötigt auch der Moderator eine Zukunftsorientierung. Um die Zukunft angemessen zu berücksichtigen, kann er Techniken benutzen, die die Zukunft in die Gegenwart holen: Rollenspiel, Imagination, Brainstorming usw. Aber wir wissen auch, daß wir Hindernissen begegnen, die einen freien Gebrauch der Zukunft einschränken. Die schwierigsten Hindernisse sind nicht extern, sondern in unseren Erfahrungen begründet, die wir in der Vergangenheit gemacht haben, und in den Einschränkungen, die wir uns zu unserem eigenen Schutz früher einmal auferlegt haben. Insofern benötigt der Moderator auch eine Vergangenheitsorientierung. Dabei muß der Moderator behutsam vorgehen. Eine zu intensive Beschäftigung mit der Vergangenheit würde den Charakter des Workshops verändern und daraus ein therapeutisches Unternehmen machen. Wie intensiv Sie die Vergangenheit in die Arbeit einbeziehen, das ist eine Sache des Fingerspitzengefühls und abhängig vom Charakter der Gruppe und Ihrem eigenen therapeutischen Geschick.

27. Transfer – Benutzen Sie die Schlußphase der Gruppe dafür, daß die Teilnehmer sich auf die Rückkehr in den Alltag vorbereiten können. Dazu gehört, daß der Lernprozeß konsolidiert wird, daß Einsichten formuliert und abgerundet werden können, daß neue Verhaltensweisen im Rollenspiel praktiziert werden können. Geben Sie den Teilnehmern bei längeren Workshops Gelegenheit, den persönlichen Abschied von der Gruppe und die damit verbundene Trennung bewußt zu gestalten.

28. Mit den Teilnehmern „tanzen" – Als Moderator sind Sie auf den Goodwill Ihrer Teilnehmer angewiesen. Am leichtesten werden Sie die Kooperationsbereitschaft Ihrer Gruppe bekommen, wenn die Teilnehmer spüren, daß Sie sich auf jeden einzelnen individuell einstellen und gleichwohl eine verläßliche und sichere Führung gewährleisten. Aber damit ist noch nicht gesagt, was das für ein „Tanz" ist, den Sie mit einem ganz speziellen Workshop praktizieren können, welche „Rhythmen" und „Melodien" dabei entstehen, welche „Tanzschritte" möglich sind. Die schönsten „Tänze" fanden immer in den Workshops statt, die schon vergangen sind und die wir in unserer Erinnerung zu besonderen Erlebnissen überhöhen, mit anderen Worten, uns bleibt gar nichts anderes übrig, als uns immer wieder überraschen zu lassen, welcher „Tanz" uns bei dem gerade bevorstehenden Workshop beschert werden wird. Das Wichtigste ist, daß wir überhaupt „tanzen" und nicht auf die Idee kommen, mit den Teilnehmern ein Tauziehen oder ein Tennismatch zu veranstalten.

Liste der Übungen

Baustein 13: Die Sprache des Raumes 72
Das große Spiel der Macht 77
Sitzordnung und Macht 77
Baustein 15: Das Eis brechen 80
Namensschilder austauschen 83
Steckbriefe 83
Dichtung und Wahrheit 83
Papierpuppen 83
Selbsttest „Neugier" 74
Baustein 17: Interview des Workshop-Leiters 93
Baustein 18: Vorstellung der Teilnehmer 94
Namen flüstern 94
Ein Kissen werfen 94
Crescendo 94
Namensecho 95
Lustige Lydia 95
Phantasienamen und Vorstellung durch einen Partner 95
Baustein 19: Vorstellung mit Partner 96
Die konventionelle Variante 96
Die ungewöhnliche Variante 96
Wechselnde Gruppierungen 97
Baustein 24: Rapport 116
Gruppenleiter-Quiz 119
Fünfminuten-Interview 119
Doppelgänger-Interview 119
Baustein 25: Vertrauen 120
Mein wertvollster Besitz 121
Wenn du ein Tier wärst 121
Blütenblätter 121
Drei gute Eigenschaften 122
Spiegeln 123
Vier Fenster 123
Lieblingsmärchen 124
Fünf Adjektive 124
Baustein 26: Phasen im Gruppenprozeß 125
Diagnose der Gruppensituation 128
Baustein 27: Lern- und Arbeitsziele 129
Einkaufsliste 129
Akzente setzen 130
Improvisierte Ziele 130
Was will ich erreichen? Was will ich beitragen? 131

Baustein 29: Überblick über den Workshop 137
Den Stuhl hinstellen 138
Baustein 30: Sorgen und Befürchtungen 139
Sorgendepot 139
Baustein 31: Drei Fotos 141
Baustein 33: Neugier wecken 148
Hundert Fragen 149
Zehn wichtige Fragen 149
Eins aus zehn 149
Die Kunst der Frage 150
Baustein 35: Bonding-Games 157
Miteinander warm werden 157
Vorstellung mit Fokus 158
Vorstellung in einer großen Gruppe 159
Namen memorieren 159
Baustein 36: Spielregeln 160
Unsichtbare Regeln 161
Baustein 38: Energie mobilisieren 169
Erde, Lust, Feuer und Wasser 169
Baustein 39: Energizer 172
Bären 172
Balancieren 173
Don't worry, be happy! 174
Plätze wechseln 174
Ich gehe auf ein Reise 174
Baustein 40: Die Friedhofsschicht 176
Der Schwerkraft nachgeben 176
Bemerken, was oben ist 178
Energiediagramm 179
Baustein 41: Die Balance finden 180
Magnetische Hände 180
Energie spüren 181
Die Balance finden 182
Baustein 42: Sieben Intelligenzen 184
Sieben Strategien, mit denen Sie die Aufmerksamkeit gewinnen ... 188
Baustein 43: Verbale Intelligenz 189
Einfache Kommunikationsübungen 189
Einfache Übungen zum Kreativen Schreiben 190
Briefe, die nicht abzuschicken sind 190
Brainstormings 190
Geschichten erzählen 190
Präsent sein 191
Konzentriert zuhören 191
Ermutigung 192

Störungen mitteilen 193
Kommunikationsnetz 193
Nähe und Distanz 194
Baustein 44: Die Macht der Worte 195
Frei erzählen 195
Stimmbilder 195
Bewußtseinsstrom 196
Sprache und Gefühl 196
Die Bücher meines Lebens 196
Sprache, die verzaubert 196
Baustein 45: Visuelle Intelligenz 198
Die Augen des Jägers 199
Die Augen des Künstlers 199
Virtuelle Bilder 200
Tagträume 200
Dreidimensionales Sehen 201
Mit beiden Händen zeichnen 201
Dialog beider Hände 201
Geistige Landkarte 202
Was Computer nicht sehen können 202
In die Hand schreiben 203
Beobachten 203
Baustein 46: Mindmapping 204
Baustein 47: Imagination 208
Vorbereitung: Entspannung 208
Kaleidoskop 209
Vision der Gruppe 210
Was kann ich beitragen 211
Baustein 48: Musikalische Intelligenz 213
Musikalischer Bewußtseinsstrom 215
Musikalische Einkaufsliste 215
Summen 215
Phonographische Erinnerungen 216
Musikalische Inspiration 216
Ein imaginäres Mikrophon 217
Spiegeln zur Musik 217
Baustein 49: Kinästhetische Intelligenz 218
Wie klug ist mein Körper? 221
Die Weisheit des Körpers 222
Intelligent sitzen 222
Mentales Körpertraining 223
Massagekreis 224
Widersprüchliche Signale 225
Centering 225

Aufmerksam gehen ... 225
Baustein 50: Die Kunst der Berührung ... 227
Berühren wie eine Elfe ... 227
Blind berühren ... 227
Der Dämon ... 227
Rücken an Rücken ... 228
Förderband ... 228
Statuen ... 228
Baustein 51: Logisch-mathematische Intelligenz ... 230
Können Sie diese Nuß knacken? ... 234
Ursache und Wirkung ... 234
Wie gehen Sie vor? ... 235
Ein Gefühl für Zahlen ... 235
Mathematik-Quiz ... 236
Naturwissenschaftliches Verständnis ... 236
Neugier ... 237
Baustein 52: Interpersonelle Intelligenz ... 238
Erste Eindrücke ... 240
Beobachten lernen (Interaktions-Analyse) ... 241
Sich verbunden fühlen ... 242
Sich mit einer Gruppe verbunden fühlen ... 243
Andere verstehen ... 244
Soziales Netz ... 244
Ideenparty ... 245
Intimes Feedback ... 246
Perspektivenwechsel ... 246
Danke! ... 247
Baustein 53: Intrapersonelle Intelligenz ... 248
Collage: Mein inneres Selbst ... 251
Kreativität ... 251
Drei wichtige Ziele ... 252
Jedes Bild erzählt eine Geschichte ... 253
Wünsche ... 253
Meditation ... 254
Allein sein ... 254
Autobiographie in zehn Sätzen ... 255
Verletzlichkeit ... 255
Brief an das Selbst ... 256
Baustein 55: Umgang mit Störungen ... 261
Aus heiterem Himmel ... 270
Baustein 56: „Querdenker" ... 271
Systemische Grundsätze ... 272
Das Sfumato-Prinzip ... 273
Baustein 58: Soziales Lernen ... 278

Partnerarbeit 278
Ein Team bilden in fünf Schritten 279
Gruppen bilden nach Konsens 280
Intuitives Gruppenbilden 281
Schnelle, problemlose Gruppenbildung 282
Baustein 59: Kooperation 283
Schieben 284
Aufstehen 285
Balancieren 285
Den Ball tragen 286
Kreis der Knoten 287
Einander helfen 287
Baustein 60: Probleme lösen 289
Lawine 290
Gefangen im Fahrstuhl 290
Ausbruch aus dem Gefängnis 290
Drei Fallschirme 291
Sinkendes Schiff 291
Bergsteiger 291
Baustein 63: Macht 296
Soziogramm der Macht 298
Baustein 65: Umgang mit Konflikten 304
Ich wünsche dir ein schönes, langes Leben 305
Baustein 66: Dampf ablassen 307
Baustein 67: Fragen und Antworten 308
Fragen und Antworten (für die Anfangsphase) 309
Fragen und Antworten (für die mittlere Phase des Workshops) 309
Graffiti 310
Fragen an den Moderator 311
Wiederholung 313
Ein Schritt in die richtige Richtung 314
Die Zauberer 315
Baustein 68: Themen erforschen 316
Unstrukturierte Runden 316
Strukturierte Runden 316
Dynamisches Brainstorming 317
Pro und Kontra 318
Das Kontinuum 319
Baustein 69: Geschichten, Anekdoten, Aphorismen 322
Die Lösung des Problems 322
Schlamm und Morast 322
Schwimmen können 323
Himmel und Hölle 323
Tradition 324

Sich beklagen ... 324
Augenblicke des Schweigens ... 325
Der Kaffee schmeckt scheußlich ... 326
Baustein 70: Persönliches Journal ... 327
Baustein 71: Zwölf Rituale ... 330
Baustein 72: Den Körper einbeziehen ... 333
Selbsttest: Mein Körper ... 335
Bild meines Körpers ... 336
Rot und Schwarz ... 336
Atemmeditation ... 337
Das Wunder der Vokale ... 337
Der Bär von Poitiers ... 338
Baustein 73: Meditation ... 339
Lernen ... 339
Gehen wie ein Tiger ... 340
Ein halbes Lächeln ... 340
Baustein 74: Stretching ... 342
Nach den Sternen greifen ... 342
Das Herz öffnen ... 342
Unsichtbare Bewegungen ... 343
Baustein 75: Entspannung ... 344
Anspannen und Loslassen ... 344
Baustein 76: Spielerische Pausen ... 346
Excalibur ... 346
Baustein 78: Die Schlußphase ... 351
Vorbereitung auf das Ende des Workshops ... 351
Die Höhepunkte des Workshops nacherleben ... 352
Negative Aspekte der Workshoperfahrung ausdrücken ... 353
Sich mit einem Geschenk bedanken ... 354
Ein Brief, der nicht abgeschickt werden muß ... 354
Was ich mitnehme ... 356
Rückblick auf die Zukunft ... 356
Gegen Vergessen und Abwerten ... 357
Techniken für kürzere Workshops ... 357
Mindmapping ... 358
Feedback für den Moderator ... 358
Baustein 79: Abschlußritual ... 360

Bibliographie

Assagioli, Roberto (1965). Psychosynthesis. A Manual of Principles and Techniques. New York: Hobbs, Dorman & Company.

Benne, Kenneth, et al., ed. (1975). The Laboratory Method of Changing and Learning. Theory and Application. Palo Alto: Science and Behavior Books.

Benson, Herbert (1976). The Relaxation Response. New York: Avon.

Borysenko, Joan (1987). Minding the Body, Mending the Mind. Reading, MA: Addison-Wesley.

Briggs, J. P., and Peat, F. David (1985). Looking Glass Universe: The Emerging Science of Wholeness. London: Fontana Paperbacks.

Brown, George Isaac (1971). Human Teaching for Human Learning: An Introduction to Confluent Education. New York: Viking.

Caine, Renate and Caine, Geoffrey (1997). Unleashing the Power of Perceptual Change: The Potential of Brain-Based Teaching. Alexandria, Virginia: ASCD.

Calvin, William (1998). Wie das Gehirn denkt: Die Evolution der Intelligenz. Heidelberg: Spektrum Akademischer Verlag.

Carr, Clay (1994). The Competitive Power of Constant Creativity. New York: American Management Association.

Churchland, Paul (1997). Die Seelenmaschine: Eine philosophische Reise ins Gehirn. Heidelberg: Spektrum Akademischer Verlag.

Cleary, Thomas, Hrsg. (1997). Zen-Geschichten: Begegnungen zwischen Schülern und Meistern. München: Diederichs.

Cleveland, J., Neuroth, J. and Marshall, S. (November 1995). Learning on the Edge of Chaos: Complex Adaptive Systems Theory and Human Learning, First Draft. Lansing, Michigan: On Purpose Associates.

Cohn, Ruth und Matzdorf, Paul (1995). Das Konzept der Themenzentrierten Interaktion. In: TZI: Pädagogisch-therapeutische Gruppenarbeit nach Ruth C. Cohn. Hrsg. v. Löhmer, Cornelia und Standhardt, Rüdiger, 2. Aufl. Stuttgart: Klett-Cotta.

Combs, Arthur W., Richards, A. C. and Richards, F. (1976). Perceptual Psychology: A Humanistic Approach to the Study of Persons. New York: Harper and Row.

Csikszentmihaly, Mihaly (1999). Flow: Das Geheimnis des Glücks. 7. Aufl. Stuttgart: Klett-Cotta.

Csikszentmihaly, Mihaly (1993). The Evolving Self: A Psychology for the Third Millennium. New York: HarperCollins.

Damasio, Antonio R. (1994). Descartes' Error: Emotion, Reason, and the Human Brain. New York: Avon Books.

Darling, David J. (1996). Zen Physics: The Sense of Death, the Logic of Reincarnation. New York: HarperCollins.

Deci, Edward (1995). Why We Do What We Do. New York: Grosset/Putnam Books.

Deporter, Bobbi, and Hernacki, M. (1992). Quantum Learning. New York: Dell Paperbacks.

Diamond, M. (1988). Enriching Heredity: The Impact of the Environment on the Anatomy of the Brain. New York: The Free Press.

Dryden, Gordon, and Vos, J. (1994). The Learning Revolution. Rolling Hills, CA: Jalmar Press.

Edelman, Gerald M. (1992). Bright Air, Brilliant Fire: On the Matter of the Mind. New York: Basic Books.

Gazzaniga, Michael (1985). The Social Brain: Discovering the Networks of the Mind. New York: Basic Books.

Gelb, Michael (1998). Das Leonardo-Prinzip: Die sieben Schritte zum Erfolg. Köln: Vgs Verlagsgesellschaft.

Gendlin, Eugene (1998). Focusing: Selbsthilfe bei der Lösung persönlicher Probleme. Reinbek: Rowohlt Tb.

Goerner, Sally J. (1994). Chaos and the Evolving Ecological Universe. Langhorne, PA: Gordon and Breach Science Publishers.

Goleman, Daniel (1997). EQ: Emotionale Intelligenz. 5. Aufl. München: dtv.

Gozdz, Kazimierz, ed. (1995). Community Building: Renewing Spirit and Learning in Business. San Francisco: New Leaders Press.

Hannaford, Carla (1997). Bewegung: Das Tor zum Lernen. 2. Aufl. Kirchzarten: VAK-Verlag.

Hobson, J. Allan (1994). The Chemistry of Conscious States: How the Brain Changes Its Mind. Boston: Little, Brown and Company.

Hooper, Judith, and Teresi, Dick (1986). The Three-Pound Universe: The Brain, from Chemistry of Mind to New Frontiers of the Soul. New York: Dell.

James, William (1902). The Varieties of Religious Experience. New York: Green.

Jensen, Eric (1996). Brain-Based Learning. Del Mar, CA: Turning Point Publishing.

Jensen, Eric (1988). Super Teaching: Master Strategies for Building Student Success. Dubuque, Iowa: Kendall/Hunt Publishing Company.

Kline, Peter (1995). Das alltägliche Genie. Oder: Wie man sich in das Lernen (neu) verlieben kann. Paderborn: Junfermann.

Kohn, Alfie (1990). The Brighter Side of Human Nature: Altruism and Empathy in Everyday Life. New York: Basic Books.

Kohn, Alfie (1992). No Contest: The Case Against Competition. Revised edition. Boston: Houghton Mifflin.

Kohn, Alfie (1993). Punished by Rewards: The Trouble with Gold Stars, Incentive Plans, A's, Praise, and Other Bribes. New York: Houghton Mifflin.

Kohut, Heinz (1978). The Search for the Self. New York: International Universities Press.

Langer, Ellen (1989). Mindfulness. Reading, MA: Addison-Wesley.

Langer, Ellen (1997). The Power of Mindful Learning. Reading, MA: Addison-Wesley.

Lawlor, Michael, and Handley, Peter (1996). The Creative Trainer: Holistic Facilitation Skills for Accelerated Learning. Maidenhead, Berkshire: McGraw-Hill Companies.

Lazarus, Richard, and Lazarus, Bernice (1995). Passion and Reason. New York: Oxford University Press.

Ledoux, Joseph (1998). Das Netz der Gefühle: Wie Emotionen entstehen. 2. Aufl. München: Hanser.

MacLean, Paul D. (1990). The Triune Brain in Education. New York: Plenum Press.

Maslow, Abraham H. (1970). Motivation and Personality. 2nd ed. New York: Harper & Row.

Masterson, James (1988). The Search for the Real Self. New York: Free Press.

Morris, Langdon (1995). Managing the Evolving Corporation. New York: Van Nostrand Reinhold.

O'Keefe, James, and Nadel, L. (1978). The Hippocampus as a Cognitive Map. Oxford: Clarendon Press.

Ornstein, Robert (1996). Evolution des Bewußtseins: Ursprünge und Perspektiven. Kirchzarten: VAK Verlag.

Ornstein, Robert, and Ehrlich, P (1989). New World, New Mind: Moving Toward Conscious Evolution. New York: Doubleday.

Pei, Mario A. (1971). Voices of Man. New York: Ams Press.

Perkins, David (1995). Outsmarting IQ: The Emerging Science of Learnable Intelligence. New York: The Free Press.

Pert, Candace (1997). Molecules of Emotion. New York: Charles Scribner's Sons.

Riesman, David. (1950). The Lonely Crowd. New Haven, Connecticut: Yale University Press.

Rosen, Sidney (1996). Die Lehrgeschichten von Milton H. Erickson. 4. Aufl. Salzhausen: iskopress.

Rossi, Ernest L. und Nimmons, D. (1993). Die 20-Minuten Pause: Wie Sie seelischen und körperlichen Zusammenbruch verhindern können. Paderborn: Junfermann.

Russell, Peter (1995). The Global Brain Awakens: Our Next Evolutionary Leap. Palo Alto, CA: Global Brain.

Rylatt, Alastair, and Lohan, Kevin (1997). Creating Training Miracles. San Francisco: Jossey-Bass.

Schacter, Daniel (1996). Searching for Memory: The Brain, the Mind, and the Past. New York: Basic Books.

Scheffler, Israel (1991). In Praise of the Cognitive Emotions. New York: Routledge.

Schön, Donald A. (1983). The Reflective Practitioner. New York: Basic Books.

Schön, Donald A. (1990). Educating the Reflective Practitioner. San Francisco: Jossey-Bass.

Senge, Peter M. (1998). Die fünfte Disziplin: Kunst und Praxis der lernenden Organisation. 5. Aufl. Stuttgart: Klett-Cotta.

Stacey, Ralph D. (1992). Managing the Unknowable: Strategic Boundaries Between Order and Chaos in Organizations. San Francisco: Jossey-Bass.

Vail, Peter B. (1996). Learning as a Way of Being: Strategies for Survival in a World of Permanent White Water. San Francisco: Jossey-Bass.

Vail, Peter B. (1989). Management as a Performing Art. San Francisco: Jossey-Bass.

Vopel, Klaus W. (1999). Anfangsphase: Experimente für Lern- und Arbeitsgruppen. 2 Bde. 3. Aufl. Salzhausen: iskopress.

Vopel, Klaus W. (1996). Anwärmspiele. Experimente für Lern- und Arbeitsgruppen,2 Bde., Salzhausen: iskopress.

Vopel, Klaus W. (1996). Die 10-Minuten-Pause: Mini-Trancen gegen Streß. 3. Aufl. Salzhausen: iskopress.

Vopel, Klaus W. (1997). Innere Ruhe gewinnen: Die grüne Reihe, Bd. 6. Salzhausen: iskopress.

Vopel, Klaus W. (1997). Kooperation und Kompetenz. Spiele für die lernende Organisation, 2 Bde. Salzhausen: iskopress.

Vopel, Klaus W. (1996). Themenzentriertes Teamtraining. 4 Bde., 2. Aufl. Salzhausen: iskopress.

Wheatley, Margaret J. (1997). Quantensprung der Führungskunst. Leadership and the New Science: Die neuesten Denkmodelle der Naturwissenschaften revolutionieren die Management-Praxis. Reinbek: Rowohlt.

Wheatley, Margaret J., and Kellner-Rogers, M. (1996) A Simpler Way. San Francisco: Berrett-Koehler.

Wlodkowski, Raymond (1985). Enhancing Adult Motivation to Learn. New York: HarperCollins.

Yontef, Gary M. (1993). Awareness Dialogue & Process: Essays on Gestalt Therapy. Highland, NY: Gestalt Journal Press.

Zu Gardners Theorie der Sieben Intelligenzen

Multiple Intelligenzen

Armstrong, Thomas (1987). In Their Own Way: Discovering and Encouraging Your Child's Personal Learning Style. Los Angeles: Tarcher.

Armstrong, Thomas (1994). Multiple Intelligences in the Classroom. Alexandria, Virginia: ASCD.

Campbell, Linda M., Campbell, Bruce, and Dickinson, Dee (1992). Teaching and Learning Through the Multiple Intelligences. Seattle, WA: New Horizons for Learning.

Gardner, Howard (1998). Abschied vom I. Q.: Die Rahmen-Theorie der vielfachen Intelligenzen. 2. Aufl. Stuttgart: Klett-Cotta.

Gardner, Howard (1999). Intelligence Reframed: Multiple Intelligences for the 21st Century. New York: Basic Books.

Gardner, Howard (1992). Multiple Intelligences: The Theory in Practice. New York: Basic Books.

Lazear, David (1991). Seven Ways of Knowing. Palatine, IL: Skylight Publishing Co.

Sprachliche Intelligenz

Adler, Mortimer J. (1983). How to Speak – How to Listen. New York: Macmillan.

Brande, Dorothea (1981). Becoming a Writer. Los Angeles: Tarcher.

Burley-Allen, Madelyn (1982). Listening: The Forgotten Skill. New York: John Wiley and Son.

Chapman, Joyce (1991). Journaling for Joy: Writing Your Way to Personal Growth and Freedom. North Holywood, CA: Newcastle Publishing.

Glass, Lilian (1986). Talk to Win: Six Steps to a Successful Vocal Image. New York: Putnam.

Goldberg, Natalie (1986). Writing Down the Bones: Freeing the Writer Within. Boston: Shambhala.

Klauser, Henriette Anne (1986). Writing on Both Sides of the Brain. New York: Harper and Row.

Mack, Karin, and Skjei, Eric (1979). Overcoming Writing Blocks. Los Angeles: Tarcher.

Osgood, Charles (1988). Osgood on Speaking: How to Think on Your Feet Without Falling on Your Face. New York: Morrow.

Rico, Gabriele L. (1983). Writing the Natural Way. Los Angeles: Tarcher.

Stillman, Peter R. (1989). Families Writing. Cincinnati: Writer's Digest Books.

Vopel, Klaus W. (1996). Kreatives Schreiben. Bd. 1 der Reihe „Wege des Staunens". 4. Aufl. Salzhausen: iskopress.

Vopel, Klaus W. (1998). Schreibwerkstatt: Eine Anleitung zum kreativen Schreiben für Lehrer, Schüler und Autoren. 2 Bde. 2. Aufl. Salzhausen: iskopress.

Wohlmuth, Ed (1993). The Overnight Guide to Public Speaking. Philadelphia: Running Press.

Logisch-Mathematische Intelligenz

Burns, Marilyn (1975). The I Hate Mathematics! Book. Boston: Little Brown.

Feynman, Richard (1988). What Do You Care What Other People Think? New York: W. W. Norton.

Freeman, Ira M. (1990). Physics Made Simple. New York; Doubleday.

Gardner, Martin (1986). Entertaining Mathematical Puzzles. New York: Dover.

Hamilton, Ben (1981). Brainteasers and Mindbenders. Englewood Cliffs, NJ: Prentice Hall.

Hazen, Robert, and Trefil, James (1991). Science Matters: Achieving Scientific Literacy. New York: Doubleday.

Hershey, Robert (1982). How to Think with Numbers. Los Altos, CA: Kaufmann.

Hogben, Lancelot (1983). Mathematics for the Millions: How to Master the Magic of Numbers. New York: W. W. Norton.

Paulos, John Allen (1988). Innumeracy: Mathematical Illiteracy and Its Consequences. New York: Vintage.

Polya, George (1995). Schule des Denkens: Vom Lösen mathematischer Probleme. 4. Aufl. Tübingen: Francke.

Rhinegold, Howard (1982). Talking Tech: A Conversational Guide to Science and Technology. New York: Morrow.

Rucker, Rudy (1987). Mind Tools: The Five Levels of Mathematical Reality. Boston: Houghton Mifflin.

Tobias, Sheila (1980). Overcoming Math Anxiety. New York: Houghton Mifflin.

Visuelle Intelligenz

Arnheim, Rudolf (1980). Visual Thinking. Berkeley, CA: University of California Press.

Buzan, Tony, and Buzan, Barry (1996). The Mind Map Book. How to Use Radiant Thinking to Maximize Your Brain's Untapped Potential. Reprint. New York: Plume.

Buzan, Tony (1997). Mind Mapping. Der Weg zu Ihrem persönlichen Erfolg. Wien: ÖBV & HPT Verlag.

DeMille, Richard (1994). Setz Mutter auf den Tiger: Phantasie-Experimente für Kinder und Erwachsene. 2. Aufl. Salzhausen: iskopress.

Edwards, Betty (1982). Garantiert zeichnen lernen. Das Geheimnis der rechten Hirn-Hemisphäre und die Befreiung unserer schöpferischen Gestaltungskräfte. Reinbek: Rowohlt.

Franck, Frederick (1999). Zen in der Kunst des Sehens. 2. Aufl. Kreuzlingen: Ariston.

Gawain, Shakti (1993). Stell Dir vor: Kreativ Visualisieren. 6. Aufl. München: Hugendubel.

Huxley, Aldous (1998). Die Kunst des Sehens: Was wir für unsere Augen tun können. 10. Aufl. München: Piper.

London, Peter (1989). No More Secondhand Art: Awakening the Artist Within. Boston: Shambhala.

MacCracken, Calvin (1983). A Handbook for Inventors. New York: Macmillan.

McKim, Robert H. (1980). Experiences in Visual Thinking. 2d ed. Boston: PSW Engeneering.

Nelms, Henning (1981). Thinking with a Pencil. Berkeley, CA: Ten Speed Press.

Samples, Robert (1984). The Metaphoric Mind. Reading, MA: Addison-Wesley.

Samuels, Mike and Nancy (1975). Seeing with the Mind's Eye. New York: Random House.

Vopel, Klaus W. (1997). Höher als die Berge, tiefer als das Meer: Phantasiereisen für Neugierige. 3. Aufl. Salzhausen: iskopress.

Vopel, Klaus W. (1998). Meditationen für Manager: Emotionale Selbstverteidigung im Alltag. Salzhausen: iskopress.

Vopel, Klaus W. (1996). Phantasiereisen. Bd. 3 der Reihe „Wege des Staunens". 4. Aufl. Salzhausen: iskopress.

Vopel, Klaus W. (1999). Lust am Leben: Phantasiereisen für Optimisten. 2. Aufl. Salzhausen: iskopress.

„Körperlich-kinästhetische" Intelligenz

Alexander, F. Matthias (1971). The Resurrection of the Body. New York: Delta.

Alon, Ruthy (1996). Mindful Spontaneity. Lessons in the Feldenkrais Method. Berkeley, CA: North Atlantic Books.

Barker, Sarah (1991). The Alexander Technique: Learning to Use Your Body for Total Energy. New York: Bantam.

Bryner, Andy und Markova, Dawna (1997). Die lernende Intelligenz: Denken mit dem Körper. Paderborn: Junfermann.

Dennison, Paul E. und Dennison, Gail E. (1998). Brain-Gym-Lehrerhandbuch. 9. Aufl. Kirchzarten: VAK Verlagsgesellschaft.

Downing, George (1994). Partner-Massage: Fitness, Schönheit, Freude. München: Goldmann.

Dychtwald, Ken (1996). Körperbewußtsein: Eine Synthese der östlichen & westlichen Wege zu Selbst-Wahrnehmung, Gesundheit & persönlichem Wachstum. 7. Aufl. Essen: Synthesis-Verlag.

Feldenkrais, Moshe (1985). The Master Moves. Capitola, CA: Meta.

Feldenkrais, Moshe (1985). The Potent Self: A Guide to Spontaneity. San Francisco: Harper & Row.

Feldenkrais, Moshe (1996). Bewußtheit durch Bewegung. Der aufrechte Gang. Frankfurt: Suhrkamp.

Fluegelman, Andrew, ed. (1992). New Games – Die Neuen Spiele, 2 Teile. Mülheim: Verlag an der Ruhr.

Gallwey, Tim (1990). Tennis und Psyche: Das innere Spiel. 5. Aufl. München: Wila Verlag.

Gelb, Michael (1987). Body Learning. New York: Henry Holt.

Gilbert, Anne G. (1977). Teaching the Three R's Through Movement Experiences. New York: Macmillan.

Hannaford, Carla (1997). Bewegung – das Tor zum Lernen. 2. Aufl. Kirchzarten: VAK Verlagsgesellschaft.

Lowen, Alexander (1978). The Language of the Body. New York: Macmillan.

Lowen, Alexander (1995). Körperausdruck und Persönlichkeit: Grundlagen und Praxis der Bioenergetik. München: Goldmann.

Masters, Robert, and Houston, Jean (1978). Listening to the Body. Delacorte Press.

Millman, Dan (1979). The Warrior Athlete: Self-Transformation Through Total Training. Walpole, NH: Stillpoint.

Orlick, Terry (1978). The Cooperative Sports and Games Book. New York: Pantheon.

Orlick, Terry (1997). Kooperative Spiele: Herausforderung ohne Konkurrenz. 6. Aufl. Weinheim: Beltz Praxis.

Schneer, Georgette (1994). Movement Improvisation. In the Words of a Teacher and Her Students. Champaign, Illinois: Human Kinetics.

Stanislavski, Constantin (1989). An Actor Prepares. New York: Theatre Arts Books.

Stevens, John (1983). Aikido, the Way of Harmony. Boston: Shambhala.

Vishnu-Devananda, Swami (1988). The Complete Illustrated Book of Yoga. New York: Crown.

Vopel, Klaus W. (1999). Power-Pausen. Leichter Lernen durch Bewegung. Salzhausen: iskopress.

Weinstein, Matt, and Goodman, Joel (1980). Playfair. San Luis Obispo, CA: Impact.

Musikalisch-rhythmische Intelligenz

Bonny, Helen, and Savary, Louis (1990). Music and Your Mind. Barrytown, NY: Station Hill Press.

Campbell, Don (1997). The Mozart Effect. New York: Avon Books.

Campbell, Don, ed. (1991). Music: Physician for Times to Come. Wheaton, IL: Quest.

Halpern, Steven, and Savary, Louis (1985). Sound Health: The Music and Sounds That Make Us Whole. San Francisco: Harper and Row.

Lingerman, Hal A. (1983). The Healing Energies of Music. Wheaton, IL: Quest.

Lozanov, Georgi, and Gateva, Evalina (1988). The Foreign Language Teacher's Suggestopedic Manual. New York: Gordon and Breach.

Lozanov, Georgi (1978). Suggestology and Outlines of Suggestopedy. New York: Gordon and Breach.

Mathieu, W. A. (1991). The Listening Book: Discovering Your Own Music. Boston: Shambhala.

Merritt, Stephanie (1998). Die heilende Kraft der klassischen Musik: Eine Entdeckungsreise zu mehr Kreativität und Lebensenergie durch Musik. München: Kösel.

Tomatis, Alfred A. (1991). The Conscious Ear. My Life of Transformation Through Listening. Barrytown: Station Hill Press.

Interpersonelle Intelligenz

Bennis, Warren (1989). On Becoming a Leader. Reading, MA: Addison-Wesley.

Bernstein, Albert J., and Craft Rozen, Sydney (1989). Dinosaur Brains: Dealing with All Those Impossible People at Work. New York: Wiley.

Bolton, Robert (1979). People Skills: How to Assert Yourself, Listen to Others, and Resolve Conflicts. New York: Simon & Schuster (Touchstone).

Bramson, Robert M. (1981). Coping with Difficult People. New York: Dell.

Buber, Martin (1997). Ich und Du. 13. Aufl. Gerlingen: Lambert Schneider im Bleicher Verlag.

Carnegie, Dale (1986). Wie man Freunde gewinnt. Überarb. u. rev. Neuausg. München: Scherz.

Covey, Stephen (1990). The 7 Habits of Highly Effective People. New York: Simon & Schuster.

Fisher, Roger (1996). Das Harvard-Kozept: Sachgerecht verhandeln – erfolgreich verhandeln. 15. Aufl. Frankfurt: Campus Verlag.

Fromm, Erich (1998). Die Kunst des Liebens. Berlin: Ullstein Sachbuch.

Gordon, Thomas (1995). Managerkonferenz: Effektives Führungstraining. München: Heyne.

Handrix, Harville (1988). Getting the Love You Want: A Guide for Couples. New York: Henry Holt.

Johnson, Robert (1983). We: Understanding the Psychology of Romantic Love. New York: Harper & Row.

Kohn, Alfie (1987). No Contest: The Case Against Competition. Boston: Houghton Mifflin.

Ram Dass, and Gorman, Paul (1985). How Can I Help? Stories and Reflections on Service. New York: Alfred A. Knopf.

Satir, Virginia (1988). The New Peoplemaking. Mountain View, CA: Science and Behavior Books.

Sher, Barbara, and Gottlieb, Annie (1991). Teamworks! New York: Warner.

Vopel, Klaus (1999). Interaktionsspiele. Teil 2. 9. Aufl. Salzhausen: iskopress.

Vopel, Klaus W. (1999). Sich mitteilen lernen. Bd. 1 der Reihe „Lernstrategien und Experimente für Beratung, Training und Therapie". 2. Aufl. Salzhausen: iskopress.

Zimbardo, Philip G. (1994). Nicht so schüchtern! So helfen Sie sich aus Ihrer Verlegenheit. 8. Aufl. Landsberg: mvg-Verlag

Intrapersonelle Intelligenz

Adams, Kathleen (1990). Journal to the Self: 22 Paths to Personal Growth. New York: Warner.

Assagioli, Roberto (1982). Die Schulung des Willens: Methoden der Psychotherapie. Paderborn: Junfermann.

Branden, Nathaniel (1971). The Psychology of Self-Esteem. New York: Bantam.

Capacchione, Lucia (1989). The Creative Journal. North Hollywood, CA: Newcastle.

Ferrucci, Piero (1986). Werde was du bist: Selbstverwirklichung durch Psychosynthese. Reinbek: Rowohlt.

Frankl, Viktor (1981). Man's Search for Meaning. New York: Pocket.

Goldberg, Philip (1983). The Intuitive Edge. Los Angeles: Tarcher.

Horney, Karen (1995). Selbstanalyse. Frankfurt: Fischer Tb.

James, Muriel, and Jongward, Dorothy (1971). Born to Win: Transactional Analysis with Gestalt Experiments. Reading, MA: Addison-Wesley.

Jung, Carl G., Hrsg. (1995). Der Mensch und seine Symbole. Beitr. v. Jung, C. G./von Franz, Marie L. u. a., 14. Aufl. Düsseldorf: Patmos.

Krippner, Stanley, and Feinstein, David (1988). Personal Mythology. Los Angeles: Tarcher.

Laberge, Steven (1987). Lucid Dreaming: The Power of Being Awake and Aware in Your Dreams. Los Angeles: Tarcher.

LeShan, Lawrence (1999). How to Meditate: A Guide to Self-Discovery. Little, Brown: Back Bay Books.

Levine, Stephen (1997). Schritte zum Erwachen: Meditation der Achtsamkeit. Reinbek: Rowohlt.

Masterson, James (1994). Die Suche nach dem wahren Selbst. 2. Aufl. Stuttgart: Klett-Cotta.

Miller, Alice (1990). Das verbannte Wissen. Frankfurt: Suhrkamp.

Peck, M. Scott (1978). The Road Less Traveled. New York: Simon & Schuster.

Progoff, Ira (1975). At a Journal Workshop. New York: Dialogue House.

Rainer, Tristine (1979). The New Diary: How to Use a Journal for Self-Guidance and Expanded Creativity. Los Angeles: Tarcher.

Sinetar, Marsha (1989). Do What You Love, the Money Will Follow. New York: Dell.

Tart, Charles (1986). Hellwach und bewußt leben: Wege zur Entfaltung des menschlichen Potentials. Eine Anleitung zum bewußten Sein. Freiamt: Arbor.

Vopel, Klaus W. (1996). Selbstakzeptierung und Selbstverantwortung: Interaktionsspiele zur Persönlichkeitsentwicklung. 3 Bde. 5. Aufl. Salzhausen: iskopress.

Wakefield, Dan (1990). The Story of Your Life: Writing a Spiritual Autobiography. Boston: Beacon Press.

Kunst und Technik des Gruppenleitens

iskopress

Klaus W. Vopel

Themenzentriertes Teamtraining, Band 1 - 4

Band 1: Die Unternehmenskultur
111 Seiten, Fadenheftung
ISBN 3-89403-611-7

Band 2: Die Team-Mitglieder
126 Seiten, Fadenheftung
ISBN 3-89403-612-5

Band 3: Interaktion im Team
143 Seiten, Fadenheftung
ISBN 3-89403-613-3

Band 4: Aufgaben und Projekte
140 Seiten, Fadenheftung
ISBN 3-89403-614-1

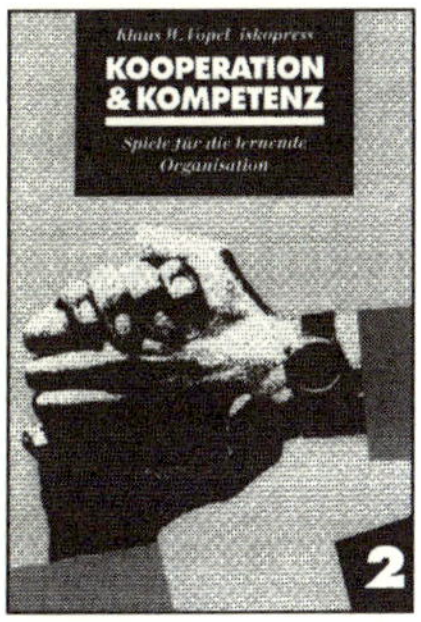

Klaus W. Vopel

Kooperation & Kompetenz

Spiele für die lernende Organisation
Teil 1 und 2

Teil 1:
99 Experimente zu den Themen:
Kennenlernen / Aktivierung / Entspannung / Gruppenkohäsion / Schlußphase und Transfer
216 Seiten, Hard Cover
ISBN 3-89403-621-4

Teil 2:
80 Experimente zu den Themen:
Innere Kompetenz / Selbstkonzept / Ethik und Werte / Philosophie der Arbeit / Lernen
232 Seiten, Hard Cover
ISBN 3-89403-622-2

Kunst und Technik des Gruppenleitens

iskopress

Klaus W. Vopel

Spiele, die verbinden

Offenheit und Vertrauen in der Anfangsphase, Teil 1 + 2

Teil 1: 158 Seiten, ISBN 3-89403-331-2
Teil 2: 158 Seiten, ISBN 3-89403-332-0
Paperback

Klaus W. Vopel

Teamfähig werden

Spiele und Improvisationen, Teil 1 + 2

Teil 1: 192 Seiten, ISBN 3-89403-090-9
Teil 2: 176 Seiten, ISBN 3-89403-091-7
Paperback

Klaus W. Vopel

Gruppenrituale

Die Kunst, mit dem Herzen zu sehen

116 Seiten, Paperback
ISBN 3-89403-097-6

Für nähere Informationen fordern Sie bitte unser Gesamtverzeichnis an:

iskopress
Postfach 1263
21373 Salzhausen
Tel.: 04172/7653
Fax.: 04172/6355
E-Mail: iskopress@iskopress.de